WIZARD

BILLION DOLLAR WHALE

国際金融詐欺師 ジョー・ロウ

マレーシア、ナジブ政権の腐敗を象徴する巨額汚職事件

トム・ライト、ブラッドリー・ホープ 著　吉野弘人 訳

The Man Who Fooled Wall Street,
Hollywood, and the World

Tom Wright & Bradley Hope

Pan Rolling

ママ、ニーナ、ジュリア、そしてローレンスへ
――トム・ライト

ファラー、ジュマナ、そしてサフィヤンへ
――ブラッドリー・ホープ

CONTENTS

目次

第二部　にわか成金

第四部　秘密の大かがり火

第五部　船長の決断

著者まえがき

二〇一五年、われわれはあるマレーシアの政府系ファンドに関する報道を始めた。そのファンドの膨大な負債と謎に満ちた取引に関するうわさが流れ始めたことがきっかけだった。それは好奇心をかき立てる話だった。ゴールドマン・サックスは、そのファンドの資金調達を支援して、不可解なほど巨額の利益を上げ、その後の資金の行方をめぐるスキャンダルは、マレーシアの首相の地位すら脅かすことになった。しかし、これは開発途上国によく見られるありふれた汚職事件ではなかった。メディアの報道――さらには私たちが取材を始めた情報源――によると、首相の側近である二七歳の無名の青年ジョー・ロウが、おそらくは数十億ドルもの資金を横領し、ハリウッドの映画製作会社を設立し、世界最大級のヨットを造らせ、世界中で恐ろしくぜいたくなパーティーを開くなどして費やしたのだという。これが本当なら、このロウの事件は、歴史上最大の金融詐欺事件の一つとなるだろう。

ジョー・ロウとは一体何者なのか？　どうやって無名の存在から、金融のプロたちの目と鼻の先で数十億ドル規模の詐欺事件をやりおおす首謀者と目されるまでになったのか？　私たちはロウの正体を明らかにしようとした。そしてそこで発見した事実は驚くべきものだった。地味な外見と穏やかな物腰の陰で、ロウは世界が実際にどうやって動いているかを知り尽くした常習的なうそつきだった。彼は誰とでもすぐに親しくなった。ジェット機で世界を飛びまわっているような金持ちでさえ、彼のことを金遣いが荒い人物と見ていたが、それ以上に彼のことを知る者はほとんどいなかった。これは単にウォール街のバンカーや有名人、弁の立つ詐欺師が登場する突拍子もない話というだけではない。ロウの成功は、本質的に、二一世紀の世界経済の失敗に根ざしている。彼は、ウォール街のバンカーや会計監査人、規制当局者らをだまして巨額の資金を横領した。その出所の不確かな金を使って世界でも有数の映画俳優やモデルとの友情を買うことに成功し、その人懐こさで誰に対しても自分のことを仲間だと信じ込ませた。それらすべてを可能にしたのは、富と魅力に心を奪われた社会そのものだったのである。

ジョー・ロウの驚くべき人生は、あまりにも信じがたく、ウォール・ストリート・ジャーナルの紙面にはそぐわないかもしれないと思うほどだった。われわれは、本書を執筆することにより、ロウがいかにしてこの犯罪をやってのけたのかだけでなく、何が彼を突き動かし、いかにしてこれほどまでに長い期間逃げることができたかについても、その詳細を明らかにしたいと考えている。ロウの人生を通じて資本主義と不平等についてより俯瞰的な目で描くことにこそ、永続的な価値があるものと信じている。

本書の内容は、四年間にわたる調査の成果である。われわれは一〇以上の国——キュラソー島の小都市ウィレムスタットから中国上海まで——で、一〇〇名以上の関係者にインタビューを行った。本書に氏名を記した人々の大多数は、直接または法的代理人を通じて話すことに同意してくれたが、一部の人々からは拒まれた。

情報源の多くは、身体的または法的な危害を恐れて、匿名とするように要請してきた。すべての話は複数の情報源の記憶に基づくものであり、いくつかの事例においては、写真やビデオ、その他の文書によって裏付けられている。われわれは、公的な裁判記録や秘密扱いの捜査資料、金融記録など数万件もの文書に加え、捜査期間中に当局宛てに送られた数十万件ものeメールを詳しく調査した。さらに、米国司法省の民事資産没収訴訟における公的な申し立てやゴールドマン・サックスの社員と元司法省職員に対する刑事告発、シンガポールにおける訴訟手続き、スイス当局者による報告書などにも依拠している。

二〇一九年四月の本書のペーパーバック版のアップデートを行った時点で、ジョー・ロウに対する正式な刑事犯罪の告発がマレーシアと米国で起こされている。マレーシアでは、ナジブ・ラザク前首相の、マネーロンダリングなどの犯罪に対する裁判が二〇一九年四月に始まっている。ゴールドマン・サックスのティモシー・ライスナーは、米国でマネーロンダリングと外国公務員に対する贈賄に関し罪を認めている。シンガポールでは一握りのバンカーしか有罪となって刑に服していない一方で、米国司法省は、今だ事件の中心にあったジョー・ロウらに対する大規模な犯罪捜査の真っただ中にある。また、マレーシア、スイス、シンガポールなどの国々でも引き続き捜査が行われている。

ジョー・ロウやナジブ・ラザクを含む本書の主要な登場人物のほとんどは、犯罪への関与を否定し、取引が合法的なものだったと主張している。しかし、彼らはまだそれらの取引に関する詳細な説明をしていない。読者が知ることとなる他の登場人物――スイスの石油会社ペトロサウジ・インターナショナルのパトリック・マホニーとタレク・オバイド――は、弁護士を通じて、無罪を主張している。もし何らかの誤りがあった場合、それはすべてわれわれの責任によるものである。

登場人物

ロウの一家

ロウ・タック・ジョー……………〝ジョー・ロウ〟
ロウ・タック・ツェン……………〝ツェン・ロウ〟。ジョーの兄
ロウ・メイ・リン…………………ジョーの姉
ゴー・ガイク・ユー………………ジョーの母
ロウ・ホック・ペン………………〝ラリー・ロウ〟。ジョーの父
ジェセリン・チュアン・テイク・イン……ジョーのガールフレンド

ロウの友人たち

ジャスミン・ルー・アイ・スワン……マレーシアの政府系投資ファンド1マレーシア・デベロップメント・ブルハド（1MDB）の顧問弁護士
ケイシー・タン・ケン・チー……1MDBのエグゼクティブディレクター
シート・リー・リン………………ウォートンの同窓生にしてロウの香港の会社ジンウェル・キャピタルの副社長

エリック・タン……………………〝ファット・エリック〟。パーティー好きのロウの友人
ニク・ファイサル・アリフ・カミル…………1MDBの投資部門責任者
ハマド・アル・ワザン…………クウェート人の友人

マレーシア

ナジブ・ラザク…………………元マレーシア首相
ロスマ・マンソール…………ナジブの妻
リザ・アジズ…………………ロスマ夫人の先夫の子。レッド・グラナイト・ピクチャーズの共同設立者
マハティール・モハマド…………マレーシア首相。ナジブの政敵
アンワル・イブラヒム…………マハティールの対抗勢力指導者

ゴールドマン・サックス

ティモシー・ライスナー…………東南アジア事業責任者
アンドレア・ヴェラ…………アジアにおけるストラクチャード・ファイナンス事業責任者。のちにアジアにおける投資銀行業務共同責任者
ロイド・ブランクファイン…………CEO

ゲイリー・コーン　……………………………社長

ペトロサウジ・インターナショナル

トゥルキ・ビン・アブドゥッラー・アル・サウド王子　共同設立者
タレク・オバイド　……………………共同設立者兼CEO
ナワフ・オバイド　…………………タレクの兄
パトリック・マホニー　………………最高投資責任者
ザビエル・ジュスト　………………………ロンドン支店長

アブダビ

カデム・アル・クバイシ　…………………IPICマネージングディレクター
ユーセフ・アル・オタイバ　………………アラブ首長国連邦駐米大使
ムハメド・バダウィ・アル・フセイニー　…アーバル・インベスツメンツCEO
ムハンマド・ビン・ザーイド・アル・ナヒヤーン　…アブダビの皇太子
マンスール・ビン・ザーイド・アル・ナヒヤーン　…ムハンマドの弟。IPICの会長
ハルドゥーン・ハリハ・アル・ムバラク　…ムバダラ・デベロップメントのCEO

BSI

ハンスペーター・ブルーナー……………アジア最高責任者
ヤク・ユー・チー…………………………ジョー・ロウと1MDBの取引担当者
ヨー・ジアウェイ…………………………ジョー・ロウの資産管理担当者
ケヴィン・スワンピライ…………………資産管理部門責任者

AM銀行

チア・テック・クアン……………………CEO
ジョアンナ・ユー…………………………ナジブ・ラザクの口座担当の行員

ファルコン銀行

エドゥアルド・リーマン…………………CEO

ハリウッド、エンターテインメント業界

ジョーイ・マクファーランド……………ジョー・ロウの友人。レッド・グラナイト・ピクチャーズの共同設立者
パリス・ヒルトン…………………………社交界の著名人

レオナルド・ディカプリオ　……………………俳優
ジェイミー・フォックス　………………………俳優、ミュージシャン
カッシーム・ディーン　…………………………〝スウィズ・ビーツ〟。アリシア・キーズの夫、音楽プロデューサー
バスタ・ライムス　………………………………ミュージシャン
ノア・テッパーバーグ、ジェイソン・ストラウス　…ナイトクラブ、スタラテジック・ホスピタリティ・グループのオーナー
ミランダ・カー　…………………………………ファッションモデル
プラカズレル・サミュエル・マイケル　……〝プラーズ〟。ミュージシャン
ケイト・アプトン　………………………………ファッションモデル
マーティン・スコセッシ　………………………映画監督
エルヴァ・シャオ　………………………………台湾人ミュージシャン。一時、ジョー・ロウのガールフレンドだった
ニコール・シャージンガー　……………………ミュージシャン

ジャーナリスト

クレア・リューキャッスル＝ブラウン　……サラワク・レポートの創設者

トン・クーイ・オン　……………………ジ・エッジのオーナー
ホー・ケイ・タット　……………………ジ・エッジ編集者

米国連邦捜査局（FBI）
ウィリアム・〝ビル〟・マクマリー　…………ニューヨークの国際汚職捜査チームリーダー
ロバート・ヒュークリング　…………1MDB事件の主任捜査官
ジャスティン・マクネア　……………1MDB事件の捜査官兼法廷会計士

少し盗めば刑務所行きで
たくさん盗めば王様だ
——ボブ・ディラン「スウィートハート・ライク・ユー」

人は時々、物事に深くはまり込みすぎて、異常なことが正常に思え、正常なことははるか遠い記憶のようになる
——ジョーダン・ベルフォート（映画『ウルフ・オブ・ウォールストリート』のモデル）

プロローグ

ラスベガス、二〇一二年一一月三一四日

暖かく、雲一つない一一月の夜、九〇年代のヒップホップトリオ、フージーズの元メンバーであるプラーズがパラッツォ・ホテルのチェアマンスイートの一室を訪れた。プラーズがノックすると、ドアが開き、中から黒のタキシードを着た小太りの男が、満面に笑みを浮かべて現れた。紅潮してうすら汗をかいているその男は、仲間うちではジョー・ロウと呼ばれていた。彼はマレーシア人に共通した柔らかく陽気な口調で話しかけてきた。「ようこそ」そう言って、ラッパーとハグを交わした。

一晩二万五〇〇〇ドルもするチェアマンスイートはパラッツォ・ホテルが提供する最も豪華な部屋で、現代的な白いインテリアで統一され、ストリップ（大通り）を見下ろすプールテラスに加え、ラップアラウンドソファが部屋をぐるりと取り囲み、防音壁のカラオケルームも備えていた。しかし、ホストは、今夜はこの部屋に長居をするつもりはなかった。ロウは、自身の三一歳の誕生日のために、さらに豪華なパーティーを別の場所に用意していた。ここで開かれていたのは、ジェット機で世界中から飛んできた内輪の仲間たちだけのためのプレパーティーにすぎなかった。多くの人々が到着するにつれ、有名人とその取り巻きからなるさまざまなゲストたちは、シャンパンをガブ飲みしながら、ロウを取り囲んでいた。スウィズ・ビーツ——ヒップホップ・プロデューサーであり、アリシア・キーズの夫——が楽しそうにロウと話をしていた。その後、レオナルド・ディカプリオもベニチオ・デル・トロと共に到着し、ロウと映画のアイデアについて話していた。

ゲストたちは、今晩のホストのことをどう思っているのだろう？　ここに集まった人々にとって、ロウはミステリアスな存在だった。欧米人の多くが地図上の正確な場所を知らないような東南アジアの小国マレーシア出身のロウは、丸い顔に眼鏡をかけ、赤い頬をし、ひげの剃り跡すらない、今も少年っぽさの残る顔立ちをしていた。その平凡な見た目は、どこかぎこちなく、落ち着きのない話し方とマッチしていたことから、周囲の美女たちは、彼のことをシャイな人物だと見ていた。ロウは完全には会話に集中しておらず、時折、半ダースほどもある携帯電話に出るために会話を途中で切り上げていた。

しかし、ロウの控えめな見た目にかかわらず、その会話の内容は、明らかに彼が裕福——おそらくは億万長者《ビリオネア》——であることを示していた。ゲストたちは、ロウの会社が数カ月前にEMIミュージック・パブリッシングの株式を取得したことや、彼が現在撮影中のディカプリオの最新作『ウルフ・オブ・ウォールストリート』のスポンサーらしいといったことをささやき合っていた。ロウの内気な態度の裏には、誰も見たことのないような野心が隠れていた。注意してよく見ると、ロウは内気であるというよりは、むしろ計算高さを内に秘め、あらゆる人間関係を観察して自分が相手に何を与えることができ、代わりに相手から何をしてもらえるかを査定しているかのようだった。その年齢に反して、ロウは不思議なまでの落ち着いた雰囲気をまとい、灰色のスーツを着たウォール街のバンカーや甘やかされたハリウッドスターのいる部屋の中でも、決して引けを取ることはなかった。この何年かで、彼は世界で最も裕福な人々や最も力を持つ人々との交友関係を入念に構築してきた。その大胆な作戦が軌道に乗り、彼をここパラッツォのスイートルームへと導いたのだった。今や、彼は人々に便宜を与える側の人間になっていた。

パラッツォでの夜は、ロウが権勢の頂点にいることを示していた。バースデーパーティーの招待客リストには、ハリウッドスターやゴールドマン・サックスのトップバンカーたち、そして中東の実力者らの名前があった。米国の金融危機の余波を受け、彼らはロウに望みを託していた。プラーズはフージーズの解散以来、スポットライトから遠ざかっていたが、プライベートエクイティ投資家として再スタートを切りたいと考えていた。ロウはそんな彼に資金提供を申し出ていた。有名人の一部は、彼のイベントにただ姿を見せるだけで出演料として数十万ドルを受け取っており、ロウを喜ばせようと躍起になっていた。

スウィズ・ビーツがホテルのスイートルームに集まった人々に静粛にするよう求め、パンダのイメージをあしらった高価なDJ機器をロウにプレゼントした。ゲストたちはどっと笑った。というのも、近しい友人たちは、ロウの肉づきのよい体と抱きしめたくなるような振る舞いから、彼のことを〝パンダ〟と呼んでいたのだ。ロウは映画『カンフー・パンダ』が大好きで、故郷で友人たちとギャンブルに行く時は、みんなでよくこの映画のキャラクターに扮していた。しかし、出演料として数百万ドルを受け取り、他にもビジネス上の関係にあったプラーズやスウィズ・ビーツでさえ、本当に彼のことを知っているとは言えなかった。もしこの当時、グーグルで〝ジョー・ロウ〟と検索しても、ほとんど何もヒットしなかっただろう。ある者は、アジアの武器ディーラーだと言い、またある者は、マレーシアの首相の側近だと言った。また中国人の祖父から数十億ドルを相続したのだと言う者もいた。カジノやナイトクラブの関係者は、こういった金遣いの荒い客のことを〝クジラ《ホエール》〟と呼んでいた。ロウについて唯一確かなことは、彼がラスベガスやニューヨーク、サントロペでも、長い間――あるいはこれまでに一度も――見たことのないほどの最も金遣いの荒い〝クジラ〟だということだった。

数時間後、午後九時を少し回ったあたりで、ロウのゲストたちは、その日のメインイベント会場へと移動を始めた。パパラッチを避けるため、彼らはキッチンなどのホテルスタッフ専用エリアを通り抜けて、ホテルの駐車場へつながるコンクリート造りのトンネルに現れた。駐車場には黒のリムジンがエンジン音を立てて、準備を整え並んでいた。これはパラッツォが最も重要な顧客にのみ提供するスペシャルサービスだった。

あらゆる動きは台本に書かれているかのようにスムーズだった。扉は絶妙なタイミングで開き、笑みを浮かべた若い女性が身ぶりで誘導した。リムジンはストリップを進んだ。何人かのゲストは砂漠を目指しているのかと思った。が、そうでないことはすぐに明らかになった。リムジンは、空いている区画に特別に建てられた巨大な飛行機の格納庫のような建物にたどり着いた。ＶＩＰでさえ、何も知らされていなかった。車はセキュリティチェックポイントを流れるように通りすぎると、レッドカーペットが敷き詰められた入口の前に止まった。そこには黒いスーツを着た体格の良い警備員が配備され、赤いドレスを着た若いモデルたちの第一陣が迎え出ていた。何人かはドリンクとフードをゲストに渡し、また別の何人かは、ナイトクラブの関係者が言うところの、単なる〝お飾り〟の役割を演じていた。

これは超ＶＩＰにのみ許された登場の仕方で、他の三〇〇人近くのゲストのほとんどは、〝毎日がバースデー〟という金色の文字がスタイリッシュにデザインされた赤い招待状を持って、パラッツォのＬＡＶＯナイトクラブやセキュリティポイントで事前にチェックインを済ませていた。彼らは、そこで秘密を守ることを約束する秘密保持契約書に署名し、携帯電話を預けてから、わずかな距離をミニバスに乗って目的地へと移動した。その中にはロビン・リーチの姿もあった。彼は、何十年にもわたりＴＶショー、『ライフスタイルズ・オブ・リッチ・アンド・フェイマス』のホストとして、ラッパーやハリウッドスター、そして上流階級の有名人たちのぜいたくな暮らしを伝えてきた。しかし、それも一九八〇年代や九〇年代のことであり、その夜の豪華なパーティーについては何も知らされていなかった。ラスベガス・サン紙のゴシップ・コラムニストでもあるリーチは、何人かのゲストからゴシップを訊き出そうとしていた。彼はツイッターで、「ここだけの悪魔のささやき――ブリトニー・スピアーズが明日、シークレットコンサートのためにベガスにやって来るって。これまでにないくらいめちゃくちゃ豪華なプライベートパーティーらしいぜ」とツイートしていた。

リーチが招待された時に出された不可解な条件は、パーティーについては何を書いてもよいが、ホストの名前を出してはいけないというものだった。リーチは、裕福な人々が持つ、自らの影響力を自慢したいという欲求に応えることで自らのキャリアを築いてきた。このホストの男はこんなにたくさんの金を費やして何がしたいのだろう？　彼は不思議に思った。夜遊びの達人のリーチもこの敷地に設けられた建物の大胆さには呆然とさせられた。パーティー会場となるそのアーチ型の建物は、観覧車や回転木馬、サーカスのトランポリン、シガーラウンジを備え、豪華な白いカウチをちりばめるように備えつけても余りあるほど広々としていた。一方のサイドはサーカスをテーマにしており、もう片方のサイドは、一転して恐ろしくおしゃれなナイトクラブになっていた。照明と定期的に空中に炎を吹き出す装置が据えつけられ、個人のイベントというよりはまるで大規模コンサートのようだった。

数百万ドルはかかっているに違いない。リーチはそう見積もった。天蓋の下ではカニエ・ウエストが新しい恋人のキム・カーダシアンといちゃついていた。パリス・ヒルトンと恋人のリバー・ヴィーペリはバーの近くでささやき合っていた。俳優のブラッドリー・クーパーとザック・ガリフィアナキスは『ハングオーバー!!! 最後の反省会』の撮影の合い間に駆けつけ、パーティーの様子を見ながら笑っていた。大きな賞のイベントではない、単独のイベントにこれほど多くのトップ俳優やミュージシャンが集まることは珍しかった。「ラスベガスの金に糸目をつけないパーティーには慣れているが、これは極めつけだ。こんなのは初めてだ」とリーチは語った。

ゲストがおしゃべりをしている間、シルク・ドゥ・ソレイユ風のエンターテイナーが竹馬に乗ってその間を歩きまわり、頭上では下着姿の曲芸師が吊るされた輪っかに乗って揺れていた。端のほうには、何台もの巨大なトラックが止まり、およそ二〇名のウンパルンパ（映画『チャーリーとチョコレート工場』に出てくる小人のキャラクター）の衣装を着た一団がパーティー客の間を走り抜けていた。ロープによって仕切られたＶＩＰエリアの中では、ロウが、ディカプリオと『ウルフ・オブ・ウォールストリート』の監督マーティン・スコセッシと共に注目を浴びていた。夜がふけるにつれ、ロバート・デ・ニーロやトビー・マグワイア、オリンピック金メダリストのマイケル・フェルプスといった面々も姿を見せた。

その夜のゲストは有名人ばかりではなかった。ロウは、友人や主要なビジネスパートナーについても気を遣い目を配っていた。その中には、ドイツ生まれのバンカーで、アジアにおけるゴールドマン・サックスの花形ディールメーカー、ティモシー・ライスナーやアブダビで最も資金力のある投資ファンドのCEO、ムハメド・バダウィ・アル・フセイニーらがいた。ウォール街のバンカーの間では、ゴールドマン・サックスがマレーシアで政府系投資ファンドのために債券の発行をアレンジして数億ドルもの利益を上げたとささやかれていた。だが、そのささやきも、パーティーに参加している閉鎖的なハリウッドの業界人の耳には届いていなかった。また一方で、マレーシアのナイトクラブでは超有名人の〝ファット・エリック〟やロウの従兄弟のハウイー、兄のツェンといったロウのいつもの取り巻きもパーティーに出席していた。

ウェイトレスはシャンパンのミニボトルにストローを刺して客に手渡していた。バーテンダーは七メートルを超える氷でできたバーの後ろで、最高級の酒とクリスタル（フランス、ルイ・ロデレール社のシャンパンの銘柄）の入ったフルートグラスを提供していた。ジェイミー・フォックスが巨大なスクリーンに映し出されたビデオを使ってショーを始めた時には、パーティーは最高潮に達していた。そのビデオの中では、世界中の友人たちが彼らの良き友人であるロウのサプライズ・バースデー・ビデオのために集結していた。彼らはそれぞれヒットソング「江南スタイル」に乗って踊っていた。香港に拠点を置くロウの投資会社の社員たちは、会議室で踊っていた。アル・フセイニーはアブダビの沖でジェットスキーに乗って踊っていた。実は、このビデオのアイデアは、一部はロウ自身によるもので、その夜のあらゆる演出――花の色からバーのドリンクまで――と同様、ロウの指示によって注意深く作り上げられていた。ビデオクリップは、ロウにとっては少しもサプライズではなかったが、彼は顔を輝かせてこれを見ていた。

ビデオが終わると、その年、「江南スタイル」でスターダムにのぼりつめた韓国の歌手PSYが、ライブパフォーマンスを披露して観衆を熱狂させた。その後の一時間半の間に、レッドフー&ザ・パーティー・ロック・クルー、バスタ・ライムス、Qティップ、ファレル、そして「エブリデイ・バースデー」でユニットを組んだ、スウィズ・ビーツとリュダクリス、クリス・ブラウンがパフォーマンスを行った。Qティップがセッションを繰り広げる間、酔っぱらったディカプリオがステージに上がり、一緒になってラップを披露した。その後、巨大な作り物のバースデーケーキがステージ上に運ばれ、数分後、中から露出度の高い金色の衣装を着たブリトニー・スピアーズが飛び出し、これにダンサーが加わって、ロウに「ハッピー・バースデー」を歌った。その間、女性たちの一団が本物のチョコレートケーキを配り始めた。パフォーマーたちは高額の出演料を受け取っており、ブリトニーは、このほんの一瞬の出演で六桁を稼いだと言われている。

その後、バースデープレゼントが贈られた。この夜のパーティーの企画を手伝ったナイトクラブオーナーのノア・テッパーバーグとジェイソン・ストラウスが音楽を止め、マイクを手にした。金融危機が襲い、ウォール街の上客が金欠病に陥っているこの何年かの間に、ロウは、彼らのナイトクラブであるマーキーやTAO、LAVOに数万ドルの金を落としていた。ロウはナンバーワンの顧客だったので、彼らは、他のナイトクラブのオーナーにロウを取られないようにするために必死だった。テッパーバーグとストラウスがスタッフに合図を送ると、真っ赤なランボルギーニが会場の真ん中へと入ってきた。一台どころか三台のドゥカティの最高級バイクを贈った者もいた。最後に、リボンでラップされた二五〇万ドルのブガッティ・ヴェイロンが兄のツェンから贈られた。

その他の安価なプレゼントも手が込んでいた。元はタレントのエージェントをしていて、ロウのおかげで有力な映画プロデューサーになったジョーイ・マクファーランドは、アニメ映画『カンフー・パンダ』のイメージに〝Vintage 1981〟と〝Product of Malaysia〟と彫られた特注のワインボックスをロウに贈った。その中には一本一〇〇〇ドルもする、ロウの生まれた一九八一年産のペトリュス・ワインが入っていた。午前〇時二〇分、空を花火が彩った。パーティーは深夜に突入し、アッシャー、DJチャッキー、カニエ・ウェストらがパフォーマンスを披露した。セレブや友人に囲まれ、ロウはリムジンに乗り込んで、パラッツォへとパーティーの場を移した。そこで彼は日曜の午後の明るい光に照らされるまでギャンブルを楽しんだ。

これがジョー・ロウの作り上げた世界だった。

「皆さんが寝ている間に、ある中国人の億万長者がバースデーパーティーを開きました」二日後、地元のラジオ局KROQのウェブサイトの記事はこのように始まり、ロウの国籍を誤って伝えた。また彼のことを〝ジェイ・ロウ〟と呼んでいた。ロウの名がタブロイド紙に漏れたり、浪費と結びつけられたりすることは初めてではなく、これが最後というわけでもなかった。しかし、ラスベガスでのバースデーパーティーは、彼の一風変わった波乱に満ちた人生の最高の瞬間《ピーク》だった。

ロウと出会った人々の多くは、彼のことをやたらと大言を吐く裕福なアジアの名家の子孫で、新興地域からやって来た甘やかされた小君主、『クレイジー・リッチ！』（米国の映画。中国系アメリカ人の女性主人公とシンガポール人の裕福な家の出の恋人を描いたラブコメディ）の世界の人間だと思っていた。彼について質問をする者はほとんどおらず、あえて尋ねた人々も、実際の人物像のかけらをわずかに発見するだけだった。しかし、ロウは大金持ちの子息ではなかった。少なくとも有名人をちりばめたパーティーに金を出すような裕福な家庭の出身ではなかった。彼の金は、まるでうそのような、ありえそうもない出来事の連続によってもたらされていた。現在でさえ、彼がしでかしたこと――その夜のパーティーやその他もろもろの支払いを可能にした、世界規模の詐欺――の全貌は、正確にはわかっていない。

ロウはマレーシア出身だったかもしれないが、彼の犯罪は、二一世紀におけるグローバルな手口だったと言える。ロウの共犯者は、世界の〇・一パーセントに属する資産家であり、金持ちの中の金持ち、あるいはそのランクに入りたいと願っていた人々――彼と共にMBAを学び、金融界に身を投じ、そしてニューヨークやラスベガス、ロンドン、カンヌ、香港でパーティーを楽しんだ、アメリカ、欧州そしてアジアの若者たち――だった。犯罪の背景には米国経済を景気後退に陥れた世界金融危機があったが、その一方で、ロウのような金遣いの荒いアジアの億万長者に対する憧れがその誘因となっていたことも間違いない。

ロウは、歴史上のどんな人物よりも豊富な資金力を武器に、米国の権力構造の中心に潜り込んでいった。それを可能にしたのは、彼のどこかはっきりとしない血統と人々がマレーシアについてあいまいな知識しか持っていないという事実だった。彼がマレーシアの王子だと言えば、それは真実となった。数十億ドルの遺産？　きっとそのとおりなのだろう。誰も気にしなかった。映画に数千万ドルの出資を約束してもらったレオナルド・ディカプリオやマーティン・スコセッシも同様だった。イベントに登場して気前よく出演料を払ってもらったパリス・ヒルトンやジェイミー・フォックス、そしてその他のスターたち、ナイトクラブを大いに儲けさせてもらったノア・テッパーバーグやジェイソン・ストラウス、ロウから数百万ドルもするジュエリーを贈られたスーパーモデルたち、数千万ドルものボーナスを受け取ったウォール街のバンカーたちも。そして間違いなく、ロウの庇護者であった当時のマレーシアの首相ナジブ・ラザクも。

ロウの詐欺のスキームには、歴史的に名高い企業の買収や、世界でも超有名なセレブらとの交友関係、とびきりの美人との密会、ホワイトハウスの訪問などが含まれていたが、なかでも国際金融システムの異常かつ複雑な悪用と特に大きく関係していた。本書の執筆時点で、ＦＢＩはまだ事件の全容を正確に解き明かそうと試みているところである。ゴールドマン・サックスの協力のもとに資金調達されたマレーシア政府の数十億ドルの資金は、銀行口座、オフショアカンパニー、その他複雑な金融構造の込み入った迷路の中に消えてしまった。詐欺のスキームが露呈し始めたとき、マレーシアの首相は、民主主義に背を向けて権力にしがみつこうとした。ＦＢＩが尋問を求めると、ロウは跡形もなく姿をくらました。

ジョー・ロウの物語は、二一世紀において国際金融をいかに活用するかを学ぶ者にとっての良い例であろう。彼がいかに富を得たのかを示すとともに、いわゆるグローバル資本主義の失敗とは何なのかを示すことが本書の目的である。

物語はヤシの木に囲まれた島、ペナンから始まる。

第一部

ジョー・ロウという男の誕生

第1章

合成写真

一九九九年夏、マレーシア、ペナン

　ペナン島の政府専用マリーナに停泊しているレディ・カタリナ号の周りをブラブラしながら、ジョー・ロウは、自分が監視されていないかを定期的にチェックしていた。ポケットには数枚の家族写真があった。地元の衣料品メーカーの出資持ち分を通じて財を成したビジネスマンである父親のラリー・ロウ、子どもたちを溺愛する自慢の母親ゴー・ガイク・ユー、そして彼の二人の兄姉。彼はペナンに本拠を置く億万長者であるヨットのオーナーの写真を探し出し、そこに写った人物の画像を一人ずつ取り除いて、代わりに自分の家族の写真に置き換えていた。そののちに彼は、ペナン・ヒルにある英国植民地時代の別荘でも同じことをやった。その別荘は、彼が一家の友人である億万長者から借りたものだった。

　熱帯雨林に囲まれたペナン・ヒルからは、ジョージタウンを見下ろすことができた。ジョージ三世の名にちなんだ英国植民地時代の首都であるこの都市は、白しっくい塗りのマンションや中国風のぼろぼろの商店兼住宅がごみごみとひしめき合う街だった。街並みの向こうには、ペナン島とアジア本土を隔てる狭い海峡が見えた。ヨーロッパや中東と中国をつなぐ重要な海域であるマラッカ海峡の入口に位置するペナン島は、冒険家――英国植民地関係者から中国人商人に至るさまざまな移住者――にとって非常に魅力的な場所だった。通りは、路上に出ている多くの屋台で食事をする人々や、海辺の散歩道をうろつくペナンの住民――主として中国系マレーシア人――でにぎわっていた。

ロウの祖父は、一九六〇年代に中国からタイを経由してペナンにたどり着き富を築いていた。彼らは、どこから見ても裕福な一家だったが、ロウは、英国のエリートのための寄宿学校であるハーロウに入学すると、クラスメートたちが、一家の財産を数百万《ミリオン》ドルではなく数十億《ビリオン》ドルで数えていることに気づいた。

ラリーが売却した衣料品メーカーの株式は、一五〇〇万ドルと、多くの人々が月一〇〇〇ドルで生活するこの東南アジアの国においては莫大な金額だった。一九八八年、ロウは高校の残り二年間を過ごすためにハーロウに入学した。彼はここでブルネイやクウェートの王室のメンバーと付き合うようになった。ロウの家――ペナン島の北の海岸にあるヤシの木に囲まれたモダンな邸宅――は、集中冷房システムを有する、堂々とした立派な邸宅だったが王宮ではなかった。

数日後にはロウの新しい学校の友人がやって来ることになっていた。彼は友人たちに夏休みをマレーシアで過ごすよう説得し、何とか好印象を与えようと躍起になっていた。ロウの父親がペナン島に一家の本拠を置き、息子を世界でも有数の一流寄宿学校に通わせるほどの財を築いたのと同様、ロウも野心を抱いていた。彼はペナンという田舎町にどこか気後れを感じていた。そしてその劣等感を埋め合わせるためにヨットや別荘を利用した。ハーロウの友人たちはまったく気づかなかった。ずんぐりとした体型に眼鏡をかけたロウは、自分が決して女性に魅力的に映らないことがわかっていたので、別の方法で尊敬を得ようとした。彼はハーロウの友人たちに自分が〝マレーシアの王子〟だと言うことで、周りの名家出身の友人たちをつなぎとめようとしたのだ。

実際には、ロウのようなこの国の華僑は、貴族ではなく、一九世紀と二〇世紀の大きな波に乗ってこの国にやって来た商人だった。マレーシアの三〇〇〇万の人口のうちの大半はイスラム教徒であるマレー人で、彼らは、中国人がたとえ数世代にわたってマレーシアに住んでいても、新参者として扱うのが一般的だった。ペナンの年配の中国人の一部は、この奇妙な少年を不審な目で見るようになっていた。ハーロウの友人たちが去った後、ロウが自分のことを貴族の家柄だと主張していることとともに、合成写真に関するうわさが島じゅうに広まった。人々はこのあまりに厚かましい行動を笑った。この少年は自分を一体誰だと思ってるのか、と。

一九六〇年代のペナンは不安定な土地だった。一九五七年、英国は、共産主義勢力との間の長い消耗戦の果てに、イギリス領マラヤ――錫《すず》とヤシ油の豊富な東南アジアの熱帯地域――に対し独立を認めた。共産主義勢力はタイ国境近くのジャングルに作られた砦《とりで》からチャンスをうかがい、新たに設立された国家マレーシアのいまだ真価の問われていない軍隊に対し、その後一年に及ぶゲリラ戦を開始した。ロウの祖父メン・タックはこの無法な国境地帯のことをよく知っていた。彼は故郷の広東省を一九四〇年代――当時は第二次世界大戦中で日本の占領下にあり、その後、国共内戦により何百万もの人々が国外に逃亡する大混乱期だった――に離れ、タイの南部、マラヤとの国境近くにたどり着いた。彼は鉄鉱石鉱山に投資をして財を築き、中国人を先祖に持つ地元の女性と結婚して一九六〇年代にペナンに移住した。

ロウ一家は、ペナンの首都ジョージタウンのつつましいバンガローに住んでいた。数ブロック先には壁がはがれかけた、列柱を備えた英国植民地時代の大邸宅や海岸沿いの倉庫があった。多くの中国人は、植民地時代にこの地に移住して錫やアヘン――現在は違法となっているが、当時は英国が販売を独占していた――などの商品の貿易を行っていた。住民同士が緊密に結びついたジョージタウンのコミュニティでは、メン・タックの金の出所について黒いうわさが流れていた。この街の老人たちの一部は、彼が調理器具の販売店を経営していたことを覚えていたが、タイの鉄鉱石鉱山で財を成したという話は、おそらく真実の一部でしかなかったようだ。彼が国境を越えてアヘンを密輸して儲けたとささやく者もいた。

ロウの一家の歴史に関しては、もう一つの異なる説があった。数十年後、ロウは、メン・タックに関する自らの説を披露するようになり、彼がどうやって巨額の富を得たかについての説明を捏造し始めた。ロウは周囲の者に対し、金は祖父が鉱山や酒の販売、不動産取引で得たものだと説明したのだ。しかし、そこには一つ問題があった。マレーシアの誰も——トップバンカーもビジネスリーダーも——この非常に裕福な一家について耳にしたことはなかったのだ。ロウの父ラリーとともに、一家にまつわる話にも注目が集まった。

一九五二年にタイで生まれたラリー・ロウは、子どもの頃に家族と共にペナンに移住し、ロンドン・スクール・オブ・エコノミクスとカリフォルニア大学ロサンゼルス校で学び、ＭＢＡを取得した。彼は、マレーシアに戻ると、父メン・タックの事業を受け継いだ。その立派な学歴にもかかわらず、ラリーは一九八〇年代にココア農場に投資して、一家の財産のほとんどを失ってしまう。しかし、商品価格が下落した後、残ったわずかな資金を使って米国とヨーロッパ向けの輸出用衣料品を製造している会社の株式を購入した。今度はジャックポットを引き当てた。

マレーシアの新興株式市場にとって、一九九〇年代は何でもありの時代だった。〝アジアの虎〟と呼ばれた韓国や台湾が一九六〇年代から成長を始めており、次はアジアの他の国の番だった。マレーシアの経済は、ヤシ油などの商品に加え、衣料品、コンピューターチップ、電子製品などの輸出に支えられ、年五パーセントを超える成長を遂げていた。この加熱する成長に引き寄せられるように、外国の投資家がマレーシアの株式や債券市場に資金を注ぎ込んだ。しかし、そこには監視機能が存在していなかった。インサイダー取引が日常的に行われていたのだ。それはまるで一九八〇年代の米国のジャンクボンドの帝王マイケル・ミルケンやインサイダー取引で有名になったアイヴァン・ボウスキーといった人物から手口を学んだかのようだった。制度をどう悪用すればよいかを知っていたマレーシア人が信じられないほどの富を得る一方で、少数株主らは大きな損害を被っていた。

ラリーと共に仕事をした人々は、彼のことを魅力的な策略家ではあるものの、仕事よりも遅くまでナイトクラブで飲むことを好む怠惰な性格の持ち主と見ていた。しかし、彼はそれでも衣料品メーカーの株式の急騰によって大きな儲けを得た。一九九〇年代初め、彼は少数株式を保有していた衣料品会社ＭＷＥによるカナダのテクノロジー企業の買収に関与した。この取引によってターゲット企業の株価が急騰し、ラリーは余剰資金の一部を管理していたオフショアバンクの口座に入金した。

英領ヴァージン諸島のような場所に匿名のシェルカンパニー名義の口座を持つことは、当時のマレーシアの企業にとってはごく一般的なことだった。ラリーの子どもたちも、父親からこの裏金融の世界を学び、ロウの姉メイ・リンは、オフショア金融機関を専門とする弁護士になった。

ラリーが資金を流用していたことが判明すると、ＭＷＥのオーナーは激怒し、ほどなくしてラリーはこの会社の株式を売却することになった。しかし、これが光明をもたらした。一九九〇年代のMWEの株価の高騰によって、ロウ一家は何百万ドルもの利益を得ることとなったのだ。

四〇代となって莫大な資金を手に入れたラリーはパーティー三昧の日々を送った。船上で開かれたあるパーティーでは、スウェーデンのファッションモデルを飛行機でペナンまで呼び寄せたという。このような放蕩三昧を後に息子のロウが知ることとなる。一家はまさにペナンという小さなコミュニティで影響力を持つようになり、それを存分にひけらかした。ラリーはレクサスで街中を走りまわり、ペナン・クラブ——一八六八年に英国人によって設立された会員制のスポーツクラブ。会員には有名な企業経営者の一家や政治家らが名を連ねていた——の会員にもなった。若き日のラリーは水泳に熱中し、日曜日にはこの海沿いのプールを何往復も泳いだ後、一家で中華料理のディナーを楽しんだものだった。

しかしラリーはこういったことすべては、ペナンという小さなコミュニティに限られたものであるとわかっていた。そして一家の社会的な地位をさらに高めたいという野心を抱いていた。そこで一九九四年、ロウが一三歳になると、息子を地元の学校ではなく、裕福なペナンの住民が子どもを英国の寄宿学校に入れるための準備校として通わせるインターナショナルスクールのアップランズに入学させた。マレーシアのエリートの多くは、植民地時代の領主である英国で教育を受けており、英国は依然として海外で学校教育を受ける場合の選択肢の一つだった。

ラリーは英国に根を張ることを選んだ。この当時、高級な地域として知られるロンドンのサウス・ケンジントン周辺の開発業者が、新たなゲイテッド・コミュニティ（周囲をゲートとフェンスで囲った高級住宅地）の販売を開始し、マレーシアで宣伝を始めていた。マレーシアの有力政治家の一部はケンジントン・グリーン開発地域に邸宅を持っていた。大きな野心を抱いていたラリーは、これらの有力な人物と交友関係を築くことがその野心を実現するうえで役に立つに違いないと考えた。彼は複合住宅の一区画を購入し、一家は休暇をここで過ごすようになった。こうしてロウはマレーシアのエリートの子息と出会う機会を得ることとなった。

高いステータスに対するラリーのこだわりは、息子のロウにも影響を与えていた。ロウは学校の友人であるリザ・アジズ――ロウと同じく家族がケンジントン・グリーンに別荘を持っていた――と親しくなった。リザの義父は、将来の首相と目されている国防大臣のナジブ・ラザクだった。ロウよりも若干年上のリザは、ロウがマレーシアの権力構造の上層部へと上っていくうえで鍵となる存在となった。

ペナンに戻ると、ラリーはジョージタウン郊外の丘の上に、クリーム色の豪華な邸宅の建築を発注した。スチールとガラスのきらびやかな外観のこの建物は、マイアミの街並みから取り出してきたようだった。この現代的な大邸宅によって、ラリーは、メン・タックが建てたいくぶん控えめな家からのステップアップを図ろうとした。

ラリーが上流社会の象徴を手に入れようとしていたとき、ティーンエイジャーのジョー・ロ

ウは　新たに生まれようとしていたオンライン世界の冒険に夢中になっていた。ウェブの匿名性の陰に隠れて、コンピューターの前で何時間もの時間を費やした。彼はまるで息をするようにうそをつくようになっていた。オンラインチャットで〝世界中のあらゆる場所でモデルをする〟と言って自身を売り込んだ。フォーラムでは、自分のことを〝筋骨たくましくスタイルがいい〟と称していたが、モデルのオファーはなかった。一九九四年のクラス写真を見ると、ロウは白い半そでシャツにブルーの短パンをはき、こざっぱりとはしていたが、いかにもださい髪型をした、か弱そうな中学生だった。彼のオンライン上での行動は、かっこよくありたいという願望の表れだった。彼はチャットルームの仲間たちに、おすすめのハードコアテクノ・ミュージックを尋ねたり、他の国で人気の髪型を尋ねたりしていた。

ロウは、休暇こそ英国で過ごしていたものの、多くのマレーシアの若者と同様、アメリカの文化により惹かれていた。お気に入りのTV番組の一つが『X－ファイル』で、オンラインで他のファンとモルダーやスカリーの写真を交換した。父親のラリーは、MWEの株式を売却して以降、不動産や株式投資を手掛けるようになっており、ロウもこの世界に関心を示すようになった。彼は、インサイダー取引と企業の乗っ取りを描いた映画『ウォール街』に夢中になり、まだ一五歳だったにもかかわらず、学校で友人たちから資金を集めて株式市場に投資していた。大人たちの多くは、ロウのことを人当たりがよく礼儀正しいが、自分の求めるものを手に入れるためにその魅力を利用することがうまかったと評している。時折、彼は少額の金を父親の友人――多くは裕福なビジネスマン――から借りていた。しかしその金が返されることはなかった。

父ラリーは一家がより高いステータスへと上がるために次なる構想を練っていた。彼はすでにロンドンにアパートメントを、ペナンには豪華な邸宅を有していた。ロウの兄ツェンは英国の名門校セブンオークスで学んでいた。そしてラリーは次男のロウを世界でも有数の一流寄宿学校に入学させようとした。この決断が、ロウを世界で最も裕福な人々が属する一流のクラブへと飛び込ませることになる。

ロンドン北西部の牧歌的な丘の上にあるハーロウは、その何十年もの歴史の中でウィンストン・チャーチルなどの首相を輩出してきたが、一九九〇年代の終わりにはアジアや中東のニューマネーを呼び込むようになっていた。裕福なマレーシア人の間では、一九九〇年代後半のハーロウは、イートン――もう一つの英国屈指の寄宿学校――よりは入りやすいが、それでもオックスフォード大学やケンブリッジ大学へスムーズに入学してコネを作るうえでは、有効なルートだという評判が広まっていた。費用を抑えるため、マレーシア人の多くは高校の最後の二年間だけハーロウに通い、Aレベル試験（大学入学レベルにあることを示す学業修了認定試験）に備えるというのが一般的だった。そしてラリーが息子のために選んだのもまさにこの方法だった。

一九九八年、一六歳のジョー・ロウは一六〇〇年代に建てられたハーロウの校舎に立っていた。ベナンのアップランズ校の制服は半そでのシャツとスラックスだったが、ハーロウの生徒たちはネイビーのブレザーにネクタイ、そしてクリーム色のボーターハットの着用が求められた。学費は年間二万ドル以上と高額だったが、ロウ一家にとっては価値のある投資だった。

ハーロウで、ロウは七〇名余りが暮らす、この学校の一二ある寄宿舎の一つ、ニューランズの一員となった。ニューランズの学生たち――なかには英仏にまたがる銀行帝国を築いたロスチャイルド家の子息も含まれていた――は、一八〇〇年代に建てられた独立した四階建ての煉瓦造りの建物――どちらかというとヴィクトリア朝時代の裕福なビジネスマンの別宅といった雰囲気だった――で生活をした。ロウ自身も比較的裕福な一家の出だったが、すぐに中東やアジアの王族出身の友人たちと知り合いになり、彼らが自由に使える金額に驚かされることになる。これらの友人の中には、マレーシアに隣接する石油の豊富な小国ブルネイの国王の息子などがおり、彼らは学期の終わりには運転手がロールス・ロイスに乗って迎えに来るような人種だった。

新たなエリートの友人たちに囲まれ、ロウは、リスクをいとわないという自身の性格を積極的に発揮するようになった。学生仲間と共に、ハーロウの図書館にミニルーレットを持って忍び込み、少額の金を賭けて遊んだ。別の時には、ブルネイ大使館のレターヘッドを手に入れ、当時ロンドンで最も人気の高いスポットだったピカデリー・サーカスにある有名なナイトクラブ、チャイナホワイトに偽造した手紙を送ったこともあった。その手紙の中で、ロウは、大使館のスタッフを装って、ブルネイのロイヤルファミリーのためにチャイナホワイトのテーブルを予約するように指示した。作戦は功を奏し、ロウと未成年の友人らはプレミアリーグのサッカー選手やモデルの隣でパーティーに興じた。

それは権力と威信――あるいは少なくともそれがあるように見せかけること――があらゆる種類の扉を開けてくれることを彼に教えてくれた。ロウは実行力のある友人のグループに身を置いた。彼は自ら店の予約をし、支払い時にはみんなから金を集めて、自分一人で支払いをしているかのようにアピールした。取りまとめ役になることで、真の権力者との親しさを利用したのだった。こうして彼は自ら注目の的となることを覚えていった。

休暇に入ると、ロウはケンジントン・グリーンのアパートメントで、リザ・アジズと多くの時間を過ごした。彼は、リザの義父のような、政府からつつましい給料しか受け取っていないマレーシアの政治家が、本来なら、このようなロンドンでも最もしゃれた地域の数百万ポンドもするような邸宅など購入できないということを知っていた。だが、マレーシアの与党である統一マレー国民組織《UMNO》が、ギャンブルのライセンスからインフラの契約に至るまで、あらゆる許可を与えることと引き換えに、企業からキックバックを受け取っていることは周知の事実だった。これらの企業の多くは、ロウ一家のような中国系マレーシア人に支配されていた。こういった状況は、ロウの心の中に道徳的相対主義なる感情を呼び起こした。誰もがズルをしているのなら、自分もズルをして何が悪い？　彼はそう思った。

ハーロウを卒業した後、ロウは米国の大学に進学することを選んだ。彼にはビジネスの世界で成功するという野心があった。そこで選んだのは、息苦しいオックスフォードやケンブリッジではなく、アメリカだった。アイビーリーグの大学のキャンパスで、彼は次なる変身のステージを迎えようとしていた。

第2章

アジアのグレート・ギャツビー

二〇〇一年一一月、フィラデルフィア

ロウは、自分の二〇歳《はたち》の誕生日のために借りた、フィラデルフィアで最も人気のあるナイトクラブ、シャンプーのフロアに立ち、自身の領土を見渡していた。彼は本格的なバーと軽食を用意し、さらに排他的な雰囲気を演出するために四万ドル近い金を払って、店を貸し切りにしていた。ペンシルベニア大学の二年生になったロウは、数週間かけて学生名簿をめくった。彼は女子学生クラブの幹部らに電話をかけ、人気のある女子学生にパーティーに参加してもらうための勧誘を繰り広げていた。このパーティーは、よくある学生のビールパーティーとは違い、体育会系の学生から芸術家気取りの学生や外国人留学生まで、あらゆる学生が参加できた。バーには、参加者全員のグラスを一晩じゅう満たしておくだけのシャンパンが用意されていた。

ロウは、巨大なミラーボールの下、激しいリズムを刻む音楽に合わせ、ほろ酔い加減で照れくさそうに身体を揺らしていた。彼は女性たちとぎこちなさそうにおしゃべりをして、パーテ

ィーを楽しんでいるかとしきりに尋ねていた。みんなが楽しんでいるかどうかをひどく気にしているようだった。夜もふけてくると、レタスの葉でできたビキニをまとったモデルの一団がダンスフロアを横切って登場し、バーカウンターの上に横たわった。彼女らは、ほとんど全裸の身体に寿司を盛り、それをゲストが箸で食べていた。マリリン・モンローのそっくりさんが気取った歩き方で現れ、お色気たっぷりの声で「ハッピー・バースデー」を歌った。ロウはその光景を眺めながら、パーティー客から笑いが起きるたびにほほ笑んでいた。

その夜のパーティー客の中には、ロウのことを〝アジアのグレート・ギャツビー〟と呼ぶ者もいた。ホストは自ら参加して楽しむというよりも、自分のパーティーを観察しているように見えた。ジェイ・ギャツビーと同様、ロウの出自も謎に包まれていた。ゲストはパーティーの主催者と話をしなければならないと思うものの、会話は堅苦しく、途切れがちだった。ロウはとても親しみやすかったが、関心を引くようなことはほとんど言わず、ただひたすらゲストたちが満足しているかを繰り返し尋ねるばかりだった。シャンパンは気に入った？　寿司はいかが？　彼は他の男子学生がパーティーを主催した時にするように、女性たちに言い寄ったりはしなかった。それどころか、女性たちといちゃつくことさえしなかった。

ロウはペンシルベニア大学のビジネススクール、ウォートンに進学することを選んでいた。ウォートンは、卒業生にウォーレン・バフェットやドナルド・トランプを擁し、一流の投資家を輩出してきたことで有名だった。年間二万五〇〇〇ドルの授業料を払い、ロウは経済学を専攻して、資本主義のメカニズムを学んだ。クラスメートの多くは、世界中から集まった裕福な学生で、ウォール街でのキャリアを心に描いていた。ロウは無味乾燥なマクロ経済学ではなく、ファイナンスを専攻したが、銀行業界で働くつもりはなかった。初年度こそ必死で勉強した――彼は並外れた記憶力を持ち、非常に飲み込みが早かった――ものの、次第にウォートンを、何よりも社交界とのコネを築くための場所として見るようになっていた。

このシャンプーでの一夜は、その後一五年間にわたって、彼が世界中のナイトクラブやカジノで行うのと同様、周囲に好印象を植えつけるために仕組んだパフォーマンス以外の何物でもなかった。確かに、彼はパーティーを楽しんでいたし、美しい女性を周りにはべらせることも好きだった。だがこれは何よりも、自身を成功した重要な人物に見せるための投資だった。事前にこれみよがしの広告――パーティーのパンフレットには女子学生クラブの名前の隣に大きな文字でジョー・ロウの名前が書かれていた――を打ったのもこのためだった。ロウは一般とVIPの二種類の招待状を用意し、VIPには〝プレミアム・オープンバー〟のおもてなしを約束し、キャンパスからクラブまで、シャトルバスによる送迎も用意していた。彼は、重要だと思われたい、特別なクラブの一員であると感じたいという人々の願望を本能的に理解し、その感情を刺激した。招待状には、〝ファッショナブルな服装でお越しください。ジーンズ、スニーカーは禁止〟と書かれていた。

確かにロウは裕福であり、一家は数百万ドルの資産を有していた。ウォートンにいる間、彼は父親のラリーから定期的に数万ドル単位の電信送金を受け、アトランティックシティへのギャンブルツアーやパーティーの支払いに充てていた。その金は子を溺愛する裕福な父親からのプレゼントであると同時に、ウォートンに通う、影響力のある家の子息にロウの名を売るための投資でもあった。しかし、父親の援助があっても、シャンプーでの夜の費用を賄うことはできなかった。ゲストの知らないところで、彼はクラブのオーナーに対し、パーティー代金の一部だけ前払いして、残りを後払いにしてくれないかと頼み込んでいた。さらにその後何カ月にもわたって交渉を重ね、最終的に大幅なディスカウントを受けてパーティー代金を支払ったという。

ロウは女子学生クラブのメンバーや、アジア、中東の友人たちをギャンブルに招待するようになり、アトランティックシティまでの一時間のドライブのためにストレッチリムジンをチャーターした。そしてトランプ・プラザ・ホテル・アンド・カジノで、一回に数百ドルを賭けてギャンブルを楽しんだ。また、当時ウォートンの学生だったイヴァンカ・トランプに手紙を送り、パーティーに招待したという。彼女は父親の〝汚らしい〟ホテルには決して足を踏み入れるつもりはないと言って断ったという。このグループはその後も何度かアトランティックシティを訪れた。二〇〇二年には、一時二〇万ドルまで儲けたものの、その後一晩でそのすべてをすってしまったこともあった。周囲の友人たちは、一年分の授業料に相当する金を一勝負で賭ける向こう見ずな行動に驚いた。彼らは思った。この男は燃やすほど金を持っているに違いない、と。

ロウは別の方法でも自身のブランドを築こうとした。彼はビジネススクールの新聞、ウォートン・ジャーナルに株式に関する記事を書いた。二〇〇〇年一一月六日にロウが書いた記事は、エンロンはもはや伝統的なガスパイプライン企業ではなく、新たな商品市場を作った、利益を生む金融会社であることを論じたものだった。これはエンロンが会計スキャンダルで破綻し、経営陣が投獄される一年前のことだった。しかし、この記事については、単に分析を誤っていた――何よりも多くのバンカーがエンロンのうそにだまされていた――だけでは済まされなかった。ロウは自身の記事のすべてを、ソロモン・スミス・バーニーのレポートから一字一句違えることなく盗用していたのだ。彼は他にも多くの記事を書いていたが、ほとんどがウォール街のアナリストレポートのコピーだった。どういうわけか、彼の記事は新聞の編集者の目をすり抜け、企業分析の経験などまったくない素人だったにもかかわらず、証券コンサルタントとしての評判を築いていった。

彼は、裕福な神童のオーラを醸し出し始めていた。キャンパスではマルーンレッドのレクサスSC－430コンバーチブルに乗っていた。この車はリースしたものだったが、まるで自分の車のように乗りまわしていた。ロウは、自分が〝マレーシアの王子〟であるといううわさ――これを聞いたマレーシアの学生たちは笑ったものだった――をあえて正そうとしなかった。彼は役を演じていた。それは自身の怪しげな出自を打ち消すためだけではなく、正しい社交サークルに仲間入りすることを狙ったものだった。彼は特に裕福な学生たちを見つけ出し、交友関係を築こうとした。やがてクウェートの建築およびエネルギー業界の有力者の息子ハマド・アル・ワザンと知り合いになり、さらに中東の裕福なペルシャ湾岸諸国から来た学生たちと親しくなっていった。

このように社交界の交友関係を追い求める彼とは別に、もう一人のロウがいた。つつましい出自の友人たちと親しくし、寮の部屋でバーレルサイズのケンタッキーフライドチキンを食べたり、マレーシアから持ち込んだ海賊盤のＤＶＤを見たりすることを好んだ。このグループの中には、政府の奨学金でウォートンに留学している頭脳明晰なシンガポール人のシート・リー・リンがいた。リンやその仲間の前では、ロウは演技するのをやめた。彼らはよくケーブルテレビでボクシングを観戦したが、ロウはだぶだぶのトレーニングウェア姿でくつろいでいたという。またデリラと呼ばれるフィラデルフィアのストリップクラブやキャンパス内のスポーツバーで夜を過ごすこともあった。ストリッパーとデートをし、豪華なプレゼントを贈ったこともあった。彼はパリス・ヒルトンやブリトニー・スピアーズといったブロンドのスターに夢中で、ヒルトンのデビュー映画『蝋人形の館』を五回以上も見て、ルームメイトをあきれさせた。

ロウの話し方は時には聞きとれないほどソフトだったため、人々は果たしてロウが自分たちのしていることを喜んでくれているのかどうかわからなくなってしまうこともあった。二〇〇三年、彼はアラブの友人たちを口説いて中東ツアーを企画し、裕福な名家や影響力のある企業を紹介してもらえないかと頼んだ。学期が終わると、ロウはクウェートに向かった。そこではアル・ワザンがビジネスマンやマイナーな王族とのミーティングをアレンジしていた。

このとき、アブダビで行われたあるミーティング――数年にわたって金に物を言わせて作り上げたネットワークによって実現したミーティングの一つ――が、ロウの人生を変えることになる。

第3章

大儲け

二〇〇三年秋、アラブ首長国連邦、アブダビ

光輝くペルシャ湾を見下ろすシーフードレストランで、二二歳のロウは、この国の族長《シャイフ》らに対する新進の海外政策アドバイザー、ユーセフ・アル・オタイバとランチを共にしていた。共通の友人を通して、ロウからミーティングを申し出たのだった。食事をしながら、ロウはオタイバに質問を浴びせかけた。食事中、オタイバはロウが単なる世界旅行中の学生ではないことに気づいていた。この若きマレーシア人は、アラブ首長国連邦の権力構造に関する情報を熱心に求めた。どの族長が皇太子と近いのか？　誰が最も巨額の資金を動かしているのか？　ロウは、王族の側近の一人であるオタイバこそが、この将来有望な国の権力の回廊を導いてくれる存在だと感じていた。

アラビア半島沖、ペルシャ湾に浮かぶ小さな島に位置するアブダビは、当時はまだ、一九七〇年代に建てられた建物と特徴のないガラス張りのオフィスタワーが立ち並び、見るべき風景

に乏しい都市だった。しかし、この国は大きな転換期を迎えていた。原油価格が上昇を続けて中東の国々の金庫を潤し、アブダビの王室も、ＵＡＥの首都アブダビの整備に取り組んでいた。三〇億ドルを誇る豪華な建造物、エミレーツ・パレス・ホテル——やがて世界でも有数の豪華なホテルの一つになる——も建設中だった。

知性的で刺すような鋭い茶色の目をし、角ばった顔立ちを強調するように念入りに頭を剃り上げているオタイバは、三〇歳にしてすでに、多くの人々が人生において味わうよりも多くの成功を手にしていた。しかし彼の権力と金に対する野心はまだ満たされていなかった。アブダビの元石油相の息子——母親の違う息子が少なくとも一二人いた——の一人として彼は恵まれた教育を受け、母の母国であるエジプトのカイロ・アメリカン・カレッジで学んだ後、ジョージタウン大学に入学し（そこで四年間学んだが卒業はしなかった）、その後ワシントンの国防総合大学に進学した。雄弁で魅力的なオタイバは、帰国するとこの国の王室のために欧米諸国との間の通訳の役割を担うようになった。二六歳のとき、彼はアブダビの皇太子ムハンマド・ビン・ザーイド・アル・ナヒヤーンのアドバイザーになり、外国政府との国防担当窓口の役割を担うようになった。

オタイバはいつも西洋風のスーツを着た非の打ちどころのないいでたちで、完璧なアメリカン・イングリッシュを話したので、ワシントンの政府職員も彼が外国人であることを忘れるほどだった。そしてこの若者はジョージ・Ｗ・ブッシュ大統領の在任中、政権にとって信頼されるパートナーとなった。ディナーの席上で、彼は、米国がイランやイスラム教過激派組織――彼の目にはこの二つはアブダビの独裁政権にとって存続に関わる脅威として映っていた――に対し、強硬路線を取る必要性を、ジャーナリストや外交官、ホワイトハウスの関係者に説いた。オタイバは、ブッシュ政権のイラクにおける戦争の拡大に対するアラブ諸国の支援を促すことによって、ワシントンにおける自らの影響力を確固たるものにしていた。

また彼は、ケーブルTVの夜のニュース番組のレギュラーとして、落ち着きのある魅力的な姿を見せていた。だが、その下には冷酷な信念と、部下に対する不愛想な性格を隠し持っていた。米国の巨大投資会社PIMCOのCEOにして世界で最も有名なアラブ人実業家の一人であるムハメド・エラリアンがオタイバと交わしたeメールの中で、オタイバは、「私のことを知るようになるにつれ、私が恐ろしく正直で、不愛想なことがわかるはずです」と書いたという。

オタイバは、UAEの多くの人々ほどは裕福ではなかった。彼の父親は金融と不動産分野のビジネスで財を築いていたが、オタイバ自身は、多くの兄弟の中の一人として、大邸宅やヨットのような、王族に匹敵するほどの財産は持っていなかった。彼は裕福な第二の人生を送るために、中東の皇太子にも負けないだけの金を必要としていた。保守的なアブダビでは、オタイバはゆったりとしたローブとアラブ諸国の伝統的な頭飾りであるグトラを着用していた。しかし、米国では、多くのアラブの成人男性と同様、母国での制限された生活から逃れて、明らかにより自由なライフスタイルを楽しんでいた。

未婚の彼は、フロリダのモデル事務所に好みのタイプの女性――主にブルネットだった――のリストを送っていた。彼は、職業的な成功を手に入れていたものの、まだ自らが裕福になることに貪欲だった。しかしアラブの政治に精通している一方で、ビジネスにおいては初心者だった。やがて、金儲けを目論み、あるパートナーが立ち上げた建設会社に関与するようになった。彼らは中東のプロジェクトに共同で投資したが、オタイバ自身は表には出なかった。このビジネスにおける彼の主な役割は、アラビア語で言うところのワスタ、すなわち〝コネ〟を提供することだった。

影響力はあるものの、努力家でまだ上昇途上。ビジネスについては何も知らず、見知らぬマレーシア人とのミーティングもいとわない。オタイバこそ、ロウが探し求めていた人物だった。ランチの間、ロウは中東と経済成長を続ける東南アジア諸国――特にマレーシア――との取引の将来について熱く語った。しかし、これはほとんど大言壮語といってよかった。大学でパーティーを開催したことを除けば、彼には取引を仲介した経験などなく、父親の友人から金を借りまくった才覚を別にすると、マレーシアとの特別なコネクションもなかった。しかし、そんなことでひるむロウではなかった。説得力のあるロウの話を聞いているうちに、オタイバは潜在的なビジネスについて語るロウの言葉に興味を持つようになり、彼のためにアブダビへの門を開くことにした。

この最初のミーティングからほどなくして、オタイバはロウをＵＡＥのもう一人の野心的な若者で、ムバダラ・デベロップメントという投資会社を経営するハルドゥーン・ハリハ・アル・ムバラクに紹介した。人目を引くアーチ状の眉にしゃれた縁なし眼鏡をかけたアル・ムバラクは、穏やかな話し方をし、よく笑う魅力的な人物だった。一九八四年にパリの路上でパレスチナ人テロリストに父親を殺されたアル・ムバラクは、オタイバと同様、アブダビで最も権力を持っているシャイフ、ムハンマド・ビン・ザーイド・アル・ナヒヤーン皇太子に信頼されている側近の一人だった。

ウォートンでは、ほとんど努力らしい努力もせず、怠惰な生活を過ごしてきたロウだったが、ここアブダビでは世界がどう動いているのかを真剣に学んでいた。ＵＡＥ政府は、原油に依存した経済からの多角化を図るために、二〇〇二年にムバダラ・デベロップメントを設立していた。これは国際市場から資金を調達し、不動産や半導体といった産業に資金を投資することを意図したものだった。ロウは二〇代後半の口の達者なアル・ムバラクがいかに大きな権力を持つ地位にあり、アブダビ経済の中枢を支配しているかを知った。

ムバダラ・デベロップメントは、裕福な国がグローバル経済の中でより大きな役割を果たそうとする流れの一部だった。中東の政府系投資ファンドは、サウジアラビアとクウェートがオイルマネーを長期的に投資する方法を探すためにファンドを立ち上げた一九五〇年代から存在していた。ノルウェー政府年金基金からＵＡＥの主要な投資ファンドであるアブダビ投資庁まで、他の諸国もこの動きに追随した。ロウがこの国を訪問した当時、政府系投資ファンドは全体で三・五兆ドルと、ほとんどの西洋諸国の年間GDPを上回る資産を有していた。

しかし、新興の投資ファンドであるムバダラは、原油によって得た収益を投資して、将来の世代のために安全に運用するだけではなく、グローバル市場から資金を調達して、経済を新たな方向に動かすための試みを積極的に行おうとしていた。

ロウがアブダビで見たものは、彼の心に種をまいた。マレーシアには、カザナ・ナショナルという政府系投資ファンドがあったが、ムバダラとはまるで違っていた。ロウが自身でアル・ムバラクが支配するようなファンドを設立しようとしたら、六年はかかるだろう。そこでロウは、今後短期間で達成可能な目標を設定した。彼が新たに見つけたアラブとのコネクションをビジネスチャンスに変えるのだ。アル・ムバラクがこの自信過剰な若きマレーシア人をどう受け取ったにせよ、二人が何をするかについての共通点を見つけるのにそう時間はかからなかった。

ウォートンでの最終学期に戻ると、ロウは最初の会社となる、英領ヴァージン諸島に本拠を置くウィントン・グループを立ち上げた。会社名は〝大儲けする《ウィン・トンズ・オブ・マネー》〟にちなんで名付けたと友人に語っていたが、その友人は冗談なのか本気なのかわからなかったという。このアイビーリーグの大学は世界中から学生を集め、その家族から多額の学費を受け取る代わりに、ネットワークを構築する機会とウォートンというブランドネームを与えていた。最終学年になると、特に優秀な学生たちは、ゴールドマン・サックスやマッキンゼー・アンド・カンパニーに競って職を求めた。英国のケンブリッジ大学で学んだロウの兄ツェンも大学を卒業後、ゴールドマン・サックスに入社していた。

しかしロウには他人の通った道をたどる時間はなかった。オフィスワークに縛られることなく、金を儲けることができることを知っていた。そこで彼は中東の投資家をマレーシアのプロジェクトに関与させるための道具としてウィントンを売り込むことにした。初めはクウェートや他の国の友人の家族から集めたシードキャピタルによって小さく始めることにして、いくつか株式を購入した。ウォートンを卒業するまでは大きな取引をするつもりはなかった。

二〇〇五年、最終学年を終えたロウは、ある計画を胸に抱いていた。マレーシアに戻って、ウォートンとハーロウで築いたコネクションを利用してビジネスを行うための方法を探すのだ。自身の会社を持った若き投資家であるロウには野心があった。しかし、そのためには故郷のマレーシアで影響力を持つ後援者が必要だった。

幸運なことに、父親のロンドンにおける不動産投資のおかげで、彼にはその後援者がいた。ナジブ・ラザクという有力な一家だった。

第4章 もっと大きなヴァンが必要だ

二〇〇七年一二月、中国、香港

切り立った丘の上に建ち、この都市《まち》の超高層ビル群と狭い港を見下ろす豪華なホテル、アイランドシャングリ・ラ香港のロビーでは、騒動が起きていた。マレーシアの副首相ナジブ・ラザクとその妻ロスマ・マンソールを取り囲む側近や警備担当者、付き添いのご機嫌取りが、空港へ向かう車に荷物を積み込もうとしていたが、問題が生じていた。サロンで何時間もかけて整えたふっくらした髪と、高価な宝石で派手に飾りたてたロスマは、我慢の限界に達していた。

ナジブはこの数日、海外の投資を集めることを目的に、スイスの投資銀行クレディ・スイスのファンドマネージャーと会談を行っていた。商品取引を中心としたマレーシアの経済はウォール街の投資銀行の関心を集めるようになっていた。ナジブが会議室に座っている間、妻のロスマは香港の高級ブティックで買物三昧にふけっていた。それが問題に発展した。ロスマが購入した山のような商品の箱やショッピングバッグを、チェックラップコック空港――マレーシアの政府専用機がスタンバイしていた――まで運ぶ車に積み込むことができなかったのだ。大慌てのロスマのスタッフが、積み残した荷物を載せるヴァンをやっと探してきた。ヴァンの手配と積み込みに時間がかかり、ジェットがマレーシアに向けて飛び立った時には、真夜中を過ぎていた。

マレーシアの政治的王朝――彼の父も伯父も首相を務めていた――の後継者であるナジブは、妻のロスマと共に、あらゆる要求に気を配ってくれる側近たちの存在に慣れきっていた。五〇代半ばで分厚く赤い唇と白髪混じりのひげをたくわえ、しばしば幸せそうな困り顔を浮かべるナジブは、典型的な生まれながらの政治家だった。彼の父アブドゥル・ラザクは昔風の道徳規範をナジブと四人の弟たちに叩き込んだ。子どもたちが首相公邸のプールで泳ぎたいと言ってもこれを認めず、公務員は国の財産を個人的な楽しみのために使ってはならないと諭した。しかし、アブドゥル・ラザクが若くして死んだとき、ナジブはまだ二二歳だった。父親の死によってこれまで彼を押さえつけていた力も消えてなくなった。それ以来、息子たち――特にナジブ――は、与党である統一マレー国民組織（UMNO）の特権的な環境に囲まれて過ごした。

英国の著名な寄宿学校であるマルバーン・カレッジとノッティンガム大学で学んだナジブは、マレー語よりも英語を好んで話した。英国紳士のように、高価な葉巻を好み、どじな大臣を描いたシットコム・コメディ『イエス・ミニスター』のような英国のTV番組を好んで見た。彼は、崇拝されていた父親の名を背景に、政府の重要なポジションを手にした。二〇代半ばで副大臣になったナジブは、こまごまとした日常の政治雑務に煩わされることなく、イベントに参加したり、講演を行ったりしていた。彼は、最初からイエスマンに囲まれていた。

ＵＭＮＯは一九五七年の英国からの独立以来、マレーシアの政治を支配してきた。マレーシアでは通常選挙が行われていたが、そのシステムには大きな欠陥があり、腐敗がはびこっていた。一九七〇年代、ナジブの父は、多数派民族であるマレー人を支援する政策を推し進めた。政府はマレー人向けの大学用地を確保し、マレー人に対し特別金融支援を行い、さらにマレー人が所有する会社に政府との契約における便宜を図った。しかし二〇〇七年当時、これらの政策によって、中国系やインド系マレーシア人が経営する企業が事業を進めるためにはナジブやロスマのような人物にリベートを贈らなければならないという、汚職のはびこる構造が生み出されていた。

ロスマはさらにつつましい家の出だった。彼女の両親は教師をしており、ごくありふれた中流の家庭だった。しかし、いっとき一家がマレーシアのサルタンに雇われ、その宮殿の一部で暮らしたことがあった。その経験は、若い頃から富を目の当たりにする機会をロスマに与えたが、その一方で、自身の暮らしている貴族の世界に自分が実際には属していないという不安感を彼女に植えつけた。王族との結婚を夢見ていたロスマは、結婚相手として、ブルネイのロイヤルファミリーのメンバーに目をつけていたと言われていたが、その後一九八〇年代にナジブと出会った。当時、彼女は不動産会社で働いており、ナジブは州首相だった。二人はほどなくして結婚した。共に二度目の結婚だった。

初めて政府専用機に乗ったロスマは、この新しい環境に夢中になった。自らのありふれた出自を埋め合わせるかのように、美しいシルクのドレスや高価な宝石を身にまとった。彼女は、ユーモラスな一面もあったが、同時に激しい感情をあらわにし、補佐官を怒鳴りつけたり、結婚相手が気に入らないという理由で娘と絶縁したりしたこともあった。彼女と交友関係を結ぶことは、まるで取引のようなものだった。新たな事業に対する政府の支援を求める外国のビジネスマンは、まずロスマに会い、その後、彼女がナジブとの面談を設定することがしばしばあった。

与党ＵＭＮＯの高官らも、副首相とその妻について懸念を抱くようになっていた。多くの政治家は政府との契約や不動産取引からのリベートを受け取っており、ナジブもその例外ではなかった。しかし、二〇〇〇年代半ばごろには、ロスマの浪費は、マレーシアにおいてさえ限度を超えていた。うわさによると、彼女がエルメスを突然訪れ、店員にいらない商品だけをいくつか指示し、残りすべてを購入していったこともあったという。

彼女は、ぜいたく品を買いあさるために国の金庫からも着服していた。あるマレーシアのビジネスマンはこの様子を詳しく語ってくれた。彼は国有企業から不動産を買い、これを他の国有企業に高く売って、利益をロスマと山分けにしていた。彼女はすでにマレーシアでは評判が悪く、ソーシャルクライマー（上流階級の人間にすりよって、社会の階級を上って行こうとする人のこと）や現代のイメルダ・マルコスと呼ばれていた。一つ数万ドルもするエルメスのバーキンのような高級アクセサリーの数々は、ナジブの公職者としての給料の範囲をはるかに超えていた。

彼女は人前では数百万ドルもする宝石を身につけて歩きまわることはできないため、家じゅうにある金庫にコレクションを納め、時折、取り出しては過ごしていたという。「彼女はただ座ってそれらを磨き、身につけてはうっとりとしていた。それはまるで『ロード・オブ・ザ・リング』の中でゴラムが言う〝マイ・プレシャス〟というセリフを聞いているようだった」と家族の一人は語っている。

二〇〇六年終わりごろ、ナジブの補佐官のガールフレンドであるモンゴル人モデルが射殺され、遺体がＣ４爆薬で吹き飛ばされた事件があった。このとき、被害者女性のボーイフレンドだったその補佐官は、フランスの潜水艦製造会社から一億ドル以上の賄賂を受け取ったとして告発されていた。マレーシアの裁判所は、後に二名の警官に殺人罪を言い渡した。当時、その警官らはナジブのボディガードだった。ナジブは殺害に関し、何も知らないと証言していたが、この卑しむべき事件は、その後も腐臭のように彼に付きまとった。

二〇〇七年当時、ナジブはこの国の政治家のトップ――かつて彼の父もその地位にあった――になるという野心を抱いていた。この野心的なカップルには何らかのグッドニュースが必要だった。そのニュースはロスマの息子がロンドンで出会ったジョー・ロウと呼ばれる一人の若者によってもたらされた。

二〇〇五年春、ウォートンを卒業してマレーシアに戻ってきたロウは、自身の会社ウィントンのオフィスをクアラルンプールのペトロナスタワーズの一七階に構えた。この革新的なツインタワービルは、一九九〇年代後半から二〇〇〇年代初めにかけて世界一の高さを誇り、首都クアラルンプール――一世代で農業中心の貧困国からの脱却を実現したこの国の象徴――の中でも特別な存在だった。光り輝くクロム鋼の被覆材に覆われ、四一階をスカイブリッジでつなぐ二つのタワーは、一九九九年にショーン・コネリーとキャサリン・ゼタ＝ジョーンズが出演した映画『エントラップメント』の舞台にもなった。ロビーには鉄のバーが黒い大理石の床にはめ込まれ、イスラム世界に触発された渦巻くような幾何学模様を描いていた。

マレーシアでも一流の企業でなければ、このタワーにオフィスを構えることはできなかった。その筆頭は国営の石油会社ペトロナスで、その利益はマレーシア経済の変貌を支えていた。大学を卒業したばかりのジョー・ロウには、実際にはこのような一流のビルにオフィスを構える余裕はなかったが、地元の銀行からの融資を何とか受けることができた。そして彼は、銀行から借りた金で、惜しむことなくオフィスを派手に飾り立てた。ボタンを押すと曇るガラスに囲まれた、〝島〟をイメージした会議室をフロアの真ん中に配置した。ホワイトボードはそこに書いたものを何でも印刷できる機能を備えていた。トイレの便座は、使用する人の身長に合わせて自動で高さが調節できた。疲れた足を癒す浅いプールもあった。当時のマレーシアの最先端を超える技術を有する、この国でも最もぜいたくなオフィススペースだった。

ロウは、進行中の投資案件がほとんどないにもかかわらず、スタッフには金をばらまいた。彼の最初の従業員の一人が、ウォートンで知り合ったシンガポール人のシート・リー・リンだった。リンは金融をしっかり学び、大学を卒業後、シンガポールの中央銀行に勤務していたが、ロウがウィントンに加わるように説得したのだった。童顔で快活な笑顔が特徴のリンは、ロウの補佐役だった。ロウが交渉を始め、その後、彼に細部を処理するように指示することが多かった。ボスと同様、リンも出世に貪欲だった。彼は、ウォートンでの成功のカギは、専門用語で飾りたてた中身のない論文を提出することだったと自慢していた。

エリック・タン――ロウはこのマレーシア人のことを〝ファット・エリック〟と呼んでいた――もロウの取り巻きの中で中心的な存在となっていた。なまりの強い英語を話すタンは、ロウの事実上の付き人だった。ロウを完全に信頼して、何も訊かずにあらゆる文書にサインをするほどだった。ロウはマレーシアのナイトクラブでタンと出会い、仕事でも休暇でも、世界中どこでも行動を共にした。

今ロウに必要なのはビジネスだった。彼はウォートンにいる間に、中東とのコネクションを築いていた。彼は裕福なアラブ人にマレーシアに投資をさせ、取引の仲介手数料を得ることを目論んだ。忠誠心を示すため、チョコレートや花束を将来のパートナーとなる顧客に贈り、評判の医師の予約を取るなどの個人的な便宜を図った。しかし、中国系マレーシア人としてビジネスの世界で成功するには、マレー人の庇護者が必要だった。彼には心に描いている人物が一人いた。ロンドンで知り合った、ナジブ・ラザクの義理の息子リザ・アジズだった。父親である副首相にはまだ手が届かなかったが、共通の友人がロウをナジブの四人の兄弟のうちの一人ニザム・ラザクに紹介してくれたのだった。ロウは彼に、ウィントンのオフィスを無償で使っていいと申し出た。そしてペナンの知人が開発を進めている、ペトロナスタワーズ近くの高級コンドミニアムプロジェクトに共同で投資しないかとニザムを誘った。

共同投資の問題点は、ロウにはまったく資金がなかったこと――それどころか巨額の借金があった――だった。頭金を支払う段になると、ナジブ一家の取りまとめ役のビジネスマンが資金を調達して、ロウとニザムを苦境から救い出してくれた。当時ロウは最悪の状況にあった。ペトロナスタワーズの家賃は数カ月滞納しており、オフィスをあきらめざるを得なかった。ナジブ一家に近づくどころか、これまでの努力が水泡に帰そうとしていた。

「彼らはロウを軽蔑していました」ナジブの補佐官の一人はロウについてそう語っていた。しかし、彼は粘り強く、機略に優れ、あらゆる失敗をチャンスとして利用した。コンドミニアム不動産取引に加わることになったイスラム系の銀行であるクウェート・ファイナンス・ハウスの幹部と知り合いになったのだ。二〇〇七年、彼はクウェート・ファイナンス・ハウスに、マレーシアの銀行の買収を仲介しようとした。この試みは失敗したものの、新たなコネクションを得ることとなった。ロウは重要な人物とのコネを築くことを得意とするようになり、記録にはまったく残らないものの、常に交渉の場に同席していた。

その年の後半、ロウは、マレーシアの有力な政府系投資ファンドであるカザナ・ナショナルが、その後イスカンダル開発プロジェクトとして知られる、シンガポールとの国境近くのジョホール州南部で巨大建設プロジェクトを展開するためのパートナーを探しているという情報を耳にした。これは、東南アジアの金融および商業のハブとして繁栄するライバルのシンガポールに対抗して、マレーシアが金融とライフスタイルの中心となる拠点を作り出そうという野心的なプロジェクトだった。

ロウはそこにチャンスを見出した。アブダビで政府系投資ファンドが管理する巨額の資金をじかに目にしており、そこに取引を仲介するチャンスがあると考えていた。中東旅行以来、ムバダラ・デベロップメントのCEOハルドゥーン・ハリハ・アル・ムバラクはその存在感を増していた。原油価格の高騰に支えられ、ムバダラはフェラーリやアドバンスト・マイクロ・デバイセズなどの企業の少数株式を保有するようになり、数十億ドル規模の帝国を築いていた。

ロウのアブダビでの主要なコネクションは、依然として皇太子の政治アドバイザーであるユーセフ・アル・オタイバだった。二〇〇七年六月一七日、ロウはオタイバにeメールを送り、その中でイスカンダル開発計画の詳細を説明するとともに、ムバダラからの投資を提案した。その後、彼はカザナの幹部のアブダビ訪問をアレンジし、そこでオタイバらとのミーティングをセッティングした。

「アブダビで必要なのはオタイバの名刺だけです」ロウは彼をカザナの幹部に紹介したとき、こうジョークを言ったという。

ロウは、細部にまでこだわってムバダラとカザナの間のミーティングや電話を管理し、前もって〝一連の出来事〟と題するｅメールを送付した。さらに彼は、急いで検討しないと取引が流れてしまうかのように話した。取引の中心に身を置くことで、自身が中東の有力なコネクションを提供することができると周囲に印象づけた。

ロウがムバダラを交渉のテーブルに着かせたことは、失敗に終わったコンドミニアム取引の混乱からの復活をアピールした。彼は、マレーシアにおいて政治的コネクションを築くために提示された機会をしっかりとものにしたのだ。すでに副首相であるナジブの弟と義理の息子と知り合いになっていたロウは、次にナジブ夫妻にも近づこうとした。二〇〇七年、彼はロスマとナジブのためにオフショアカンパニーを設立し、二人の娘がジョージタウン大学で学ぶための学費の支払いを支援した。

中東からの巨額の投資を得たことで、イスカンダル・プロジェクトは、自身の価値を示すための機会をロウに与えてくれた。ロウはナジブにこの取引について説明し、足を使う仕事はすべて自分に任せて、手柄だけを手にするよう提案した。シンガポールの玄関口のすぐ近くで展開されるイスカンダル・プロジェクトは、投資を誘致し、最終的にマレーシアを新興国に仲間入りさせようとしている、やり手の政治家としてのナジブの信用に箔を与えることは間違いなかった。

ロスマ・マンソールはマイクを手に、輝くような笑顔をゲストたちに振りまいていた。カラフルな伝統的マレーシルクをまとった副首相の妻は、ホストとしての役割を楽しんでいた。ゲストはソフトドリンクを手に、ロスマとナジブの公邸の大広間にたむろしていた。その公邸はとがった赤いタイル屋根の人間味のない洞窟のような建物で、床から天井まで届く大きな窓からは人工湖と境を接する庭を一望することができた。外では熱帯スコールが今にも降りだしそうだった。大広間の奥では、ジョー・ロウが小走りで動きまわって、誰もが楽しい時間を過ごし、適切な人物に会えるように奮闘していた。

二〇〇七年八月終わりのこの夜がナジブとロスマにとっての転機となった。二人はこのことをロウに感謝した。ゲストはクアラルンプールの南方に位置する新しい都市プトラジャヤのナジブの邸宅に集まっていた。マレーシアは、グローバルなテクノロジーハブとなることを願って、政府機能をこの新しい都市に移していた。プトラジャヤは、現代的な超高層ビルとイスラム教に触発されたドーム型の建造物が巨大な湖の周りを取り囲む素晴らしい景観を有していたものの、十分な資本や企業を集められず、多車線の高速道路もほとんどのレーンが閑散としているなど、どこかわびしさが漂っていた。

しかし、邸宅の中は祝賀ムードであふれかえっていた。パーティーはムバダラとクウェート・ファイナンス・ハウスがイスカンダル・プロジェクトに投資することを祝って催されたものだった。「ジョー・ロウが中東の投資資金をマレーシアにもたらしてくれたことに感謝します」ロスマはゲストに向かってそう言った。やがて彼女は、ライブバンドをバックに、バラードのナンバーを歌い始め、アブダビからの派遣団を困惑させた。

その後、ゲストは、ナジブが部屋じゅうを回ってムバダラのＣＥＯを紹介するのを、列を作って待った。頭飾りをつけ、自信たっぷりながらも丁寧な物腰のアル・ムバラクは、マレーシアに対しさらにもう一つの投資を行った。これもすべてロウのおかげだった。翌朝、ムバダラは、五つ星ホテルや住宅、〝ゴルフ・ヴィレッジ〟を作るジョホール・プロジェクトに五億ドルを投資する契約に署名した。

ロウにとっては、将来を期待させる瞬間だった。中東から資金を調達してくる彼の能力はナジブとロスマだけでなく、自身にとっても大いに役立ち、アラブ世界における存在を強固なものにした。ナジブとロスマの二人は、統治者が並外れたぜいたくな生活を楽しんでいるペルシャ湾岸諸国に魅了された。同時にロウは、ナジブの一家を確実に掌中に収めるために別の方策も講じていた。数週間前、ロウはロンドンに飛び、ナジブとロスマの娘ヌーリヤナ・ナジブの高校卒業パーティーに参加していた。彼女は名門校セブンオークスを卒業して、米国のジョージタウン大学で学ぶことになっていた。

しかし問題があった。ロウはこの取引からかなりの利益を得ることを期待していたが、カザナ・ナショナルは彼への仲介手数料の支払いを拒んだ。ロウは怒った。だが、プロフェッショナルの運営するファンドであるカザナはクリーンすぎて、ロウの思い通りにはならなかった。そして、いずれは自分自身で投資資金を管理する必要があることを痛感した。そのために、ロウはオフショア金融の世界に深く飛び込むことを決意した。

第5章
素敵なおもちゃ

二〇〇八年八月、ワシントンDC

二〇〇八年秋、ユーセフ・アル・オタイバのビジネスパートナーであるシャハー・アワルタニは、オタイバにeメールを送り、あるグッドニュースを伝えていた。二人はロウがマレーシアで仲介した取引によって約一〇〇〇万ドルの利益を得ていた。オタイバは、ロウとの煩雑な直接のやり取りにうんざりしたため、ロウとの交渉をアワルタニに任せていた。しかしロウは彼のコネクションが非常に儲かることを証明しつつあった。

「素晴らしいニュースだ。われわれの努力がやっと実を結んだ」とオタイバは返事を送った。すぐに、アワルタニは〝ジョーからの転送〟としたうえで、フェラーリを買うことを提案してきた。「お祝いに素敵なおもちゃを買うっていうのはどうだい？　458イタリアとか？」アワルタニはeメールの中でオタイバにそう提案した。米国大使になっていたオタイバはそのようなこれみよがしのぜいたくは、アブダビでは〝不要な注目を浴びることになる〟としてこれを退けた。

オタイバにはロウとの取引を秘密にしておきたい理由があった。彼は数カ月前にUAEの米国駐在大使になり、すぐにワシントンでも有数の外交官の一人として頭角を現していた。ポトマック川沿いのバージニアにある宮殿のような大使公邸で行われたディナーパーティーでは、ウルフギャング・パックらの有名シェフが料理を提供し、ホワイトハウスのスタッフや議員、著名なケーブルニュース司会者らを魅了していた。時折、オタイバ大使はゲストを地下の隠れ家に誘って、大きなフラットスクリーンのテレビでバスケットボールを観戦した。エジプト生まれの土木技師である魅惑的な妻アビールを伴って、オタイバは、首都で行われるあらゆる社交イベントに参加した。彼の西洋風の考え方や、イスラム過激派組織との戦いにおけるアブダビの支援もあり、カクテルパーティーであれ、『モーニング・ジョー』（NBCのモーニングニュース）で意見を述べる時であれ、彼は常に注目を集める存在だった。

しかしまだ三〇代半ばのオタイバは、スポットライトを浴びることをずっと避けてきたものの、ビジネスマンとしての側面も持っていた。彼がジョー・ロウに賭けたのは間違いではなかった。ロウとの関係は、彼に莫大な富をもたらしてくれた。

イスカンダル・プロジェクトで仲介手数料を拒絶されたロウは、利益を得るための別の方法を探していた。初めはムバダラ・デベロップメントに投資させることで手数料を稼ぐという、伝統的な仲介役になろうとしていた。しかしその目論見ははずれた。彼は、自身が受け取る価値があると信じている利益を得るため、そしてオタイバに報いるため、どんなことでもするつもりだった。

やがて彼は、複雑な、それでいて素晴らしい計画を思いついた。マレーシアは、ムバダラによる巨大なイスカンダル・プロジェクトへの投資に沸きかえっていた。新たな道路や住宅、ショッピングモール、工業団地の開発を提唱する計画によって、建設会社が、利益を生む契約を得ようと躍起になっていた。このとき、ロウは二つのマレーシアの建設会社が売りに出ているという情報を得ていた。おそらくこの会社を安く買うことができるだろう。だが、イスカンダル・プロジェクトで契約を得ることができるだろうか？　数百万ドルの買収資金を調達するには、さらに借り入れをしなければならなかった。しかし、銀行の目から見れば、彼は何者でもなく、大した実績もないただのビジネスマンでしかなかった。自身のイメージを磨き、銀行からの資金を手に入れるために、再び、有力な友人を頼った。

建設会社買収のための手段として、ロウは英領ヴァージン諸島にアブダビ・クウェート・マレーシア投資会社という名前の会社を設立し、オタイバに加え、クウェートとマレーシアの階級の低い貴族に無償で株式を提供した。彼は著名な人物がこの会社の背後にいるような印象を作り出そうとしていた。このような華々しい後援者を得たことで、難なくマレーシアの銀行を説得し、数千万ドルの融資を受けることに成功した。彼はその融資の一部を使って、建設会社を買収した。同時に、自身の会社であるウィントンの子会社も追加の融資を受け、ムバダラとは別にイスカンダル・プロジェクトの少数株式を購入した。仲介手数料を受け取る代わりに、共同投資家となったのだ。彼は次に主要な中東の政府系投資ファンドがこの建設会社の買収に関与しているといううそをでっち上げようとした。自身の個人事業が有力な中東のファンドの後援を受けているように見せかけることができれば、さらに資金を調達することができるに違いない。ロウは、投資家を惑わすために、不透明なオフショア金融の世界を利用した。彼はオフショア金融センターについて、無数の海外口座を保有していた父のラリーから知識を得ていた。母国の不安定さに懸念を抱いていた裕福なアジア人が、課税を避ける目的もあって、英領ヴァージン諸島やケイマン諸島のような秘密主義の法域にオフショア口座を開設することはごく普通に行われていた。

〝オフショア〟という名称は、一般的には金融システムが国内の経済を上回っている法域のことをいう。言い換えると、オフショア金融センターは、地元の市民や会社にもサービスを提供しているロンドンやニューヨークの国際金融センターとは異なり、純粋に非居住者が資金を隠すためだけに存在していた。近年においては、オフショア金融センターも顧客の情報を開示するようにというプレッシャーにさらされている。しかし、秘密のベールを求める数千もの企業からの年間手数料に頼るこれらの金融センターの多くは、依然としてマネーロンダリングや脱税を働く犯罪者のセーフハーバーとなっていた。最近の試算では、一九七〇年以降、オフショア金融センターに隠されている資金は三二兆ドル――米国と中国の経済を合計した数字に相当する――に及び、数千億ドルの税収を失う結果をもたらしているという。

　当時二六歳のロウは、このグローバル経済の裏の領域についてすでに精通していた。彼は米国銀行の支店やヘッジファンドが多く存在するケイマン諸島が、米国政府との情報共有について改善を図っていることを知っていたのだろう。しかし、カリブ海の英領ヴァージン諸島は会社設立に際して何も質問をしないというアプローチを維持していた。そしてここは、ロウがウィントンを設立した場所でもあった（二〇〇七年、彼の姉メイ・リンは英領ヴァージン諸島の最高裁判所の事務弁護士になっていた）。さらにインド洋の小国セーシェルも、シェルカンパニーの所有者を気にしない有利な地域だった。

　最も重要なことは、ロウがオフショア口座の開設の容易さ――ほとんど誰でも開設できること――を経験していたことだった。米国に本社を置くトライデント・トラストやパナマのモサック・フォンセカといった会社設立サービス会社が、数千ドルで口座開設や会社設立を行い、すべてのペーパーワークを取り扱ってくれた（パナマ文書――二〇一六年に、モサック・フォンセカが有する一九七〇年代まで遡る数十万件の顧客情報が流出した――は、中国の習近平総書記の家族から女優エマ・ワトソンまで、オフショア口座の利用が、世界中のエリートに広がっていることを示した）。

　その秘密性がなければ、これから繰り広げようとする詐欺は不可能だったかもしれない。計画の次のステップとして、ロウはセーシェルに二つのシェルカンパニーを設立した。その会社

――ＡＤＩＡインベストメント・コーポレーションとＫＩＡインベストメント・コーポレーション――は、その名前から、アブダビ投資庁（ＡＤＩＡ）とクウェート投資庁（ＫＩＡ）という、数十億ドルの資産規模を誇る、世界でも有数の政府系投資ファンド二社と関係があるように見えた。しかし、これらのよく似た名前の会社は、完全にロウの創作で、アブダビやクウェートとは何の関係もなかった。

ＡＤＩＡインベストメント・コーポレーションの設立に際し、ロウは新たにレパートリーに加えたもう一つの金融トリックを試してみた。この会社は額面一ドルの非登録株式を一株だけ発行した。この株式は、株券を物理的に保有している者なら誰でも株主としての権利を行使することができる〝無記名株式〟だった。〝無記名株式〟は、英国や米国――ネバダ州とワイオミング州が二〇〇七年にその利用を禁止した最後の州となった――を含む多くの法域で禁止されていた。理由は、この株式を利用すると、その会社の所有者が何層にも及ぶ秘密保持の壁の背後に隠れることができるため、規制当局が、特定の時点における資産の所有者を判断することがほとんど不可能になるからだった。二〇〇〇年代初め、米国は、脱税者を見つけるために、会社や口座の実質所有者に関する情報を提供するよう、オフショア金融センターにプレッシャーをかけ始めた。英領ヴァージン諸島でさえ、最近になって無記名株式の発行を違法としていた。しかし、セーシェルではまだ認められていることをロウは知っていた。

次にロウは、これらの有名な政府系投資ファンドに似せたオフショアカンパニーにマレーシアの建設会社の少数株式を取得させた。将来のビジネスパートナーがデューディリジェンスを行っても、クウェートとマレーシアの王室やＵＡＥのオタイバ駐米大使、さらには二つの主要政府系投資ファンドがイスカンダル・プロジェクト開発計画におけるロウのパートナーであるかのように見えた。

この複雑な構造を使って、ロウは獲物を探し始めた。彼はカモを求めていた。一見華々しく見える彼の投資会社から高値で会社と土地を買ってくれる、裕福だが金融には無知なビジネスマンを。彼は、サラワク州――辺鄙なジャングルに囲まれたボルネオ島にあり、他の州とは海を隔てて数百マイルも離れたマレーシアの州――の七一歳になる州首相タイブ・マハムードに狙いを定めた。伝説に登場する妖精のように背が低く、銀白色の髪をしたタイブは、自身の州の森林破壊をもたらした木材伐採業やヤシ油農場など、数十年にわたって展開したビジネスで財をなしたマレーシアでも有数の資産家だった。狡猾で経験豊富な政治家であるタイブは、白いスーツを着て、白いロールス・ロイスを運転し、白いグランドピアノ――以前はリベラーチェ（派手なコスチュームで人気を博した米国のピアニスト）のものだった――を所有していた。しかし、彼は熟練した投資家ではなかった。

タイブはロウの話を聞きにやって来た。ロウは、ムバダラがイスカンダル・プロジェクトへの投資の後も、マレーシアでの幅広い投資を意欲的に行おうとしていると言いふらしていたのだ。タイブはサラワクでのヤシ油の製油所建設やその他のエネルギー関連プロジェクトへの出資を熱望した。ロウは中東の巨額投資の可能性を示唆する一方で、タイブに建設会社とイスカンダルの土地を買うよう提案した。

数カ月後、ロウの会社ウィントンは、イスカンダルの土地の持ち分を、タイブが所有する持株会社ＵＢＧに現金と株式を対価として売却する契約を締結した。このとき取得した株式によって、ロウはＵＢＧの筆頭株主になった。彼は、ウィントンがタイブに大幅な高値で土地の持ち分を売却することにより、一億一〇〇〇万ドルの利益を上げたと友人に自慢していた。ロウは最初の大儲けを実現し、Ｅクラスのメルセデスを売って、黒のフェラーリ――夜遊びの際にクアラルンプールを乗りまわすための新しいおもちゃ――を手に入れた。

しかし、水平線上には問題も見えていた。ロウが莫大な儲けを得たことを知ったタイブ――この時点でまだＵＢＧの株を一部保有していた――は、さらに割増価格を支払わされたことを知って激怒した。オタイバもロウが得た巨額の利益についての話を聞きつけ、自分が利用されただけなのではないかと心配していた。確かに、オタイバがこの取引に名前を貸すことで、アブダビが正式に関与しているという作り話に尾ひれがついていた。

「イスカンダル・プロジェクトの件では、われわれの友人ジョー・ロウにだまされたようだ」とアワルタニはオタイバにｅメールを送った。「どうやら喜ばせておとなしくさせておくために、われわれには骨だけが与えられていたようだ」

オタイバは、米国の夜のケーブルニュースでは魅力的な物腰で、中東での出来事をアメリカの視聴者に説明していたが、権力を巧みに使うことに慣れており、陰では冷酷にもなれる男だった。オタイバはロウにだまされていたことを知り激怒した。彼はロウのことを役に立つコネクション――マレーシアにおいて将来的に利益を生む取引へのアクセスを提供してくれる存在――と見ていた。しかし、結局のところ、彼がロウのことを頼りにするよりもはるかに強く、ロウのほうが彼と彼のアブダビでのコネクションを必要としていたのだ。

「われわれに知られずに何もすることはできないということを彼にはっきりと理解させる必要がある」オタイバはアワルタニに返信を送り、ロウと対決するよう促した。「できれば、直接会って少し脅したほうがいいだろう」

パートナーでさえも、ロウに不信感を抱くようになっていた。しかし、この時点でロウは、一切定職に就くことなく、巨額の資金を手に入れていた。彼は二七歳で、大学を卒業してわずか三年しかたっていなかった。ウォートンのクラスメートのほとんどが、二〇〇八年の終わりにウォール街と世界金融システムを飲み込んだ大混乱と戦っていた一方で、ロウは、彼らがただ夢見るだけの富をすでに手に入れていた。何も作り出すことなく、権力の巣窟に近づいて大きな利益を約束することで投資家を説得するという非凡な才能を発揮していた。オタイバや影響力を有する他のスポンサーに金を稼がせることで、自身のコネクションのネットワークを強化したのだった。もっともすべての資金が自分のものではなかったので、何がしかの金をタイブに返す方法を考え出さなければならなかった。しかしロウは取引仲介者《ディールメーカー》としての評判を確立しつつあった。

彼はもはや無名の存在ではなく、実績を有する投資家として、クアラルンプールのエリートが開催するイベント――ビジネスミーティングだけでなく社交的な集まりでも――の常連になっていた。そしてこの早熟な有名人は、世界で最も影響力のあるウォール街の金融機関ゴールドマン・サックスの野心的なバンカーのレーダーに引っかかった。

第6章

ライスナー博士でいらっしゃいますか

二〇〇六年六月、中国、万里の長城

特別なゲストを迎えたお祝いであることを示すように、北京近郊の万里の長城に設営されたテントの下では、ウェイターが円卓の周りをせわしなく動きまわっていた。数分後、活動的な元トレーダーとして知られ、最近ゴールドマン・サックス・グループのCEOになったロイド・ブランクファインが、アメリカ人や中国人の銀行幹部の側近と共に到着した。ブランクファインはウォール街の新たな王だった。そしてゴールドマン・サックスは、象徴的なグローバル取締役会を万里の長城で開催していた。これはこの有力銀行が中国を重視していること――より幅広い目で見ればアジアを重視していること――の表れだった。

CEOの座を退くハンク・ポールソンは、ゴールドマン・サックスを中国へと大きく舵を切る戦略を取った。この戦略によってゴールドマンは、共産主義政府に企業を民営化する方法をアドバイスして利益を上げ、現地において合弁証券会社を設立した最初の銀行となった。ポールソンは、ジョージ・W・ブッシュ政権の財務長官に就任するために数週間前に辞任していたが、後任のブランクファインもアジア重視の戦略を維持することを強く打ち出していた。しかしこの地域は依然としてまだ停滞していた。ウォール街の銀行は、その利益の半分以上を米国で上げており、足元がふらつきつつある住宅市場へ自らの資金で巨額の投資を行っていることは言うまでもなく、顧客の資本調達やM&Aのアドバイス、利益性の高いデリバティブ商品の販売などを米国で展開していた。アジア金融危機以前、中国を中心的な担い手としていたアジア市場は、ウォール街の金融機関の利益の一〇パーセント程度しか上げていなかった。

しかし、二〇〇六年には、風向きが変わっていた。万里の長城で行われた取締役会は、大部分は単なる象徴的なイベントだったが、高所から北京へと続く平原地帯を見下ろしていた参加者たちは、アジアの将来に対する希望的な見通しを口にしていた。米国や欧州向けに玩具や衣料品、機械部品その他の製品を大量生産する中国の経済が二桁の成長率を示すなか、この地域に対する関心が高まっていたのだ。中国に原材料を供給するマレーシアなどの東南アジアの近隣諸国も、年間五パーセント以上の堅実な経済成長を遂げていた。ゴールドマン・サックスの幹部らは、アジアに行けばより昇進のチャンスが高くなると言ってスタッフを説得し、従業員をニューヨークやロンドンから香港やシンガポールへ、家族ごと転勤させていた。

二〇〇九年初め、アジアにおけるゴールドマンの希望の星、ティモシー・ライスナーがクアラルンプールのイスタナ・ネガラで車を降りた。辛子色のドームを備えた、丘の中腹に立つ、堂々としたマレーシア君主公邸イスタナ・ネガラは、インドのマハラジャの宮殿を思い起こさせた。ここは三九歳のドイツ人ライスナーが会合を行うには不似合いな場所だった。一九〇センチのさっそうとした体躯のライスナーは、ゴールドマンの東南アジア投資銀行部門のトップで、約一〇年にわたりこの地域においてゴールドマン・サックスのために新たなビジネスを生み出していた。

しかしこの日の会談は特別なものだった。本拠地である香港から飛行機でやって来たライスナーは、マレーシアの君主と会う時には必須のマレーの伝統的な帽子ソンコックを買った。そして今、トレンガヌ州のサルタンであるミザン・ザイナル・アビディンと会談をしていた。ミザンは世襲により各州を統治するこの国の九人の君主の一人で、サルタンの間で、交代で君主を選ぶこの国の制度のもと、当時のマレーシアの君主でもあった。ミザンは正式なマレーの服装――折り重ねられ、刺繍のほどこされたシルクでできた頭飾りをつけ、金色の糸で織られた短いサロンに黒のパンツ姿で、クリスと呼ばれる短剣をウエストバンドにたくし込んでいた――でゲストを迎えることが多かったが、この会談では、西洋風のビジネススーツを着ていた。

ライスナーは、常日頃から、企業のＣＥＯや政治家との密接な関係を維持することによって、マレーシアにおける取引の機会を探っていた。この国の経済は、ゴールドマン・サックスがアジアの中でも特に注目している中国に比べると、取るに足らない規模でしかなかったが、ライスナーは一〇年近くを費やしてマレーシアとの関係を構築し、ゴールドマン・サックスも取引に関する助言を提供することにより、まずまずの金を稼ぐようになっていた。彼は、時に政治的なコネクションを持ったマレーシアの仲介役に頼ることもあった。そういった仲介役は紹介する代わりに手数料を取った。これはアジアでは一般的な慣行だった。この会談はジョー・ロウが仲介したものだった。彼はまだ二七歳だったが、どうやら非常に強力なコネを持っているようだった。

ライスナーは、多くのコネを持つゴールドマン・サックスの地元のバンカーであるロジャー・ウンを通じてロウを紹介された。第一印象はあまり好ましいものではなかった。ロウは、取引を準備するだけで足を使った仕事をせず、自らの資金をリスクにさらすことなく上前をはねることに躍起となっている人物のように映った。ライスナーは、ロウのことを〝怪しげな〟人物だと友人に話していた。それでもロウは投資のアイデアを持っており、ライスナーは野心的で、次なる大きな案件に飢えていた。ロウは、サルタンが州の原油やガスが生み出した富を運用するための投資ファンドの設立を計画しているとライスナーに話した。また、サルタンがゴールドマン・サックスに仕事を頼みたいと言っているとも話した。

話し上手なライスナーは、アジアの要人を手なずける術を心得ており、サルタンとも気が合った。会談が終わる頃には、ゴールドマン・サックスは後にトレンガヌ投資庁と呼ばれる新たなファンドの組成に助言を行う契約をしっかりと手中にしていた。ゴールドマンがこのファンドの設立によって得た手数料は、わずか三〇万ドルで、ウォール街の基準からすれば取るに足らない金額だった。しかし、ライスナーは長期戦を戦う術を心得ていた。トレンガヌ投資庁の設立に関する取引は、やがてゴールドマン・サックスに数億ドルの利益をもたらすことになる事業の始まりだった。かつてはよどんだ地域でしかなかったマレーシアが、ゴールドマン・サックスにとって、突如として世界でも有数のプロフィットセンターになった。

ハノーファーの近くにあるドイツ北部の都市ウォルフスブルクで育ったティモシー・ライスナーは、三人兄弟の真ん中として恵まれた少年時代を過ごした。彼の父親は、この街に本拠を置くフォルクスワーゲンの上級幹部で、ライスナー自身は地元の高校に通いながら、午後は一〇歳から通っていた会員制のクラブでテニスをしていた。夏の間は、欧州や米国で行われる、選ばれた選手だけが参加できるトレーニングキャンプに参加し、シュテフィ・グラフらのスター・プレイヤーたちとプレイをしていた。

一七歳のとき、ライスナーは交換留学生としてニューヨーク州北部のミルブルック・スクールで一年間を過ごした。ホストファミリーは彼のことをドイツ人特有の控えめな性格の持ち主と考えていたが、彼はすぐにアメリカでの生活になじんでいった。バスケットボールをプレイすると同時に、フットボールチームではワイドレシーバーとしても活躍した。地元の新聞は、彼を〝自信、知性、ルックス、富そして運動能力〟といった〝天からの贈り物〟を多く持っていると評した。またスポーツコーチは、これまで教えてきた中でも最も教えがいのある生徒であり、〝優れたロールプレイヤー〟であると讃えた。彼は何もしなくても女性にもて、テニスプレイヤーのガールフレンドがいた。

この留学は、ライスナーに海外での生活を経験させてくれた。ドイツで大学を卒業した後、彼は再び米国に渡り、ＭＢＡを取得するためコネチカット州のハートフォード大学に入学した。クラスはあらゆる国から来た学生たちであふれており、彼はイラン人を祖先に持つフランス人女性と知り合った。卒業後、二人はロンドンに渡って結婚した。ライスナーはＪＰモルガンに入社し、銀行員としては最も低い職階のアソシエイトとしてスタートを切った。彼は成功に飢えており、才能があるにもかかわらず、何とか近道をしようとする傾向があった。

一九九三年、ＪＰモルガンに勤務しながら、ライスナーはサマセット大学で経営学の博士号を取った。この大学は、数年後に廃校となる予定で、数千ドルで学位を売る大学として、アメリカ人の間で――特に堅いイメージを持つ英国の大学の修了証書によって学歴を飾りたてようとする人々の間で――有名だった。ライスナーは〝博士〟の称号を講演会で使い始めるようになり、すぐにＪＰモルガンのバイスプレジデントに昇格した。

ロンドンにいる間、彼はインドネシアの発電所の資金調達に係る取引に関与し、これによってアジアに興味を持つようになった。結婚生活は失敗に終わり、一九九七年に香港に移り、ここでリーマン・ブラザーズに転職した。

一九九〇年代、香港は非常に流動的な状況にあった。山の多い島と中国本土の一部からなる、七〇〇万の人口を有するこの地域は、祖国を捨てた投資家の活動の場となっていた。タイや韓国のようなアジア諸国が一〇年近くに及ぶ著しい成長を遂げるなか、香港のバンカーらは、遅くまで働き、この都市《まち》の歓楽街である湾仔《ワンチャイ》のバーでパーティーを繰り広げ、週末にはプライベートヨットで周辺の島への小旅行を楽しんだ。

しかし一九九七年を機にパーティーの雰囲気も悪化していった。一五六年に及ぶ植民地支配の後、英国が香港を中国に返還した。さらに数年にわたる不動産や他のリスキーな分野への投資に対する無謀な資金調達の結果、通貨危機がアジアを襲った。これは典型的な金融バブルであり、ジョージ・ソロスらの投機家がアジアの割高な通貨に対し攻撃を仕掛けた結果、当時のマレーシアの首相マハティール・モハマドを怒らせ、外国の銀行は、不良債権を抱えて損失を計上することを余儀なくされた。

ライスナーのような投資家にとって、こういった不安定さはチャンスでもあった。外国人バンカーの間では、アジアはウォール街のキャリアを加速させる場所としての評判が確立されていた。香港やシンガポールで勝ち抜くことは、それほど熾烈なものではなく、バンカーらは大きな金融取引を行う裁量を与えられていた。一九九五年には、英国ベアリングス銀行のニック・リーソンというならず者トレーダーが日本株の不正取引を行って、銀行を破綻させていた。しかし、ライスナーが香港に着いたとき、株式や債券を発行して資金調達を行う資本市場は、金融危機の影響で枯渇していた。もっともリーマンは大きな影響は受けておらず、アジアの無一文の政府に対し、民営化の波に乗って資金調達をするための助言業務を始めようとしていた。

香港に拠点を置くバンカーは、アジア全域をノンストップで移動して、猛烈な勢いで仕事をしており、ライスナーもその例外ではなかった。ある取引で、彼はタイの政府系石油会社の巨額の株式発行をゴールドマン・サックスのバンカーと共に支援した。彼らは、一日一八時間、午前二時まで働き、その後バンコクの人気のバーで数時間を過ごすという生活を繰り返した。自身のキャリアを高めるために競争の少ないアジアを選んだウォール街のバンカーたちの間には、通貨危機を経験して密接な関係が築かれていた。ライスナーの働きぶりは、世界中の銀行のトップに君臨していたゴールドマン・サックスにも強い印象を与えた。彼はゴールドマンから引き抜きのオファーを受け、これを受諾した。

ライスナーが入社して間もなく、ゴールドマン・サックスは、アジアの本部を、香港島の長江センターに移した。このビルは、ビクトリア・ピーク――金融街セントラルや、香港島と中国本土を分け、多くの船が行き来するビクトリア・ハーバーを見下ろす山――の息を飲むような景色を一望する七〇階建ての超高層ビルだった。ワンフロアがすべて会議室になっており、古くからの書道作品や霧にかすむ山々を描いた水墨画など、数百万ドルもする中国の美術品で飾られていた。受付には、このビルのオーナーであり、香港の億万長者でもある李嘉誠から贈られたアンティークの兵馬俑が飾られていた。

ゴールドマンで、ライスナーはジュニアアナリストのジュディ・チャンと出会って恋に落ちた。二人は、彼が最初の妻と離婚した後に結婚した。チャンは石炭鉱業で財をなしたインドネシア系中国人の家系の出で、ライスナーが付き合ってきた女性の中では初めて、多くの人脈を持つ女性だった。結婚式は、香港の豪華なホテルで行われ、テーブルには両目に輝くライトをつけた子豚の丸焼きが出された。彼らは二人の娘に恵まれたが、ライスナーが家にいることはほとんどなかった。M&A部門のエグゼクティブディレクターとして、ライスナーは、ほとんどの時間を飛行機の中で過ごし、ゴールドマンが助言や資金調達を行う取引を絶えず探しまわる毎日を送っていた。

　数年間の不況を経てアジアは危機から脱し、ライスナーも金《きん》を掘り当てようとしていた。二〇〇二年、ゴールドマン・サックスはライスナーが知り合った億万長者アナンダ・クリシュナンの保有する携帯電話会社のために株式を発行した。この八億ドルの新規株式公開《IPO》は、その年のアジア最大の株式公開となり、これによってライスナーはマネージングディレクターに昇格した。翌年、彼はクリシュナンとの別の取引――アストロという衛星放送会社のＩＰＯ――を成功させた。さらに二〇〇六年五月、他の銀行との競争に勝って、マレーシア史上最大の企業買収――地元の電力会社に対する二〇億ドルの取引――の助言業務を勝ち取った。この取引におけるゴールドマン・サックスの手数料は、九〇〇〇万ドルで、米国の基準からしても相当な金額であり、マレーシアでのありふれた取引の報酬額を大きく上回るものだった。

ゴールドマン・サックスの同僚たちは、ライスナーが互いに密接な関係を築いているとクライアントに錯覚させる類いまれな才能を持っていることに気づいていた。彼はある種、個人的な魅力で重要人物を惹きつけることに長けた〝リレーションシップ・バンカー〟であり、数学的な才能で複雑なデリバティブ商品を値付けして売る〝理論派バンカー〟とは一線を画していた。

アジアに赴任して以来、ライスナーはアジアにおける人脈、特にマレーシアにおける人脈を深めていった。彼はユーモアがあって快活で、ドイツなまりの英語を話し、人々の知りたいことを教えてくれる優れたネットワーカーだった。会議室では、クライアントの向かい側ではなく隣に座った。クアラルンプールでの上流社会の結婚式では、ディナーの間ずっと席を離れ、ホテルのボールルームを飛びまわっていた。

「彼はクライアントが好きで、取引が好きだった」ゴールドマン・サックスの同僚であるシニアバンカーのジョー・スティーブンスはそう語った。

ゴールドマン・サックスが、ハンク・ポールソン、そしてロイド・ブランクファインのもとでアジアのビジネスを成長させていくなか、ティモシー・ライスナーはその恩恵を受けていた。二〇〇六年一〇月、彼はパートナーに昇格し、ゴールドマン・サックスの聖域に新たに招かれた一一五名のうちの一人となった。ゴールドマン・サックスは、三万人の正社員のうち、二パーセント以下の数百人のみをパートナーとしており、この聖域に新たに加えられる者は、ブランクファイン自身によって指名された。この名誉によって昇給がもたらされ、基本給は約一〇〇万ドルとなった。さらにボーナスと自己勘定取引を行う機会──ゴールドマン・サックスのトップバンカーだけのために用意されていた──が与えられた。ライスナーはマレーシアでゴールドマン・サックスに大きな利益をもたらし、銀行のアジア重視戦略の恩恵を大いに受けた。二〇〇六年にパートナーになった者のうち、五分の一以上がアジアから選ばれていたが、この数字は、アジアが稼いだ手数料の金額の割合よりも大きかった。この事実は、ゴールドマンがアジアに明るい未来を見出しているというブランクファインからのメッセージだった。

しかし、ライスナーに関する中傷もささやかれていた。ゴールドマン・サックスの同僚の中には、彼の疑わしい学歴を皮肉って、「ライスナー博士でいらっしゃいますか」と挨拶する者もいた。さらに一連のスキャンダルもあって、彼のプロフェッショナルとしての資質を疑問視する同僚もいた。彼の女性関係は一夜限りの恋というよりも、真剣な関係を次から次へと繰り広げるようなものだった。ＩＰＯの交渉の最中にアストロの最高財務責任者の女性と深い関係になったこともあった。この交際は大っぴらに行われていたため、ライバルのバンカーたちがアストラのＣＥＯにゴールドマン・サックスが不当に有利な地位にあるとして抗議する事態に発展した。内部通報があったことから、ゴールドマン・サックスも調査を開始した。しかし、ライスナーはこの女性との関係を否定し、ゴールドマンも不問に付した。

彼はまたルールを無視する傾向があり、ジュニアバンカー時代には、権限を逸脱することもあった。「彼は決してルール通りに仕事をしなかった。クライアントに提案してから、社内の承認を得ることがよくあった。だが、契約を獲得していたから許されていた」同僚だったゴールドマンのバンカーはそう語った。ある時は、ライスナーがマレーシアの有力銀行であるメイバンクのCEOに、ゴールドマン・サックスが一〇億ドルの株主割当発行を引き受けること――株式を一旦買い上げ、その後これを市場で売却すること――を約束した書面を提供して問題になったこともあった。大きなリスクがあるにもかかわらず、このことを香港の上司に報告していなかったのだ。別の時には、不正に情報を社外に流出させたとして、給与がカットされたこともあった。これはいわば警告だったが、ライスナーがゴールドマンに利益をもたらしていることもあり、銀行もそれ以上の処分は講じなかった。

彼に反省の色は見られなかった。ここはしょせん資本主義の辺境の地アジアなのだ。そして、利益を上げ続けているかぎり、この地域のゴールドマンのボスもどうやら大目に見てくれるようだった。そして二〇〇九年、彼はマレーシア人ジョー・ロウと出会った。

二〇〇九年初め、イスカンダル・プロジェクトで大きな成功を収めた後、ロウは次の大きな取引を探していた。彼はマレーシアで急速に頭角を現していたが、グローバルなステージで成功を積み上げる必要性をずっと痛感していた。ロウはＵＡＥの政府系ファンド、ムバダラを運営するハルドゥーン・ハリハ・アル・ムバラクの権勢を観察していた。このファンドは一〇〇万ドルどころか、一〇億ドル規模の投資残高を有していた。ロウは考えた。マレーシアに本拠を置く自分の政府系ファンドを作ることはできないだろうか？　しかし、元となる資金をどこで見つければいいのだろう？　伝統的な政府系投資ファンドは、石油から上がった利益を投資していた。そこでロウは、海底油田とガス田で潤っていたマレーシアのトレンガヌ州に目をつけた。

マレーシアの九名のサルタンは、それぞれ各州を国会議員と共に共同で統治していた。彼らは、州の収入を左右するほどの幅広い政治的権力を持ち、腐敗の温床を作り出していた。ロウは、一つの取引から次の取引へと動きながらチャンスを見出すいつもの能力を発揮して、トレンガヌ州のサルタン、ミザン・ザイナル・アビディンへとたどり着いた。

英国で教育を受けたミザンは、保守的なイスラム教徒の家の出身だった。マレーシアの王族の中には、権力に甘えて怠惰な者もいたが、彼は優秀な人物と見られていた。ロウは買収した建設会社の取締役だったミザンの妹と知り合い、このコネクションを使って、ミザンにアブダビ・クウェート・マレーシア投資会社の株式を無償で提供した。この投資会社は、建設会社を買収した後、これをすぐに転売して大きな利益を上げていた。

この最初の成功を手に入れた後、ロウはさらに野心的な投資計画をミザンに持ちかけた。アブダビのムバダラのような政府系投資ファンドを立ち上げて、州のオイルマネーを投資してはどうだろうか？　ロウは、ゴールドマン・サックスのバンカーを知っており、その人物が助言を提供し世界中の投資家を見つけて、州内の開発を実現するための巨額の資金を生み出してくれるはずだとミザンに語った。

もっともらしく見せるためには、ゴールドマンにも関与させる必要があった。そしてライスナーも、この若きマレーシア人に対し抱いていた当初の懸念にもかかわらず、このビジネスに乗り気になった。ロウはすぐにライスナーとゴールドマンの地元バンカーであるロジャー・ウンを、ミザンに会わせるため、クアラルンプールの宮殿での会談をセッティングし、これに同席した。

サルタンとの会談から数カ月して、ゴールドマンが彼のアドバイザーになった後、ロウはライスナーらにeメールを送り、くだけた調子で、〝兄弟《Bro》〟と呼びかけながら、ファンドをマレーシアのメディアにどう発表するかについて打ち合わせをした。二〇〇九年に設立したこのファンドにおけるロウの役割はアドバイザーとしてのものだったが、実際には彼がこのショーを取り仕切り、スタッフとして多くの知人を採用していた。ロウとライスナーとのeメールでは、このプロジェクトをプロジェクト・ティアラと呼んでいた。しかし、ライスナーとウンは、怪しげな若きブローカーであるロウの存在がゴールドマンのコンプライアンス部門とトラブルを起こす可能性があると感じていた。そこで彼らはロウの役割を銀行内のごく一部の人間にしか話さなかった。むしろロウも自身の行動をゴールドマンの上層部には隠しておくよう頼んでおり、彼らも喜んでこれに従った。

ロウは、将来の州の原油収入を返済原資とする一四億ドルのイスラム債――イスラムの教義では利息を課すことが禁じられているため、教義に違反することを避けるよう独自に設計された債券――を発行するよう、ミザンを説得した。しかし、ファンドが資金調達を実施しようとした二〇〇九年五月、ミザンが怖気づいた。ロウは慌てて取引を進めようとしたが、明確な投資プランは持っていなかった。ミザンにはそこまで拙速に計画を進める理由がわからなかった。しかも、ファンドはまだ十分な経営チームも有していなかった。取締役会でミザンの代理人は、資金調達の延期を命じたが、ロウはこれを聞き流し、債券の発行を強行した。

しかし今度は、州のオイルマネーをギャンブルにさらすことを恐れたミザンがすべてを停止すると言って脅した。さらにミザンは、ロウが債券を発行して得た資金を流用しているという銀行筋の情報を耳にして、ますます慎重な態度を取るようになった。結局ミザンはスタートする前にロウの計画を棚上げにした。

ロウは、彼が中東で間近に見てきたような、数十億ドルを動かす若きファンドマネージャーとして、実力者に変身を遂げようとしていた。しかし、ミザンがファンドの閉鎖を命じたことでまた振り出しに戻ってしまった。彼はすぐに次に何をすべきかを見つけなければならなかった。しかしこのとき、これまでのキャリアの中で最も幸運なターニングポイントを迎えようとしていた。

ここ数年、ナジブ・ラザクは、この国の政治の最上層部へと階段を上っていた。その著名な家名とともに、ここ数年の政治活動によって、多くのマレーシア国民が、彼はいつか首相になるものと思っていた。当時、与党であるUMNOは危機に瀕していた。二〇〇八年の総選挙で連立政権はほとんど権力を失いつつあった。インド系住民と中国系住民は、二流市民として暮らすことに不満を抱き、こぞって野党に投票した。揺らぎつつある勢力の回復を図るため、政府与党は、ラザク政治王朝の後継者に目を向けた。こうして二〇〇九年四月、ナジブは、生まれながらにその権利を持っていたかのように、マレーシアの第六代首相となった。

ロウがこれまで培ってきたナジブと彼の妻とのコネクションが、突然実を結ぶことになった。この野心的なマレーシア人は、一夜にしてこの国で最も権力を持つ男に話を聞いてもらえるようになった。一方ナジブは自らの政党の人気を回復させるための資金が必要だった。ロウはすぐに死産に終わった彼の投資ファンドに資金を投入して、これを救うべく動いた。

第7章

サウジの〝王族〟（最初の強奪）

二〇〇九年八月、コートダジュール、アルファ・ネロ号の船上にて

コートダジュールのモナコ沖を航行するアルファ・ネロ号の豪華さを目の当たりにし、マレーシアのナジブ・ラザク首相は、サウジアラビアの国王アブドゥッラー・アブドゥルアズィーズ・アール＝サウードの息子が保有しているこの船に深い感銘を受けていた。映画館と、ヘリポートに姿を変える巨大なプールを有する二六九フィート（約八〇メートル）の船は、総工費一億九〇〇〇万ドルとも言われ、圧倒的な威容を誇っていた。

大広間には、快適なソファが備えつけられ、窓の外には地中海が広がっていた。ナジブは、この船のオーナーと言われているトゥルキ・ビン・アブドゥッラー・アル・サウド王子に出迎えられた。白いベースボールキャップに、ブルーのリネンのそろいのパンツとシャツ姿のトゥルキ王子は、がっしりした体格の三七歳で、口ひげと無精ひげを生やし、リラックスした雰囲気を醸し出していた。元サウジアラビア空軍のパイロットで、最近になってビジネスの世界に

手を出し始めていた王子は、楽しそうにナジブと握手をした。

半ダースの白いシャツという出で立ちのナジブは、緑の箱に入ったプレゼントを、ほほ笑みながらトゥルキ王子に渡した。二人の子どもと共にこの旅に同行していたナジブの妻ロスマは、豹柄の黒と白のシャツ姿でホストと談笑していた。ロスマはサウジの王族と直接、しかもこのような親しげな雰囲気の中で会う機会を得て、やや興奮気味のようだった。イスラムのしきたりを尊重してゲストらはフレッシュジュースを飲んでいた。カメラマンが会合の様子を写真に収めた。ナジブとトゥルキ王子はソファの両端に座って、マレーシアとサウジアラビアがより経済的なつながりを深めていく方法について話し合っていた。

一団のはずれには、やはりカジュアルなグリーンのポロシャツを着たジョー・ロウの姿があった。彼だけがこの会合の本当の目的を知っていた。

ナジブが首相になった後の数カ月の間で、ロウとナジブは頻繁に会っていた。ロウはマレーシアの新たなリーダーに対し、中東に注目するよう説得していた。彼はすでにアブダビの資金をイスカンダル・プロジェクトに導いていた。そして今、サウジの豊富な資金へアクセスする可能性を手に入れようとしていた。若干二七歳のこの若きマレーシア人は、ナジブと、同じく重要な役割を持つロスマに、自分こそが中東への投資の鍵を握っていることを何とかアピールしようとしていた。

新政権が設立した後の数週間、ロウはナジブの非公式の補佐官として行動し、首相の中東訪問を計画した。ナジブは、マレーシアを数年以内に新興国の仲間入りをさせるという大いなる野望を抱いており、そのためには資本の主要な供給源が必要だった。ロウは、アラブ諸国こそがその供給源になるとナジブを説得していた。ナジブとロスマは、ロウと共に中東を訪問し、サウジアラビアのアブドゥッラー国王や、アブダビのムハンマド・ビン・ザーイド・アル・ナヒヤーン皇太子と会った。関係者は、ロウと首相との関係が近いことから、ロウをナジブの正式な使者として見ていた。旅行中に彼と会った一部のビジネスマンは、彼のことを投資担当の大臣だと勘違いしたほどだった。

アブダビの豪華なエミレーツ・パレス・ホテルでの皇太子とのディナーの後で、ナジブは新たなマレーシアの政府系投資ファンドである1マレーシア・デベロップメント・ブルハド、すなわち1MDBの設立を発表した。1MDBは、つい最近一四億ドルのイスラム債を発行したトレンガヌ投資庁を連邦政府の法人に変身させたものだった。1MDBはこの債券を返済する義務を負っていた。

ナジブが権力を握ると、ロウはこのファンドを引き継ぎ、その権限を拡大して中東の投資家を探すよう彼を説得した。これ以降、ミザンはこのファンドのすべての業務から手を引くこととなった。

ロウはオタイバUAE駐米大使とのコネクションをたどって、ナジブと皇太子との会談を迅速に実現させ、1MDBと共にマレーシアのプロジェクトへ投資すること――不透明ではあったが――の誓約を得ようとした。

　１ＭＤＢは、グリーンエネルギーや観光産業に投資して、〝ワン・マレーシア〟のスローガンのもと、マレー系、インド系、中国系を問わず、すべてのマレーシア国民に良質の就業機会を提供することを目標として掲げていた。またロウは、このファンドが、中東からの資金を得ると同時に、グローバルマーケットからも資金を調達することをナジブに約束していた。しかし、彼にはもう一つのセールスポイントがあり、野心家のナジブはこれに大いに魅力を感じた。ファンドを政治資金調達の手段に利用してはどうだろうか？　１ＭＤＢからの利益によって潤沢な活動資金が得られれば、ナジブの支持者や有権者を買収する資金として使うことができ、ＵＭＮＯの人気を回復させることもできる。ロウはそう約束した。

　表面上、１ＭＤＢによるそのような支出は、実業界で使われているフレーズを借りて、〝企業の社会的責任（ＣＳＲ）〟に関する活動という形を取ることになる。ファンドの利益の一部を、慈善活動としてＵＭＮＯが有権者の票を必要としている地域における奨学金や手ごろな価格の住宅の建設に使うのだ。さらにロウは、ファンドへの投資を通じて、中東の国々が、マレーシアをアジアにおける頼りになる同盟国と見て、ナジブ政権に政治献金を行って支援するようになるだろうとナジブに語った。

　大学を出たばかりで大した実績もない、この若いビジネスマンに本当にアラブからの投資を取り付けることができるのだろうか？　彼にはコネがあるようだったが、だからといって、中東の有力な王族が、数十億ドルもの資金を、彼がそう望んでいるとの理由だけで１ＭＤＢに預けてくれるだろうか？　なぜ彼らはロウをブローカーとして必要としているのだろうか？　ロウは、あらゆることをして、自分が不可欠の存在であるという印象を周囲に植えつけた。そして八月のアルファ・ネロ号でのトゥルキ王子との会談は、その印象をさらに深めるためのものだった。

ナジブとロスマは知らなかったが、この会談は、首相とその妻に彼らがサウジアラビアの王室と近づきになれたと思わせるための、公務に見せかけた〝やらせ〟のようなものだった。ロウにとってラッキーなことに、ナジブは物事をあまり深く考えない性格の人物だった。マレーシアの政治家へと導いてくれた特権――ＶＩＰリムジンやホテルのスイート、ヨットなど――を享受する人生を経て、彼が細かなことに質問をすることはほとんどなかった。

実際には、トゥルキ王子はサウジアラビアの正式な特使というよりは、ロウの新たなコネクションの一つでしかなかった。多くの人がサウジの王子はほとんど無限の資金を有していると思っていたが、トゥルキ王子が直面しているのは不安定な将来だった。父親であるアブドゥッラー国王は九〇歳近くになっており、二〇人の子どもがいた。父親の死後、トゥルキ王子が権力の近くにいるかどうかは不確かだった。軍隊でのキャリアを終えた後、彼はビジネスの世界で腕を試してみようとしていたが、あまりうまく行ってはいなかった。二〇〇〇年代初め、トゥルキ王子は、自身の王族としてのコネクションを活用しようと、石油探査会社ペトロサウジ・インターナショナルを設立した。彼は、ペトロサウジの本拠地を名目上はサウジアラビアの都市アル・コバールに置き、サウジアラビアに近づきたいと考えている諸外国の石油探査権を手に入れようと考えていた。

多くの階級の低い貴族と同様、彼も自分の名前を商売に使っていたが、ペトロサウジはうわべだけの会社でこれといったビジネスは行っていなかった。この会社がうまく行かなかった原因は、トゥルキと彼のパートナー、三三歳のサウジアラビアの投資家タレク・オバイドの、のんびりしたやり方にあった。ジュネーブに移住したサウジアラビア出身の銀行家の息子であるオバイドは、丸顔にふさふさした眉と無精ひげを生やした人物だった。彼の父親は、国王のサウード家を含む、サウジの名家と取引をすることで富を築いたものの、その後、その富を失ってしまっていた。

オバイドはジュネーブのインターナショナルスクールに通った後、ワシントンのジョージタウン大学へ進学していたことから、アラビア語だけでなく、フランス語と英語も堪能だった。大学を卒業した後、金融業界に身を投じ、スイスの小さなプライベートバンクなどで働いたが、同僚からは怠惰な人物とみなされていた。ペトロサウジは、ジュネーブの目立たないビルで業務を行っていたが、オバイドは同社のＣＥＯとして、ごく普通の家の出身であるにもかかわらず、サウジの王族のふりをし、ジュネーブのバンカーらに自分のことを族長や聖職者の称号である〝シャイフ〟と呼ばせていた。彼はジュネーブのナイトクラブで深酒をしたり、パーティーに興じたりすることが好きで、そのせいで実際の年よりも老けて見えた。また、心気症（実際には病気ではないのに、心身の不調を訴え、重病ではないかと心配する状態のこと）で、いつもありもしない病気について訴えていた。

トゥルキ王子こそが、まさにジョー・ロウが探し求めていた人物だった。新たにマレーシアの首相に就任したナジブを圧倒する本物のサウジの王族でありながら、資金を必要としていることから融通の利く人物だった。ロウは最近、サーレ・ゲブレイエススという三九歳のエリトリア系アメリカ人を通じて王子とオバイドと知り合いになっていた。ゲブレイエススは以前、ラムという高級アフリカ料理店をマンハッタンで営んでいて、このレストランは二流のセレブやバンカーらに人気があった。レストランを閉めて事業を再構築するため、彼は一部の元顧客のために、プライベートジェットをアレンジしたり、人気のレストランの予約を取ったり、その他にも大金持ちの思いつきを満たすための便宜を図る商売を始めていた。

やがて彼は新たな使命を見つけた。欧米を訪れる中東の金持ちのためのコンシェルジェとなって、彼らが本国では手軽には楽しめないファッションモデルとの交流やアルコールといった楽しみを提供してやるのだ。彼は船やホテルを手配し、レストランを予約した。

この仕事によって、ゲブレイエススはトゥルキ王子と知り合った。また彼はロウとも知り合いになった。ロウが催すパーティーは、イスカンダル・プロジェクトで儲けた金によってさらに勢いを得て、ウォートン時代よりも大規模なものになっていた。

ロウは、芽を出しつつあったナジブとの関係を強固なものにしたいと考え、細かな世話をゲブレイェススに頼んだ。二〇〇九年八月、彼はゲブレイェススにナジブとロスマそして彼らの子どもたちのために、フランスの沖合いで一五の客室とアールデコ・スタイルのダイニングルームを備えたスーパーヨットＲＭエレガント号で過ごすぜいたくなバケーションを手配するよう頼んだ。

同じ頃、トゥルキ王子とその側近らは週五〇万ドル以上を払ってアルファ・ネロ号をチャーターしていた。ロウは、ナジブとその家族を王子と同席させることで、ちょっとした思いつきでサウジアラビアの王族を呼び寄せることができるかのように見せることを狙っていた。狙い通り、ナジブとその家族はアルファ・ネロ号の船上でトゥルキ王子と会った。

船上では、トゥルキ王子とナジブがペトロサウジと設立したばかりの１ＭＤＢとの提携の可能性について話していた。会談後、ロウとタレク・オバイドが、ナジブが示した関心をしっかりと把握し、いかに提携関係を進めるかについての概要をすぐに作り上げた。アルファ・ネロ号での会談からわずか数日後、トゥルキ王子は、サウジアラビア政府の正式なレターヘッドの付いた便せんで、〝将来の事業提携〟を申し出る手紙を送った。その八月二八日付の手紙には、ペトロサウジのＣＥＯオバイドによるベンチャー事業の概要に関するプロポーザルが同封されていた。オバイドの計画は、ペトロサウジがその石油資産――おそらくは二五億ドル相当のトルクメニスタンとアルゼンチンの油田開発権――をジョイントベンチャーに投資するというものだった。

一方で1MDBは、マレーシアの銀行口座に置かれたままの資金を使って一〇億ドルを出資することになった。

第8章

金鉱を掘り当てる

二〇〇九年九月、ニューヨーク

パトリック・マホニーは、コロンバスサークルにあるマンダリン・オリエンタル・ホテルの三五階ロビーから、セントラルパークの緑の林冠を抱くパノラマのような景色に見入っていた。タイムワーナーセンターの二つのビルのうちの一つにあるこのホテルのしゃれたラウンジは、床から天井までの高さの窓とクリーム色と大理石をテーマにしたインテリアを備えており、ある種マホニーの住み慣れてきた場所と言ってよかった。マンダリン・オリエンタル・ホテルは、美味しいアジア料理が好きなジョー・ロウのお気に入りで、彼はここのラウンジでマホニーと会う約束をしていた。

マホニーは、英国の投資ファンド、アシュモアに勤務していたが、同時にペトロサウジの投資担当取締役にもなっていた。ナジブ首相は、船上でのトゥルキ王子との会談の後、トゥルキ王子のペトロサウジにおけるビジネスパートナーであるタレク・オバイドが提示した取引概要に同意した。そして計画を具体化するため、マホニーとロウがここマンダリンで会っていた。

シャツの襟のちょうど上にくるように髪の後ろを伸ばしたハンサムなマホニーは、しばしば商取引の場で横柄な話し方をするなど、頭は切れるが冷酷であるという評判の男で、最初はゴールドマン・サックスで勤務した後、アシュモアに転職していた。テイラーメイドの服を着こなして怒鳴り散らす彼を見た年上のバンカーらは、この三二歳の男を思い上がったところがあるにしても、有能で野心家だと見ていた。彼はeメールで同僚たちと高級腕時計の話をするのが好きだった。彼の姪がカードで詐欺を働いた時は、自分の遺伝子を引いていると冗談を言ったという。世界を転々としてきたエリートである彼は、オバイドとは英語とフランス語を織り交ぜて話した。英語の時は、祖国を去った英語圏出身者に特有の大西洋をまたぐ独特のアクセントで話した。

一九七七年生まれのマホニーは、ジュネーブのインターナショナルスクール時代にオバイドと出会った。二〇〇九年、オバイドはこの野心家の友人をペトロサウジに加わるよう説得した。そしてマホニーは小さい会社ではあったが、権力のある地位に就けるこの機会に飛びついた。マホニーのペトロサウジでの役割は、事業拡大のための計画に取り組むことだった。彼はすぐにこの会社を陰から動かすようになり、石油ガス事業を進めるために、元ブリティッシュ・ペトロリアムの幹部でマスターカード・インターナショナルの会長だったリチャード・ヘイソーンスウェイトを取締役に招いた。二〇〇八年、ペトロサウジはアルゼンチンの油田採掘権を購入し、さらにトルクメニスタンの巨大な海底油田を将来的に開発することでカナダの企業との間の契約を締結した。そして今、ジョー・ロウという名のマレーシアのビジネスマンが一〇億ドルの政府系投資ファンドの資金を投資することを約束していた。

マホニーはマンダリン・オリエンタル・ホテルでのミーティングまで、ロウのことはほとんど知らなかった。このミーティングが行われたのは、オバイドがナジブにジョイントベンチャーを提案する手紙を送ったわずか二週間後のことだったが、マホニーは、この進行中の巨大プロジェクトに可能性を感じ、優先して取り組むことにしたのだった。ホテルのラウンジで二人は計画の輪郭について話し合った。ペトロサウジはその石油資産を提供し、1MDBは一〇億ドルの資金をこのジョイントベンチャーに出資することになった。表面上、この資金は、石油の探索調査に使われることになっていた。しかしロウは、この取引には大儲けをする機会があると感じ、興奮した面持ちでマンダリン・オリエンタル・ホテルでのミーティングを後にした。その後すぐに、ロウは父親、母親、兄と姉など、これまで取引に関する詳細について情報を共有してきた者にeメールを送った。「ペトロサウジとの取引を締結した。どうやら金鉱を掘り当てたようだ」

一〇億ドルの取引が進行することになり、1MDBもスタッフを増強する時期に来ていた。ナジブは同社の顧問委員会の議長という最も高い地位にあり、取締役会メンバーを指名する権利と拒否権を持っていた。１ＭＤＢは、これまでマレーシアのアクセンチュアでコンサルタントをしていたシャロール・ハルミをＣＥＯに選任した。他には、マレーシアの小売会社の財務担当取締役だったケイシー・タンをエグゼクティブディレクターに、切れ者のマレーシア人弁護士ジャスミン・ルーを法律顧問に迎えた。

ジョー・ロウの名前は幹部のリストにはなかった。ロウは公的なポジションには就かないと決めていた。しかし、実際にはすべての意思決定の背後には彼がいた。ナジブはファンドを自由に運営する裁量をロウに与え、ロウはそれを仲間たちに委ねた。タンとルーは、ロウがウォートンから戻ってきた後にビジネスを通じて知り合っていた。比較的無名な存在からＣＥＯに抜擢されたハルミは、ロウの命令なら何でも盲目的に従うことで、信頼に値することをすぐに証明してみせた。スタッフも整い、事態は急速に動き始めた。

マンダリン・オリエンタル・ホテルでのミーティングのわずか数日後、さらに多くのメンバーがジュネーブに集まった。オバイド、ロウ、マホニーそしてロウのウォートン時代の友人で、ウィントンで働いていたシート・リー・リンが、ジュネーブの中心部にある湖のほとりで朝食をとっていた。この小さな都市は、長年にわたって逃亡者――かつてはカソリックの異端審問による迫害から逃れたプロテスタント、最近ではその財産やプライベートバンク口座を隠そうとする世界中の投資家――を受け入れてきた。

ジュネーブでのミーティングの前に、ロウは側近らにｅメールを送り、ジョイントベンチャーを離陸させるために〝迅速に行動する〟よう命じていた。朝食の後、ロウは携帯電話を取り出すと、オバイドとシャロール・ハルミにｅメールを送った。それぞれの組織のトップである二人はまだ面識がなかった。ロウは二人にジョイントベンチャーが順調に進んでいることを伝え、彼自身は引き続き表には出ないものの、誰がボスであるかという点について二人に釘を刺した。

「君たち二人を信頼するので、今後は二人で連絡を取り合ってほしい。適切なガバナンスを施すためには、私をｃｃに入れる必要はない」と書き、さらに側近らに対しｅメールを読んだ後には、削除するよう指示した。１ＭＤＢに正式なポジションのないロウは、銀行や弁護士とのコンプライアンス上の問題が起きるのを避けようとしていた。

シャロールはロウのｅメールに答える形で、マホニーにペトロサウジに関するさらなる情報を求めた。だが、マホニーは事業内容の乏しさを隠そうとした。

「ペトロサウジはマスコミをなるべく避けており、通常は投資について公表していない。その主な理由の一つは政府との取引が多いからだ」とｅメールで述べた。

彼はプレゼンテーション資料を添付し、「これを見ればわれわれについてわかってもらえるはずだ」と記したが、そこにはこの会社の資産規模についての詳細な情報は含まれていなかった。

ジュネーブでの朝食を終えた彼らは時間を無駄にすることなく、ジョイントベンチャーの設立に取りかかった。マホニーは、ペトロサウジの取引銀行であるスイスの小規模なプライベートバンク、ＢＳＩにｅメールを送り、新会社の取引口座を開設する作業を開始した。ロウはマホニーと共にジュネーブでＢＳＩのスタッフに会い、マホニーは、新たなジョイントベンチャーがすぐにマレーシアのファンドから一〇億ドルを受け取り、取引をまとめた手数料としてその一部をロウが受け取ることを彼らに説明した。これはマレーシアのムバダラの投資の時にロウがやろうとしてうまく行かなかったのと同じ方法だった。

しかし、またしてもロウの思惑は阻まれた。ＢＳＩがそのような風変わりな取り決めに尻込みし、口座の開設依頼を断ったのだ。「あんな取引はごめんだ！　特にミスター・ロウ・タック・ジョーの役割と関与は、かなり疑わしい」ＢＳＩのスタッフの一人は、ｅメールで同僚にそう語っていた。

この早い段階においてさえ、有能なバンカーであれば、この取引が何かおかしいと察知することができたはずだった。彼らは不正な取引を検知した場合は、これを当局に報告しなければならなかった。しかし、この自己管理システムはうまく機能しなかった。投資家は、一つの金融機関で断られても、彼らを喜んで支援してくれる金融機関が現れるまで、探しまわればよいだけだった。ＢＳＩに断られた後、マホニーは取引銀行であるＪＰモルガン（スイス）に目を向けた。ＪＰモルガンは口座開設を応諾した。なぜ政府系投資ファンドがスイスのプライベートバンクに口座を開く必要があるのかについて、ほとんど疑問を持たなかったようだった。

もし、ＪＰモルガンのバンカーが彼らの意図について詳しく尋ね、ロウとマホニーが真実を話していたら、どうなっていただろうか？　当初は、ロウとペトロサウジの幹部は、１ＭＤＢとペトロサウジとのジョイントベンチャー設立によって仲介手数料を得るつもりでいたようだ。これは疑問の残る取引だったが、アジアなどの新興市場ではごく一般的に行われていた。あるいは、彼らは、個人の資金ではなく、政府の資金を使って利益を上げ、そこからキックバックを得ようとしていたのかもしれない。一つだけ確かなことは、ロウは事態が紛糾してくるたびに、その都度即興で金を作り出す方法を見つけ出す才能に長けていたということだった。そして彼の企ては、すぐに大きな進展を見せることになる。

ロウたちは計画を進める際に、あらゆる局面で資本主義の重要人物ら――弁護士、投資銀行員、監査人、価値評価専門家――を必ず関与させようとした。これにはペトロサウジと１ＭＤＢの取引に箔をつける効果があった。手数料については、ほとんどが喜んで従った。ジュネーブのミーティングからちょうど一週間後、マホニーは元米国国務省職員でリーマン・ブラザーズのエネルギー産業のアナリストであるエドワード・モースに働きかけて、ペトロサウジの資産の専門家による価値評価の実施を依頼した。これは１ＭＤＢの取締役会が、一〇億ドルの投資をする前に行うことを要請していたものだった。グローバル石油産業に関して、世界でも有数の専門家であるモースは、オバイドの兄のナワフ・オバイド――サウジアラビアのエネルギー市場について、本を著すほどの研究に携わっていた――と共に評価に取り組んだ。マホニーは二五億ドルの評価が必要だとモースに告げた。

「OK、わかった！」とモースは答えた。

わずか二日後、モースはペトロサウジが提供した数字に基づいて、石油埋蔵量と価格の技術的分析である報告書をまとめた。

「トルクメニスタンとアルゼンチンのどちらについてもわれわれの結論は君をがっかりさせることはないだろう」とモースはマホニーに記した。

評価額の上限は三六億ドルと、マホニーが要請した額を上回るものであり、トルクメニスタンの油田がアゼルバイジャンと紛争のあるカスピ海の海域にあることを考えると、高い金額だった。報告書の中でモースは、自身の分析は純粋に油田に埋蔵されている石油の経済的価値を査定したものであると明確に示していた。彼はこの仕事で一〇万ドルの報酬を得た。

他の関係者も喜んで取引を支援した。それがまったく理にかなわない場合でさえも。米国の弁護士事務所ホワイト＆ケースのロンドン・オフィスの弁護士で、ペトロサウジの顧問弁護士だったニュージーランド人のティモシー・バックランドも何とかクライアントを喜ばせようとした一人だった。九月二二日、マホニーはバックランドにeメール――他のホワイト＆ケースの弁護士をccに入れて――を送り、ジョイントベンチャーの設立を支援してくれた匿名の〝仲介者〟に二〇〇万ドルを送金する書類を作成するよう依頼した。バックランドは、ただ「了解」とだけ返信した。このような仲介手数料がこれまでに支払われたことがあったかどうかは定かではなかった（バックランドは後に弁護士事務所を辞め、ペトロサウジUKの社内弁護士という新しいポジションを得た）。

ホワイト&ケースは提案された取引のプレゼンテーション資料の準備についてもペトロサウジを手伝った。いかにもプロらしく見えるマネーフロー図が満載のスライドは、これまでに合意されたとおり、いかにペトロサウジがその資産を投入し、1MDBが英領ヴァージン諸島を本拠地とするジョイントベンチャーの少数株式に対し一〇億ドルを支払うかを示していた。しかしプレゼンテーション資料は、ジョイントベンチャーがペトロサウジに七億ドルを支払うという奇妙な取引についても示していた。この支払いは、ペトロサウジがジョイントベンチャーに対し行った融資の返済であるとされていた。しかし、実際にはそのような融資は存在しなかった。ジョイントベンチャーはまだ設立されてもおらず、銀行口座さえ持っていなかったのだ。

九月二六日、新たに選任された1MDBの取締役は、ペトロサウジとのジョイントベンチャーのために開設されたスイスの口座への一〇億ドルの送金を承認するためにクアラルンプールで取締役会を開いた。取締役会の前に、ロウはナジブに電話をし、これから行われようとしていることを報告した。この時ロウは取締役会に出席していた。これは彼が1MDBの公式な会合に実際に参加した数少ない機会の一つだった。会議の場でロウは計画を説明したが、七億ドルの支払いについては触れなかった。取締役会はジョイントベンチャーへの投資を承認した。

トゥルキ王子が八月の終わりにナジブに提案書を送ってから一カ月で、数十億ドル規模のジジョイントベンチャー契約が締結された。このようなタイムフレームで作業――デューディリジェンスの完了、資産価値評価その他の法的な検証――が進められることは、事実上、例のないものだった。こういった取引は、一年とは言わないまでも、ラップアップまで数カ月を要するのが普通だった。ある1MDBの従業員は、この手続きをシェークスピアの全作品を一時間で読もうとするようなものだとなぞらえた。

第9章

「大地が動いたような気がした」

二〇〇九年九月、クアラルンプール

九月三〇日、ランチをとったばかりのジャクリーン・ホー――マレーシアのドイツ銀行職員――は板挟みにあっていた。彼女は新規の顧客である1MDBを担当する渉外マネージャーだった。電話の向こうでは、1MDBのエグゼクティブディレクター、ケイシー・タンが一連の多額の海外送金を進めるよう厳しく迫っていた。

その日早く、ドイツ銀行はタンから一通の手紙――奇妙なことにメッセンジャーが直接持ってきた――を受け取った。その中でタンは、送金を実施するよう依頼していた。しかしドイツ銀行のコンプライアンス部門からいくつか疑問が呈された。なぜ、一〇億ドルは、1MDBの取締役会で承認されたとおりにペトロサウジとのジョイントベンチャーに支払われないのか？どうしてタンは七億ドルをチューリッヒのRBSクーツにある匿名口座に送金するよう依頼してきたのか？

タンは、送金依頼書に番号のみが記載されたこの口座は、ペトロサウジが保有する口座で、送金は融資の返済だと答えた。

「コンプライアンス部門がそこまで口を出すなら、責任を取ってくれるんだろうな」記録によるとタンはホーにそう言ったという。彼はかなり動揺していたようで、ドイツ銀行がすぐに送金をしなければ、ジョイントベンチャーが失敗するといって彼女を脅した。

「ええ、わかります、わかります。ただ一つだけ質問させてください。なぜこの送金はジョイントベンチャーではなくペトロサウジに支払われるのですか。何か理由があるんですか？」とホーは尋ねた。

「われわれにとってはどうでもいいことだ。なぜなら私が言った七億ドルは、彼らから支払われた前払金なんだ」とタンは答えた。「彼らがそこに送ってほしいと言っている。彼らがティンブクトゥにも送りたいと言うなら、われわれは気にしない」

「なるほど、わかりました。背景を理解しておきたかっただけなんです」

ホーの上司は、中央銀行であるマレーシア国立銀行に電話をして、この巨額の送金を実施してよいかどうかを尋ねた。マレーシア国立銀行は資金がジョイントベンチャーに支払われるかぎりは問題ないと回答した。困惑したまま、ドイツ銀行は午後三時ごろに二件の送金を取り組んだ。三億ドルをＪＰモルガン（スイス）に開設したばかりのジョイントベンチャーの口座に、そして七億ドルをチューリッヒのＲＢＳクーツにある謎めいた匿名口座へ。これは米ドルでの取引だったので、資金決済は米国のコルレス銀行を経由する必要があった。米国のアンチマネーロンダリング法のもとでは、これら米国のコルレス銀行は、資金源と使途を確認しなければならなかった。しかし数兆円の資金が日々流れ込んでくるグローバル外国為替市場では、このような確認は、形式的なものになっていた。そしてこの時も、決済銀行であるＪＰモルガンはこの資金をそのまま見過ごしてしまった。

二日後、チューリッヒのＲＢＳクーツの規制リスク部門の担当者が１ＭＤＢに至急のｅメールを送った。この担当者は、ドイツ銀行からの七億ドルの銀行送金に関し、必要とされている受取人のフルネームがないことに困惑していた。問い合わせると、１ＭＤＢのＣＥＯシャロール・ハルミは、この口座は、グッドスター・リミテッドというセーシェルの会社が保有していることを認めた。

「グッドスターはペトロサウジの一〇〇パーセント子会社だ」と彼は説明した。

ハルミは、事情を知らずにただロウに言われたとおりのことを伝えているだけだった。実際にはグッドスターは、多くの法域で違法とされている無記名株式で設立された会社で、その唯一の株式はジョー・ロウが保有していた。ロウはこの口座の署名権者でもあり、信託会社のサービスを使って、数カ月前にこのシェルカンパニーを設立したばかりだった。不正の首謀者たちは、こうしてうわべだけ正当な取引を装うことで、自身が発見されないための盾にしようとしていた。

それでも、RBSクーツの職員は納得しなかった。その結果ロウとケイシー・タンが、事態の収拾を図るため、チューリッヒにある銀行の本店に飛行機で駆けつけることになった。ここで彼らは、ペトロサウジの融資返済についてタンがドイツ銀行にしたのとは違う話をした。グッドスターは投資顧問会社で、1MDBは七億ドルの資金を預けることを決定したのだと説明した。なぜ、マレーシアの政府系投資ファンドがそんな巨額の資金を名もなきセーシェルの投資顧問会社に預けるのだろうか？　しかし職員の不安をよそに、RBSクーツはこの送金を実行した。

1MDBの資金は国境を越えて動き始めた。ロウはこれを平然とやってのけた。なぜ誰も止めなかったのだろう。数年前、彼は、アブダビでムバダラのような政府系投資ファンドこそが巨万の富をもたらすことを知り、いつかこれを支配したいと強く願っていた。ムバダラを参考に、ロウはナジブ首相に対し、マレーシアがグローバルマーケットに進出するためには強力なファンドが必要であり、若干二八歳の自分こそがその運営に適任だと説得した。

ロウは1MDBとペトロサウジのジョイントベンチャーを設立することで、手数料を稼ごうとしていた。しかし、この試みは、BSIによって阻まれた。どこかの時点でロウの計画は進化を遂げていた。おそらくペトロサウジは、マレーシア政府の資金を使って巨額の利益を得ることを期待して、油田開発に投資する計画を立てていたのだろう。

しかし、ナジブに非常に大きな裁量を与えられたロウは、あえてさらに壮大なスケールの計画を心に描いていた。ロウの部下が首相の後援の下に1MDBを運営していた。ペトロサウジの共同所有者であるトゥルキ王子とマレーシアの政府系ファンドが関与することは、このファンドに公的なお墨付きを与えた（実際にペトロサウジは、後にこの取引が、ビジネスに精通したしっかりとした背景を持つ政府系ファンドとの間の独立当事者間取引だと主張した）。ロウの頭の中では、あるアイデアが形になっていた。彼はこう考えたのかもしれない。欧米の銀行と規制当局をだまして、白昼堂々、数億ドルの資金を奪うことはできないだろうか。

サウジの王族にとって、政府の資金と個人の財産の境界はあいまいで、ロウにとっても同様だった。発見されたらどうするつもりだったのだろう？ 誰かが金融上の盲点に気づいた時にどうすべきかについて、ロウは十分に考え抜いていたのだろうか？ 前月には、予想外に銀行の抵抗にあったが、何とかアドリブで切り抜けた。あまりにも成り行きにまかせた行動だったが、ロウは何とかやり遂げていた。これまでずっとやって来たように、彼はこれからもその場その場で考えて行動していくつもりだった。

インターネットを通じて社会があらゆるものを共有するこのソーシャルシェアリングの時代においては、共謀者たちはその喜びを隠すことはできなかった。ウォートン時代のロウの友人シート・リー・リンは、ドイツ銀行が七億ドルをグッドスターに送金した日、フェイスブックに投稿した。

「大地が動いたような気がした……」

ロウは、ＲＢＳクーツのグッドスターの口座にある資金を仲間の間で分配した。一〇月初めには、プライベートエクイティ投資を装って、八五〇〇万ドルをタレク・オバイドのスイスのＪＰモルガンにある口座に送金した。ＲＢＳクーツはこの送金を承認し、三カ月後、同様にグッドスターからオバイドへの六八〇〇万ドルの送金を行った。

数週間後、オバイドは三三〇〇万ドルをパトリック・マホニーに支払い、さらに二〇〇九年から二〇一〇年にかけて、七七〇〇万ドルを自身の口座からトゥルキ王子の口座に送金した。

こうしてロウは最初の大きな強奪をやってのけた。そしてパートナーらへの支払いを済ませた後も、数億ドルもの資金が実質的に彼一人の支配下にあった。法外な富を手に入れたロウは、米国で何が手に入るだろうかと考えるようになっていた。それは彼の望むものすべてだった。

第一部
にわか成金

第10章 プレイメイトとの夜

二〇〇九年一〇月、ラスベガス

パラッツォのカジノフロアを進みながら、プレイメイトたちは緊張を隠せなかった。ブロンドと黒髪のモデルが入り混じった二〇名ほどの若い女性たちのうちの何人かは、これまでも何度かラスベガスで仕事をしていた。しかし、今回の仕事はことのほか秘密主義だった。彼女たちは自分の部屋にチェックインし、ビキニの上に黒のカクテルドレスを着るように指示されていた。雇い主が誰なのかは知らされていなかった。

二〇〇九年一〇月二二日、ロウが1MDBから七億ドルを強奪してから、わずか数週間後のことだった。数時間前、プレイメイトたちが米国各地から、ファーストクラスの飛行機でやって来た。ストリップに建つ最新のホテルの一つであるパラッツォは、滝の流れるロビーへと訪問客を誘う荘重な石造りの階段を備えるなど、非常に印象的な景観を有していた。ロビーの先にはこの国でも有数の規模を誇るカジノフロアがあった。

午後には雲も散り散りになり、素晴らしく澄んだ晩秋の夜となった。午後八時ごろ、プレイメイトたちがＶＩＰルームの入口に到着し部屋の中へ入った。そこでは、長いカードテーブルの周りで、何人かのアジア系の男たちが、レオナルド・ディカプリオとポーカーを楽しんでいた。一部のモデルは、以前にもこの俳優に会ったことがあった。しかし、彼がこのパーティーに参加していることを、奇妙に感じた。やがて彼女たちは、このパーティーが、ジョー・ロウと名乗る恰幅のいいアジア人の誕生日の前祝いだと知った。しかし、それでも不思議だった。ディカプリオは、どちらかと言えばさえない無名の男たちと何をしているのだろうか？

パーティー客が楽しんでいるのを確かめてからおよそ二〇分後、ロウは一〇〇〇ドルのチップをこっそりとそれぞれの女性に手渡し、全員にホテルのスイートに移動するよう合図した。旅行客が見守るなか、大勢のボディガードを引き連れた一団が、カジノフロアを横切った。誰もディカプリオには気づいていないようだった。彼はトレードマークのボロボロのベースボールキャップを、目深にかぶり、周りから気づかれないようにしていた。

パラッツォで最もぜいたくな五階のチェアマンスイートの扉の前には、ガードマンが待っていた。プレイメイトたちは、黒のスーツを着て、イヤホンをつけた男たちからバッグや携帯電話そして免許証を渡すように言われ、秘密保持契約書にサインしてからやっとスイートの中に入ることを許された。彼女たちはこれまでもナイトクラブのオープニングイベントなどに出席したことがあったが、ここまで厳重な警戒態勢は初めてだった。それでも、わずか数時間ブラブラしているだけで三〇〇〇ドルを約束されていたという事実が、不安を吹き飛ばした。

暖炉のあるスイートのリビングルームには、豪華なカウチが置かれ、ストリップを見下ろすプールテラスに面した扉は開け放たれていた。どこか厳粛な雰囲気が漂っていた。灯りは消され、白いタイルでできた間に合わせのダンスフロアが用意され、頭上にはミラーボールがぶら下がっていた。パラッツォはスイートにもカードテーブルを用意し、ロウとディカプリオ、そして数人のアジア系の男たちがバカラをプレイしながら、ルールを知らないプレイメイトたちに遊び方を教えていた。場の雰囲気が和むと、ギャンブルが始まった。バカラはロウのお気に入りだった。複雑なスコアの計算方法に従って、プレイヤーと〝バンカー〟のどちらが高い手を作るかを予想するという、スキルを必要としないゲームだったが、参加者は大きな儲け――あるいは損失――を得る可能性があった。

胸元にシルバーの素材をあしらった黒いドレスを着た黒髪のモデル、ステファニー・ラリモアは、ロウと会話を試みようとしていた。彼は礼儀正しかったが、シャイなため、何を話したらいいかほとんど思いつかないといった様子だった。部屋を取り囲むようにドイツのチョコレートの箱が積み重ねられていた。ロウはその一つを彼女に渡すと、自分は金色の包み紙で覆われたチョコが好みだと言った。女性を怖がってるみたい。なぜ私たちはここに呼ばれたのだろう？　ラリモアはそう思った。

男たちは、葉巻を吸いながら、五〇〇〇ドルのチップをテーブルの上に置いて、賭け金を吊り上げ始めた。最初に参加者が勝つ流れが続くと、アジア系の男たちの何人かがチップを部屋じゅうにばらまき始めた。ソファやテーブルの周りにいたプレイメイトの一部は、膝をついてこれを拾い集めた。何時間かすると、バースデーケーキが登場し、女性らがロウの周りに集まった。

その後、ディカプリオとロウは暗闇の中でソファに座り、葉巻を吸って話をしながら、リビングルームのミラーボールの下で三、四人の女性たちが踊るのを見ていた。やがてロウは女性らにビキニになって外のバルコニーにあるプールで泳ぐように言った。

「彼は人を選んでいたと思う」この夜のパーティーに参加していたメーキャップアーチストのスターツ・ラミレスは、ロウについてそう語った。「僕らがなぜ呼ばれたのか、不思議だった。彼は僕らとは話そうとしなかったんだ」

プールの周りにはバーベキューやアイスクリームのトレイがあちこちに置かれていたが、食べている者はほとんどいなかった。すべてはロウが事前に選んだものだった。さらに彼は、傍らで待機しているスタッフに言葉をかけては、何か思いつくたびに指示して、その夜のあらゆる動きをひそかに操っていた。

誰かがディカプリオのベースボールキャップを取って、それをかぶった。しかし、そこにはパーティーという雰囲気はなかった。ディカプリオは、SF映画『インセプション』の撮影中だったせいか、モデルの何人かにとっては、まだキャラクターを演じているようで、集中していてどこかよそよそしく見えた。ディカプリオはバーボンを手にしていたが、あまり飲んではいなかった。

「彼らはそれほどパーティーに夢中になっているようには見えませんでした」とラリモアは語った。

その後、ロウはラリモアにもう何日かベガスで一緒に過ごさないかと尋ねた。彼は一万ドル支払い、ストリップにショッピングに連れて行くと言った。モデルたちの一部はその晩スイートに残ったが、ラリモアは申し出を断り、真夜中近くに自分の部屋に戻った。

「まるで賄賂を使って留まらせようとしているようでした」

二〇〇九年の終わりごろ、ロウは世界中の誰よりも潤沢な資金を手にし、それを使うことをためらわなかった。巨額の資金を手に入れる前から、イスカンダル・プロジェクトの利益で得た途方もない額の金を使って、ニューヨークやラスベガスで注目を集めていた。しかし、二〇〇九年秋、ほとんど無限の資金を手にしたロウは、ひっきりなしにパーティーを開いてネットワークづくりに精を出した。タレク・オバイドらへ支払った後も、数億ドルもの資金がグッドスターの口座に残っていた。彼はその金をスイスで管理し、自分の好きなように自由に使うことができた。そこには株主も共同出資者もいなかった。

彼の手口は、バーニー・マドフのようなポンジ・スキーム——新たに投資された資金を従来の投資家の〝利益〟の支払いに充てる詐欺の手法――ではなかった。マドフの詐欺は、少なくとも一八〇億ドルもの損失を発生させたが、彼が手に入れたのは、そのごく一部で、その〝利益〟は投資家の間で分配された。二〇〇八年終わりにこのスキームが破綻するまでに、マドフは八億ドルもの資産を有していたが、これは彼がＮＡＳＤＡＱ市場の会長として得た収入によるもので、詐欺によって個人的に得た金額は損害額のごく一部だった。ロウの標的となったマレーシアの無名の政府系投資ファンド１ＭＤＢは、資金の返還を要求しておらず、ロウが代理人を通じてこのファンドを支配しているかぎりは、今後も要求することはなかった。

またロウは、一九八〇年代に証券法違反で投獄されるまでに巨額の資産を築いたジャンクボンドの帝王マイケル・ミルケンとも違った。ロウは、単純に数億ドルもの資金を横領したのだ。マドフやミルケンの豪遊は、ロウがやろうとしていた数年にもわたる豪勢な散財に比べると、平凡なものにさえ見えた。

ロウの詐欺の手口は、まさに二一世紀における真の意味でグローバルな手法であり、実際には何も生み出していなかった。この手法は、ただ新興国の管理の不十分なファンドから、崩壊寸前で監督も不十分な金融システムのさらに薄暗い片隅へと資金を移動するというものだった。

本当にこの金を持って逃げおおすことができると思っていたのだろうか？　おそらくロウは、奪った金額を埋めることのできる利益を投資から上げられると信じていたのだろう。ナジブ首相の庇護を得た彼を誰が止めるのだろうか？　うまく切り抜けるために、ロウは何年にもわたって磨いてきたスキルを使った。政府間の取引は、監査人や銀行からの精密な監査を受けることは少ないと知っていたので、彼はマレーシアやＵＡＥそしてサウジアラビアの高官とのコネクションづくりに励んできた。一旦資金が匿名のオフショア口座に送金されると、トレースが難しいということをよく知っていた。そして取引を何層にも積み重ねる方法――資金をシェルカンパニーの間を何度も迂回させて送金する方法――を学んでいた。取引がうまく流れるように、彼はいつも資金を投資やローンに見せかけ、自身のスキームにうわべだけの正当性を与えていた。

しかしここまでは、まだ、公的な地位にある友人を使って、銀行のコンプライアンス担当幹部の懸念に対処したうえで、マレーシアのファンドから政府の投資に見せかけた資金を奪ってスイスの銀行口座に振り込むというものでしかなかった。ロウは、この資金を米国に移してさらに贅の限りを尽くし、自身の帝国を築きたいと考えていた。しかしこれにはリスクが伴った。なぜなら米国は腐敗行為防止のために、外国公務員による欧米諸国の資産購入を取り締まるようになっていたからだった。そこでロウはシャーマン・アンド・スターリングに目をつけた。一八七三年に設立され、マンハッタンのミッドタウン、レキシントン街五九九番地に本拠を置くこの弁護士事務所は、ロウの望むような案件よりもむしろ、大規模なＭ＆Ａ案件を主に取り扱うような巨大弁護士事務所だった。

ロウはマレーシアの大きな政府系ファンドと関係があることをアピールし、またアブダビのファンドであるムバダラとも親密な関係にあるように見せかけた。これによってシャーマンのパートナー弁護士は、ロウの評判に満足したようだった。英国女王の取引銀行であるＲＢＳクーツに口座があることも、さらなる保証となった。それはまるでただ高名な金融機関を経由したというだけで、その資金自体が清廉潔白であることが証明されるとでもいうかのようだった。

ロウは、この後、相次いで巨額の投資を行うつもりだったが、秘密保持について心配していることを新たなリーガルチームに伝えた。彼は資金を分配するために、弁護士事務所の弁護士信託口座利息プログラム（ＩＯＬＴＡ）口座を使うことを選んだ。この信託口座は、一般的には、米国の弁護士事務所が取引や不動産購入において、クライアントから短期的に資金を預かる場合に、資金をプールするために開設する口座だった。この金融界の片隅に存在する難解な仕組みは、三〇年ほど前に、弁護士事務所がクライアントの資金に短期の利息をつけて、貧しい人々の法的支援のための資金を作ろうと考えられたものだった。しかし、時がたつにつれて、この口座は、取引におけるクライアントの身元や資金の出所を隠すために役立つという評判を得るようになっていた。いくつかの州では弁護士事務所にこの口座の開設を認めており、ＩＯＬＴＡ口座は、社会のためになると同時に、犯罪の強力なツールとなっていた。

銀行とは違って、弁護士はクライアントのデューディリジェンスを行う必要はなく、同時にＩＯＬＴＡ口座を経由した送金の詳細は、弁護士依頼人間の秘匿特権に保護されていた。弁護士がマネーロンダリングをほう助するのは違法であったものの、彼らには疑わしい取引を当局に報告する義務はなかった。パリに本拠を置く政府間グループである金融活動作業部会（FATF）は、国際金融システムが不正に利用されることを防止するための基準を定めているが、米国の弁護士に対する監視が不十分であることを、マネーロンダリング防止における弱点として強調している。

ウォートンを卒業してからわずか数年で、ロウは、金融システムの比較的注意が手薄な部分、すなわち規制当局の監督が十分に及ばず、他の者が疑わしいと思う理由もなければ、〝疑わしい報告〟を行う義務も負わない死角を利用して、発見されることを避ける方法を身につけていた。弁護士口座は、これらの条件を完全に満たしていた。特にIOLTA口座からの電信送金は、一般にクライアントではなく弁護士事務所の名のもとに行われるため、コルレス銀行が疑わしい取引を検知することが困難だったのだ。

二〇〇九年一〇月二一日、ロウは一億四八〇〇万ドルをスイスにあるグッドスターの口座からニューヨークのシャーマン・アンド・スターリングのIOLTA口座に送金し、これを手始めに一二カ月間で合計三億六九〇〇万ドルを、何回かに分けて送金した。このとき、ロウが送金依頼書に記載した送金目的は、不動産購入から会社の買収までさまざまだった。しかし彼がこの資金を使って手始めに行ったのは、際限なくパーティーを繰り広げることだった。

二〇〇九年一〇月から二〇一〇年六月までのわずか八カ月の間に、ロウとその取り巻きは、飲み食いやラスベガスでのギャンブル、プライベートジェット、スーパーヨットのレンタル、プレイメイトやハリウッドセレブと一緒に過ごすための支払いに八五〇〇万ドルを費やした。

ロウは、ニューヨーク西五六丁目二三〇番のパーク・インペリアル――ブックエンドのような幾何学的な形をし、セントラルパークとハドソン川を一望する花崗岩でできたアパートメントビル――に住居を構えた。パーク・インペリアルへの引っ越しによって、ロウは芸能界の有名人の仲間入りを果たした。ジェームズ・ボンドを演じた俳優ダニエル・クレイグは、ブロードウェイの舞台に出演する間、ここを月三万八〇〇〇ドルで借りており、音楽プロデューサーのショーン・〝ディディ〟・コムズもこのビルに部屋を借りていた。

ロウはスイートルームを月一〇万ドルで借りた。この派手な新たな住人は、ボディガードと共に、ビルに数台の黒のキャデラック・エスカレードで現れた。彼はハマド・アル・ワザン――ロウのウォートン時代からのクウェート人の友人――などの取り巻きのためにもこのビルの他の部屋をいくつか借りていた。ボディガードを引き連れてこれみよがしに登場する彼らに対し、以前から住んでいた住人から苦情が寄せられた。だが、このように登場を見せつけることこそがロウの目的だった。

ロウは、目玉の飛び出るような金額を費やすようになり、二〇〇九年の秋のファッションウィークにはチェルシー地区にある新しいクラブ、アベニューで一晩に一六万ドルを使ったこともあった。また、たまたま女優のリンジー・ローハンがマンハッタンで夜遊びを楽しんでいたのを見かけ、彼女のテーブルに二三本のクリスタル（シャンパンの銘柄）を贈ったこともあった。こういった派手な浪費のせいでロウはニューヨーク・ポストに取り上げられ、「金遣いの荒いマレーシア人……この街のクラブシーンに現れた謎の人物」と紹介された。

ロウはこの街のパーティーシーンではまったくの新参者ではなかった。遅くとも二〇〇〇年代半ばあたりから、その行動は周囲を驚かせていた。平日の晩にクラブに現れて九〇〇ドルもするクリスタルのボトルを注文するなど、ウォール街のグルメらもしのぐほどの金遣いの荒さだった。二〇〇五年ごろ、ニューヨーク郊外のリゾート地ハンプトンで彼の給仕をしたカクテルウェイトレスのトレーシー・ハンナは、ロウが米国の平均年収に相当する三万ドルをたった一晩で費やしたことを覚えていた。しかし、格差の激しいこの時代においては、ロウの行動もそれほど目を引くものではなかった。

「彼は王族か何かなのだと思っていました」ハンナは当時を思い出してそう語った。「当時は、サウジアラビアとかの国から、多くの王族が来ていました。彼らは自分の国ではお酒を飲むことも、パーティーを開くこともできないので、アメリカにやって来てどんちゃん騒ぎをするんです」

また別の時には、ロウはパーティーのためにウェイトレスをニューヨークからマレーシアに派遣したこともあった。

ナワフ・オバイド――ペトロサウジの共同創設者タレク・オバイドの兄――はニューヨーク・ポストのロウに関する記事をたまたま目にして青ざめた。セキュリティの専門家であるナワフは、ワシントンのシンクタンクで数十年間を過ごし、米国のサウジ大使にも助言を提供していた。

「これはとても危険だ。彼に無駄遣いをやめさせるべきだ。いつ何時、正気を失って、すべてを台無しにしてしまうかもしれない！」彼はｅメールで弟にそう伝えた。

パトリック・マホニーとタレク・オバイドは匿名のまま富を得たことを喜んでいた。だが、ロウにとって、そんなことは意味がなかった。彼は権力の中心にあって注目されることを望んだ。ウォートン時代に女子学生クラブのポスターに自分の名前を載せた時と同じように、重要だったのは、金持ちや有名人の近くにいて、それを宣伝することだった。１ＭＤＢの金を奪った後、ロウはセレブの間で過ごすという欲求に突き動かされて行動した。まるで、そういった行動が彼自身の価値を高めると信じているかのようだった。彼は、将来ハリウッドに投資する機会を見出そうと考えていた。だが、この時は、巨額の金を手にし、その金でセレブと親しくなることとの感動を味わいたいだけだった。ハリウッドに投資するためには、真に一流のハリウッドの有名人と知り合いになる必要があった。そのカギはナイトクラブ業界の起業家であるノア・テッパーバーグとジェイソン・ストラウスが握っていた。

この二人は、ニューヨークで人気のアヴェニューやマーキー・クラブ、ラスベガスに本拠を置くＬＡＶＯやＴＡＯの権利の一部を持つ、ナイトクラブ界の一大帝国ストラテジック・ホスピタリティ・グループの共同創設者だった。二人は、この国のナイトライフを牛耳るトップクラスの起業家で、ハーバード・ビジネス・レビューが彼らの事業の事例研究を行ってさえいた。当時三〇代半ばの二人は、生粋のニューヨーカーで、まだ高校生だった頃にクラブプロモーターとして活動していて知り合った。背が高く、色黒でやせたストラウスとがっしりとしたスキンヘッドのテッパーバーグは奇妙な取り合わせだったが、切っても切れない仲となった。大学を卒業後、二人はハンプトンとニューヨークでクラブを始めた。彼らは、クラブの成功のカギはそこに誰が訪れるかにかかっていると考え、セレブや金遣いの荒い有名人のデータベースを作った。

二人は二〇〇三年にマーキー・クラブをオープンし、この店はすぐに街で最もホットなスポットとなった。金曜日や土曜日に、巨大なビデオスクリーンや現代的な照明、球体のフレームに入ったミラーボールを備えたマーキーの席を確保するために、客は少なくとも数百ドルから時には数千ドルもするシャンパンかリキュールを最低二本注文するという契約書にサインしなければならなかった。ハリウッドセレブのレオナルド・ディカプリオやトビー・マグワイアも常連で、彼らはテッパーバーグやストラウスとも友人だった。しかし、二〇〇七年と二〇〇八年の経済危機によって、ニューヨークのクラブに金を落としていたウォール街のバンカーたちが遠ざかったことから、事業が落ち込んでいた。ロウの出現は絶好のタイミングだったに違いない。

テッパーバーグとストラウスは一度に数千ドル、あるいは数万ドルを使う上客をこれまでに見てきたが、ロウはレベルが違った。彼は、一晩で数百万ドルを喜んで費やした。二人はこれまでにもイベントを成功させたことがあり、マーケティング会社も持っていたので、ロウのあらゆるわがままに応えることができた。この浪費家のマレーシア人のうわさは、テッパーバーグやストラウスを知るハリウッドの業界人の間にも広がりつつあった。

あまり知られていないことだが、大物映画俳優でも金を受け取ってイベントに参加していた。ロウは一流俳優のマネージャーを探すようになり、またストラテジック・ホスピタリティ・グループのクラブプロモーターのネットワークを使って、セレブを自分のパーティーに呼ぼうとした。無限の資金を持った億万長者だといううわさが、ロウのことを、知っておくべき魅力的な人物に仕立て上げた。自身もかなりの資産家で、世界で最も出演料の高い俳優の一人であるディカプリオでさえ、うわさとなっているロウの富は魅力的だった。二〇〇九年のパラッツォでの夜は、この俳優がロウと共に楽しむことになる多くのパーティーのほんの始まりにすぎなかった。

ロウはストラテジック・ホスピタリティ・グループのクラブプロモーターであり、自身も役者を志していたダニー・アベケイザーを通じてディカプリオと知り合った。アベケイザーのようなトッププロモーターは、夜の世界では知られた存在で、金払いのいい客を紹介することで手数料を稼いでいた。ウォートンの学生だった頃、ロウは一晩で三〇〇〇ドルを浪費してアベ

ケイザーから注目されていた。その金額は二万ドル、五万ドルと増えていき、今は一〇〇万ドルを支払うこともいとわなくなっていた。誰もこのような放蕩を目にしたことはなかった。この金払いのよさによって、ロウがハリウッドに投資しようとしているアジアの新興億万長者だといううわさが次第に広まっていった。

二〇〇九年一一月初め、1MDBの資金を得たロウは、自らの交際範囲をもう一つ上のレベルに上げる準備を整えていた。それは自分の二八歳のバースデーパーティーだった。彼は、華々しくハリウッドシーンへ登場したいと考えた。このパーティーは数日間続き、ラスベガスのシーザーズ・パレスのプールエリアでは、檻に入った虎やライオンを呼び物にしたパーティーが催され、ビキニ姿のモデルがプールではしゃぎまわった。ゲストらは会場の周りのブースに用意されたカーニバルゲーム（カーニバルや遊園地、お祭りなどでぬいぐるみがもらえるゲーム）を楽しんだ。これは、派手なパーティーを繰り広げて、豪華なイベントには慣れっこになっているモデルや俳優たちを驚かせようと考えたロウのマジックだった。ディカプリオやミュージシャンのアッシャー、ジェイミー・フォックス、その他俳優やコメディアンなど、ロウの以前からのハリウッドの友人らの姿がそこにあった。

ロウは、クラブに行く時は、自ら楽しむと同時に司会者として場を盛り上げた。自らはコロナビールを飲みながら、マイクを握って全員にシャンパンのクリスタルやテキーラのパトロンが行きわたるようにスタッフに指示した。世間話をするのは苦手だったが、それでもショーマンシップを発揮して、「マレーシア万歳！」とマイクに向かって叫ぶこともよくあった。彼はストラテジック・ホスピタリティ・グループにイベントの詳細な計画を立てさせ、装飾の細かな部分から花の配置、バーカウンターの酒の銘柄に至るまで細かく指示をした。また美しいモデルが常にゲストのそばにいるように気を配っていた。

これらの派手な浪費に正当な理由はあったのだろうか？　ロウにとって、これはさらなる設計図の一部だった。パーティーが成功すれば、より大きな存在となり、より有力な人物を自分の世界に引き込むことができる。彼はそう考えていた。新進のラップスター、O・T・ジェナシス――彼自身、金にも女性にも苦労はしていなかった――でさえも、ロウが一本五万ドルもするシャンパンを何本も注文するのを見て、畏敬の念を抱いていた。

「『なんだ、ありゃ？』まさか、ありえねぇ！ってな感じだったよ」と彼は語っていた。

ヴィクトリアズ・シークレットの撮影現場から直接やって来たような女性たちに囲まれながら、ラッパーのバスタ・ライムスと共にパーティーに来たジェナシスは、すっかり圧倒されていた。

「こんなのはこれまで見たことねぇ」

ロウには計算高いショーマンという一面もあったが、いつも大事な瞬間に居合わせるようにと必死だった。彼は、深く根ざした強迫観念――より多くの金を費やして、より多くのものを手に入れ、絶え間なく動いていなければならない――に悩まされていた。ある時は、ショッピングモールにジュースを買いに行き、まったく同じ黒い靴を八足買って帰ってきたこともあった。エルメスのバーキン――一万二〇〇〇ドルから六桁のものまで――を買って、友達だけでなく、友達の友達、さらには初めて会った人にさえ贈ったという。

「彼は、私がこれまでの人生で出会った中でも一番の浪費家だ」ロウのジェット機に同乗したあるジェットセッター（ジェット機で世界各地を飛びまわっている人のこと）はそう語った。「ロンドンのレストランで彼とランチを食べていたとしよう。彼は、ディナーはニューヨークでとると言いだすんだ。そしてジェット機をチャーターして、あっという間にマンハッタンに飛ぶ。気がついたら人生で最高のワインを飲みながらディナーを食べている。手に入らないものなんてないのさ」

派手な浪費に加えて、人々はロウのもう一つの才能にも気づいていた。どうやら彼は写真のような記憶力を持っているようだった。友人の中には、彼が金がどこに動いたかを、小数点以下まで非常に詳しく覚えていることに気づいている者もいた。「いつもどこか行きすぎたところがあった」彼を知る人物はそう語っていた。

二〇〇九年秋、こうしてロウは注目を浴びていた。わずか数カ月間で、世界で最も優秀なエリートの集まるサークルに潜り込み、セレブと知り合いになったのだ。その一部は金のおかげだった。金を払ってスターにパーティーに参加してもらっていたのだ。その一部は、素晴らしいイベントを催す方法を知っていたことや、社交界の有名人として評判を築いてきたストラテジック・ホスピタリティ・グループの支援のおかげでもあった。しかし、ロウは、単にパーティーを開くだけではなく、何がディカプリオのようなスターにモチベーションを与え、どうすれば自分の金で、彼らに何かをしてやれるのかもわかっていた。

ロウの前にパーティーとビジネスは同じものであると考える一人のスターが現れた。その女性は、彼が大学時代から憧れていたモデル兼俳優だった。二人が親しくなるのにそう時間はかからなかった。

第11章 シャンパンの雨が降る

二〇〇九年一一月、カナダ、ブリティッシュコロンビア州ウィスラー

パリス・ヒルトンは次第にいら立ちを募らせていた。ロウは彼女をロサンゼルスからバンクーバー——カナダのスキーリゾートであるウィスラーに最も近い国際空港——へ呼びよせるためにプライベートジェットを手配した。しかし、カナダの出入国管理事務所が彼女を入国させるか否かを審査する間、ジェット機は六時間も空港の駐機場に足止めされていた。足止めの理由はヒルトンの前科——かつて米国で飲酒運転の有罪判決を受け、世界中のマスコミの注目を浴びていた——だった。結局、入国が認められ、ロウのスタッフが彼女をフォーシーズンズホテルへと連れてきた。スキーシーズンには少し早かったが、ロウは、ヒルトンをもてなそうとしていた。

数カ月前に、ロウはヒルトンのマネージャーに連絡し、彼女にパーティーに参加するよう依頼した。ヒルトンは、このイベントに対し一〇万ドルが支払われると友人に語っていた。しか

し、ロウにとっては単純に金以上のものがあった。資産家の家系に育ち、テレビでの華やかなキャリアを持つヒルトンは、ここ数カ月の間でロウと親しくなっていた。ロウを知る多くの人は、彼のことを、大金持ちにしばしば見られるような傲慢さはなく、親切で心優しい人物で、常に周囲の者を喜ばせ、楽しく過ごしてもらいたいと思っていると言っていた。

　ヒルトンには、ジョーイ・マクファーランドという友人がいた。彼はケンタッキー州のルイビル出身で、数年前にロサンゼルスに来て、友人たちのためにスターをパーティーやイベントに派遣する仕事をしていた。マクファーランドは、背が高く、金髪を短く切りそろえ、いかにも南部育ちといった親しみやすくざっくばらんな人物で、このタレントブッキングビジネスを通じてヒルトンと知り合っていた。彼は、わずか数年前までは、二流の投資家にすぎず、投資先は、ギリシャ料理レストランの入ったオハイオ州シンシナティのビルだった。しかしこの転機は、彼を人を喜ばせ、こびへつらう性格に変えた。マクファーランドはヒルトンと知り合いになり、あるとき、彼のツイッターのアカウントから、彼女のことを〝セレブのプリンセス〟と称してツイートした。イベントともなると、彼女の写真を撮るために奔走していた。彼女は、そんなマクファーランドにルイ・ヴィトンのトイレタリーバッグを贈った。

　フォーシーズンズホテルで、ロウは家族や、ウォートン時代の友人であるクウェートのアル・ワザンら、中東の友人たちに囲まれていた。アル・ワザンは酒を飲みながら最近彼がまとめたという武器取引について自慢げに話し、ヒルトンの取り巻きたちを動揺させていた。これはその後、毎年の恒例行事となる年末のスキー旅行の初回で、ロウがその費用を負担して親しい友人やセレブをもてなしていた。参加者の多くはスキー初心者――ロウはこの時スノーボードのレッスンを受けた――だったので、スキーが得意なヒルトンは、毎日、別の友人たちとゲレンデで過ごしていた。

ナジブ首相の義理の息子であるリザ・アジズもこの旅行に参加していた。彼は背が低く、頭が禿げかかった無口な人物だったが、穏やかな性格が女性を惹きつけた。優れたテニスプレイヤーでもあり、フェイスブックにラファエル・ナダルのようなスター選手と一緒に写った写真をアップしていた。頭もよく、ロンドン・スクール・オブ・エコノミクスを卒業後、銀行業界に就職したが、最近になってロンドンのＨＳＢＣのＭ＆Ａ部門に転職していた。

ロスマの前夫との間の子であるリザは、ロウよりも少し年上だった。二人は以前からの知り合いだったが、その関係は他人行儀でよそよそしいものだった。しかし、ロウがナジブの周りで動きまわるようになり、ナジブを〝わが首相〟と呼んで、常に注意深く付き従うようになると、その親交はロスマとその息子にも及ぶようになった。

この当時、リザはロサンゼルスに住み、ロウが自らの裁量で行う投資を助けるようになっていたが、このウィスラーでの夜があるアイデアへとつながった。映画ファンであるジョーイ・マクファーランドは、ロサンゼルスに移って来てから、何本かの低予算の映画の製作を手伝っており、ここ数カ月、友人らに本格的な映画製作会社を始めたいと語っていた。共に映画に関心があるマクファーランドとリザは、このスキー旅行ですぐに意気投合した。リザはイタリアの戦後のネオレアリズモ映画が好きで、一方、マクファーランドは、ブラッド・ピットやレオナルド・ディカプリオなどのハリウッドの一流スターが出演する現代映画が好きだった。それでも二人は親しくなり、その後の数週間をかけて、ロウ、リザ、マクファーランドでアイデアを話し合った。ロウの資金を使って映画産業に投資してはどうだろうか？　彼らはそう考えた。

マクファーランドとリザにとって、映画産業への進出は、思いもよらぬ出来事だった。マクファーランドは自らの人生を再構築するかのように、非常に近い人物にさえ、自身のタレントブッキング業の過去を否定するようになった。金と注目を浴びる興奮の中で、彼も他の者と同様、ロウの資金源については決して尋ねようとしなかった。

二〇一〇年二月二〇日、ウィスラーでのつかの間の休暇から数カ月後の土曜日の夜、パリス・ヒルトンは声に出して笑いながら、ベガスのパラッツォのプライベートルームに置かれたバカラテーブルにチップを置いていた。そろいの白のドレスと靴でまとめ、シャネルのイヤリングをつけて髪を一方にしっかりと分けた彼女は、富める者の自信に満ちた振る舞いで、自身の二九回目の誕生日を祝っていた。彼女のような裕福な相続人――ヒルトンホテルチェーンの創設者一家の出身だった――でさえ、二五万ドルものチップコインを前にするのは初めてだった。

その夜早く、彼女は複合施設内にあるＴＡＯナイトクラブで、彼女の発表した新しい靴のブランドを宣伝するために、何層にもなったバースデーケーキにナイフを入れていた。これは彼女にとってはよくある、半分は家族のお祝いで半分はカメラの前での商品のプロモーションというプライベートと仕事を組み合わせたイベントの一つだった。パーティーが終わった後、階下で行われたアフターパーティーは、よりくつろいだ雰囲気となり、彼女はパパラッチには見せない一面を見せていた。やがてプライベートギャンブルルームに移動したロウは、気前の良いバースデープレゼントとして、カルティエの腕時計を贈って彼女を驚かせた。それでは十分ではないと言うかのように、彼は二五万ドルのカジノコインをヒルトンに渡し、バカラテーブルに加わるように言った。

ロウのパーティー仲間たちもテーブルに集まり始めた。セレブ以外にも、多くのモデルがいた。彼女らの一部はナイトクラブオーナーのテッパーバーグやストラウスの知り合いで、残りはマネージャーやエージェントを通じて集められていた。なかには一〇代の者もいた。もちろんジョーイ・マクファーランドも出席しており、アル・ワザンやシート・リー・リンといった学生時代からの中東の裕福な友人やアジアの友人たちの姿もあった。「ベガスではジャケットを着てくるように。シャンパンの雨が降るからね、ハハ！」リンはフェイスブックにジェロボームサイズのシャンパンの写真を添えて投稿した。

ヒルトンのバースデーパーティーでのギャンブルがヒートアップするにつれ、パーティー客たち――ロウのアジアの仲間たちやテレビのリアリティ番組『ザ・ヒルズ』に出演しているプチ有名人、モデル、金持ちの御曹司たち――は、テーブルに身を乗り出し、ギャンブルに夢中になっていった。彼らは皆裕福であり、その多くは、ＬＡの富裕層の中核をなす、カリフォルニア州のオレンジ郡やサンタモニカの特権階級の家庭で育っていた。だが、そんな彼らでさえ、ロウのような人物には会ったことがなかった。彼は賭け金をどんどん吊り上げ、一回に数十万ドルも賭けていた。

その後、不運が重なり、ロウはわずか一〇分間で二〇〇万ドルを失った。呆然とする取り巻きたちは、彼が大金を支払うさま――見たところ汗一つかいていないようだった――を理解できないといった面持ちで見つめていた。やがて何人かはこの男について、そして自分の金ではないかのように浪費する彼の様子についてささやき始めた。

いろいろなうわさ――武器商人に違いない。外国の指導者と関係があるらしい。海外の王族に違いない――が渦巻いていた。しかし、追加のクリスタルのマグナムボトルが到着し、誰かが数千ドルのチップをテーブルに置くと、ロウの来歴に関する疑問は、一瞬揺らめいただけでやがて消えていった。

このお気楽なほどの金遣いの荒さについて、ロウ自身も、この金すべてを浪費するべきものではないことをわかっていた。しかしこの初期段階において、自分の支援者――とりわけアブダビの高官やナジブ・ラザク首相の家族――にいかに報いるか、そして利益を生む事業を構築するかに必死になっていた。自身の新しい人生を維持する方法を見つけねばならなかった。

第12章

一〇億ドルの使い方

二〇〇九年一二月、ロサンゼルス

ロウは攻勢に出ようとしていた。彼の会社ウィントンは、レルミタージュ・ホテル――ビバリーヒルズのサンセット・ストリップから少し離れたところにあり、一晩五〇〇ドルもする一一七室の高級ホテル――を四五〇〇万ドルで買収しようとしていた。しかし、米国のホテル投資家イアン・シュレーガーも買収に名乗りを上げていた。ロウはこの買収を自分に有利に進める方法を探り、その結果、アブダビのファンド、ムバダラに目をつけた。

ロウはムバダラの不動産部門のエグゼクティブディレクターに手紙を書き、ファンドの誰かから、売り主である米国の不動産王トム・バラック・ジュニアに自分のことを推薦してくれないかと依頼した。ムバダラのCEOハルドゥーン・ハリハ・アル・ムバラクはオタイバ駐米大使に協力させることを約束した。

バラック・ジュニアへの手紙の中で、オタイバは、ロウについては直接言及しなかったものの、アブダビが彼の提案を正式に支援すると述べた。

「私は今日、UAEの大使として、そしてある巨大な投資会社が全力でこのプロジェクトを支援していることを知る者として、この提案を支持するためにこの手紙をしたためています」と彼は記した。

バラック・ジュニアは誠意を込めた返信を送り、彼が若き弁護士だった三〇年前に、オタイバの父と会っていることを伝えた。「ムバダラとアル・ムバラクはトップクラスの投資家であり、われわれに関心を持っていただいて光栄です」とオタイバに記し、自分に何ができるかを考えてみると約束した。買収はロウの思ったとおりに進んだ。

ロウの成功は、今ではアブダビにおいてもさまざまな分野で重要な意味を持つようになっていた。ムバダラは最近ホテル運営会社であるヴァイスロイ・ホテル・グループを買収しており、ロウはレルミタージュを買い取ってヴァイスロイ・ホテルとしてリブランドすることをムバダラに提案していた。オタイバ大使はマレーシアのイスカンダル・プロジェクトでロウとの取引によって利益を得ていたが、さらに多くの取引に加わりたいと考えていた。

ロウは自分の手口について、奪った資金を稼働させなければ、いずれ行き詰まるということをわかっていた。そこで自らの企業帝国の構築に取りかかった。数年前、ムバダラにおけるアル・ムバラクの権力がロウにひらめきを与え、ロウ自身の政府系投資ファンドの設立を後押しした。今、ロウは、数億ドルの資金を武器に、ムバダラと対等の取引ができるまでになっていた。アル・ムバラクは、ロウがどこから資金を得たかは気にしていないようだった。

レルミタージュの買収資金を支払うため、ロウはシャーマン・アンド・スターリングにウィントン・グループ名義で信託口座を開設し、この弁護士事務所が買収の代理人を務めることになった。次にロウは、１ＭＤＢから奪った七億ドルをグッドスターの口座からこの信託口座に移した。ロウは、送金依頼書に、資金は〝ＶＨ出資金〟であると記載していた。彼はヴァイスロイ《V》・ホテル《H》との提携を巨額の資金移動に合法性を与えるために利用したのだ。こうして彼は初めての大型投資を行い、実業家としての評判を築くための第一歩を踏み出した。

パーティーにいそしみ、資産を買いあさる一方で、ロウは、これらのすべてを可能にしてくれた人々――マレーシアの首相ナジブ・ラザクの家族――に報いなければならなかった。トゥルキ王子をサウジアラビアの正式な公使であるかのように見せかけたように、ロウは自身の行動の全貌をナジブに知られないように注意していた。しかし、大きな裁量を与えてくれる見返りとして、この後援者を喜ばせておく必要があった。

詐欺の早い段階から、ロウは首相夫妻が儲けの分担で仲間はずれにならないように注意してきた。彼は、シャーマン・アンド・スターリングのＩＯＬＴＡ口座から、香港に拠点を置き、ロスマの代理を務める宝石販売会社ローズ・トレーディングに三〇〇万ドルを送金した。これはロウがロスマのために確保した数千万ドルに及ぶ宝石購入資金のほんの始まりにすぎなかった。そしてすぐにナジブも利益を政治資金の形で受け取るようになった。

二〇一〇年の初め、ロウは数百万ドルもする豪勢な住宅をロンドン、ロサンゼルス、ニューヨークに買い、これらをナジブとその家族に利用させた。ロウが管理するシェルカンパニーは、セントラルパークの西にある、ニューヨーク・パークローレル・ビルのコンドミニアムを三六〇〇万ドルで購入していた。しかし、この七一五平米ものメゾネットタイプのアパートメントに住んでいたのは、ロスマの息子のリザ・アジズだった。

売り主の代理人はロバート・デ・ニーロの息子のラファエル・デ・ニーロ（ロバート・デ・ニーロ自身もすぐにロウとナジブ・ラザク首相と知り合いになった）だった。彼は高級不動産会社ダグラス・エリマン・リアルエステートに勤務していた。この不動産会社は、年間数億ドルもの不動産取引を取り扱う他の米国の不動産業者――さらには不動産取引に関与する弁護士――と同様、クライアントの財政状態に対するデューディリジェンスを実施することを求められていなかった。それどころかデ・ニーロは不動産の最終的な買い主が誰であるのかさえ知る必要はなかった。ロウは、アパートメントやマンションを見てまわる時には、マレーシアの首相やその他の裕福な買い主を代理していると称していた。

二〇一〇年の時点で、数千億ドル規模の米国の高級不動産市場の半分以上を、実体のないシェルカンパニー――それらの多くは海外にあった――が占めていたが、その取引自体は米国法の下において完全に合法であり、ロウもこれを使って自身の関与を巧みに隠すようになっていた。たとえば、パークローレル・コンドミニアムの契約は、ロウが管理する会社の一つが締結していたが、その会社は所有権を英領ヴァージン諸島に本拠を置くシェルカンパニー――その後社名を変えている――に譲渡していた。

ロウが管理するセーシェルで設立されたシェルカンパニーは、二〇一〇年五月に、ビバリーヒルズのノース・ヒルクレスト九一二番地にある一七五〇万ドルの邸宅を購入し、リザが西海岸に滞在する時の拠点として提供した。この約一〇〇〇平米の邸宅は、周囲を水で囲まれ、金箔で覆われたピラミッドがエントランスホールにあることから、ピラミッド・ハウスと呼ばれ、プールやロサンゼルスを一望する開放的な部屋を擁するなど南国の邸宅といった雰囲気を醸し出していた。この家が大規模な改修を行っている間、リザは、ロサンゼルスではしばしばレルミタージュ・ホテルに滞在した。またロウは、自身の管理する別の会社を通じて、ロンドンの高級住宅地ベルグレイヴィア地区に堂々とした赤煉瓦造りのタウンハウスを一七〇〇万ポンドで購入していた。ここは、ロスマのお気に入りの店、ハロッズからも近く、ナジブ一家は、定期的にロンドンを訪れここに滞在した。

ロウはナジブ一家のために、最前線に立って働いた。結果的にリザは、三つの不動産――ロンドン、ロサンゼルス、ニューヨーク――をロウから購入し、これらすべての物件のオーナーとなった。ロウは1MDBの運営を認めてもらうためにナジブに負った〝負債〟を着々と返済していた。ナジブがこれらの豪華な邸宅の資金源について詮索することはなかった。ロウの関与は、書類上は表に出ることはなかったため、ナジブは資金の出所について知らなかったと主張することができた。ロウのおかげでナジブは手を汚さずに済んだのだった。

この一連の住宅購入のさなかにもかかわらず、ロウは、取りつかれたように世界中を飛びまわり、そのスケジュールは、今という瞬間に集中できない彼の性格を表しているかのようだった。たとえば三週間の間に、クアラルンプールでナジブ首相と会うために数日過ごした後、ペナンの自宅に戻り、その後シンガポールと香港を訪れた。さらにそこから、祖父の中国系の親族を通じた知り合いのいる上海に飛び、さらに飛行機でアブダビに飛んだ。その後大急ぎでロンドンとパリを訪れた後、チューリッヒに向かい奇妙な送金についてスイスのバンカーに説明し、さらにニューヨークへと飛んだ。最終的にロサンゼルスに着くと、すぐにベガスにギャンブルをしに行った。さらにロウは太平洋を渡って再びこのツアーを繰り返すのだった。普通の人なら耐えられないほどの狂ったスケジュールだった。

飛行機をリースで借りることにうんざりしたロウは、シャーマン・アンド・スターリングの口座にある資金で三五〇〇万ドルもするボンバルディア・グローバル５０００プライベートジェットを即金で購入した。彼は、このとき、多くの家を取得しようとしていたが、実際にはこの飛行機に住んでいると言ったほうがよかった。機内には、ベッドやミニオフィスがあり、ファックスやＷｉ－Ｆｉまで完備していたことから、通常のオフィスアワーに仕事をするよりも、機内で多くの仕事をこなし、ホテルやレストランから電話をかけまくることが多かった。この忙しい間、ロウは、取引を締結するために夜明けまで働くものの、その一方で次の日のミーティングは欠席していた。

八名のフルタイムのパイロットが六名のフライトアテンダントと共にシフト制で勤務し、ロウのノンストップの旅をサポートした。クルーは、彼に対し、これまでに出会った中でも最も丁寧でとびきり裕福なクライアントだという印象を持っていた。料理に対する要求は風変わりだった。ロンドンの高級日本料理店NOBUの最上の料理とケンタッキーフライドチキンをバーレルで注文して流し込むように食べたこともあったという。

異常な生活だったが、ロウの振る舞いは、つかの間だけ出会う人々には異なる印象を与えていた。

「彼は極めて普通の人のように見えました」ロウにボンバルディアを売った億万長者の不動産投資家ジョセフ・ケイアはそう語った。

ロウは、米国でも多くの人々をだますことに成功していた。しかしマレーシアでは、1MDBの幹部が、何が起きているのかを知りたがっていた。

第13章

金はどこにいった？

二〇〇九年一〇月、マレーシア、クアラルンプール

二〇〇九年一〇月三日、ちょうどロウとその取り巻きがラスベガスで注目を浴びている頃、1MDBの緊急取締役会は不安げな空気に包まれていた。このファンドは大急ぎで設立されたため、まだ常設の事務所がなかった。そこで取締役らは、この会議のために、曇った湿気の多い土曜日、クアラルンプール近郊のムティアラ・ダマンサラにある四つ星ホテル、ロイヤル・ビンタンに集まっていた。エグゼクティブセンターのテーブルの周りに座った取締役会のメンバーは、ファンドの運営が思わしくないことについて議論することになっていた。

なかでもいら立ちをあらわにしていたのは、ナジブ・ラザク首相が取締役会議長に選んだ優秀な実業家のモハメド・バッケ・サレだった。バッケは、ロンドン・スクール・オブ・エコノミクスを卒業した後、公認会計士としての経験を積んでおり、堅実を絵に描いたような男だった。彼はダークスーツにいつも同じ赤のネクタイを合わせ、メタルフレームの眼鏡をかけてい

た。髪はサイドに白くなった毛を残して禿げ上がっており、きちんと刈りそろえたひげにも白いものが混じっていた。しかし、外観からは予想できない粘り強い一面を持っており、競争に打ち勝ってマレーシア最大の国営アグリビジネス企業を率いるまでになっていた。腐敗が深く染み込んだこの国において、バッケは規則通りに物事を行うという評判を得ていた。そんな彼が、取締役会で怒りをあらわにしていた。彼は知りたかった。1MDBは一体全体どうして七億ドルもの資金を、取締役会が合意したペトロサウジとのジョイントベンチャーではなく、別の会社に送金したのか？　1MDBのCEOシャロール・ハルミは、資金はペトロサウジからの融資の返済に充てられたと説明してバッケを安心させようとしていた。ハルミは分別のあるリーダーで、ハイテク機器や自動車が好きなオタクでもあり、同僚からも好かれていた。彼は1MDBの他の経営幹部とは違って、ロウの友人ではなかったが、すぐにジェット機で世界各地を飛びまわる生活に魅了されるようになっていた。彼が何らかの賄賂を受け取っていたことを示唆する事実はなかったが、アクセンチュアでのITプロジェクトの骨の折れる仕事から数十億ドル規模のファンドの運営に職を変えた瞬間に、彼の人生は大きく変わっていた。そのような地位の変化に感謝し、さらにナジブ首相の望みをかなえていることを信じ、ロウたちの説明――この場合はペトロサウジが融資をしていたという説明――をすっかり信用していた。

バッケはそう簡単にだまされなかった。そもそもこの債務はなぜ取締役会に報告されていないのか？　彼は説明を求めたが、誰も答えられなかった。バッケは、ペトロサウジに資金の返却を命じ、合意されたとおり、ジョイントベンチャーに投資することを決定した。

「一〇億ドルもの巨額の投資は、より徹底した検討とデューディリジェンス手続きを経て行われるべきだった」取締役会はこの会議の正式な議事録にそうそっけなく記録した。

取締役らの知らないところで、問題の資金は、前述のとおり、ナイトクラブやギャンブル、不動産などに注ぎ込まれており、もはや返却させることはできなかった。

数週間後、バッケはペトロサウジがジョイントベンチャーに注ぎ込んだとされている石油資産に関する独立監査を求めた。パンドラの箱を開けたくなかったロウは、顧問委員会の議長であるナジブを説得して、資産の再評価は不要であると裁定しようとした。しかし混乱に巻き込まれたことに憤慨したバッケは、数日後、あっさりと取締役を辞任した。他にも辞任を望んだ者もいたが、取締役が集団で辞任する事態を避けたがったナジブが数週間待つように要請したため、最終的に一月になってから辞任した。

このような抵抗を予想していなかったロウは、さらなる混乱を阻止しようと慌てて策を講じた。取締役会が懸念を表明した後、１ＭＤＢの経営陣は、資産に関するより詳細な説明を求めるｅメールをペトロサウジの投資部門の責任者であるパトリック・マホニーに送っていた。マホニーはやきもきしたに違いない。というのもペトロサウジは１ＭＤＢと提携するまではわずかな事業しか行っていなかったからだった。そこで彼はロウにｅメールを送り、詳細を開示するべきか尋ねた。

「いいや、その必要はない。シンプルにいこう。首相が誤解を解いてくれるまで、取締役会にはできるだけ情報は与えないでほしい」とロウは回答した。

ナジブは１ＭＤＢが彼の政治活動に資金を提供していること、そしてそれが見た目ほど合法的ではないことを知っていた。しかし、１ＭＤＢが中東との関係を強化し、投資をもたらすというロウの約束に惹かれ、このどこの馬の骨ともわからない二八歳の若者にファンドの運営を任せていた。ナジブ一家は、これまでも長年にわたり、甘い汁を吸うために政府のサービスを利用してきた。ロスマに対する宝石の購入やリザ・アジズに対する不動産の購入におけるロウの関与もそれと変わらなかった。これらの理由から、ロウのニューヨークでの散財に関する知らせがマレーシアに届き、バッケのような優秀なビジネスマンが警鐘を鳴らしても、引き続きロウに大きな裁量を与え、この若きマレーシア人が何を企んでいようと知らないふりをすることにした。

首相の信頼をつなぎとめておくため、ロウは二〇一〇年一月に再びサウジアラビアを公式訪問する計画を立てた。訪問を前に、旅行のお膳立てをするようタレク・オバイドにeメールを送り、ナジブやロスマとサウジの王族との協議の中で、〝個人的な〟、〝信頼〟、〝友情〟そして〝絆〟という言葉を使うように要請した。サウジ政府はそれ以上のことをしてくれた。訪問中、この王国で民間人に与えられる最高の賞をナジブに授与したのだ。この栄誉はナジブを大いに喜ばせ、ロウがサウジアラビアと深いつながりがあることを示す結果となった。

　1MDBの取締役会では行方不明の資金について不満を訴え続けている一部の取締役が依然としていたものの、このサウジアラビア訪問によって彼らを黙らせることができた。ロウはある取締役に対し、ペトロサウジ――彼はペトロサウジがサウジアラビアの国営企業であると説明していた――との取引について多くの疑問を呈することは、サウジアラビアとマレーシアとの関係を乱すことになりかねないと語ったという。

「サウジアラビアを侮辱することは許されない。首相は訪問時に二一発の祝砲をもって迎えられたんだ」とロウは言い、その取締役は引き下がった。

　ロウは定期的に取締役らとコーヒーを飲んで語り合い、自分がナジブ首相の代理人として1MDBの問題に対処していることをアピールした。それを明確に示す事実はなく、ロウに正式な肩書がないことはミステリアスではあったものの、取締役らは、彼の権限がこの国のトップから授けられていることを理解した。ロウの役割があいまいなことが、彼を一層権力があるかのように見せた。彼はそれを悪用した。自分の行動にこれ以上細かな調査が行われないようにするため、ロウは、取締役会に対する自身の支配を固めた。空席となった取締役のポジションに、ロウの父親のビジネスパートナーであるペナン出身のマレーシア系中国人を指名するようナジブを説得したのだ。UMNOの忠実な支持者であり、ナジブに近い存在のロディン・ウオック・カマルディンが新たな議長となった。これによって取締役会はナジブの支持者で固められた。別の言い方をすれば、1MDBの経営における首相、ロウおよび彼の仲間に対する第三者による監督は、基本的に存在しないと言ってよかった。

経営陣の問題が一掃され、1MDBはより合法的に見えるようになった。1MDBの経営陣は、クアラルンプールのペトロナスタワーズの近くにある光り輝く超高層ビル、メナラIMCの一八階の新オフィスで事業の構築に取りかかった。CEOのシャロール・ハルミは、アイビーリーグを卒業した一〇名のマレーシア人を採用した。彼らは皆水準以上の給与と一〇億ドル規模の投資が約束されていることに魅力を感じていた。1MDBは、自らが中東のムバダラ・デベロップメントのような現代的なファンドであり、新たな産業――特に環境保全技術《グリーンテクノロジー》など――を構築することでマレーシアを変身させようとしているとうたっていた。最初の計画は、中国や中東からの投資を受けて、サラワクに再生可能エネルギーの回廊地帯を開発することだった。若い従業員らはプレゼン資料と投資計画の作成に取りかかった。

「僕らは、政府系投資ファンドのスタートアップステージで力になることがこの国を変えるための素晴らしい方法だと心から考えていました」とある初期メンバーは語った。

大きな政府系投資ファンドで働くことは、名誉ある仕事だった。しかし、新たなメンバーの多くが幻滅を感じるようになるのにそう時間はかからなかった。グリーンエネルギー事業はけん引力を得ることができなかった。経営陣に投資ファンドを運営する経験が不足していることは明らかだった。彼らは長期的な計画にまったく関心がなく、オフィスの中二階に集まって、従業員とはほとんどコミュニケーションを取らなかった。誰もが、ジョー・ロウがこのファンドの意思決定者であることを知っていた。彼はほとんどオフィスには現れず、なぜか経営陣は、スタッフに彼をコードネーム〝ＵＣ〟で呼ぶように指示していた。社内では、それが〝嫌なやつ《Unsavory Character》〟の略であるというジョークが広まっていた。

ロウの目下の関心は、レルミタージュ・ホテルであれ、彼がムバダラと組んで展開しようとしているプロジェクトであれ、ファンドから奪った資金を使ってとにかく利益を生み出すことだった。これは単純な銀行強盗ではなかった。彼はこれらの事業が離陸することに賭けており、その利益は１ＭＤＢに空いた穴を簡単に埋めることができるはずだった。一方で、ファンドを適切に運営することは、彼にとっては二の次だった。

あるとき、１ＭＤＢの投資部門の責任者であるロウの友人のニク・ファイサル・アリフ・カミルが取締役会でいら立ちをあらわにしていた。ファンドが負っている債務——一四億ドルのイスラム債だけでなく、マレーシアの銀行からの数億ドルの債務——の支払いのためのキャッシュフローがないと言うのだ。そんな状況にもかかわらず、幹部は非常識な提案をするようになっていた。ニク・ファイサルは、マレーシアの島を買ってバケーションリゾートにすることを提案してさえいた。このアイデアは取締役会で却下された。

このファンドが取り組んでいた代表的なプロジェクトは、プロジェクト・ウォール・ストリートと呼ばれる、クアラルンプールをシンガポールや香港に匹敵する金融ハブにするという計画だった。1MDBは、この金融センターに対し、アブダビの投資ファンド、ムバダラに数十億ドル規模の投資をさせることを目論み、二〇一〇年中ごろには、その足掛かりとして、二〇〇万ドルを費やしてプロジェクトの開始記念パーティーを開催した。ロウはアブダビの皇太子が参加するよう裏で手を回したが、土壇場になって皇太子が参加をキャンセルしたため、パーティーのための資金のほとんどは無駄になり、金融センターに関する計画もまったく進展していなかった。クアラルンプールの株式市場や銀行業界は、海外の国にとっては重要ではなく、潜在的な投資家を見つけることは困難だった。それでも、ロウは、プロジェクトのために市内中心部の空いている区画を格安の価格でファンドに与えるようナジブを説得した。

経営陣の無駄な支出と焦点の欠如のなか、アイビーリーグから採用した社員の多くは一年もせずに辞めていった。特に彼らの多くが心配していたのは、ファンドの一番の存在意義がナジブ首相の人気を高めるための政治資金の供給源であるということだった。事業からの安定したキャッシュフローがないにもかかわらず、1MDBは〝企業の社会的責任〟と称して、与党であるUMNOに対し、有権者の支援を得るための資金を提供していた。

「僕らは、自分たちが評価したプロジェクトの多くは、会社に合法的な隠れ蓑を与えるための見せかけのプロジェクトだと、よくジョークを言っていました」とある1MDBの従業員は語った。

二〇一〇年三月一日、ナジブの忠実な支持者による新たな取締役会は、1MDBの新オフィスに集まり、いかにファンドが首相を支援するかについて協議した。ＣＥＯのシャロール・ハルミは、まだ実行可能な事業ではないと説明したうえで、ナジブのサラワクのマレーシア人地区訪問に合わせ、１ＭＤＢの新たな慈善事業部門を通じてこの地区に資金を投入する計画を実施すると説明した。ジャングルに覆われたこの州は、人里離れた比較的人口の少ない地域だったが、ＵＭＮＯが政権を握るうえでは極めて重要な地域だった。ナジブの友人で取締役会の議長だったロディンは、この提案に対し、〝原住民〟――彼はサラワクの部族民のことをそう呼んでおり、その一部はいまだにジャングルの丸太小屋に住んでいた――の支持を得ることは重要だと答えた。取締役会は、議論することもなく、五〇万ドル以上もの資金を貧しい人々のための奨学金や住宅建設のために提供することに合意し、ナジブが訪問時にこのことを宣伝できるようにした。

首相のスタッフが、重要な有権者のいる地区に学校を作るためのプロジェクトを考案し、１ＭＤＢがその資金を提供した。

「われわれは現政権の票集めに寄与することなら、何でも提案しました」当時のナジブの政策秘書オー・エイ・スンはそう語った。

ナジブは一貫して自分の人気にこだわった。伝統的なマレーシアの政治家と同様、アイデアではなく、金こそが有権者からの人気を得る唯一の方法だと信じていた。そうして彼は１ＭＤＢから資金を搾り出した。１ＭＤＢの取締役会から数カ月後、ナジブはサラワクでの地方選挙を前に、与党の候補が勝った場合にのみ、この地方のプロジェクトに連邦政府の資金を提供すると有権者に語った。

「皆さんが私を助け、私が皆さんを助けるのです」汗をかいたナジブは、有権者を前にした街頭演説でそう約束した。これこそがマレーシアの政治の腐敗の構図だった。

第14章

輪転機を回せ

二〇〇九年一二月、マレーシア、クアラルンプール

マレーシアのエリート層の間では、モハメド・バッケ・サレの辞任がうわさになり、1MDBで何かおかしなことが起きているとささやかれるようになっていた。しかし、1MDBの問題はまだ人々の知るところとはなっていなかった。マレーシアでは、政府が主なメディアをコントロールしていたこともその理由の一つだった。しかし首相でさえそう簡単には命令することのできないメディア王がいた。トン・クーイ・オン。英語の週刊ビジネス新聞ジ・エッジのオーナーだった。大衆紙のほとんどは政府寄りで、マレー語か中国語で書かれていたが、英語紙であるジ・エッジはこの国のビジネスエリートを対象読者としていた。

長年にわたり、トンはマレーシアのビジネス界では反逆者として知られていた。五〇歳の彼は、禿げかかった頭の両サイドに黒髪を生やし、スーツよりもオープンシャツを好んで着た。彼はかつて妻に自分は五〇歳を前に死ぬような気がするので、その時まで精いっぱい生きなけ

ればならないのだと語っていた。よくいたずらっぽく笑う、魅力的な男だったが、自身が愚かだとみなした者に対しては気難しい態度を取る一面があった。そんな彼の態度は、権力を握っているクアラルンプールの与党エリート層をいら立たせた。

1MDBに関するうわさを耳にしたとき、トンは、ジ・エッジが調査する必要があると判断した。

マレーシアではほとんどの主要新聞は政府に従順だった。与党UMNOは大量発行部数を誇る新聞数社の株式の一部を直接保有しており、その編集者は、まるで奴隷のように、政治家や政策に対するちょうちん記事を書いていた。新聞は、発行ライセンスを毎年更新しなければならなかった。政府の管理を受けていたため、独立した新聞の編集者であってもしばしば自主規制を行うことがあった。

一九九〇年代半ばのジ・エッジの登場は、業界に衝撃をもたらした。他紙とは違って、ジ・エッジはトンがマレーシア経済の将来に害をなすと判断した汚職スキャンダルを記事にすることをためらわなかった。彼は自らの手で富を築いていたので、誰の恩義も受けていなかった。そしてそのことが彼を危険な存在にした。

トンは、中国系マレーシア人の自動車修理工の九人きょうだいの六番目に生まれ、一九六〇年代と七〇年代を、クアラルンプールに近い雑然とした港町クランで過ごした。彼の家族は金をかき集めて、トンをカナダの大学に進学させた。そこで彼は金融の修士号を取り、独学でコンピューターについても学んだ。一九八〇年代にマレーシアに戻り、マレーシアの会社で証券アナリストとして勤務した後、英国系のモルガン・グレンフェル銀行に転職して企業評価に携わった。しかし、野心的で休むことを知らない彼は、一九九〇年には自ら証券会社を買収し、その後すぐに銀行免許を取得した。

マレーシア経済界の排他的な雰囲気の中では、トンは異端児とみなされ、すぐに敵を作った。マレーシアに証券のオンライントレードをもたらしたことで、他の証券会社を駆逐し、危険な成り上がり者と見られるようになった。しかし、外国のファンドマネージャーから気に入られた彼は、すぐにマレーシアで業界の大きなシェアを占めるに至った。彼の自信過剰な態度や、ほとばしるような知性、そして月並みなものを軽蔑する姿勢は、長年にわたる権力者との結びつきのおかげで成功を享受してきた同業者をいら立たせた。

またトンは政治に関心が高かったが、残念ながら負け馬に賭けていた。彼は、カリスマ的な副首相で、すぐにこの国のトップになるだろうと目されていたアンワル・イブラヒムと親しかった。しかし、一九九〇年代にアンワルは、一九八一年からマレーシアの首相を務めていたマハティール・モハマド首相と不仲になった。アンワルが政争に敗れ、男性運転手との同性愛をでっち上げられて投獄（マレーシアでは同性愛は違法である）されると、トンは荒野に置き去りにされた格好になった。マハティールがトンの資産を没収しようとしているといううわさが流れると、トンはカナダに戻り、バンクーバーで不動産デベロッパーに転身して成功を収めた。

しかし、彼は一つの場所に長くとどまることができなかった。マハティールが退陣すると、トンはマレーシアに戻って来た。

マハティールによって銀行を売却することを余儀なくされたが、まだジ・エッジを持っていた。この新聞には根強いファンがいた。たとえこの新聞が本当の意味での独立性を有していなかったとしても、少なくともマレーシアは専制国家ではなかった。そしてジ・エッジの編集者は、ライセンスを維持しつつも、汚職に関する記事を書きながら、表現の自由の限界を押し広げることを学んでいた。たとえば、首相に関する汚職のうわさなど、一部の話題には踏み込んではならなかったが、ジ・エッジの編集者は、政治よりもビジネスに焦点を当てることで、政府と対立せずにいることができた。

二〇〇九年後半、トンは1MDBに関するうわさを耳にする。当初から、マレーシアのエリート層の間ではナジブ政権に関するゴシップが絶えなかった。マレーシアの外交官は、首相夫人のロスマが海外に行く時に、ショッピングルートの計画を立てなければならないことに不満を漏らしていた。最近になって、トンはさらに驚くべき情報を耳にするようになっていた。1MDBの前身であるトレンガヌ・ファンドが有するイスラム債が非常に低い価格で譲渡されていることを銀行関係者から聞いたのだった。つまり、債券を購入したのが誰であれ、市場で売却することによりかなりの利益が得られることを意味していた。うわさではロウと関係のある会社が利益を得たとされていた。こういった種類の不正行為は、アジアの資本市場では日常的に行われていた。そして今、クアラルンプールのカクテルパーティーでは、バッケが1MDBの取締役から突然辞任したことが話題になっていた。

トンは明確なヴィジョンを持った男であり、細部にこだわるタイプではなかった。整理が苦手で、オフィスは書類や奇妙なもの――少しだけ使ったルームランナーなど――で散らかっていた。1MDBについて取材するために、彼はジ・エッジの編集者であるベテランジャーナリスト、ホー・ケイ・タットを起用した。ホーはふさふさした髪に眼鏡をかけ、常に相手を喜ばせようとする話し方をしたことから、まだ五〇代だったにもかかわらず、まるでおじいちゃんと話しているような気にさせる人物だった。しかし、そんな慈愛にあふれた外見の下に、真実を追い求める執念を隠し持っていた。

ホーは一九九〇年代にジ・エッジに加わったが、その後退社してロウの故郷であるペナンに本拠を置く政府寄りの新聞、スターのCEOになった。しかし、ホーはUMNOに関連した企業に関するネガティブな記事をつぶそうとする執拗な要請に耐えることができず、スターを辞めて二〇一三年に再びジ・エッジに編集者として加わるチャンスに飛びついた。スターやニュー・ストレーツ・タイムズのような政府の代弁者である新聞がナジブ政権に関するくだらない記事を書く一方で、ジ・エッジは、ホーの指揮のもと、政府に批判的なスタンスを取った。トンの後ろ盾を得て、ホーは、少人数の記者チームに1MDBの取材を開始させた。二〇〇九年一二月、ジ・エッジは1MDBに関して疑問を提起する記事を掲載した。なぜバッケはファンド設立から間もなく取締役を辞任したのか？　なぜトレンガヌ投資庁は、リスクフリーの政府債だったにもかかわらず、あんなに安い価格で債券を譲渡したのか？　１ＭＤＢの真の目的は何で、その金で何をしようとしているのだろうか？

その記事にジョー・ロウの名前はなかった。それでもロウは、この記事に不安を覚え、ジ・エッジの記者とオフレコで話し、１ＭＤＢは純粋な投資会社であると彼らを納得させようとした。ジ・エッジが真実を明らかにするには、さらに三年の月日を要した。この時点ではロウの秘密はまだ安泰だった。それどころか、彼の運勢はまだ上昇を続けていた。

第15章 ニューヨークへようこそ

二〇一〇年四月、ニューヨーク

タキシードと夜会服を着たゲストたちがマンハッタン、ミッドタウンの五番街に近いセント・レジス・ホテルのボールルームに向かっていた。二〇一〇年四月六日、この日は雨が降り、風の強い日だったが、この街で最もスタイリッシュなホテルの一つは活気に満ちていた。ナジブと妻のロスマは、特に上機嫌だった。数日前、バラク・オバマ大統領がワシントンでの核セキュリティ・サミットに合わせて、ナジブ首相と二国間首脳会談を行っていた。アフリカ系アメリカ人として初めて大統領に選出されたオバマは世界的な象徴であり、ナジブは両国の関係における新たな幕開けを感じていた。

オバマとの会談の後、ロウは自身のコネクションを使って、米国訪問中のマレーシアの首相夫妻に、注目が集まるよう手配した。セント・レジス・ホテルでの夜は、その目玉となるイベントだった。このパーティーは、ドワイト・アイゼンハワー大統領のもと、世界のビジネスと政治上のリーダーの間の関係を育むために設立された、マイナーな組織「国際理解のためのビジネス協議会」が主催していた。この日の夜は、協議会が、"国際平和と調和賞"をロスマに授与することを讃えて開催されたものだった。協議会によると、ロスマのマレーシアにおける子どもたちへの慈善活動の成果に対し贈られるものだという。

　彼女は子どもたちの教育機関を設立していた。しかし、これは公的な資金によって作られたもので、マレーシアではなぜ教育省が直接資金を出さなかったのかと批判する者もいた。委員会が事前に下調べをしていなかったとしたら、ナジブとロスマにとってはこれほど好都合なことはなかった。このような賞は、形ばかりで意味がない一方で、金の出所についてささやかれることを嫌うロスマのような人物にとっては極めて重要だった。受賞を喧伝するため、マレーシア政府は数十万ドルを費やして、彼女の訪問に合わせてニューヨーク・タイムズ紙に見開きの広告――片面をすべてロスマの写真とし、〝ニューヨークへようこそ〟という言葉を添えていた――を掲載してファーストレディを祝福した。

　セント・レジス・ホテルでのパーティーの成功を確実にするために、ロウは、トゥルキ王子とナジブのアルファ・ネロ号での会談を手配したサーレ・ゲブレイェススというエリトリア系アメリカ人に連絡を取った。彼は一団のハリウッドスターをこのイベントに招待したが、その多くは、通常ならアジアの政治家の妻の受賞パーティーには参加しそうにない面々だった。イベントは午後六時半にカクテルとともに始まり、ディナーの前にイスラムのファッションショーが行われた。俳優兼コメディアンのジェイミー・フォックスが司会を務め、ロバート・デ・ニーロやシャーリーズ・セロンといった多くのスターが出席してイベントを盛り上げた。マレーの伝統的なサロンに刺繍のほどこされたゆったりとした上着――どちらも濃い黄色だった――を着て、手首にダイヤモンドをちりばめたバングル、耳にイヤリングをつけたロスマは、出席者の注目を集め、恍惚としていた。

午後一〇時にディナーが終わると、パーティーは佳境に入っていった。ポップスターのレオナ・ルイスが歌を披露し、キャロル・キングの「君の友だち」をセクシーにアレンジした演奏が始まると、フォックスはロスマをステージに上げ、自分はナジブとダンスをした。その後、デ・ニーロ、セロンらもステージ上のフォックスに加わって、ロウのお気に入りの一曲「ウィ・アー・ザ・ワールド」を歌った。「まるで、結婚式とバル・ミツワ、スウィート・シックスティーン、キンセアニェーラ（ラテンアメリカ地域で行われる一五歳の少女の誕生日を祝うイベント）が全部一緒になったみたいで、畏れ多いほどだった」出席したジュエリーデザイナーのウェンディー・ブランデスはそう語った。

数カ月後、デ・ニーロはロスマからの招待を受けて、マレーシアで休暇を過ごした。ロスマは、これまでに聞いたネガティブなうわさを信じるのではなく、彼自身の目でこの国を見てほしかったのだと地元メディアに語った。ハリウッドのスターたちは、ジョー・ロウの派手な散財を見聞きし、さらには映画製作の新たな資金源としての期待から、マレーシアに注目するようになっていた。ロウは、欠くことのできない存在として、自身をさらにもう一段高めることに成功した。中東への公式訪問を計画し、ハリウッドスターを惹きつけるロウは、ナジブとロスマにとっては魔法使いのような存在だった。

しかし、ロウはより大きな目標を持っており、信頼するＵＡＥのオタイバ駐米大使に対し、ナジブとオバマ大統領との関係をさらに強化させたいという考えを漏らしていた。長年にわたり、マレーシアと米国の関係は、良く言っても〝中途半端な関係〟でしかなかった。前首相のマハティール・モハマドは、米国に対する対決姿勢を辞さず、〝欧米帝国主義〟として激しく非難し、さらに一九九〇年代のアジア通貨危機を〝ユダヤ系〟資本家のせいだとしていた。欧米各国の政府は、マハティールがアンワル・イブラヒムを政争の果てに同性愛の罪で投獄したことを公然と非難していた。クアラルンプールを公式訪問した際に、米国の副大統領のアル・ゴアが〝マレーシアの勇気ある人々〟に対し民主化を推し進めるよう促したことも、マハティールを激怒させた。ナジブが政権に就くまで、米国がベトナム戦争にどっぷりはまっていた一九六〇年代にリンドン・Ｂ・ジョンソンが訪れて以来、現職の米国大統領がマレーシアを訪問したことは、一度もなかった。

二〇一〇年四月の会談で、ナジブは自身をこれまでとはまったく異なる政治家としてオバマ大統領にアピールした。彼は自ら認める英国崇拝者であり、民主化改革の推進について熱く語った。米国にとって、彼は、表面上はこの地域における信頼できるリーダーであるように見えた。あかぬけていて英語もうまく、最近は世界中のイスラム諸国にイスラム教主義者の暴力を非難させようという取り組みである〝グローバル穏健主義運動〟を始めるなど、イスラム世界についても耳あたりのよいことを語っていた。

オバマ大統領は、米国をイラクやアフガニスタンでのコストのかかる戦争から抜け出させようと躍起になっており、東アジアに注目して、急速に発展を遂げつつあるこの経済圏における中国の影響に対し、バランスを取るための勢力を探していた。翌年のオーストラリアでのスピーチで、オバマは、このアジアへの方向転換を強調し、大統領とホワイトハウスのアドバイザーらは、インドネシア、日本、韓国そしてオーストラリアのリーダーと共に、ナジブをこの取り組みのキーマンであると見ていた。

出だしは好調だった。ロウは、ナジブと米国の大統領がさらに接近するよう、ここ何年かの間にできる限りのことをするつもりだった。

第16章

くずのようなひどい商品

二〇一〇年四月、ワシントンDC

ナジブがニューヨークを訪れている頃、米国は、政治的な大混乱に飲み込まれていた。米国に端を発する金融危機が欧州に広がり、数百万もの失業者やホームレスを生み出す深刻な不況を引き起こし、やがて〝ウォール街を占拠せよ〟という抗議運動にまで発展することになる。金融危機の間も栄華を誇ったウォール街の銀行に対する怒りが高まっていることは、誰の目にも明らかだった。

四月下旬、ゴールドマン・サックスのCEOロイド・ブランクファインは、金融危機におけるウォール街の銀行の役割について怒りをあらわにする上院議員の前で、質問に答えることで鎮静化を図ろうとした。過去一八カ月にわたりゴールドマン・サックスの活動を監視する小委員会の議長も務めてきた、ミシガン選出のカール・レビン民主党上院議員は、なぜ銀行が有害なサブプライム住宅ローンに裏付けられた証券を顧客に販売する一方で、この証券の下落に賭けていたかを知りたがった。レビンはゴールドマンが顧客に販売していた取引の事例を次から次へと示してみせた。ゴールドマンのバンカーは、eメールの中でひそかにこれらを〝くずのような〟、〝ひどい〟商品だと言っていた。

「これは明らかに道義的に問題がある」ブランクファインの向かいに座ったレビンは、敵意もあらわにそう言った。傍聴席には、偽の囚人服を着た抗議者が〝恥を知れ〟と書かれたピンクのプラカードや頭に棒が突き刺さったブランクファインの写真を掲げていた。

二〇〇〇年代半ば、ウォール街の銀行の利益は、米国の住宅市場の活況によって急増した。多くの米国民がわずかな頭金で、あるいは頭金がなくとも住宅ローンを組むことができた。銀行は、サブプライムローンと呼ばれた、質の劣る住宅ローンに積極的に取り組み、これらをまとめて証券化して大きな投資ファンドに販売した。

ゴールドマン・サックスでは、ブランクファインとゲイリー・コーン――ゴールドマン・サックス社長で後にドナルド・トランプ政権の経済アドバイザーになった――が、サブプライムローン商品の販売を金融危機の直前まで進めていた。しかし、多くの米国民がローン返済を続けることができなくなるにつれ、住宅価格が崩壊することを恐れて、ゴールドマン自身は市場の下落に賭けていた。これが、後に〝ビッグ・ショート〟として知られる投資戦略だった。

二〇〇七年に米国の住宅バブルがはじけると、サブプライム証券もあっという間に紙切れになった。一年もしないうちに、焦げついたサブプライムローンに関連した損失により、ベアー・

スターンズやリーマン・ブラザーズが破綻し、本格的な金融危機に火をつけた。米国政府は銀行に七〇〇〇億ドルの緊急支援を行うことを余儀なくされた。

グレーのスーツにえび茶色のネクタイをしたゴールドマンのCEOブランクファインは、レビン上院議員の怒りの質問をかわそうと、顧客——大銀行や機関投資家——は二〇〇七年当時も住宅市場が堅調であると信じていたと主張した。顧客がサブプライムローンにリンクした証券を購入したいと考えている以上、ゴールドマンに落ち度はないと言い張った。

「彼らは住宅市場に対するリスクをはらんだ証券を購入したいと考えました」とブランクファインは言った。「残念なことに、住宅市場は一気に悪化したのです」

ゴールドマン・サックスはリテールバンキングを展開していなかった。米国民のうち投資銀行について詳しい者はそれほど多くはないだろう。投資銀行の顧客は、大企業や政府、年金基金、個人資産家、他の銀行だった。しかし、ブランクファインは金融業界の強欲を示す象徴的な存在とされた。住宅市場の崩壊は多くの米国民を貧困に陥れた。それに対して二〇〇九年のゴールドマンの利益は一三四億ドルと過去最高益を記録していた。アリゾナ州選出のジョン・マケイン共和党上院議員はその年のブランクファインのボーナスの額を訪ねた。明らかに落ち着きを失くしたブランクファインは口ごもりながら答えた。九〇〇万ドルだと。

一四〇年の歴史を誇る投資銀行は守勢に立たされていた。証券法を執行し、証券業界に対する規制を行う米国証券取引委員会（ＳＥＣ）は、サブプライムローン商品を購入した顧客に対する情報開示が不十分だったとして、ゴールドマン・サックスを告訴した。ゴールドマンの若きトレーダー、ファブリス・トゥール――彼はeメールの中で自身のことを〝ファビュラス・ファブ〟と呼んでいた――は、アバカスとして知られる商品を、〝誰彼構わず〟売りまくったと語っている。ブランクファインが議会で証言をした三カ月後、ゴールドマン・サックスはSECとの間で五億五〇〇〇万ドルの罰金を支払うことで和解した。これはウォール街の金融機関が民事訴訟で支払った過去最大の罰金額だった。ゴールドマンは顧客に対する〝情報開示が不十分だったこと〟を謝罪したが、不正があったとは認めなかった。

レビン上院議員は後に、ゴールドマンへの刑事捜査を求めたが、米国司法省は訴追しないことを決定した。このことは、ウォール街のバンカーらは自ら危機を作り出しておきながら、処罰を受けることなく責任を逃れたという印象を人々に植えつけた。ゴールドマンの経営陣は誰も処罰されなかったものの、銀行はかつてないほどの厳しい監視下に置かれることとなった。二〇一〇年、議会は、金融危機を受けて施行された一連の法律であるドッド＝フランク法を可決した。

元連邦準備制度理事会議長のポール・ボルカーが提案したボルカー・ルールは、銀行が自らの顧客の利益とならない投機的な取引を行うことを制限した。これは、リスクの高いサブプライム証券に投資するなどの行為が、金融システムの安定性を損ない、一般の預金者や住宅保有者に損害を与えるという考えに基づいていた。銀行業界はこの議会の防御措置に抵抗した。ルールは、特定の取引を認めることで効果が弱められ、さらに発効まで数年を要することとなった。しかし、ウォール街の銀行は、個人資産家の資金を使って自己勘定投資を行うヘッジファンドのような行為をやめなければならず、個人の住宅保有者であれ、多国籍企業であれ、顧客の利益に気を配らなければならなくなった。

これらの新たな規制は、米国経済の停滞や低金利、株式市場の低迷とあいまって、ブランクファインの新興市場重視をさらに推し進める結果となった。中国は引き続き、二桁の成長を遂げており、ブラジルやロシア――マレーシアのような小国でさえ――も活況を呈していた。二〇一〇年のスピーチで、ブランクファインは、金融危機がゴールドマンの評判に与えた傷を舐めて癒すかのように、銀行にとって最も大きなチャンスは、〝より多くの場所でゴールドマン・サックスである〟ことにあると語った。

二〇一〇年、ゴールドマンが新興市場での事業展開に目を向けた頃、アンドレア・ヴェラという名の三七歳のイタリア人バンカーが香港に到着した。元は工学を学んでいたヴェラは、短く刈った白髪混じりの髪にがっしりした体格で、好戦的な顔つきをしていた。彼は説得力のある自信に満ちたバンカーで、同僚からは、どんなことであれ、誰にでも自分の考えを納得させることができる人物と見られていた。また商品設計のスペシャリストで、ゴールドマンがマレーシアのような国で販売したいと考えていた複雑なデリバティブのエキスパートだった。

ヴェラは一部の同僚の間では、世間ずれしていない顧客――疑問を持つことなく銀行の専門性に巨額の手数料を払ってくれる顧客――に注力することで評判となっていた。二〇〇七年にゴールドマン・サックスのロンドン事務所に入社した後、彼は、リビアのムアンマル・アル＝カッザーフィー政府が新たに設立した政府系投資ファンド、リビア投資庁との取引を担当するようになった。

単純化すると、デリバティブとは、一連の原資産の価値とリンクした金融商品のことを言う。デリバティブは企業が価格変動に対処する際に役に立った。たとえば、ある企業が商品価格の下落から自社を守りたいと考えた場合、その企業は、将来一定の価格で原資産を売却することができる、先物契約と呼ばれる一種のデリバティブを購入することができる。サブプライムローン危機が表面化したとき、投資家に住宅ローンを原資とした巨額の資金を価格の変動――この場合は住宅ローン証券の価格――に賭けさせるデリバティブは、非常に危険な商品だった。賭けが利益を生んでいる時はよかった。が、市場が期待していない方向に動くと、連鎖的に損失が生じる可能性があった。

リビアの顧客は、金融危機のさなかに中東のファンドがしていたように、米国の銀行に資金を集中させた。しかし、このファンドのマネージャーは、実際にはデリバティブを理解していなかった。ヴェラは、現場でリビアのファンドとの取引を担当している後輩を促して、マーケティングに力を入れた。「顧客は、時折、自分が何を欲しているかをわかっていないことがある。

だからわれわれは、彼らが混乱している言葉をきちんと翻訳して、正しいものを示す必要がある。そこに注力してくれ」とヴェラは後輩にeメールを送った。

ゴールドマンはシティグループなどの株式を原資産とする複雑なデリバティブを設計した。このデリバティブはシティグループの株価が上昇すれば、リビア投資庁に大きな利益をもたらすものの、同時に大きなダウンサイドリスクをはらんでいた。金融危機が深刻化すると、株価も下落し、リビア投資庁は、最終的に一〇億ドル以上の損失を被った。リビア投資庁は後に、自身の幹部は自身が購入した商品を理解していなかったとして、ゴールドマン・サックスをロンドンの裁判所に提訴したが、失敗に終わった。ゴールドマンは、反対サイドの取引でいくら儲けたか明らかにしなかったが、リビア投資庁の主張によるとその金額は二億ドル以上にのぼるという。

ゴールドマンのバンカーで、金融危機のさなかに、リビアとの取引について内部で問題提起をしたために解雇されたジョージ・ジャブールをはじめとする多くの同僚は、ヴェラが〝馬鹿な〟顧客から情け容赦なく金をむしり取ったとして批判した。

「利益を上げる唯一の方法は、利幅を稼ぐことだ。何が起きているかをよく理解しているヘッジファンド相手に、ほかにどういう方法があるというんだ?」とジャブールは語った。

リビア投資庁が大きな損害を被った後、アジアのストラクチャード・ファイナンス部門を率いるために香港を訪れたヴェラは、ゴールドマンで最も野心的と言われ、アジアで活躍するもう一人のバンカー、ドクター・ティモシー・ライスナーに出会う。

ゴールドマンの新興市場への集中はライスナーにとっては願ったりかなったりだった。ニューヨークのゴールドマンの経営陣にとって、マレーシアはもはや目立たない市場ではなかった。1MDBの前身のファンドに助言を提供してから、ライスナーは、このファンドの資金調達や資産の購入を支援することで、ゴールドマンが多額の手数料を受け取る方法を模索していた。当初の資金調達はマレーシアの銀行が取り扱ったため、直接の取引の兆しはまだなかったが、ライスナーはウォール街のライバルたちの間でゴールドマンがポールポジションを取るための下地を築こうとしていた。

二〇一〇年夏、ライスナーは、ナジブに近いマレーシアの米国大使の娘のために、ゴールドマン・サックス・シンガポールで短期間のインターンシップを引き受ける手配をした。彼はまた、この女性とつかの間の恋を楽しんだと言われ、二人の関係は社内でも広く知れわたっていた。このインターンシップは、企業が取引を得るためにいかなる種類の賄賂をも贈ることを禁じていた米国の一九七七年海外腐敗行為防止法に違反している恐れがあり、非常にリスキーな行為だったが、彼女がシンガポールでのインターンシップを終えることはなかった。社外でこのことを知る人物はほとんどおらず、インターンシップに関し不適切な行為があったとしても、ゴールドマンに対して、何らかの措置が講じられることはなかった。

わずか数週間後、１ＭＤＢはサラワク州――熱帯雨林に覆われた州で、ロウに食い物にされたタイブ・マハムードが州首相を務めていた――の水力発電ダムを購入する計画の助言に対し、ゴールドマンに一〇〇万ドルを支払うことに同意した。この金額は、ライスナーがトレンガヌ投資庁設立の際に得た手数料と同様、わずかなものだった。結局、取引は成立せず、ゴールドマンは何も得ることができなかった。しかし、それ以上のものが約束された。

一方でライスナーは、サラワクでのコネクションを深めることにも注力していた。二〇〇九年に彼は、タイブの姪と関係を持っていた。ライスナーは同僚に、結婚に先立ってイスラム教へ改宗する手続きの一環として〝サラフディーン〟というイスラム教徒の名前を得たとさえ話していたが、結局この結婚は実現しなかった。二人は別れたものの、ゴールドマンのマレーシアでのビジネスは順調に進んだ。

ダム・プロジェクトは頓挫したが、ゴールドマンはサラワクに別のビジネスチャンスを見出していた。州政府は再生可能エネルギーのプロジェクトとヤシ油の輸出拠点を開発するための資金を探しており、国際債券の発行によって資金を調達したいと考えていた。ライスナーはこの潜在的なビジネスをゴールドマンの地域本部がある香港に持ち帰った。そこではアンドレア・ヴェラが資金調達の方法を考え出そうとしていた。

サラワク州政府は八億ドルで債券を発行した。しかし、ミューチュアルファンドや年金基金といった投資家らに直接この債券を販売する代わりに、ゴールドマン・サックスが、すべての債券を購入し、後に希望する買い手を探すこととした。ヴェラとゴールドマンはプリンシパル・ファンディング・アンド・インベスティング・グループ（ＰＦＩデスク）というトレーディング部門を通じて債券を引き受けた。顧客のために複雑な資金調達手段を設計するＰＦＩは、サブプライム危機の際にアメリカン・インターナショナル・グループ（ＡＩＧ）に販売したスワップ取引など、ゴールドマンの収益性の高い取引にいくつも関与していた。

これらの難解なスワップ取引は住宅価格の下落に賭けており、ＰＦＩデスクにおよそ二〇億ドルの儲けをもたらした。デリバティブのスペシャリストであるトビー・ワトソンという名のゴールドマンのバンカーが、ブランクファインの新興市場戦略の一環として、香港のＰＦＩデスクに派遣された。ＰＦＩデスクは、金融危機の前におよそ二〇〇億ドルの資金を他の銀行から固定の超低金利で調達しており、この巨額の資金をアジアで運用する方法を探していた。この資金に対し支払う利息よりも大きな利益を生む投資を見つければ、儲けを得ることできた。

ゴールドマンが実質上、サラワク州に小切手を切り、これによって州政府は、投資家を呼び込むためのロードショーを演じることなく、直ちに資金を得ることができた。その一方でゴールドマンは、債券を安く入手し、後にこれを投資家に販売することができた。ゴールドマンがすべての債券を機関投資家――ミューチュアルファンドや年金基金――に売り払った時点で、この取引は五〇〇〇万ドルの利益を生んだ。これはアジアや米国、欧州の銀行が地方の政府――これらの地方政府は一般の企業よりもデフォルトする恐れが少ないことから、リスクは少ないと見られていた――のために債券を発行する際に通常請求する一〇〇万ドルの手数料をはるかに上回っていた。

この巨額の利益は、ゴールドマンにとってはまさに大当たりを引き当てたようなものだった。しかし、この取引は国際的な監視機関であるグローバル・ウィットネスの注意を引くことになり、ウォール街の巨大銀行がなぜ、汚職や環境犯罪で知られる政府と取引をしているのかという疑問を持たれることになった。報告書の中で、グローバル・ウィットネスは、この債券によって資金を得た契約の一部は州首相であるタイブの親戚との契約であり、このことによって政府が資金を急いで欲しがり、喜んで巨額の手数料を支払った理由の説明がつくとした。

サラワクでの取引は、営業担当のライスナーとデリバティブの達人ヴェラが初めて協力して行った取引で、巨額の資金を注目されることなく迅速に顧客に提供し、その一方でゴールドマンには巨額の利益をもたらした。これはゴールドマンの１ＭＤＢとのその後の取引においても中心となる常套手段となった。

ライスナーは他のプロジェクトでも、ゴールドマンが１ＭＤＢの行う買収取引に助言ができるよう、引き続きジョー・ロウと連携を取った。しかしロウの心は別のところにあった。彼のハリウッドとのコネクションは、ナジブとロスマに好印象を与えた。ロウは、これをビジネスチャンスに変えようとしていた。

第17章 親愛なる友人、レオ

二〇一〇年七月、南アフリカ、ヨハネスブルグ

ヨハネスブルグの有名ナイトクラブ、タブーのＶＩＰエリアでは、激しいハウスミュージックが鳴り響いていた。サッカー・ワールドカップ決勝トーナメントのさなか、南アフリカの金融拠点ヨハネスブルグは、世界各国からの訪問客であふれかえり、このナイトクラブも盛り上がっていた。ゴールドをテーマにしたメインバーでは、エイミー・サディーが、デザイナーの手掛けた透明のプラスチック製のハイスツールに座り、夜を楽しんでいた。少し酒が入った黒髪のテレビ・パーソナリティ兼起業家の彼女は、スーツを着たアメリカ人が親しげに話しかけてきたとき、驚きを隠せなかった。その男は、タレントブッカーであり、パリス・ヒルトンの友人でもあるジョーイ・マクファーランドだった。

「ＶＩＰルームに来ないかい？　レオナルド・ディカプリオがいて、君を目にとめたんだ」と彼は言った。

声をかけられたことにワクワクしながら、彼女はマクファーランドについていき、ベルベットのロープの後ろにあるナイトクラブの奥のＶＩＰルームに入った。そこではディカプリオと仲間がたむろしていた。トラックスーツパンツにベースボールキャップというカジュアルないでたちのディカプリオは、ソファにゆったりと座り太い葉巻を吸っていた。ディカプリオと一緒に仕事をしているというマクファーランドがサディーにディカプリオを紹介し、二人は握手をした。しかし、ディカプリオは半分ボーッとした状態で、カウチに手足を広げて寝そべり、ほとんど会話をしなかった。他のメンバーは踊ったり、めいめいにドリンクテーブル――ウォッカやレッドブル、クランベリージュース、シーバスリーガルなどがあった――からドリンクを取ってきて飲んだりしていた。

数日前に、ロウは、マレーシアから来たビジネスマンだと自己紹介してＶＩＰエリアを予約していた。クラブオーナーには、彼が大金を支払いそうに見えた。その夜、周りに座った仲間たちがおしゃべりをしたり、ダンスを踊ったりしている間、マクファーランドはサディーに、クルーガー国立公園での三日間のサファリに参加し、その後ヨハネスブルグに戻ってワールドカップの決勝を見ないかと誘った。真夜中近く、マクファーランドとロウ、その他のメンバーは、木々に覆われた丘の中腹にある少数の建物からなる、豪華なウエストクリフ・ホテルのスイートへと戻って行った。解散する時に、マクファーランドはサディーに電話番号を尋ね、ホテルから電話してアフターパーティーに参加しないかと誘った。彼女は丁重に断った。ディカプリオの存在は魅力的だったが、つまらなそうに部屋の隅のほうに座っている、大勢のボディガードを引き連れたこの一団はどこか奇妙に思えた。

マクファーランドとロウは、ウィスラーで初めて会ってから、わずか数週間後には親友になっていた。しかしそれは階級的な関係だった。ロウはこのケンタッキー人のスイーツ好きをからかって〝マックッキー〟と呼び、一〇歳近くも年上なのにもかかわらず、弟のように扱った。マクファーランドは、タレントのブッキング事業を通じて広範囲に及ぶ人脈を築き上げており、ロウの友人のマレーシア人〝ファット・エリック〟のためにプレイメイトを呼んでパーティーを催すなど、ロウの力になってきた。

ロウとマクファーランドは、ナジブ首相の義理の息子であるリザ・アジズと共に、ハリウッド映画の製作会社を作ることを真剣に話し始めており、そのためには、有名な俳優や監督と近づきになる必要があった。二〇一〇年初め、リザはロウのジェイミー・フォックスとのコネクションを頼った。フォックスのマネージャーが首相の義理の息子をロサンゼルスじゅうに紹介してまわり、業界の有力者らにアジアの投資家が四億ドルで映画を撮ろうとしているとアピールした。

これだけの資金を使い、さらには友人であるフォックスの力を借りれば、扉を開くことは難しくなかった。リザは、独立系のプロデューサー、アヴィ・ラーナー――彼の会社ミレニアム・フィルムは、アル・パチーノとロバート・デ・ニーロを起用して『ボーダー』を撮ったばかりだった――とのミーティングにこぎつけた。二人は映画の資金調達や、フォックスやブルース・ウィリスの起用について話し合った。そのプロジェクトは実現しなかったものの、数週間後、ミレニアムの幹部であるジョー・ガッタがリザとマクファーランドに会い、彼ら自身の映画会社を作るように二人に提案した。リザ、ロウそしてマクファーランドの三人は次の行動を計画しながら、自分たちがある切り札を持っていることに気づいた。世界で最も金になるスター、ディカプリオとの関係だった。

ディカプリオは、実際には南アフリカまでの飛行機のチャーターや、サッカー・ワールドカップのボックス席といった便宜を必要とはしていなかった。彼は一九九〇年代の初めから、誰もがその名を知る存在であり、多くのセレブと同様、そういった類の便宜を権利として見ていた。しかし、ロウが他のハリウッドのごますり連中と違ったのは、彼の持っている驚くほどのスケールの富と、それを惜しげもなく使うという事実だった。プロデューサー志望者はそこらじゅうにいたが、ロウのように金をばらまくことのできる者はいなかった。

一般的な基準からはすでに裕福だったフォックスやパリス・ヒルトンに対しては、ロウは、彼らの興味をそそるような出演料を提示して、イベントでの司会や参加を依頼していた。ディカプリオの場合、ロウは大手のハリウッド映画製作会社の束縛からの自由をちらつかせた。ディカプリオはすでにハリウッドの有力人物の一人で、自身の映画製作会社アピアン・ウェイを持っていたが、それでも大手映画製作会社の幹部の意思には従わなければならなかった。この権力の力学によって、彼の『ウルフ・オブ・ウォールストリート』製作計画は困難に陥っていた。

二〇〇七年、ディカプリオはブラッド・ピットとの競争の末に、『ウルフ・オブ・ウォールストリート』のモデルであるジョーダン・ベルフォートの回想録の映画化権を獲得した。ベルフォートの会社ストラットン・オークモントは、一九八〇年代と九〇年代に小規模な投資家や機関投資家にペニー株を売り、数千万ドルもの詐欺を働いた。しばらくの間、ベルフォートの詐欺はうまく行き、ロングアイランドの彼のオフィスでは、コカインや娼婦を呼び物にした派手なパーティーが繰り広げられた。あるパーティーでは、彼の仲間らが粘着テープをまとった小人を巨大な粘着性の的に向かって投げるという遊びをしたことで有名だった（ロウはこの話にインスパイアされて二〇一二年のバースデーパーティーでウンパルンパを雇ったという）。二〇〇四年、ベルフォートは証券詐欺で四年の実刑判決を受け、投資家らに返済することを命じられたが、わずか二二カ月間服役した後に自由の身となり、回想録の執筆を始めた。

そうして書き上げたのが、一部フィクションを含む物語――検察官は、会社におけるベルフォートの役割が実際以上に高められ、被害者の損害が減少されていると語った――である『ウルフ・オブ・ウォールストリート』（早川書房）だった。タイトルでさえ、ややこじつけだった。ベルフォートの会社は、ウォール街にはなく、マンハッタンから数マイル離れた場所にあり、彼が〝ウォール街の狼〟と呼ばれていたという事実もなかった。しかし、ベルフォートはディカプリオの関心を引いた。ディカプリオは、二〇〇二年に身分詐称の天才である詐欺師フランク・アバグネイルを描いた『キャッチ・ミー・イフ・ユー・キャン』の主演を務めており、この頃は、バズ・ラーマン監督による『華麗なるギャッツビー』でジェイ・ギャッツビーを演じることが決まっていた。

ハリウッドは、一九八〇年代の『ウォール街』から『アメリカン・サイコ』や『マネー・ゲーム　株価大暴落』に至るまで、強欲な男性投資家を描いた映画を好む傾向があり、観客もこれらの羽目をはずす投資家を描く作品を歓迎した。しかし、『ザ・ソプラノズ　哀愁のマフィア』の脚本家テレンス・ウィンターがベルフォートの回想録から書き上げた脚本は、これまでの作品を大きく上回るレベルで、包み隠すことなく放蕩の限りを描き、二〇〇八年には、映画を製作することになっていたワーナー・ブラザースの幹部が怖気づいて、手を引くほどだった。ワーナー・ブラザースは、R指定の映画では観客を呼べず、製作にかかる一億ドルを回収できないと考えたのだ。

多くの映画作品でディカプリオと共に仕事をしてきた名監督マーティン・スコセッシはいら立ちを募らせていた。彼は、つい最近『ディパーテッド』で初のアカデミー賞監督賞を受賞し、キャリアの頂点にあったものの、映画会社をコントロールすることはできなかった。彼はウィンターが準備してきた脚本を五カ月もかけて手直しし、この新作映画製作の準備を進めてきたものの、業界の関係者には時間の無駄だと漏らしていたという。そんな手詰まり状態のなか、ジョー・ロウがディカプリオの前に現れた。このマレーシア人の金が新たな解決策を提示した。それは、ハリウッドが渇望してやまなかったもの――無限の資金と制約のない表現の自由――をディカプリオとスコセッシに与えてくれた。

二〇一〇年、リザ・アジズとジョーイ・マクファーランドは、レッド・グラナイト・プロダクションズ（後にレッド・グラナイト・ピクチャーズに社名を変更）を設立し、ビバリーヒルズのレルミタージュ・ホテルのスイートルームで営業を開始した。リザが社長に指名され、マクファーランドは副社長になった。いつものように、ロウは公式な役職には就かず、日々の業務はスタッフに任せていた。彼は秘密の財布だった。会社は、すぐにミレニアム・フィルムから多くの幹部を引き抜き、ジョー・ガッタを製作責任者に据えた。当初から、資金面では不明瞭な点が多かった。マクファーランドはスタッフに対し、ロウのことを投資家として紹介し、このマレーシア人とリザ、マクファーランドは裏方に徹し、映画製作には口ははさまないと告げた。

「だからこそ、君のような人間を雇ったんだ」とマクファーランドはレッド・グラナイトの幹部の一人に話したという。

数カ月後、レッド・グラナイトは、ディカプリオの映画製作会社アピアン・ウェイと同じサンセット・ストリップの低層ビルに事務所を構えた。これは偶然ではなかった。「彼らはレオの事務所と同じビルを選んで彼に近づき、一緒にビジネスをしたいと考えたんだ」とレッド・

グラナイトの幹部は語った。

レッド・グラナイトは、『ウルフ・オブ・ウォールストリート』の共同製作者となり、ジョーダン・ベルフォートの回想録の映画化権を一〇〇万ドルで買い取った。突如としてロウは、もはやぜいたくなパーティーを催すだけの男ではなくなっていた。マクファーランドとリザを通じ、彼はハリウッドのプレイヤーとなった。

第18章

二〇〇万ユーロのボトル・パレード

二〇一〇年七月、フランス、サントロペ

その日サントロペは、フリートウィークのさなかで、世界のスーパーヨットがマリーナで停泊スペースを奪い合っていた。七月と八月、ごみごみとした中世の古い街並みを中心として、黄土色の家々と古い教会の並ぶこのコートダジュールのリゾート地は、世界中の金持ちであふれかえっていた。彼らは船上や市街地のバーでのパーティーに押し寄せ、パンプローヌ・ビーチ近くのナイトクラブでは、昼間から馬鹿騒ぎが繰り広げられていた。

ジャン・ジョレス通りを歩く観光客は、カフェが立ち並ぶ通りに隣接して停泊しているヨットをじろじろと見ていた。世界中の富が集まる毎年恒例の光景だった。若い甲板員が走りまわって手すりを磨き上げる一方で、見物人たちは誰が乗っているのか見ようとしていた。多くの人々にとって、これらの船は成功の証として映った。しかし、サントロペでの本当のパーティーは、観光客とは遠く離れた場所で行われていた。一般の観光客が半島の先端にある市内に向かおうとしてひどい渋滞につかまっている間、ＶＩＰは小型のボートでパーティー会場へと移動した。最もホットな夜は、沖合いのヨットの上や、街の最高級クラブで繰り広げられ、そこでは超有名人が億万長者とパーティーを楽しんでいた。

なかでも最も有名なクラブは、レ・カーヴ・デュ・ロワで、一九六〇年代から世界のパーティーシーンで一目置かれる存在だった。港から数百メートルに位置するホテル・ビブロスの地下にあるこのクラブは、あらゆるところが金《きん》で覆われていた。金の柱が立ち並び、その上端には波状の溝彫りが施されていた。このコリントスタイルのパロディのようなデザインは、シャンパンがボトルから勢いよく吹き出る様子を表していた。ダンスフロアも金色で、テーブルも同じ色で統一され、その上には金箔で覆われたカクテルボウルが置かれていた。南アフリカでのワールドカップ決勝から二週間もたっていない七月二二日の夜遅く、ジョー・ロウはここで入札合戦を繰り広げていた。

彼は、パリス・ヒルトンと共に、マイクロソフトの共同設立者ポール・アレンが所有するタトゥーシュ号――三〇三フィート（約九二メートル）、一〇の客室を備え、プールやヘリポートまで完備したスーパーヨット――に乗ってこの街にやって来た。ちょうどこのとき、街ではボトル・パレードが開催されていた。ボトル・パレードは、〝上客《ホエール》〟にたくさんのマグナムボトル（二本分のサイズのボトル）――あるいは四本分のジェロボームボトル――のシャンパンを注文させて金を使わせようとクラブが考案したイベントだった。大口の注文が入ると、ＤＪ

が音楽を止めて客を称える間、ボトル・ガールズ――普段はモデルをしていてちょっとした小遣い稼ぎにこの役を演じていた――が、花火を添えたシャンパンを持ってくるというものだった。ニューヨークでも、ロウの催すぜいたくなパーティーで、このボトル・パレードが広まっていた。

この夜のボトル・パレードは、特に度を超した状況になっていた。チェックの襟の黒いポロシャツにグレーのスラックスという服装で腕にはロレックスをつけたロウは、ウィンストン・フィッシャー――ニューヨークで不動産業を営む名家の出身だった――と、どちらがシャンパンのクリスタルに多くの金を払うかというバトルを演じていた。一年前、ロウがまだ十分な資金を手に入れる前、彼はまさに同じ場所で、パキスタンの血を引くベルギーの億万長者との同様の競争に敗れていた。今回は負けられなかった。

司会者がエスカレートしていく金持ち同士の争いを盛り上げ、酔っぱらいたちが畏敬の念をもって見つめるなか、ロウとフィッシャーは、一対一で金額を吊り上げていった。ロウが引き下がる気配を見せないなか、最後にはフィッシャーが降参した。スピーカーを通じて金額が発表された。クラブの酔っぱらいたちは何が起きたのか信じられなかった。ロウはシャンパンに二〇〇万ユーロを支払ったのだ。このクラブ全体で、一週間かかっても売り上げることのできない金額だった。

半狂乱になったスタッフがシャンパンのボトル――ジェロボームサイズやマチュザレムサイ

ズ（八本分のサイズ）も含まれていた——を次から次へと運んでくる間、裕福なロシア人、アラブ人、カザフスタン人を含むロウの仲間らが祝杯を挙げていた。水玉模様のブルーのショートドレスを着て、ブルーのペンダントイヤリング、ピンクのマニュキアをしたパリス・ヒルトンは、金色の柱の近くのテーブルの上に立ってボトルを開け、シャンパンをロウたちに吹きかけていた。ロウは、汗に濡れた赤ら顔で、ヒルトンの肩に頭を乗せた姿を写真に撮られた。

数日後、二人は別のクラブで、さらに別のボトル・パレードを繰り広げた。シャンパンが花火とともに登場し、『ロッキー』と『スター・ウォーズ』のテーマ音楽が鳴り響くなか、ロウはすべてを支配していた。マイクを手渡された彼は、クラブにいるみんなにボトルを配るようにウェイターに指示した。「サウジアラビア万歳！」と彼が叫ぶと、ヒルトンが踊りながら後ろから彼を抱きしめた。彼女はかなり酔っぱらっていて、他のパーティー客が支えなければならないほどだった。ヒルトンとロウが、共に白のフェドーラ帽をかぶり、シャンパンでびしょ濡れになるなか、不安そうな顔つきのセキュリティスタッフが二人の周りにスペースを作ろうとしていた。

あるクウェートの友人は、ロウは人々を最高級のサークルの一員であるという気にさせるのがうまかったと語っている。しかし、このどんちゃん騒ぎの中では誰も気づかなかったが、ロウはむしろ〝司会者〟を演じているといったほうが近かった。その友人は、ロウが純粋にパーティーを楽しんでいるというよりも、金持ちの茶番に付き合っているように見えたという。

「パーティーはどこか偽物のようで、自分たちは見せかけのため、盛り上げるため、そしてその集まりをかっこよく見せるために、そこにいるようでした」と彼は語った。

サントロペでの豪遊は、多くのパパラッチの関心を引き、ゴシップライターはロウのことをヒルトンの最新のボーイフレンドだと伝えた。パーティーでヒルトンと親密そうにしていたものの、彼は、二人に肉体的な関係はないと友人に語っていた。彼の心を捉えていたのは、別の女性だった。

空から見ると海の中にヤシの葉があるように見える一連の人工島の一つにある高層ホテル、ドバイのアトランティス・ザ・パームに、ロールス・ロイスがやって来た。ホテルのメインの建物は、巨大なアラビア風のアーチを模しており、複数のプールを備え、ペルシャ湾を三六〇度見渡すことができた。そこは退廃的な場所だった。ロウは、フランスでのバケーションの数カ月後、手の込んだ儀式を行うためにこのリゾートのプライベートビーチの一部を独占していた。ロールス・ロイスの中にはロウと共に、三一歳の台湾の人気歌手エルヴァ・シャオの姿があった。白いパンツ、ライトブルーのシャツ姿で、裸足に革のスリップオンを履いたロウは、ストライプのスカートにサンダルという、同じようにカジュアルないでたちのシャオを車からエスコートした。二人は互いに腰に手を回して立っていた。ロウは、ビーチに大きなハートの形に配置されたキャンドルを指さした。キャンドルの後ろではイルミネーションが二人の名前をスペルアウトしていた。

　ロウは花やキャンドルで飾られ、一段高い壇の上に置かれた長いダイニングテーブルへとシャオを誘《いざな》った。ダイニングテーブルの後ろには複雑な彫刻が施されたついたてが立てられていた。ディナーが始まり、二人がいろいろな料理を楽しむ間、青いイブニングドレスを着た金髪の女性がテーブルの横に置かれたハープを奏でていた。やがて音楽は宝石をちりばめたバイオリンの演奏に変わった。シャオは緊張しているようだったが、やがてクスクスと笑い出した。ロウは腕を彼女に回し、きつく抱きしめていた。ほとんど会話はなかった。

　グランドフィナーレの時がきた。突然、ヘリコプターが視界に飛び込んできた。ビーチに近づくと、二人の男がパラシュートで飛び降りた。二人とも、スマートなタキシードに蝶ネクタイというでたちだった。彼らは、キャンドルで作られたビーチのハートの中に着地すると、パラシュートをはずして大股でテーブルに近づいてきた。そして笑顔でシャオに箱を渡した。なかにはダイヤモンドとゴールドでできた円形のペンダントのついたショパールのネックレスが入っていた。ディナーの後、二人は島の沖合いに停泊したボートから打ち上げられる二人だけの花火のショーを楽しんだ。

　それは派手で、笑ってしまうほど使い古された愛情表現だった。さらにショーが進むと、シャオは涙を拭った。このイベントの演出には一〇〇万ドル以上が費やされたと言われている。しかもこれはただのデートで、プロポーズでも何でもなかった。

あとでわかったことだが、この時ロウにはすでにガールフレンドがいた。ジェセリン・チュアン・テイク・インという女性で、彼女の父はペナンでシーフードレストランを経営していた。ロウはよく彼女をアメリカに連れていったが、マクファーランド――彼は次第にロウにとってあらゆる状況に対応するフィクサーとして行動するようになっていた――には、彼女をパーティーに近づけないようにと指示していた。彼女は、ホテルやロウのアパートメントに隔離され、キャサリン・タン――元ラスベガスのクルーピエ（カジノでレーキを使ってチップを移動させる係）で、ロウのスケジュールを管理していた――や1MDBの法律顧問のジャスミン・ルーといったロウの側近の女性たちに付き添われていた。ロウのクアラルンプールのアパートメントを訪れた人々は、チュアンがひざまずいて、飲み物を差し出すといったように、恭しく振る舞う様子を目にしていた。ロウは人前では敬意をもって彼女に接していたが、一方で他の女性に豪華な車や宝石の贈り物をしたり、モデルに金を払ってホテルのスイートやクラブ、船上でのパーティーに参加させたりしていた。

友人たちの目から見れば、エルヴァ・シャオのような有名人と付き合うようになったロウが、チュアンを裏切っていることは明らかだった。チュアンはシャオのことに気づいていたが――彼女はこの台湾の歌手がロウに贈った本をたまたま見つけていた――、ロウと別れないことを選んだ。チュアンも、ロウが与えてくれる派手な地位の変化を好ましく思っていたのだろう。あるとき、彼女はペナンの友人に、以前は歌手のアッシャーのものだったという新しい腕時計を見せたという。

　ロウは、恋人と他の女性たちとの二重生活に苦しんでいると友人に語っていた。ロウとチュアンとの関係は断続的に数年間続いた。しかし、彼は典型的なプレイボーイではなかった。ロウがカルティエのジュエリーや、カジノのチップを贈って喜ばせたモデルたちは、彼が彼女たちを口説こうとしなかったことに驚いていた。彼にとっては、セックスよりも、女性であれハリウッドスターであれ、彼らに認知してもらうことのほうが重要だった。彼は、自らの権力と特権を強固にすることを望んでいたのだ。

　どこから見ても極端なドバイでのエピソードだったが、これも次に起こることの単なる伏線でしかなかった。ロウはすでに人々がこれまでに見たことのないほどたがのはずれた浪費家だったが、さらにギアをもう一段シフトアップしようとしていた。

　浪費がハリウッドの友人と知り合う機会を与えてくれていたとしても、周囲の人間はロウの注目の浴び方に当惑していた。ロウのビジネスパートナーにとっては、彼が派手な豪遊をひけらかすことは受け入れがたかった。強迫観念にとらわれたような彼の性格――ヨットであれ、ハリウッドスターであれ、最高のものを手に入れようとする性格――は、彼の詐欺を成功させる要因であると同時に、アキレス腱でもあった。二〇一〇年、ＵＡＥの駐米大使であるオタイバは、ロウの公衆の面前での悪ふざけにいら立っていた。

「彼はもっと冷静になって、パーティーを控えるべきだ」オタイバは二〇一〇年八月四日に送った友人へのeメールでそう苦情を漏らした。

ロウのビジネスパートナーの多くと同様、オタイバ大使もロウとの取引を秘密にしたがっていた。ロウがゴールドマン・サックスでプライベートバンク口座を開設する際に、オタイバに紹介を頼んだとき、彼はビジネスパートナーであるシャハー・アワルタニへのeメールで、このような手紙によって〝責任があるとみなされる〟のではないかと考え困惑していた。この時ロウは、自分の口座を通じて支払った数十億ドルについて複数の銀行が疑問に思い始めていることをアワルタニに話していた。

結局、ゴールドマンは個人資産管理口座――最低でも一〇〇〇万ドルの預け入れが必要だった――を開設してほしいというロウの依頼を、資金源を確認することができないという理由で拒絶した。口座の開設は個人の資産管理ビジネスであり、ティモシー・ライスナーやロジャー・ウンが勤務する投資銀行部門とはまったく異なる業務だった。しかし、二人はロウをゴールドマンの個人顧客として受け入れるよう要請することをやめなかった。米国法務省の訴訟文書によると、プライベートバンキング部門からロウの依頼が断られたとき、ライスナーとウンは、ロウの1MDBにおける役割を、ゴールドマンのコンプライアンス・オフィサーには秘密にするよう一層の注意が必要だと悟ったという。

ナジブ・ラザク首相も、ロウはもっと真面目になる必要があると感じていた。ロウ自身も、彼の〝ボス〟――ナジブのこと――が、いくつかの有名な政府の諮問機関に加わるように示唆し、ロウを信頼できるビジネスマンに変身させようとしているとアワルタニに語っていた。

ペナンでは、ニューヨーク・ポストのロウのクラブ通いに関する記事が人々を驚かせていた。ロウの父親のラリー・ロウも激しく怒り、息子にダメージコントロール戦略を取るよう命じた。二〇一〇年夏のフランスでのバケーションの後、ロウはペナンに飛んで帰り、地味な黒のスーツにライトブルーのネクタイという姿で地元の英語紙、スターによる長時間のインタビューを受けた。

彼は作り話のクモの巣を張るようにインタビューに答えた。記者には彼が自身のプライベート投資ファンドをハーロウやウォートンの裕福な友人からの出資金二五〇〇万ドルでスタートさせ、その会社の資産が今では一〇億ドルを超えるまでになったと語った。ニューヨーク・ポストが報じたナイトクラブでの豪遊は、本当は彼の裕福な中東の友人たちが催したもので、彼自身は友人たちの気まぐれに応えるための単なる〝コンシェルジェサービス〟だったと説明した。

「私はつつましい家庭の出身で、普段一緒に過ごしている友人たちのような著名で裕福なレベルの人間ではない」と彼はスター紙に語った。またビジネスにおける成功が、「正しい時に正しい場所にいて、正しい人々と会い、信頼し合える関係を築いたことによるものだ」とも語った。

ロウは、地元のマレーシアでは、これまで外国で話してきた、億万長者の家の出身であるという作り話が通用しないことがわかっていた。今や、彼の作り話は矛盾するようになっていた。ロウがアジアの名家の出身であるということを聞いていた海外の投資家は、インターネットを使えば簡単にスター紙のインタビュー記事を閲覧することができ、何かがおかしいということに気づけたはずだった。しかし、どうやら誰もこのような通り一遍の調査すらしなかったようだ。レ・カーヴ・デュ・ロワでの豪遊に関しては、彼ではなく、彼の仲間がシャンパンを購入したのだとロウは主張した。

「私たちは一生懸命働いています。私は特別な人間なんかじゃありません。ただ友人たちとリラックスして休んでるだけなんです」

内々では、ロウはパーティーに関するメディアの報道について、まるでそういった自身の見境のない行動は大したことではないというかのように、あしらっていた。「私も馬鹿じゃない。メディアの問題のことはわかっているし、ちゃんと取り組んでいる」と彼はペトロサウジのパトリック・マホニーにブラックベリーのメッセージを送った。多くの資金を手にし、さらに多くのセレブの友人たちを得て、ロウは決して捕まらないと信じ始めていた。

しかしロウの仲間の一部は、そう簡単には怒りを静めなかった。共犯者の間では意見の衝突が生じていた。

第19章

「馬鹿騒ぎもいい加減にしろ」

二〇一〇年一〇月、スイス、モントルー

レマン湖の岸辺の丘の上にあるクリニック・ラ・プレリーは、世界でも有数のすぐれた医療センター兼スパとして有名だった。スイスのモントルーにあるこのクリニックは、広く張り出した屋根のスイスシャレー風の建物で、フランスの平面幾何学式庭園とエレガントで現代的なビルに囲まれていた。部屋からは、雪を抱いてそびえ立つアルペンの頂に囲まれたレマン湖を何にも遮られることなく眺めることができた。このクリニックは、一九三一年に〝細胞療法〟を開発したポール・ニーハンス教授によって設立され、すぐにチャーリー・チャップリンなどの裕福な有名人の間で人気となった。クリニックは、ウェブサイトで自らを〝長寿のエキスパート〟と称していた。

二〇一〇年一〇月、ロウは小休止としてこのクリニックに入院した。不健全なライフスタイル――アルコール漬けで遅くまで騒いだり、バーレルサイズのケンタッキーフライドチキンを

たいらげたり、ノンストップの旅行をしたりといった生活――のせいで、体調を崩していることに気づいていた。定期的な運動はしていなかったが、ガラスのストロー付きで出される高価なジュースクレンズを飲むなど、金で買える最新の治療を探していた。クリニック・ラ・プレリーはそんな彼にぴったりだった。

死と老いは誰の人生にも影を投げかけるが、億万長者たちは、死をだます術を心得ていた。このクリニックは三万ドルで一週間の活性化プログラムを提供し、この間、患者は黒羊の肝臓から抽出された成分を投与された。この方法は、細胞を活性化させるとされていた。詐欺によるストレスからつかの間だけでも逃れることを望んでいたのだろう。ロウが高級メディカルスパに入院するのはこれが初めてではなかった。少し体の調子がすぐれないと感じていた彼は、この機会に呼吸を助けるために鼻腔の手術を受けることになっていた。しかし、世界のトップドクターに囲まれる病院に入院していても、仕事は待ってはくれなかった。

入院した数日後、ゴールドマン・サックスのティモシー・ライスナーが投資案件を協議するためにやって来た。ライスナーは、1MDBがペトロサウジとのジョイントベンチャーにいくら投資したかを知っており、ゴールドマンもこれに一枚加わりたいと考えていた。これまで1MDBは、主にマレーシアの銀行からの借り入れと国内での債券発行によって資金を調達していた。しかし、ライスナーは、1MDBがより大きな国際資本市場に進出することを支援することで、利益の上がるビジネスを確保しようとしていた。

　ライスナーは、どうやらロウに対して自分が当初持っていた懸念を脇に置いておくことにしたようで、何とかこのマレーシア人に取り入ろうとしていた。１ＭＤＢが生み出す一〇億ドルの資金にゴールドマンを関与させたいと考えていたのだ。だが、ライスナーも問題を抱えていた。ゴールドマンのスイスのプライベートバンクがロウの資金源に関する懸念を理由に、口座開設依頼を断っていた。１ＭＤＢのクアラルンプールのオフィスではなく、クリニック・ラ・プレリーのような場所でミーティングをするなど、ロウは、黒幕のような奇妙な役割を演じていたが、ライスナーは、ロウこそが１ＭＤＢの最重要人物であることを知っていた。ライスナーはこれらの課題をしっかりと解決し、ゴールドマンを１ＭＤＢのビジネスに関与させる方法を見つけなければならなかった。

　これまでに、ロウは１ＭＤＢとペトロサウジのジョイントベンチャーの資金の大部分を流用していた。彼は、ナジブ・ラザク一家のために不動産を購入し、さらにレッド・グラナイトへの資金提供を約束することでナジブに報いてきた。また首相はやがて数億ドルの政治資金を受け取ることになっていた。マホニーとオバイド、そしてトゥルキ王子もまたその分け前を得ていた。１ＭＤＢの資金の一部は最終的に古い原油掘削船――ジョイントベンチャーがベネズエラの国有石油会社にリースしていた――の購入に充てられていたが、このビジネスは流用した資金の穴を埋めるだけの利益を上げていなかった。そのためロウらはより大きな投資の機会を探していた。

ペトロサウジの最高投資責任者パトリック・マホニーもこのクリニックにロウを訪ねていた。マホニーは米国の製油所への投資に関して、ライスナーと共にロウのプライベートルームで協議していた。しかし、投資を実現するためにはファンドに追加で資金を投入しなければならなかった。マホニーは、１ＭＤＢがジョイントベンチャーにさらに政府の資金を投入することの同意をナジブから取り付けてほしいとロウに頼んだ。ライスナーはカリフォルニアに拠点を置く巨大投資ファンドのＴＰＧも取引に参加させると示唆した。ＴＰＧアジアのトップはかつてゴールドマンに勤務しており、ライスナーの親友だった。

製油所の買収もＴＰＧへの投資も実現しなかったものの、ロウとマホニーは引き続き別の投資機会について戦略を練った。次の動きに関する確固とした計画もなかったにもかかわらず、ロウは、トゥルキ王子を喜ばせ、サウジアラビアとの友好な関係を確実なものにするために必要だと言って、追加の資金をジョイントベンチャーに投資するようナジブを説得した。ナジブは、１ＭＤＢから家族が得ていた恩恵に気をよくしていたようで、さらに政府の資金をペトロサウジとのジョイントベンチャーに投入することにゴーサインを出した。

新たな借り入れに関する１ＭＤＢの文書の中で、ナジブはこの借り入れが〝サウジアラビア王国とマレーシアとの両国の関係を考慮するかぎり〟正当なものであると述べていた。二〇一〇年七月二四日、１ＭＤＢの取締役会においてある取締役が、首相がこの追加融資を認めているかについて質問した。ＣＥＯのシャロール・ハルミは、ナジブが全面的に同意していると答えた。結局、１ＭＤＢはさらに八億ドルをジョイントベンチャーに投資し、投資額は二倍に膨れ上がった。

１ＭＤＢも、他の大部分の詐欺事件と同様、常に新しい資金を必要としていた。それはロウが多くの資金を使ってしまったからだけではなかった。増えつつある共犯者ら――サラワクの州首相タイブ・マハムードのように１ＭＤＢの不正行為に関与しているか、または知っている人々――に提供する資金を見つけなければならなかったのだ。タイブは、イスカンダル・プロジェクトでロウにだまされたと思っており、見返りを要求していた。タイブをなだめるため、ロウは１ＭＤＢが新たに調達した資金の一部を使って彼の会社の一つを高額で購入するようペトロサウジを説得した。

新たな資金がジョイントベンチャーに投入されたことで、ロウら詐欺の首謀者は１ＭＤＢに払い戻すための利益を生む投資を探し求めた。しかし、その考えは甘かった。二〇億ドル近いファンドを立ち直らせることは決して簡単ではなかったのだ。彼らは、数億ドルの１ＭＤＢの投資を損失として会計処理するようナジブを説得することで合意した。ロウはあたかもこの資金が架空の金で、納税者や社会に負担を負わせることなく、ナジブの魔法の杖で消し去ることができるかのように考えていた。ロウは一〇億ドルだけを返済すればいいとマホニーに告げた。

「ロウは、われわれが一〇億ドルを返済すれば、ジョイントベンチャーの解散に同意すると約束している」マホニーは、おそらくは希望的観測であると思いつつ、二〇一〇年八月七日の

eメールでタレク・オバイドにそう伝えた。

しかし、製油所に関する計画は望み薄であり、もし実現したとしても、一〇億ドルの穴を埋めるには十分ではなかった。そこでマホニーはもう一つの計画を準備した。それはロウを裏切ることだった。

オバイドに対するeメールの中で、マホニーは計画をほのめかした。彼は、ペトロサウジは多くの進行中のプロジェクトを抱えているが、ロウがパーティーにふけっているためにライバルに敗れていることをナジブ首相に告げるようオバイドに進言した。「計画の遅延によってわれわれに資金負担がかかっているとナジブに話しておけば、後に損失は彼らのせいだと非難することができる」とマホニーは記していた。

ナジブは1MDBが政治の裏金づくりに一部利用されていること、そしてロウが自分の家族に非常に良くしてくれていることを知っていた。しかし、彼は1MDBの中でどれだけの損失が発生しているかまでは認識しておらず、マホニーも損失についてはナジブには知らせないようにオバイドに要請していた。

「首相はわれわれの投資が成功していると思っているようだ」と彼はeメールに記していた。

ロウは、オバイドが直接ナジブに接触しているとのうわさを嗅ぎつけて激怒した。

「われわれはみんな、それぞれの側で一番うまくやる方法を知っている。オープンに意思表示をしたり、直接取引をしたりすることができると考えだすとトラブルになる」二〇一〇年八月八日、彼はブラックベリーのメッセージでマホニーにきつく忠告をした。ロウは、自分はペトロサウジの共同所有者であるトゥルキ王子に直接コンタクトしたこともないし、ロスマにもそうさせていないと言い張った。

「これからは必ず君を通す」マホニーはそう返信した。しかし、彼はロウに厳しく忠告した。「パーティーの件をどうにかしなければ、われわれ全員に害を与えることになる。一番避けたいのは、われわれが注目されることだ。馬鹿騒ぎもいい加減にして、ニュースにならないようにしろ。君がパーティーで騒いで、ＤＪが『マレーシア万歳！』とか叫んだとゴシップ誌で知ったところで何のメリットもないからな」

ペトロサウジとロウは次第に不幸な婚姻関係に陥っていた。


トラブルはまだまだ続いた。クアラルンプールでは、取引の進捗の遅れに不安を募らせ、１ＭＤＢの優秀な従業員の多くが辞めていった。ペトロサウジとのジョイントベンチャーはほとんど成果がなく、新たなファイナンシャルセンターの計画もどこかに消えてしまった。ＣＥＯのシャロール・ハルミをはじめ、残った者もなぜ一〇億ドルの投資に対する成果がまったくないのか不思議に思っていた。しかし、彼らはナジブ首相が関与していることに安心し、あまり深く考えようとはしなかった。

クアラルンプールの１ＭＤＢの経営陣は、二〇一〇年三月三一日を年度末とする初めての決算発表を迎えていた。しかし、その年の後半になっても決算は発表されていなかった。1MDBの監査法人であるアーンスト・アンド・ヤングが、経営陣が計上しようとしている利益に異議を唱えたのだ。1MDBの利息費用と重要な投資の欠如を考えると、純損失を計上せざるを得なかった。

これを避けるため、1MDBの経営陣は、手の込んだ会計処理を行おうとした。1MDBとペトロサウジとのジョイントベンチャーに対する投資を、二〇二〇年を期限とする融資に変更し、それによって損失を先送りしようとしたのだ。これがうまく行けば、1MDBは将来の利益を約束することができ、これを実現するまで、時間を稼ぐことができた。おそらく詐欺の全貌が露見することを恐れたのだろう、ロウとペトロサウジは、当初の一〇億ドルの出資を一二億ドルの融資に変更することに合意し、1MDBは差額を利益として計上しようと考えた。

しかし、アーンスト・アンド・ヤングはこの会計処理を認めなかった。監査法人は融資の価値に懐疑的であり、ジョイントベンチャーがこの資金を1MDBに返済することができるのかについて懸念を抱いていると述べた。アーンスト・アンド・ヤングはこの決算報告書に署名することで、自らの評判をリスクにさらすつもりはなかった。決算報告書が出ないまま、時間が過ぎていった。1MDBの取締役会はいら立ちはじめ、議事録にも1MDBが〝マレーシア国民ではなく、仲間のために利益をもたらそうという邪悪な動機を持った秘密主義の陰謀に満ちた組織と見られている〟と記録されていた。取締役会は、慈善事業にさらに資金を注ぎ込み、その事実を広く宣伝するとともに、さらに劇的な措置を講じることが必要だと考えた。

監査法人に関する問題をうまく避けるために、取締役会は、アーンスト・アンド・ヤングを解任し、別の監査法人を見つけようとした。投資家と市場を安心させるために、大企業の財務報告は、〝ビッグ４〟――アーンスト・アンド・ヤング、ＫＰＭＧ、デロイト・トウシュ、プライスウォーターハウスクーパース――の監査を受ける必要があった。この制度の問題点は、クライアント企業が監査に対する報酬を支払うため、アーンスト・アンド・ヤングとの間に問題が生じた場合、１ＭＤＢは代わりの監査法人を探せばよいという点にあった。

そこで１ＭＤＢの経営陣はＫＰＭＧに目を向けた。ＫＰＭＧもこのファンドで何が起きているのかに懸念を感じていたが、彼らは、ペトロサウジとのビジネスが両国の政府によって認められていることを１ＭＤＢが保証するならば、喜んで監査を引き受けると表明した。ペトロサウジは私企業であり、サウジアラビアの王子も半分の株式しか保有しておらず、１ＭＤＢは何の正式な役職にも就いていない若きマレーシア人が支配する会社だった。しかし、公的な保証があるなら、ＫＰＭＧは喜んで監査を進めるとした。

「少なくとも、ＫＰＭＧはペトロサウジがサウジの王室と関連があることを確認するための文書を求めている」１ＭＤＢの取締役会は、二〇一〇年九月の会議でペトロサウジに言及してそのように記録している。

関係者はトゥルキ王子のこの会社における役割を示した文書を提出し、九月一六日、ナジブ首相はアーンスト・アンド・ヤングを1MDBの監査人から解任する命令に署名した。アーンスト・アンド・ヤングはただ自らの業務を遂行していたにもかかわらず、取締役会は、彼らに〝専門家としてふさわしくない行為〟があったと記録している。1MDBはすぐにKPMGと契約を結び、KPMGは1MDBがペトロサウジに対する融資を計上することを認めた。こうして資金の蛇口は開けっぱなしになった。

最終的に、KPMGは二〇一〇年三月三一日を会計年度とする財務報告書に署名した。しかし、KPMGも不安を感じていたのだろう。〝強調事項〟を記載することで自身を守ろうとした。この強調事項というのは、監査された財務報告が投資家にとって将来的な問題が生じる可能性のあることを意図していた。KPMGは、1MDBの経営陣はペトロサウジが良好な財務状況にあると〝信じている〟と記載していた。注意深く読んだ者にとって、これは、1MDBの財務安定性に対する極めて中途半端な承認でしかなかった。

しかし、1MDBの財務状況を詳しく調べることなく不正を嗅ぎつけた人物がいた。ジョーダン・ベルフォートだった。

第20章

ベルフォート、詐欺のにおいを嗅ぎつける

二〇一一年五月、フランス、カンヌ

カンヌの最も象徴的な通りであるクロワゼット通りを少しはずれたビーチで、カニエ・ウェストとジェイミー・フォックスが彼らのヒット曲「ゴールド・ディガー」を披露していた。「フランス最高!」と白いスーツ姿のウェストが叫んだ。コートダジュールのメインビーチに設置されたロープで区切られた区域からは、セレブや映画会社の重役らがステージを眺めていた。二人のパフォーマンスに先だって、ファレル・ウィリアムスが大量の花火が打ち上げられる中で、この夜の幕開けを祝って二〇分間のパフォーマンスを行った。観衆にまじって、レオナルド・ディカプリオや水着姿のケイト・アプトン、ブラッドリー・クーパーが踊っていた。ゲストの中には、堕ちた投資家からベストセラー作家に転じ、かつて、ウォール街の狼と呼ばれたジョーダン・ベルフォートがいた。彼は、信じられない思いで、目の前の光景を見つめていた。

これは一週間に及ぶカンヌ映画祭の最大のパーティーであり、数百万ドルをかけた映画製作

会社レッド・グラナイトのお披露目パーティーだった。数日前に生まれたばかりのこの会社は、大々的な発表を行った。ベルフォートの回想録を映画化することで合意に達したと発表したのだ。レオナルド・ディカプリオがベルフォートを演じ、マーティン・スコセッシが監督を務めるという、レッド・グラナイトのような新参者にとっては素晴らしい収穫だった。これを祝って、レッド・グラナイトはベルフォートと彼のガールフレンドのアンをパーティーに招待していた。

１ＭＤＢと同様、ロウはレッド・グラナイトでも正式な役職には就かず、日々の業務からは距離を置いていたが、陰で糸を引いていた。二〇一一年四月、彼は、自身が管理するセーシェルの会社、グッドスターからロサンゼルスのシティ・ナショナル銀行のレッド・グラナイトの口座へ最初の資金一一七万ドルの電信送金を手配した。送金依頼書には、〝投資前払金〟と記載されていた。レッド・グラナイトは、その後、初めてのささやかな作品となる、クリステン・ウィグとジョン・ハムらが出演する予算一〇〇〇万ドルのコメディ映画『フレンズ・ウィズ・キッズ』の製作に取りかかった。この映画は、レッド・グラナイトが他の製作会社から権利を買い取ったものだった。

ハリウッドの一部では、すでにレッド・グラナイトに関する疑問が挙がっていた。一体どこからハリウッドにやって来た連中なんだ。リザ・アジズとジョーイ・マクファーランドってのは何者だ？　名もなき会社がお披露目パーティーにかけた巨額の資金が不信感をかき立てた。

カニエ・ウェストだけで一〇〇万ドルのギャラを支払っているといううわさだった。「レッド・グラナイトは映画の作り方を永遠に変えるだろう」ウェストは、そう言ってステージ上で奇妙なほどポジティブなメッセージを振りまいた。

「人々にとって、この会社はまったくの謎の存在でした」パーティーに参加していたハリウッド・リポーター誌の記者スコット・ロックスボロウはそう語った。「盛大なパーティーに巨額の資金、しかも製作中の実際の映画はまだ存在しない。非常に疑わしく見えました」

詐欺については素人ではないジョーダン・ベルフォートも、このパーティーはどこかおかしいと感じていた。このイベントの費用は少なくとも三〇〇万ドルは下らないだろう。ベルフォートは、カナッペをかじり、超一流の有名人によるもてなしを見ながら、そう思った。しかも、映画はまだ製作されていないというのに！

「こいつはとんでもない詐欺だ。これをやってるのが誰であれ、金をだまし取っているに違いない」音楽が鳴り響く中で、ベルフォートはガールフレンドのアンにそう言った。「自分で稼いだ金だったらこんなふうに使うはずはない」

数カ月後、ロウは五〇万ドルでラスベガスでのイベントにディカプリオと共に出席するようベルフォートに依頼した。レッド・グラナイトはベルフォートの回想録の映画化権に気前よく金を支払っていた。しかし、ベルフォートはこの連中に不信感を抱き始めていた。作家として、そして自己啓発に関する講演家として、新しいキャリアに精力的に取り組み始めていたベルフォートは、トラブルを避けたいと考え、この申し出を断った。だが、ディカプリオと共演のマーゴット・ロビーはイベントに出席した。

「レオは巻き込まれたんだ」ベルフォートは後にスイスのジャーナリスト、カタリナ・バートにそう語った。「レオは誠実なやつだ。だが、あいつらに会ったとき、アンに言ったよ。あいつらはとんでもない犯罪者だってな。あんなクソみたいな連中はごめんだ。間違いないって思ったね」

映画祭の一週間の間、ロウとレッド・グラナイトはそれぞれスーパーヨットを地中海のカンヌ沖に停泊させていた。ロウのヨットは、マレーシア首相の義理の息子であるリザ・アジズのヨットよりも少しだけ豪華だった。ロウは、映画製作会社の立ち上げと同時に、ヨット上の間に合わせのスタジオでファレル・ウィリアムスに何曲か録音するよう依頼していた。ハリウッドのメジャー映画製作会社の立ち上げだけでは飽き足らず、音楽ベンチャーにも進出しようと考えていたのだ。

数カ月前、ロウは伝説的な音楽プロデューサーであり、インタースコープの共同設立者でもあるジミー・アイオヴィンのために、レルミタージュ・ホテルの屋上でグラミー賞のアフターパーティーを催した。インタースコープ自体はこのパーティーの主催者ではなく、アイオヴィンのためにロウがパーティーを開催すると申し出たのだった。

音楽業界の選り抜きのトップスターがパーティーに集まった。レディー・ガガ、スヌープ・ドッグ、ドクター・ドレーが、パフォーマンスを披露した。聴衆の中にはビヨンセやジェイ・Z、バスタ・ライムス、ニコール・シャージンガー、エミネムらの姿もあった。ロウのいつもの仲間、ジェイミー・フォックスやパリス・ヒルトンもその中にいた。アラビア風のテントの下で、ハンチング帽をかぶったディカプリオは、葉巻をくゆらせながら、モデルのガールフレンド、バー・ラファエリとおしゃべりをしていた。ロウは、ドバイでもてなした台湾のポップスター、エルヴァ・シャオを伴っていた。ニューヨーク・ポストはロウのことを億万長者と紹介し、このイベントの費用は、五〇〇万ドルは下らないと推測した。ロウにとって、これは投資であり、引き続き自身の名声を確立しようとしていた。

ロウは、パーティーの後も、時間を無駄にすることなく新たに得たコネを活用した。彼は、レッド・スプリングという名の音楽制作会社を立ち上げ、エルヴァ・シャオのアルバム制作をサポートする最高のスタッフの採用に取りかかった。彼女は中国語圏ではすでにビッグな存在だったが、ロウは彼女を米国でもスターにしたいと考えた。彼はファレルに三〇〇万ドルを支払って、シャオのための楽曲三曲の提供と、彼女と一緒にミュージックビデオに出演する契約を取り付けた。また、アリシア・キーズと夫のヒップホップ・プロデューサー、スウィズ・ビーツと四〇〇万ドルの契約を交わし、アルバムのディレクションと、シャオを米国で売り出す際のサポートを依頼した。ロウは他にも一二〇〇万ドルの予算を確保していたが、結局シャオの米国進出は実現しなかった。

スウィズ・ビーツは本名カシーム・ディーンといい、ロウの近しい仲間の一人となった後は、事態がおかしな方向に進み始めても、ずっとロウと行動を共にした。エリトリア人の父とプエルトリコ人の母を持つ彼は、ブロンクスで生まれ育ち、ＤＭＸやジェイ・Ｚ、ドレイク、ビヨンセなどの曲をプロデュースしていた。彼は非常に野心が強く、単なるレコードプロデューサーではなく、実業界の大物になることを目標としており、ロウとの関係にその可能性を見出していた（彼は、「空には限りはない。視界が広がるだけだ」とよく語っていた）。スポーツ用品ブランドのリーボックは、ヒップホップ界からの支持を得ようと、彼をクリエイティブ・エグゼクティブに起用していた。しかし、ロウに出会う前のスウィズ・ビーツの事業は、商品に自分の名前を貸す程度のものでしかなかった。ロウは彼のキャリアを次のステップに進めるための資金源だった。さらに、スウィズ・ビーツは税金の未払いで内国歳入庁（ＩＲＳ）に数十万ドルの債務を負っていた。彼の口座はＩＲＳに差し押さえられていたのだ。

ビーツはロウの音楽業界へのパイプ役となった。音楽制作の一環として、スウィズ・ビーツとラッパーのリル・ジョン、そしてロウは、ラスベガスのパームズ・カジノ・リゾートのスタジオで「Ｖ」と題する、一種のパーティーアンセムをレコーディングした。この曲でのロウの担当は、〝ベリー・ホット〟という言葉をバックコーラスで何度も繰り返すことだった。この曲がリリースされることはなかった。

スウィズ・ビーツとアリシア・キーズは、ロウの信頼できる仲間に加わり、ジョーイ・マクファーランドやリザ・アジズ、１ＭＤＢのジャスミン・ルーら親しい友人たちと共に年末のスキー旅行にも参加した。ビーツは、ジャン＝ミシェル・バスキアの絵画など、モダンアートのコレクターでもあり、ロウの文化面の師として、ギャラリーやオークションについての知識を伝授した。ロウは、正面に〝Basquiat《バスキア》〟と書かれたキャップをかぶるようになり、自身のコレクションについても語るようになった。

『ウルフ・オブ・ウォールストリート』を製作するために、ロウはより大きな金脈を手に入れなければならなかった。レッド・グラナイトは、この映画に対しディカプリオとスコセッシにそれぞれ数百万ドルを支払うことに同意しており、さらに製作費用として上限一億ドルの予算を取っていた。この二〇一一年夏の時点で、ロウと彼の仲間は１ＭＤＢからのおよそ二〇億ドルの資金を奪っていたが、その多くはマンションやホテル、ギャンブル、パーティー、さらには共犯者への支払いに費やしてしまっていた。１ＭＤＢの穴を埋め、ハリウッドで権勢を振るうための資金を与えてくれる新たな取引が必要だった。

ペトロサウジとの関係がこじれているなか、ロウは、別のパートナーを探した。忙しく、常に移動中のロウは、パトリック・マホニーが進めた米国の製油所の買収のような複雑な案件をまとめるための雑務に時間を費やすことを好まなかった。彼にはマホニーのような金融業界のスキルもなければ、石油ガス業界の企業の価値を評価する能力もなかった。ロウはすぐにでも資産を売り払い、すぐに儲けをもたらすようなパートナーとの関係を築きたいと考えた。

この頃、ロウは、ロンドンの有名ホテル、クラリッジズを含むホテルグループ買収をめぐるバトルに関する記事を読んでいた。入札しているグループの一つに、英国不動産業界の大物ロバート・チェンギズがいた。五五歳のチェンギズは、白髪混じりの波のような髪を肩にかかるほど伸ばし、しばしばワイシャツのボタンをいくつかはずした姿で現れた。低い、しわがれ声で話すチェンギズはイラクのユダヤ系一家の出身で、イランに移住し、その後イラン革命中に追放されてロンドンにたどり着いていた。彼は常に何らかの不動産取引に関与しており、最新の取引は、英国の資産家バークレイ兄弟とクラリッジズを保有するコロイン・リミテッドの買収をめぐって繰り広げた激しい争奪戦だった。入札に際し、チェンギズは、アーバル・インベストメンツという中東のファンドと組んでいた。

ロンドンのメイフェア地区の中心にあるしゃれたホテルの買収はロウにとっても魅力的な話だった。また、アーバルと関係を築けることにも惹かれた。アーバル・インベストメンツは国際石油投資会社（ＩＰＩＣ）が管理するファンドで、七〇〇億ドルの資産規模を有する、アブダビ政府運営の政府系投資ファンドだった。ロウは、すでにアブダビのムバダラ・デベロップメントとビジネスを行っていたが、ＩＰＩＣやアーバルとはまだ関係を築いていなかった。アーバル・インベストメンツのマネージングディレクターはカデム・アル・クバイシという名の裕福なビジネスマンで、取引においてキックバックを求めることで評判だった。金融危機をきっかけに、ＩＰＩＣは、バークレイズ銀行、ダイムラー、ヴァージン・ギャラクティックなどの欧米の企業の株式を、先を争うように買いあさり、アル・クバイシはＵＡＥの有力な人物となっていた。

ロウは、この取引に加わりたいと考え、共通の知り合いである資産運用アドバイザーを通じてチェンギズと知り合った。当初、チェンギズはロウのことを大した投資家とは考えていなかった。ウィントンなどという会社の名前は聞いたことがなかった。しかしその一方でロウは、クラリッジズの取引に関する協議を続ける間、買収資金として一〇億ポンドを提供するつもりであると記した手紙を１ＭＤＢから送った。

「１ＭＤＢがでたらめな会社だとは知らなかった」チェンギズは後に友人にそう語った。１ＭＤＢは、アーバルと同様、政府の子会社のように見えた。「だから彼とパートナーになった」

本気だということを示すために、ロウは、すぐに、コロインへ出資するための当初の資金だと言って、五〇〇〇万ポンドの小切手にサインした。結局、コロインの株主はウィントンとアーバルの提案を拒む決定を下した。それでも、これは無駄ではなかった。この取引に関与したことで、ロウは、ケニア出身のアメリカ人、アーバルのＣＥＯムハメド・バダウィ・アル・フセイニーとの新たな関係を築いた。

友人の間では〝モー〟で通っている元会計士のアル・フセイニーは、いつもファッショナブルなスーツに高価な時計をしていた。背が低く、頭は禿げていたが、一時間に一〇〇〇キロカロリーを消費するインターバルトレーニングのような〝狂った〟トレーニングを習慣的に行う健康的な肉体の持ち主だった。彼は、アーバルにおいてはアル・クバイシの右腕的存在であり、〝ボス〟に忠実なことでよく知られていた。ロウはアル・フセイニーを、スターをちりばめたパーティーに招待した。アル・フセイニーはロウの排他的な社交グループに魅せられ、そこで出会ったセレブについて友人たちに自慢するようになっていた。

ロウは、初めのうちは、ずっと抱えていたある種の不安――あるいはその悲惨な結末――を抑えるためにセレブとの友人関係を構築しようとしていたのかもしれない。それでも、それが良い結果を生むことに気づき始めていた。彼のビジネスパートナー候補の多くは、ロウがディカプリオやヒルトンらと親しいことに驚いた。ハリウッドの友人たちのおかげで、ロウは中東との関係構築を模索する投資家らとの競争で優位に立つことができた。ロウとアル・フセイニーが、それぞれの管理する会社が協力し合う方法を見つけ出すのにそう時間はかからなかった。二〇一一年六月、ロウはアーバルがマレーシアの銀行ＲＨＢを二七億ドルで買収する取引を仲介した。だがその後すぐに、ＲＨＢの株価が急落し、アーバルは数億ドルの含み損を抱えることになった。

これにもめげず、１ＭＤＢとアーバルは、さらに自身のジョイントベンチャー――商品市場に投資するためのファンド――を設立した。このファンドの最初の取引は、モンゴルの炭鉱への出資だった。この投資も中国経済が減速し、石炭価格が暴落したことでうまく行かなかった。だが、構わなかった。ロウとアル・フセイニーは、アーバルと1MDBを紹介する報酬として数百万ドルの手数料を売り主から得ており、個人的には儲けていたのだ。

IPICのトップ、アル・クバイシは、この損失を知り、激怒した。ロウは、怒ったパートナーをなだめるための取引をもう一度まとめる必要があった。損失を埋め合わせるために、ロウは、この新たなアブダビの友人を、彼のさらなる大きな計画――1MDBからさらに資金を奪い、ディカプリオやスコセッシ、そして『ウルフ・オブ・ウォールストリート』の製作予算の支払いに役立てる計画――に関与させたいと考えた。

野心的な新たな協力者を得て、ロウは1MDBの当初のパートナー、ペトロサウジとたもとを分かとうとしていた。しかし、これは1MDBにとっては、トランプのカードで作られた家を崩してしまう恐れのある危険な別れだった。

第21章

苦い別れ

二〇一一年四月、ロンドン

ロンドンのメイフェア地区にある五つ星ホテル、ザ・コノートのバーは、ペトロサウジの従業員ザビエル・ジュストが自身の契約解除について、パトリック・マホニーと話し合うのにふさわしい場所だった。このバーは、黒いレザーのソファからキュビズムに触発された木のパネル、ウェッジウッド風のしっくいの天井に至るまで金《かね》のにおいがぷんぷんしていた。ジュストは、筋肉質の体の広範囲にタトゥーを施し、地中海風の顔立ちをした四〇代の男で、ほとんどの人を見下ろす二メートル近い巨体の持ち主だった。彼はしきりと六五〇万スイスフランを要求していた。

ペトロサウジのロンドン支店長として、ジュストは、ペトロサウジと1MDBのジョイントベンチャーが取得した原油掘削船に関する取引を担当していた。タレク・オバイドはジュストとは古くからの友人で、彼にロンドン支店の開設に対し数百万ドルの報酬を約束していた。しかし、この報酬は支払われず、それればかりか、会社の経費をジュストが補填しなければならないありさまだった。彼は自分の金を取り返すために、ここザ・コノートに来ていた。

問題になることを恐れ、マホニーは解決を図ろうと必死になっていたが、同時に何とか金額を値切ろうとしていた。二人はしばらく話し合い、ある時点からはマホニーの上司であるタレク・オバイドも電話で参加した。やがて二人は、ペトロサウジが五〇〇万スイスフランを支払うことで合意し、ザ・コノートを去った。

しかし、オバイドはさらにその後も減額を求めた。オバイドは、これまで良くしてやってきたにもかかわらず、ジュストに裏切られたと感じていた。ジュストはスペイン移民の家庭に生まれたスイス市民で、オバイドとは一九九〇年代に知り合っていた。オバイドは、スイスのプライベートバンクで働いた後、トゥルキ王子と事業を立ち上げ、海外の投資家がサウジアラビアで投資をするための道を開くことに目を向けた。彼はジュストが一部を所有していたジュネーブの金融サービス会社にデスクを借りた。一〇歳も年が違うにもかかわらず、二人はすぐに意気投合した。

ジュストは、プラチナム・クラブというジュネーブのナイトクラブの株式を保有していたが、このナイトクラブはあまり儲かっていなかった。オバイドがペトロサウジを立ち上げたとき、彼は友人であるジュストに新会社の多くの関連会社の取締役になるよう説得した。当初、ペトロサウジの業務は事実上存在していなかったので、ジュストはほとんどすることがなく、彼はアジアに旅立った。二〇一〇年、オバイドはジュストに連絡してある提案をした。ペトロサウジが多額の資金を得ることになったので、ロンドン支店長になってほしいと申し出たのだった。

当初の年収四〇万ポンドに加え、数百万ポンドのボーナスも提示され、ジュストはロンドンに向かい、ザ・コノートから歩いてわずか五分のカーゾン・ストリートにあるペトロサウジのピカピカの新オフィスで働き始めた。彼は1MDBとペトロサウジのジョイントベンチャーがこれまでに行ってきた唯一の実際のビジネス――この会社が取得し、ベネズエラの国有石油企業にリースしている二隻の原油掘削船――のみを手伝い、しばしば飛行機でベネズエラの首都カラカスにも飛んでいた。しかし、彼とオバイドとの関係はすぐに悪化する。ジュストの若き友人は、1MDBとの取引の後、偏執的で傲慢になったようで、提示していた数百万ポンドのボーナスも支払おうとしなかったのだ。

どうやら、オバイドは新たに手に入れた富に酔っていたようで、サウジアラビアや中東のあらゆる地域にプライベートジェットで移動し、ロウのようにフランス南部でヨットを借りるようになっていた。彼の兄弟は金を管理するための家族企業の設立を提案していた。周囲には、オバイドが常軌を逸していると見る者もいた。彼は常にはっきりしない病状を訴えてくよくよとし、金が懐に入ってくると、米国のメイヨー・クリニックに手紙を書いて、まだ三〇代半ばであるにもかかわらず、詳細な健康診断を受けようとした。パーティーにふけるようになり、体重も増え始めていた。彼を知る人々は、彼がすぐに怒るようになったと語っていた。

パトリック・マホニーも金遣いが荒くなっていた。マホニーの妻は第一子を妊娠しており、彼は二〇〇九年一一月に、ロンドンのラドブローク・スクエアのプライベートパークを見下ろす六二〇万ポンドのタウンハウスを購入した。彼はＪＰモルガンの資産運用担当者に、セレブや億万長者が使用する、アメックスブラックカードの申し込みについて尋ねていた。その一方で若干三二歳のマホニーは、自身の成功やそれに伴うライフスタイルに関し、きょうだいから嫉妬されることを心配していた。

ジュストは、ペトロサウジで何が起こっているかを詳しく知っているわけではなかったものの、こういった二人の行動を見るうちに自分が正しく扱われていないと感じるようになっていた。報酬が十分に支払われないことや旅費などの経費も支払われていないことで、オバイドから不当な扱いを受けていると思っていた。さらに追い打ちをかけるように、つまらない雑事――オバイドやロウのための富裕層向けクレジットカードのドバイの銀行への申し込みなど――もこなさなければならなかった。二〇一一年春、これにうんざりしたジュストは、退職を決意した。しかし、ただで去るつもりはなかった。

「われわれのこれまでの経緯から、そして過去数年間に関与してきたプロジェクトのことを考え、私がペトロサウジや他の子会社を辞めるには、友好的な別れが最善な方法だと考えている」と彼はｅメールでオバイドに伝えた。「われわれの協力関係が本日をもって終了し、私が会社を去ること、そしてどのようにして契約解除に係る支払いについて私に知らせてくれるかを待ってる」

「思い上がるんじゃない。大口を叩くのもいい加減にしないと、すべてを台無しにしてやるぞ。これ以上何か言ったら、われわれは終わりだ」とオバイドは返した。

ザ・コノートでのミーティングは合意に至るための最後の交渉の場だった。しかし、オバイドはバーで合意された金額からさらに減額するよう主張し始め、今度は四〇〇〇万スイスフランを提示してきた。これが運命を分ける決断となった。ジュストは、契約解除の合意に従って四〇〇〇万スイスフランを受け取った。しかし、二五〇〇万スイスフランをごまかされたと感じていた。

その後の数週間で、オバイドは、ジュストがペトロサウジに借りを作って逃げ出したと共通の友人に言いふらした。ジュストはこれを聞いて怒り、別の計画を考え出した。ペトロサウジと1MDBの関係がどこかおかしいと感じていた彼は、証拠集めに取りかかった。争いを有利に進めるために、ジュストはペトロサウジのIT担当者から、コンピューター・サーバーのコピーを入手した。四四万八〇〇〇件のメールや文書、その他の公式文書を含む一四〇ギガバイト以上のデータの中には、これまでに行われてきた詐欺の詳細も含まれていた。

ジュストは二年以上もの間、サーバーを調べたことはなかった。しかし彼がサーバーを調べたことで、オバイドとマホニーは、数百万スイスフランどころではなく高い代償を支払うことになった。

欧州でドラマが繰り広げられている頃、これに気づいていないロウは、海の向こうで、億万長者にふさわしいニューヨークのペントハウスの購入に忙しかった。そして彼は、家族の富について、また新たなストーリーを作ろうとしていた。

第22章

眺めのいいペントハウス

二〇一一年三月、ニューヨーク

ボディガードやモデル、友人らに囲まれ、ロウは、セントラルパークの南西の角に面するタイムワーナーセンターのペントハウス76Bからの眺望を楽しんでいた。木々や芝生の緑が床から天井まで広がる東側の窓を覆い、西側の窓にはハドソン川が広がっていた。このアパートメントは、マンハッタン島のほぼ全域を何にもさえぎられずに一望できるのが自慢だった。四八二五スクエアフィート（約四四八平米）にスリーベッドルームと書斎、〝居間《グレイトルーム》〟——天井から水槽が吊り下げられていた——を備えたこの一室は、以前はジェイ・Zとビヨンセの自宅だった。二人は月四万ドルでこの部屋を借りていた。

二〇一一年の春、部屋探しをしている際に、ロウは不動産業者に投資家グループのための物件を探していると説明していたが、コンドミニアムの理事会には、マレーシアの首相の代理人だと称していた。しかし、実際には自分のための物件を探していた。翌年、ロウはパークローレル・コンドミニアムとロサンゼルスとロンドンのマンションの所有権をナジブ首相の義理の息子リザ・アジズに譲渡することになっていた。しかし、タイムワーナーセンターのペントハウスは、彼にとっての〝宝物〟であり、米国で映画界の大立者として、さらには有力な投資家としての評判を築きたいという彼の強い願望にぴったりの住まいだった。

ロウはこのペントハウス76Bを三〇五〇万ドルで購入した。これはこのビルの部屋の中では最高額であり、米国の高価なアパートメント事情を考えても、かなりの高額物件だった。メディアが資金源についてささやきだすと、ロウは自身の関与を隠すことについて、これまで以上に用心するようになった。ロウは、何年にもわたって、巨額の支出を正当化するために巧妙な理由を考え出してきた。資金はアラブの友人が支払ったとか、自分は投資家グループやマレーシアの首相の代理をしているだけだとか言ってきた。自身の関与を否定することが難しくなってくると、彼が最初にウォートンやハーロウの友人にした説明――金は祖父から受け継ぎ、ロウは家族の資金を投資しているだけだという説明――に頼るようになった。

この話をもっともらしくするためには、数億ドルを家族――特に彼の父ラリー――の銀行口座を通じて洗浄する必要があった。痩せて、細い口ひげをはやし、髪をきちんと分けたラリー・ロウは、元のビジネスパートナーをだましたといううわさが付きまとってはいたが、地元ペナンでは、感じのいいパーティー好きの人物と見られていた。巨額の資金を父親に送るために、ロウはあまり詳しく詮索しない銀行を探す必要があった。

これまでロウは、銀行のコンプライアンス部門を何とか避けてきたが、それには苦労が伴った。ドイツ銀行とクーツでは、いつも投資契約書を無理やり偽造し、巨額な資金の動きを正当化していた。取引について説明するために飛行機でチューリッヒに駆けつけなければならないことさえあった。ロウがこれらのことができた理由の一部は、大手金融機関が適切なコンプライアンスに取り組んでいなかったことにあった。銀行は、取引において障害を設置することではなく、円滑に進めることで儲けを生み出しており、コンプライアンス担当者は、しばしば見て見ぬふりをするようプレッシャーを受けていた。しかし、この規模の取引をするにあたり、ロウはコンプライアンス部門をだますのが一層難しくなってきていることに気づいていた。

アンチマネーロンダリングに関する米国の主な法律は、一九七〇年銀行秘密法で、金融機関に金融取引の記録を維持し、疑わしい取引を報告するよう求めていた。またこの法律は、一九八六年には、銀行のマネーロンダリングへの関与または隠ぺいを違法とするよう改められた。さらに二〇〇一年愛国者法は、9・11同時多発テロの後にテロ資金供与を撲滅することを目的に、銀行にコンプライアンスプログラムの制定と顧客のデューディリジェンス強化を求めた。またこの法律は疑わしい取引を防止することができなかった銀行に対し、厳しい罰則を科すことを定めた。しかし、二〇〇〇年代後半まで、銀行は住宅バブルによって大儲けするあまり、コンプライアンスをおろそかにしてきた。罰則が科されることはほとんどなく、その結果、銀行や規制当局は、これらの規制をあまり厳格に実行しなくなっていた。多くの場合、コンプライアンス部門は、銀行の生態系の中では力のない添え物的な存在で、法務部門の下で孤立していた。

しかし、二〇〇七年に始まったサブプライム危機によって様相が一変した。米国の規制当局は不意を突かれ、リーマン・ブラザーズやベアー・スターンズが、住宅ローン不良債権が重荷となって破綻したことで、銀行の活動がより厳しい監視のもとに置かれることになった。この動きはアンチマネーロンダリングにも及び、米国財務省と司法省は、違反者に非常に厳しい罰則を科すようになった。二〇一〇年代初め、ワコビア銀行は、八〇億ドルの疑わしい送金について報告を怠ったことで一億六〇〇〇万ドルの罰金を支払うことに同意した。この頃、司法省は、バーニー・マドフが口座を保有していたＪＰモルガンを立件し、最終的に、銀行秘密法に基づいて二〇億ドルという記録的な罰金を科した。これらの活動によって、ウォール街や欧州、日本の大手グローバルバンクにも、コンプライアンスに関して一致団結することが求められた。

ロウが求めているのは小さな銀行だった。ロウのビジネスに依存し、しかもウォール街の巨大な銀行よりもコンプライアンスにうるさくない銀行だ。彼は、イタリアの保険会社、ゼネラリ保険が保有し、経営難に苦しんでいるスイスの銀行ＢＳＩに目をつけた。皮肉なことに、この銀行は、ペトロサウジの取引に関し、ロウの役割に懸念を示して口座開設を拒絶した銀行だった。しかし、二〇一〇年後半から、ロウは、いくつかの個人と法人の口座をＢＳＩのシンガポール支店に開設していた。二〇一一年六月二八日、そのうちの一つの口座に対し、スイスのクーツ・インターナショナルにあるグッドスターの口座から、五五〇〇万ドルが振り込まれた。同じ日、ロウは五四七五万ドルをその口座から、同じBSIのシンガポール支店に最近開設した父ラリー・ロウの口座に送金した。さらにわずか数時間後、その口座から三〇〇〇万ドルがスイスに送金された。資金は同じ日のうちにアジアとスイスを電子的に往復し、最終的にチューリッヒのロスチャイルド銀行にあるロウが管理する別の会社の口座に入金された。

これはレイヤリングと呼ばれ、資金の出所を複雑な取引の迷路を通じて隠す、マネーロンダリングの手法の中の常套手段の一つだった。この場合、ロスチャイルド銀行のコンプライアンス部門は、資金がラリー・ロウからジョー・ロウの管理する会社の口座に送金されたことしか確認できない。このシンプルなプロセスによって、ロウはこの資金が親子間で贈与された資金であるかのように見せかけたのだった。

しかし、BSIはひそかに調査することもできたし、ロウと父親との間の不必要な資金のやり取りを当局に報告するべきだった。クーツやロスチャイルド銀行のスタッフはロウの企みを暴くことはできなかったが、彼に質問をしていた。今、ロウはBSIが喜んで目をつぶってくれるかどうか、すなわち、この銀行がテストに合格して、より儲かるビジネスの扉を開くことができるかどうかを試そうとしていた。合格すれば、この銀行は、1MDBの詐欺の規模がこの先何年かのうちに大きくなるにつれ、非常に重要な役割を果たすことになるはずだった。

ロウは、ロスチャイルド銀行の口座から二七〇〇万ドルを、米国の法律事務所シャーマン・

アンド・スターリングのＩＯＬＴＡ口座の一つに移した。二〇〇九年以降、ロウはさまざまな取引にこれらの弁護士信託口座を利用して、ギャンブルやパーティー、ヨットのレンタル、さらには複数の不動産購入の支払いを行ってきた。その時は、グッドスターの口座から直接ＩＯＬＴＡ口座に資金を送金した。今回、ロウは用心して、より回りくどい方法を取って彼の弁護士の口座に資金を送金したのだった。

これらの信託口座は二〇一一年六月に取引がまとまったタイムワーナーセンターのペントハウス購入資金とその仲介料であるダグラス・エリマンへの一二〇〇万ドルの支払いにも利用された。１ＭＤＢの従業員であるシート・リー・リンが署名権者になっているセーシェルの会社が、タイムワーナーセンターのペントハウスの当初の購入者となっていたが、この会社は、ロウが管理する別のシェルカンパニーに不動産の所有権を譲渡した。ロウは、タイムワーナーセンターのコンドミニアムの理事会に対しては、アパートメントの住人はラリー・ロウであると報告して、億万長者の一家のイメージを強調しようとしていた。しかし、実際にそこに住んでいたのはジョー・ロウだった。ここは、新たに世界に登場した億万長者の一人であるロウがニューヨークに構えた、堂々たる拠点だった。

第23章

東洋のスイス

二〇〇九年一二月、シンガポール

ＢＳＩがロウの銀行として選ばれた経緯には、ひと悶着があった。二〇〇九年の終わり、ハンスペーター・ブルーナーは雇い主であるクーツ・インターナショナル――ロンドンのストランド通りに本店を構え、エリザベス女王を顧客に持つ、三〇〇年の歴史を有する英国プライベートバンクのスイスにおける海外拠点――に対し不満を抱いていた。五〇代、髪を短く刈り込み、長年のビンテージワイン好きの結果、赤らんだ顔をしたブルーナーは、高校を卒業した後、大学に進学する代わりに、故郷のスイスで一五歳の時から銀行のインターンシップとなった。彼はクレディ・スイスで四半世紀を過ごし、そこで流動資産一〇〇万ドル以上の個人のために投資を行うプライベートバンキングの要領を学んだ。

一九九〇年代、プライベートバンクは急速な経済発展を見せる地域であるアジアでの拡大を視野に入れていた。そしてブルーナーは、シンガポールにおけるクーツのビジネスを率いていた。五〇〇万人の人口を有する東南アジアの都市国家シンガポールは、赤道近くの熱帯の島に位置し、スイスをモデルとした銀行秘密法を備え、自らを〝東洋のスイス〟と位置づけていた。

しばらくの間は、アジアの経済発展に後押しされる形でビジネスも順調に推移し、多くの百万長者との取引が生まれた。しかし、一九九〇年代終わりにアジア通貨危機が襲うと、裕福なアジア人の株式保有も大幅に減少したため、ブルーナーはスイスに呼び戻され、銀行の国際業務部門を率いることになった。が、彼はアジアでの召使いや運転手付きのライフスタイルが忘れられなかった。二〇〇六年にはシンガポールに戻り、シンガポール植物園まで歩いて行ける距離にある、プールとジャグジー付きの現代的なアパートメントに住居を構えた。このアパートメントは、レストランやショッピング、娯楽の中心地であるオーチャード・ロードにも近かった。報酬も魅力の一つだった。ブルーナーは年一〇〇万スイスフラン以上の給料に加え、ボーナスを受け取っていた。さらにはお抱え運転手がいて、何度でも利用できるスイスへのビジネスクラス・チケットも支給されるうえ、税率はたったの一五パーセントだった。

しかし、問題もあった。世界的な金融危機によって、クーツ・インターナショナルの親会社であるロイヤルバンク・オブ・スコットランド（ＲＢＳ）が英国政府に救済されることになったのだ。国の管理下に入ったＲＢＳは、クーツに対してもボーナスカットや現金に代えて債券での延払いを提案した。ブルーナーは激しく怒った。上級経営陣は、彼に帰国を命じた。アジアで暮らすことの恩恵に魅力を感じ、さらに奥の手も隠し持っていたブルーナーは、この命令を拒んだ。

　この一年間、ブルーナーはライバルであるＢＳＩの上級幹部と会って話をしていた。一九世紀にスイスのイタリア語圏に設立されたＢＳＩは、代々、あらゆるスイスの銀行と同じ方法――個人口座に資金を隠し、自国での税金支払いを逃れたいと考える裕福な欧米人を助けること――で、成功を収めてきた。数十年にわたり、裕福なアメリカ人、ドイツ人、フランス人、イタリア人がスイスの銀行家に会うため、時には現金の詰まったスーツケースを引っ張って、列車でジュネーブやチューリッヒ――ＢＳＩの場合は、絵に描いたように美しいアルプスの都市ルガーノにある、一七〇〇年代に建てられた列柱を配した本店――にやって来た。スイスの厳格な銀行秘密法は、銀行が顧客に関する情報を漏らすのを禁じることで、企業の活動を保護していた。

　しかし、二〇〇〇年代中ごろには、欧州各国や米国が堪忍袋の緒を切らし、スイスに対し脱税に関する情報を開示するようにプレッシャーをかけ始めた。欧州連合（ＥＵ）とスイスは、スイスの銀行に他の欧州各国の市民が保有する口座の情報を開示させ、引き続き匿名を希望する顧客には源泉徴収税を課すことを定めた条約を締結した。周囲をＥＵ各国に囲まれ、近隣諸国とのオープンボーダー取引に依存していたスイスにとっては、この妥協案に合意する以外、選択肢はなかった。欧州の顧客は金を隠すために別の場所を探し始めた。このような規制上の攻撃に見舞われ、ＢＳＩのような小規模なスイスの銀行のビジネスモデルは危機に瀕していた。

ＢＳＩは二〇〇五年にシンガポール支店を開設していたが、ＵＢＳやクレディ・スイスのような大手ライバル銀行の後塵を拝していた。ブルーナーはこのような状況を知り、ＢＳＩの運命を一夜にして変える斬新な計画を考え出した。二〇〇九年の終わり、彼は一〇〇名以上のクーツの従業員と共にＢＳＩに移籍することでＢＳＩのＣＥＯアルフレッド・ギージーと合意した。従業員には二〇～四〇パーセントの昇給と三年間のボーナスが保証された。ＢＳＩは突然二〇億ドルの新たな顧客資産を得て、アジアにおける運用資産を三倍に増加させた。新たな地域責任者にはブルーナーが就任した。「これは政略結婚だった」クーツを去ってＢＳＩに加わった一人であるマレーシア人バンカーのケヴィン・スワンピライはそう語った。

大量流出前に、クーツのバンカーの一部は、資産をＢＳＩに移したくないと考える口座保有者を失うのではないかと恐れていた。なかでも最も心配していたのは、五〇代のシンガポール人バンカー、ヤク・ユー・チーだった。彼は非常に重要な顧客を担当していたのだ。それがジョー・ロウだった。ヤクはクーツで、ロウの父ラリー・ロウのささやかな資産の管理と運用を担当していた。二〇〇六年、ロウがウォートンを卒業した直後に、彼はラリーから息子の口座をシンガポールのクーツに開設するよう依頼された。

ヤクは、サイドに白髪が混じった薄くなりつつある髪をツンツンと立たせ、サングラスをかけていることが多く、同僚を叱り飛ばすような横暴な性格の持ち主だった。しばしば他人の考えを否定的に捉え、女性は産休を取るのでバンカーには向かないと部下に不満を漏らしたこともあった。しかし、上司からは大目に見られていた。なぜなら、プライベートバンキング業界における唯一の評価基準においてずば抜けた成績を収めていたからだった。彼は銀行に顧客をもたらしていた。彼の成功の鍵は、新たに育ちつつあったラリーの息子ジョー・ロウとの関係だった。

二〇〇九年半ば、ロウは、マレーシアの1MDBという政府系投資ファンドを支援することになったとヤクに話した。それは非常識な話だった。政府系のファンドがなぜこんな若者を通じて仕事をするのだろうか？　何の目的で、クーツのような個人の資産運用に特化したプライベートバンクのサービスが必要なのだろうか？　疑問に思ったものの、ヤクは協力を約束した。ヤクはグッドスターの口座をクーツに開設し、この会社の記録を管理した。最終的に一〇億ドル以上の1MDBの資金を受け取り、ロウがクーツのコンプライアンス部門のスタッフに、グッドスターがマレーシアの政府系投資ファンドとの間で投資契約を交わしているという話をでっち上げなければならなくなったのがこの口座だった。ヤクは、ロウがグッドスターを支配していることを知っていた。ロウは、銀行であっても疑問を持つことなくすべてを飲み込む必要のある、超秘密主義の〝政府間〟ビジネスに携わっているとヤクに説明した。

ロウは完璧なバンカー――タフでいて何も質問しない――を見つけた。そしてヤクがクーツよりももっと人目につきにくい金融機関であるBSIに移籍するという決意を伝えると、ロウも口座を移すことを決意した。ブルーナーは、ロウの口座を獲得したことに有頂天になり、ブルームバーグの記者に対し、アジアにおけるＢＳＩの運用資産を五年で三倍にすると豪語した。ヤクが言いなりになることはすでに証明されていた。ロウは、数十億ドルもの金をＢＳＩにもたらすことで、ブルーナーの夢を現実のものにすれば、ＢＳＩも彼の言いなりになるだろうと考えていた。これは、ガバナンスの弱い銀行を見つけ出して、それを有利に利用する彼の計画の一部だった。数年後、ロウは、ニューヨークのアートディーラーに、〝顧客確認〟手続きが迅速で鷹揚な貸し手を推薦するようにｅメールで依頼している。ＢＳＩは、その究極的な手本――経営陣が利益を追求するあまり、厳密な調査をしない銀行――だった。

二〇一〇年終わりから、ロウは、当時ＢＳＩのマネージングディレクターになっていたヤクに、彼自身と多くのシェルカンパニーの名義で一連の口座を開設するよう指示していた。この頃、取引開始時の手続きとして、簡単な顧客確認のチェックリスト――パスポートの詳細や犯罪歴の有無、顧客の資金源など――が〝試験的〟に用いられていた。ロウはこれを切り抜けた。ロウが一家の富に関するストーリーの基礎固めを始めたのもこの頃だった。二〇一一年六月の五五〇〇万ドルの送金――その一部はタイムワーナーセンターのペントハウス購入に充てられた――は、ＢＳＩのコンプライアンス部門のスタッフが、これが一家の資金であるという話を信じるかどうかのテストだった。テストはうまく行き、ロウはあふれんばかりの資金をＢＳＩの口座に注ぎ込んだ。

１ＭＤＢも多くの口座をＢＳＩに開設し、その後の数年間で数十億ドルの資金をこの口座で受け取った。ＢＳＩのコンプライアンス部門は、なぜマレーシアの政府系投資ファンドが、スイスの銀行に口座を開設するのか疑問を抱いた。そこで、ロウは、ＢＳＩの上級経営陣を確実に納得させるための予防措置を講じた。彼は、銀行の本店があるルガーノで、１ＭＤＢのＣＥＯシャロール・ハルミを含む上級経営陣と共に、ＢＳＩのトップと会談する機会をヤクに手配させた。

これはロウがこのファンドを完全に支配していることを示すもう一つの証拠だった。ロウらは、スイスに飛んで、ブルーナーやＢＳＩのＣＥＯギージーらの幹部に政府系投資ファンドからの数十億ドル規模のビジネスを期待してほしいと説明した。このような会合をアレンジすることのできる能力は、信頼できる人物としてのオーラを彼に与え、ファンドの正式な役職に就いていないにもかかわらず、ギージーやブルーナーら銀行幹部にこれ以上の質問をさせなかった。

ヤクはＢＳＩのスターバンカーとして称賛された。

「われわれの新たなアジアビジネスだけでなく、ＢＳＩグループ全体に対する君の測り知れない貢献に個人的に感謝の意を表したい」とギージーはヤクに手紙を送った。

ロウとのコネクションは、ヤクをことのほか裕福にした。ヤクは、給与とボーナスで年五〇〇万ドル近く——以前の収入の五倍以上——を手にした。そしてロウとのつながりが強くなるにつれ、金と称賛に魅入られるあまり、これを手放すことができなくなっていた。彼の上司であるブルーナーも、ロウとの関係の恩恵を受け、ＢＳＩはシンガポールでも世界的にも認められる存在となった。ブルーナーは、以前のアパートメントの近くに七〇〇万ドル、二五〇〇スクエアフィート（約二三二平米）の植民地時代のタウンハウスを購入し、頻繁にパーティーを催した。この二階建ての水しっくい塗りの建物は、きれいに修復され、ぜいたくな中国風の磁器や兵馬俑、中国の神々の彫像、ふかふかのペルシャじゅうたんなどを備えていた。

当事、ＢＳＩのシンガポールにおける資産管理責任者だったケヴィン・スワンピライは、当時の経営陣は、自分の給料のことしか頭になく、部下らに何でも好きなようにさせる〝役立たず〟だったと語っている。なかでも自由に振る舞っていたのが、ヨー・ジアウェイだった。

第24章
ブラゼン・スカイ

二〇一一年一二月、シンガポール

鋭い眉、特徴的なほほ、そして豊かな髪をした、二八歳のＢＳＩの中国系シンガポール人バンカー、ヨー・ジアウェイは、まだ少年のような雰囲気を漂わせていた。しかし、彼は国際金融システムのダークな部分のエキスパートだった。ＢＳＩでは、〝資産管理マネージャー〟の地位にあったが、その真骨頂は、上流階級の顧客の節税のための方法に関する複雑な知識を駆使することにあった。多くのシンガポールの銀行と同様、ＢＳＩも、これらの戦略を銀行の飯の種として、インドや東南アジアの裕福な顧客向けに考案し、提供していた。ヨーが取っていた方法は、顧客の資金を遠く離れた国にある投資ファンドを通じて洗浄することだった。

ヨーのスキルは、ＢＳＩのスター顧客であるジョー・ロウのニーズに完全に合致していた。ロウは、資金源を秘密にしたまま、複数の口座を通じて送金する手段を必要としており、ヨーはその方法の提供を約束した。

ありふれた脱税を行う代わりに、ロウはヨーに新たな業務――政府の秘密扱いの業務――を与えた。これまでに関わってきた多くの人々と同様、ロウは、ヨーに関心を持ち、彼をほめそやした。ヨーはすぐにロウの望んでいることに取り組んだ。二〇一一年、ヨーは、小さな金融機関アミコープ・グループのブラジル人顧客担当マネージャー、ホセ・レナート・カルヴァーリョ・ピントとシンガポールで会った。ヨーは、ＢＳＩがいかにマレーシアと中東の投資ファンドに関連した仕事をしてきたかをピントに説明し、アミコープに一連のファンドの組成を依頼した。

アミコープはオランダ人投資家のトイネ・クニッピングが共同設立者として設立に関わっており、彼は、シンガポールに住むようになるまでの数年間、かつてオランダの植民地だった太陽の降り注ぐカリブ海の島、キュラソー島で投資家として活動していた。クニッピングはさまざまな職を経験し、ベネズエラの銀行に勤務した後、南アフリカのアロエドリンクの会社に興味を持ち、社会的責任投資に関する本も執筆していた。彼の主な専門分野が、一九七〇年代と一九八〇年代に一大オフショアセンターとして出現したキュラソーだった。ここは、南米から米国へ入ってくる麻薬取引の積替拠点として、さらには汚れた金を隠すための避難所としても有名であり、常に米国国務省の〝主要なマネーロンダリング国家〟のリストに挙げられていた。

アミコープは、ヘッジファンドやその他の金融機関に対する日常業務――投資価値の計算、取引の決済など――の支援を行っていた。しかし、他の小規模な信託会社と同様、何でもやっていた。その中にはキュラソーの小さな投資ファンドの管理も含まれており、裕福なアジア人がこっそりと資金を迂回させるためによく利用されていた。

ミーティングでヨーは、BSIが1MDBのために投資ファンドを作るうえでの支援を必要としていることを説明し、ピントはその仕事を引き受けた。まず手始めに、BSIにある1MDBが管理する口座からアミコープが管理するキュラソーのミューチュアルファンドに一億ドルが送金された。しかし、このファンドは、ファンドマネージャーが家族経営の投資家企業から資金を集めて株式や債券を購入するような、通常のミューチュアルファンドではなかった。これはエンタープライズ・エマージング・マーケット・ファンドといい、確かに複数の投資家から資金を集めていたが、その構造は、ごく普通のミューチュアルファンド――それぞれの顧客が別の資産に投資する前に資金を預けるための分別されたポートフォリオ――とは大きく違っていた。

このファンドは、一見したところミューチュアルファンドのようなものを通じて顧客が資金を洗浄するための手段だったのである。つまり、このファンドから出てきた金はミューチュアルファンドからの資金移動に見せかけることができたのだ。一億ドルの資金移動はまさにこの手口を利用して行われ、資金は、エンタープライズ・エマージング・マーケット・ファンドから、ファット・エリック――ロウの仲間であり、ロウの多くの会社で次第に重要な役割を担うようになっていた――の管理するシェルカンパニーの口座に送金された。ヨーはこの資金移動のビジネス上の理由をピントには明かしていなかった。なぜ政府系の投資ファンドがこのような秘密めいた金融構造を利用するのかは不明確だったが、ピントは、ＢＳＩが１ＭＤＢを保証していたことから、これを詮索しようとはしなかった。「このファンドはかろうじてコンプライアンス上の外見を保っていた」ヨーの上司であるケヴィン・スワンピライは、そう語った。その後の数年間で、アミコープは１ＭＤＢ、ロウそしてその家族のために、一五億ドルもの資金をこのようなファンドの仕組みを通じて送金した。

これは、大いに疑問はあったものの、資金の流れを隠ぺいする合法的な方法だった。最初の頃、ロウは資金をグッドスターから、シャーマン・アンド・スターリングにある自身の米国の弁護士信託口座や、最近ではＢＳＩにある口座へ直接送っていた。パーティー三昧にメディアがスポットライトを当てるようになり、コンプライアンスがうるさくなったことで、彼は一層偏執的になっていた。キュラソーのファンドのような中間のステップを用いて、足跡を隠そうとしたのだ。

ヨーはその手口をロウに提供し、ロウの信頼を得た。ロウの懐に深く入り込むにつれ、ヨーは自身のスキルに自惚れるようになり、ロウのような有力な顧客のいないＢＳＩの同僚バンカーを見下すようになっていた。ＢＳＩそのものと同様、ヨーもロウに従順に従うことを証明してみせた。ロウは、やがてこの若いバンカーに再び目を向けることになる。

１ＭＤＢはペトロサウジに融資していることになっている一八億ドルについて引き続き説明責任を負っていた。ロウとその共犯者らは、この資金から大きな分け前を得ており、ヨーにこの債権を消す方法を提供するよう求めた。当初、１ＭＤＢの幹部は、ゴールドマン・サックスのティモシー・ライスナーに銀行を見つけさせ、原油掘削船――ペトロサウジが１ＭＤＢの金を使って取得した唯一の資産――の価値を一〇億ドルの高値で評価させようと考えた。これは１ＭＤＢがこの資産を引き継ぎ、その代わりに債権と相殺しようという考えだった。ライスナー――この時点では全体像を把握していなかった可能性が高い――は、米国の投資銀行ラザードを見つけ、原油掘削船を評価させた。しかしこの計画がうまく行くような高値での評価を得ることはできなかった。

代わりにヨーは、純粋に金融上のトリックを用いた一連の複雑な取引を考え出した。１ＭＤＢは、基本的に債権の大部分を、原油掘削船を保有するペトロサウジの子会社への出資金に切り替えることとした。この原油掘削船には、１ＭＤＢが有する債権に相当する一八億ドルの価値はなかった。ヨーは次に１ＭＤＢにこの出資持ち分を、香港の投資家ロボ・リーが管理するブリッジ・パートナーズ・インターナショナルに売却させた。

トライアスロンの選手で、中年にさしかかりながらも起伏の多い香港を自転車で走って健康を保っているロボ・リーは、カリブや香港、バンコク、シンガポールにいる二流のファンドマネージャーの一人にすぎず、手数料をもらって、難解な仕組みを作るものの、決してその難解な仕組みが必要とされる理由を尋ねることはしなかった。全体像を知らないことで、彼らはマネーロンダリング・マシンを動かす歯車の一つになっていたのだ。

出資持ち分に対する購入代金を支払う代わりに、ブリッジ・パートナーズは、ケイマン諸島に投資ファンドを作り、ブリッジ・パートナーズがこの投資ファンドに有するユニットを出資持ち分と引き換えに1MDBに譲渡した。ブリッジ・グローバルというこのファンドの、唯一の顧客は1MDBであり、ケイマン諸島では、当局に対し投資を行う認可を得るための登録さえされていなかった。魔訶不思議なことに、今や1MDBの貸借対照表におけるブリッジ・グローバルへの投資は二三億ドルとなり、ペトロサウジへ融資した資金に五億ドルの利益が上乗せされて計上されていた。1MDBはブラゼン・スカイという名の子会社を設立し、このユニットを管理するためにブラゼン・スカイ名義の口座をBSIに開設した。もちろん、これは見せかけにすぎなかった。実際の資金は存在せず、おそらくはほとんど価値のない二隻の原油掘削船の持ち分を売却することで利益を得るしかないファンドユニットがあるだけだった。

しかし、帳簿上は、1MDBは利益を上げたと説明することができた。ロウはこれで監査法人をだまそうとした。監査法人であるKPMGに説明を迫られていたヨーは、ブリッジ・グローバルのファンドに資金の裏付けがあるかのように説明していた。金融技術によって真実が隠されたことで、KPMGは決算報告を承認した。しかし問題が消えたわけではなかった。翌年もこの方法で監査法人を簡単にだませるとは限らなかった。

ヨーはBSIのしていることが客観的に見ても疑わしいとわかっていたに違いない。彼は、上司であるケヴィン・スワンピライと共にある仕組みを作って、自らも儲けようとした。1MDBは年間四〇〇万ドルをブリッジ・グローバルに支払い、ケイマン諸島のファンドの設立を支援したことに対し一二〇〇万ドルをBSIに支払っていた。しかし、この手続きはヨーが管理しており、ロボ・リーはその詳細を知らなかった。そこでヨーはロボ・リーに五〇万ドルの報酬を支払うことで納得させ、ヨーとスワンピライ自身は、数百万ドルを自らの個人口座に入金した。

外見上、巨額の資金がBSIのブラゼン・スカイの口座にあることは、この銀行の地域CEOであるハンスペーター・ブルーナーを不安にさせた。BSIのシンガポール支店は突然数十億ドルを新たに預かり資産に加えたことになり、ブルーナーはシンガポールの中央銀行であるシンガポール金融管理庁から説明を求められるのではないかと脅えていた。プライベートバンキング業界が急成長を遂げるなか、この都市国家はさらなるマネーロンダリング防止を求める声に直面していた。

シンガポールのプライベートバンキング業界は、急成長を遂げ、スイスの三分の一にあたる一兆ドルの資産を管理するようになり、今や世界でも有数のオフショア金融センターの一つとなっていた。同時にこの都市国家は、腐敗したインドネシア人や中国人、マレーシア人が金を隠すための場所としての評判をすでに得ており、今や、脱税にうんざりして監視をより厳しくしつつある規制当局から逃れようとする欧米の顧客の注目を集めるようになっていた。パリに本拠を置き、アンチマネーロンダリングに関する基準を定めている金融活動作業部会（FATF）は、シンガポールがマネーロンダリングの疑いのある事件の多くを立件していないと指摘していた。

ブルーナーは、シンガポール金融管理庁と会談し、そこでBSIとブラゼン・スカイや他の1MDBの関連会社との取引について説明した。しかし、彼は詳細にまでは踏み込まず、代わりに簡単な概要のみ説明し、この取引がマレーシアの正式な政府系投資ファンドとの取引であることを強調した。

BSIにおける監督と報告責任は、ブルーナーにとって大きな負担となり、BSIの存在をも危うくしていた。しかし、ロウは、少なくともこの時点では、一つの困難を乗り越え、次のステップに進む準備をしていた。ゴールドマンのティモシー・ライスナーは、今度はその機会を逃さなかった。

第25章

ゴールドマンとシャイフ（二度目の強奪）

二〇一二年三月、アブダビ

三月初旬、ティモシー・ライスナーは蒸し暑いUAEの首都、アブダビに降り立った。世界でも有数の裕福な人物の一人、マンスール・ビン・ザーイド・アル・ナヒヤーンとの貴重な会談が今回の訪問の目的だった。UAEの創始者の一九名の子どもの一人であるこのシャイフは、推定四〇〇億ドルの資産を有し、マンチェスター・シティ・フットボール・クラブのオーナーとしてもよく知られた人物だった。彼の祖父の世代は、もともとは無一文で、日雇いの農作業やらくだの飼育、真珠採りで生計を立てていたが、一九五〇年代終わりの原油の発見によって、運命が一変した。

マンスールと着席形式の会談の機会を得ることは、極めて影響力の高い投資家であっても、ほとんど前例がなかった。シャイフの権力は、彼の個人的な富だけではなく、七〇〇億ドルの資産規模を誇る政府系投資ファンド国際石油投資会社（IPIC）の会長としての地位にも由来していた。ＩＰＩＣは、巨額の債券を発行して資金を調達し、近年では、金融危機の際に英国のバークレイズ銀行の株式を取得するなど、世界的な投資ファンドとなっていた。

ウォール街のバンカーたちは、ＩＰＩＣとの取引の機会を求めて動きまわっていた。このとき、ＩＰＩＣは、アブダビの本島と一面に広がるペルシャ湾をパノラマのように一望できる、斬新かつ現代的な本社ビル――次第に背が低くなる超高層ビルがドミノ倒しのドミノのように並んでいた――を建設中だった。しかし、ウォール街のバンカーであってもなかなかマンスールには会えなかった。

その中で、ライスナーは選ばれた人物だった。これもロウが、最近シャイフの側近であるカデム・アル・クバイシと親しくなっていたおかげだった。ここ数日、ライスナーは、ロウの役割について明かさないように注意しながらも、中東の重要人物との前例のない会談を持つことについてアジアの同僚らに吹聴してまわっていた。しかし、この会談で彼は自身の運命を変えることになる取引について、シャイフの同意を得る必要があった。彼は、数年を費やして下地を固めてきた1ＭＤＢとの大きなビジネスを取りまとめようとしていた。

シャイフとの会談で、ライスナーは、共にＵＡＥにやって来たロウとロジャー・ウンを伴って現れた。儀礼上の挨拶が終わった後、彼らは早速、取引の概要についての協議に入った。ゴールドマンは、1ＭＤＢがマレーシアや諸外国の石炭火力発電所を買収する資金を調達するために合計三五億ドルの債券発行を支援する準備をしていた。その計画では、1ＭＤＢがこれらの発電所と新たな発電所を一つの会社にパッケージ化し、その会社の株式をマレーシアの株式市場で新規株式公開（ＩＰＯ）することになっていた。一つの会社の下に置かれた発電所がさらなる価値を生むとの期待から、このＩＰＯにより、１ＭＤＢはおよそ五〇億ドルの利益を得ることができるはずだった。

問題は、１ＭＤＢが海外の投資家に向けて米ドル建ての債券を発行した実績がなく、信用格付けも取得していないことだった。そこでゴールドマンは、高い格付けを有する政府系投資ファンドであるＩＰＩＣに債券発行を保証してもらうことを提案した。これによって、どんな状況にあっても１ＭＤＢの債務返済能力に問題がないとの信用を投資家に与え、安心させることができた。この保証の見返りとして、ＩＰＩＣは上場した電力会社の株式を有利な価格で購入する権利を得ることになっていた。

これこそが、１ＭＤＢに関するロウの最新の青写真だった。彼は、電力事業に参入して利益を上げ、願わくは１ＭＤＢの損失を一掃しようと考えていた。しかしこの計画にはいくつもの奇妙な点があった。なぜマレーシアの政府系投資ファンドが別の国の同様のファンドの保証を必要とするのだろうか？　なぜマレーシア政府自身が債券を保証しないのか？　ドバイにあるゴールドマン中東本部で、ＩＰＩＣの取引を担当していたライスナーの同僚は、そのアイデアは本末転倒だとして関与を拒んでいた。ＩＰＩＣの財務担当役員でさえ、なぜＩＰＩＣが別のファンド――しかもその時点で何の実績もないファンド――のビジネスのためにリスクを取らなければならないのかと疑問を呈した。だが、これらの疑問が重視されることはなかった。

しかし、ライスナーとウンは実際には何が起きているのかを知っていた。一カ月前、二人はロウとロンドンで会い、ＩＰＩＣからの保証を得るために、マレーシアとアブダビの役人に賄賂を贈る必要があるかについて話し合っていた。また、司法省の資料によると、彼らは香港でゴールドマンの仕組債を担当していたアンドレア・ヴェラと共に、この情報を、取引を審査するゴールドマンの委員会には知らせないよう申し合わせていたという（ヴェラの弁護士は、ヴェラが賄賂や詐欺について知ることも、関与していたことも一切なく、１ＭＤＢの失われた資金を一切受け取っていないと主張している。また弁護士は、ヴェラが１ＭＤＢのビジネスについてロウと協議した事実もないと否定している）。

四一歳でありながら若々しく、大きく歯を見せて笑うマンスールは、ＩＰＩＣの最終決定権を持っていた。ライスナーとロウがプレゼンテーションを終えると、マンスールはゴーサインを出した。ＩＰＩＣがマレーシアのファンドを保証するという提案は奇妙に見えたが、単に１ＭＤＢから一〇億ドル以上の資金を引き出すための口実を意図的に作り出したにすぎなかった。

ロウはＩＰＩＣのマネージングディレクターでもあったアル・クバイシと共に、この計画を進めた。二人は、失敗に終わったクラリッジズの買収で知り合い、その後ロウは、ＩＰＩＣの子会社アーバルがマレーシアの銀行を買収する際の取引を仲介していた。この取引でアル・クバイシは損失を被っていたため、今ロウは、これを何倍にもして返そうとしていた。

そしてIPICの保証こそが、この計画の最も重要なポイントだった。

ジェルで固めてオールバックにした髪と、一日二時間のウェイトトレーニングの結果、ボディビルダー並みの体格をした四〇歳のアル・クバイシは、人目を引く存在だった。アル・クバイシの一家は統治者であるアル・ナヒヤーン家と何世代か前から姻戚関係にあり、その家族同士の結びつきが彼のキャリア形成に役立っていた。彼はUAEで最も有名かつ最大の政府系投資ファンドであるアブダビ投資庁で勤務したのち、二〇〇七年にIPICのマネージングディレクターになっていた。しかしその真価は、マンスールが信頼を置く交渉役であることにあった。

ロウにとっては、アル・クバイシにはもう一つの魅力があった。アル・クバイシは、取引の都度キックバックを受け取り、これによって信じられないほどの富を築いているといううわさだった。ロウは数億ドルをパーティーやマンション、その他レルミタージュ・ホテルのような人目を引く投資――共犯者への秘密の支払いは言うまでもなく――に費やしていた。しかし中途半端で地味な不動産取引にうんざりし始めていた彼は、よりリッチな人物を探し求めていた。彼は真の実力者になりたかった。『ウルフ・オブ・ウォールストリート』は二〇一二年後半から撮影が開始される予定だったが、資金がまだ調達できておらず、さらなる資金が必要だった。ロウは、アル・クバイシこそが、条件次第でその資金をもたらしてくれると嗅ぎ取っていた。

マンスールとの関係によって、アル・クバイシはUAEの有力人物の一人となっていた。気が強く、目立ちたがりのUAEの人々の中でも、アル・クバイシは例のないほどの利己主義者という印象を周囲のバンカーに与えていた。彼はエジプト人のボディガードを引き連れて旅行をし、葉巻やドリンクコースター、ティッシュボックスなどに自分のイニシャル――KAQ――がエンボス加工された特注品を使っていた。高級車のコレクションは数千万ユーロに及び、ジュネーブの保管施設や南フランスの邸宅に保管されていた。

アブダビでは、UAEの伝統的な民族衣装に頭巾という姿で、大邸宅で妻と四人の子どもたちと共に暮らしていた。しかし、多くの裕福なUAEの人々と同様、彼も海外ではまったく異なる生活をしていた。ブガッティとフェラーリが外にとめてあるコートダジュールの邸宅では、モデルたちとパーティーを繰り広げ、パリの邸宅にはモロッコ人の妻がいた。海外にいる時は、伝統的なUAEの衣装から、体にぴったりとしたTシャツ――一九八三年の映画『スカーフェイス』でアル・パチーノが演じたトニー・モンタナの顔が描かれていたものなど――に着替えていた。かつて、幹部がビジネスについて協議するためにフランスのアル・クバイシのマンションを訪ねると、彼は露出度の高い水着姿で出てきて、その背後にはビキニの女性たちがたむろしていたという。

マンスールは、IPICを監督し、1MDBとのビジネスの交渉のような主要な取引については最終決定を下したがった。一方で、アル・クバイシに信じられないほどの権力を委譲していたため、アル・クバイシは取締役会の承認がなくとも買収にゴーサインを出すことができた。サイン一つで、彼はファンドを代表して数十億ドルの取引を進めることができたのだ。

「アル・クバイシは世界で唯一、一〇億ドルの取引を電話でまとめることのできる男だ。しかも、彼はただイエスかノーと言うだけだ。彼は自分のことを神だと思っていた」とある投資家は語った。

その見返りに、アル・クバイシは、マンスールに膨大な支出――何十人ものスタッフ、世界中の邸宅、船や車、飛行機の維持費など――を伴うライフスタイルを維持するための金を与えていた。ＩＰＩＣは石油関連の企業に投資するために一九八四年に設立されていた。しかし、アル・クバイシが舵を取るようになると、ＩＰＩＣとその子会社のアーバル・インベストメンツは、湯水のように金を使って、投資を拡大した。二〇〇八年にはカタールと共にバークレイズ銀行を救済し、国有化から救ったことで有名になった。また他にもダイムラーやウニクレディト、ヴァージン・ギャラクティックなどいずれも巨額の取引により少数株式を取得していた。

国営ファンドであるＩＰＩＣとマンスール個人の企業帝国との境界線は、常に明確に引かれているわけではなかった。たとえば、バークレイズ銀行買収の際、英国の規制当局は、シャイフであるマンスールが資金を投入していると信じていたが、実際にはこの資金はＩＰＩＣから出ていた。個人的な資金を提供していないにもかかわらず、バークレイズは取引の一部としてマンスールにワラント債を発行し、安値で銀行の株式を購入する権利を与えた。結局マンスールは、自らの資金を一切リスクにさらすことなく一〇億ドル以上もの利益を得た。

アーバルの会計帳簿には、マンスールと関係のある企業との複雑に絡み合った取引が記録されており、その中には数十億ドルもの不動産や融資取引が含まれていた。アル・クバイシは、IPICの日常業務に加え、これらマンスール個人の事業も監督しており、アル・ナヒヤーン家に近いという彼の特権的な地位によって、自身の私腹を肥やす行動の自由をも得ていた。二〇〇九年米国で提起された裁判では、二名のビジネスマンが、フォーシーズンズホテル・チェーンの買収――結果的には失敗に終わった――で、入札の際に、アル・クバイシから三億ドルのキックバックを求められたとして訴えている（後に原告は告訴を取り下げた）。

その向こう見ずな振る舞いのおかげで、アル・クバイシは問題を抱えていた。国の原油収入に頼ることができるアブダビ投資庁とは異なり、IPICは主に負債によって資金を調達していた。二〇一二年時点、IPICは一九〇億ドルの借り入れを抱えており、アブダビ政府が全株式を保有していることだけが、高い投資格付けを得ている理由だった。このファンドの有力な投資家としてのイメージの一部は、実際には幻だった。金融危機の後、アル・クバイシは、欧米の企業や銀行の株式取得に機会を見出すと、資金調達のためにウォール街に目を向けた。

ゴールドマン・サックスやモルガン・スタンレーなどの銀行は、純真な新興市場の政府系ファンドであるIPICのためにデリバティブをアレンジして巨額の利益を上げ、不振にあえぐ市場や欧米経済を支えることに貢献した。

　しかし、アル・クバイシがウォール街から資金を調達することは次第に難しくなっていた。二〇一一年、ＵＡＥの事実上の統治者であるマンスールの兄ムハンマド・ビン・ザーイド・アル・ナヒヤーンが、ドバイショック――国有企業が債務過多に陥り、政府から二〇〇億ドルという巨額の支援を受けることになった――の再発を防ぐために、すべての債券発行は中央当局の承認を得なければならないと定めたのだ。アル・クバイシは、キャッシュフローを維持するための方法を探していた時に、ジョー・ロウと出会った。ロウは自分なら１ＭＤＢの関与する数十億ドルの取引をまとめることができると豪語した。

　アル・クバイシと同様、ロウも若いながらも、真の有力者とのコネクションを通じて、数十億ドルもの資金を動かす謎に満ちた人物だった。ロウはアーバルがマレーシアの銀行ＲＨＢに投資する際に仲介役を果たしていたものの、この取引は損失をもたらす結果となった。しかし、彼の最新の提案は、この時の損失を埋め合わせて余りあるものだった。ＩＰＩＣは１ＭＤＢの債券の保証に同意し、ゴールドマン・サックスがこの債券発行をアレンジすることになった。

第26章 国をだます

二〇一二年三月、ニューヨーク

マンハッタンのダウンタウン、ウエスト・ストリート二〇〇番地、ハドソン川に面した四四階建ての超高層ビルにあるゴールドマン・サックスのグローバル本部では、まさに金融危機の処理を終えたばかりの幹部が、はるか遠くのマレーシアのビジネスに懸念を抱き始めていた。しかし、この異例な取引には強力な後ろ盾があった。ゲイリー・コーン社長だった。

尖った形の禿頭で眉間に深いしわをよせた風貌の五一歳のコーンは、畏敬の念を抱かせる存在だった。攻撃的でぶっきらぼうな性格は、ロイド・ブランクファインと共にキャリアをスタートさせたゴールドマンのトレーディング部門でさらに鍛えられていた。ブランクファインがCEOになると、コーンはナンバーツーとして忠実な副官に徹し、リーマンショック前の危機対応を担当した。その後、欧米の経済活動が不振に陥ると、新興市場の政府系投資ファンドとの取引を先頭に立って推進した。その結果、彼は、ティモシー・ライスナーとアンドレア・ヴェラがマレーシアで取り組んでいる将来的に利益を生みそうなビジネスラインの後ろ盾となっていた。

コーンは、部門横断特別チームを立ち上げ、プライベートエクイティ取引やヘッジ戦略の考案あるいは単純な資本調達への共同投資を通じて、政府系投資ファンドから収益を上げようとした。このビジネスラインは、ゴールドマンの社内では〝国家の収益化〟と呼ばれ、大きな注目を集めていた。コーンは定期的に東南アジアを訪れ、シンガポールの有力な投資ファンドであるテマセク・ホールディングスとの共同投資に関し、幹部レベルのミーティングを行っていた。投資の専門家が運営しているテマセクとはほとんど類似点はないにもかかわらず、彼は1MDBも同様に重視していた。

コーンのような支配的かつパワフルな人物の後ろ盾は、1MDBのビジネスに関与する者にとって強力な追い風となり、このファンドに一〇億ドルもの資金を調達させる計画に警戒感を示す者の声をかき消した。警戒感を抱いていた人物の中には、ゴールドマンのアジアの責任者であるデビッド・ライアンがいた。彼はマレーシアで1MDBのスタッフに会ったものの、巨額の負債を負うことや、経営陣の経験不足――誰もこれまでに数十億ドル規模の投資を監督したことがないようだった――に対する懸念を抱いて帰って来た。

この取引案件は、財務リスクや法務リスクを検討するために、ゴールドマンの五つの委員会で協議された。大きな論点はジョー・ロウの役割だった。彼の正式な地位はゴールドマンの幹部を困惑させた。ある幹部は、三月二七日付のeメールの中で、ロウのことを〝1MDBの経営者であるか、あるいはマレーシアにおける仲介役〟との認識を記していた。しかし、同時にゴールドマンのスタッフの間で交わされていた会話の中で、ライスナーはロウの取引への関与を否定していた。このような仲介役は、海外腐敗行為防止法に違反して賄賂を受け取る可能性があることから、銀行が巨額の罰金を科されることにつながりかねないとして、米国の銀行にとっては、リスクの高い存在と考えられていた。

ロウは、私募によって迅速かつ秘密裏に債券を発行することを計画していた。一般的に、企業の多くは公募によって債券を発行することを好む。公募の場合、投資銀行は幅広く投資家を募って取引をアレンジすることになる。ブック・ビルディングと呼ばれるこのプロセスを通じ、幅広い投資家のネットワークにアクセスできる銀行は、企業の資金調達コストを軽減させることができた。一方で私募においては、基本的には高いリターンを求める年金ファンドやヘッジファンドのような機関投資家が対象となる。発行企業にとってのメリットは、ムーディーズやスタンダード・アンド・プアーズのような大手格付会社の信用格付けを得ることなく、迅速に資金調達ができることにあった。またこのプロセスでは、綿密な調査は行われないことから、まさにロウの望むところだった。

1MDBは、電力業界参入計画における一連の買収の手始めとして、マレーシアの億万長者アナンダ・クリシュナンのタンジョン・エナジー・ホールディングスが保有する発電所を二七億ドルで買収することに同意した。この取引にうわべだけの正当性を与えるため、１ＭＤＢは、この発電所の独立した価値評価を必要としていた。そこでライスナーが、米国の投資銀行ラザードにその可能性を探るよう提案した。ラザードはこれに同意し、詳しく検討したものの、なぜ１ＭＤＢがマレーシアやエジプト、バングラデシュ、パキスタン、ＵＡＥにある一連の発電所に二七億ドルもの資金を喜んで投じるのか理解に苦しんだ。

この取引は、タンジョン・エナジーに有利なように見えた。特にマレーシア政府の電力購入契約がすぐに契約期限切れとなり、政府にバーゲン価格での交渉権を与えることを考えるとなおさらだった。ラザードはこの取引全体から政治的な腐敗のにおいを嗅ぎ取った。マレーシアでは政府が企業に談合を持ちかけ、その見返りにキックバックや政治資金を求めるという行為が一般的に行われていた。ラザードはそういった行為が進められていると考え、評価の依頼を断った。

選択肢のなくなったゴールドマンは、資本調達を支援するとともに、買収に関する１ＭＤＢのアドバイザーとなり、自ら１ＭＤＢの発電所に対する二七億ドルの支払いを正当化する価値評価を提供した。

ライスナーはゴールドマンの債券発行条件を１ＭＤＢの取締役会に認めさせようと、とびきりの甘い言葉で魅力を振りまいた。ライスナーがアブダビで会談を行ったわずか数週間後、クアラルンプールのダウンタウンにある1MDBのオフィスの一室で、1MDBの取締役会のメンバーの一部は、ライスナーに懐疑的な目を向けていた。ゴールドマンは、1MDBのために一七億五〇〇〇万ドルの一〇年債を発行する計画――内部でプロジェクト・マグノリアと呼ばれていた――を開始する準備をしていた。しかし、一部の取締役は、ライスナーが、この取引で一億九〇〇〇万ドル――債券価格の一一パーセント――の手数料をゴールドマンが受け取ると説明したことに警戒心を強めていた。これは、ゴールドマンが数年前にサラワクの取引で得た金額をはるかに上回る桁外れの金額であり、このような業務に対する通常の一〇〇万ドル程度の手数料を大幅に上回っていた。

ライスナーは1MDBが、自身の資金を一切投じることなく、発電所の将来のIPOによって大きなリターンを得ることができると指摘して、ゴールドマンの利益を擁護した。

「われわれの数字ではなく、あなた方の数字を見てください」彼は丸め込もうとするかのようにそう語った。ライスナーは、香港のアンドレア・ヴェラと協力してサラワクの債券発行で手数料を得ていた。今回も、その時と同様、ゴールドマンのPFIデスクが自らの巨額の資本を使ってすべての株式を購入し、後に投資家を探すことになっていた。この方法はゴールドマンがリスクを負い、さらに1MDBは迅速に資金を調達できることを意味していた。いくつかの疑問はあったものの、ナジブの忠実な支持者で構成された取締役会は、最終的には何でも安易に承認する傾向にあり、その場でこの計画に真剣にストップをかけようとする者はいなかった。

デビッド・ライアンをはじめとして、ゴールドマン内部にさえ、銀行が得る手数料の金額が行きすぎではないかという声が上がっていた。アレックス・ターンブル——香港在住のゴールドマンのバンカーで、父親は後にオーストラリアの首相となるマルコム・ターンブルだった——も、社内で懸念を示していた。ターンブルは取引には関与していなかったが、債券市場については非常に詳しかった。彼は同僚にeメールを送り、ゴールドマンの得る手数料について疑念を表した。このeメールはゴールドマンのコンプライアンス部門からの叱責を招き、ターンブルの上司は、今後も昇進したければ口をつぐむようにとターンブルに忠告した。彼は約二年後に、1MDBとは関係のない理由でゴールドマンを去った。

社内的には、ライスナーはヴェラと協力して、この手数料が、正当なリスク——ゴールドマンは一七億五〇〇〇万ドルの債券すべてを購入することになっていた——の対価であると主張した。1MDBは債券を割引価格で販売することで、ゴールドマンに手数料の大部分を支払うことになり、ゴールドマンは、より高い価格で喜んで支払う投資家を見つけることができれば、利益を得ることになっていた。しかし額面価格——すなわち割引前の価格——でも、年六パーセントの十分高い利回りと、IPICの保証を条件に高いリターンを約束していたことから、欧米や日本における金利がほぼゼロに近い水準をうろついていた当時においては、非常に魅力的な条件だった。それどころか、実はゴールドマンは、この債券の販売先として韓国や中国、フィリピンなどのミューチュアルファンドをすでに確保していた。募集はひそかに行われ、あるゴールドマンの従業員は、この債券に関するあらゆる連絡は、eメールを使わないように指示されていたという。ゴールドマンが買い手をすでに確保しているといううわさが漏れると、彼らの手数料に対する正当性が失われてしまうことになるからだった。

ゴールドマンが心配していなかった理由は、もう一つあった。目論見書――ゴールドマンが投資家に向けて債券の詳細についてまとめた文書――には、発電所の売り手であるタンジョン自身が、債券の〝かなりの〟部分を購入することに同意していると記載されていた。1MDBは、タンジョンの資産を有利な価格で購入し、タンジョンは魅力的な利回りの債券を手に入れることになっていた。その見返りとして、アナンダ・クリシュナンと関係のあるいくつかの企業が1MDBの慈善事業部門に一億七〇〇〇万ドルをひそかに寄付することになっていた。その後すぐに、1MDBは、払いすぎを認めて、財務諸表上の発電所の価格四億ドルを〝減損処理〟――償却――した。ラザードがタンジョンの資産価値が高すぎると疑いを抱いていたことは正しかったのだ。しかしゴールドマンは、何が起きているのか気づいていなかった。

不正を発見するために設置されたゴールドマンの内部委員会も、その職責を果たすことはできなかった。この取引について協議するために香港で開かれた幹部らによる委員会の議事録には、ゴールドマンの巨額の手数料に対する〝潜在的なメディアへの露出と政治的で綿密な調査〟に注意を要すると記録されていた。いずれにせよ、彼らはゴーサインを出した。この取引に好意的な意見を述べる者の中には、マレーシア政府の認可と1MDBにおけるナジブ首相の役割を引き合いに出す者もいた。しかし、彼らがゴーサインを出したもう一つの――語られていない――理由があった。この手数料収入は、この年ゴールドマンが上げた取引収入の中でもとびきりの金額だったのだ。

ゴールドマンの経営陣は、住宅市場が崩壊し、より厳格な行動を約束したわずか数年後に、再び原則を守ることを怠ろうとしていた。法の支配も洗練された投資家もいない〝国家を収益化する〟という考えそのものが、ウォール街の利益のために、貧困な地域の納税者に負担を負わせるリスクをはらんでいた。ゴールドマンは、すでにリビア投資庁との間でトラブルに巻き込まれていた。今、ゴールドマンはマレーシアの顧客に法外な手数料を請求しようとしているように見えた。この顧客が法外な手数料を喜んで支払おうとしているということは、まったく別の話だった。

ジョー・ロウの関与や他国のファンドからの保証取得の決定から、1MDBが発電所に関し必要以上に支払ったことまでの一連の危険信号は、すべて見逃された。

五月、ティモシー・ライスナーは、奇抜なデザインのショッピングセンター、アイオン・オーチャード――まるで世界的な建築家フランク・ゲーリーの代役が設計したような建築物だった――にある中華料理店で開かれるディナーの席に遅れて現れた。店に入ると、すでに他のゲストは円卓を囲んで席に着いていた。参加者には1MDBの幹部、ジョー・ロウ、ロジャー・ウンに加え、BSIのヤク・ユー・チーや、このスイスの銀行のコンプライアンス・オフィサーの姿もあった。これは非公式の集まりであり、ライスナーはこの場にいることに困惑し、参加者らに長居はできないと告げた。ライスナーは来るべきではなかったことに気づいていた。

ロウは、問題を解決しようとしてこの参加者を集めていた。計画では、二〇一二年五月二一日に、ゴールドマンは一七億五〇〇〇万ドルの債券発行で調達した資金を1MDBのエネルギー子会社の銀行口座に入金し、その翌日、このうちの五億七六〇〇万ドルをBSIにあるアーバル・インベストメンツ・リミテッドという英領ヴァージン諸島の会社の口座に振り込むことになっていた。

席上、BSIのコンプライアンス・オフィサーは、なぜこのような巨額の資金をBSIのような小さな銀行に資金移動しようとするのか知りたがった。ライスナーは取引をスムーズに進めるためにここに呼ばれたのだった。彼は不安を隠せなかった。債券に関する一般的な話の後、ライスナーは、この場を辞去した。それにもかかわらず、ヤクを含むBSIの上級幹部は、ライスナーがこの会議へ参加したこととゴールドマンの関与を利用して、BSIのコンプライアンス・オフィサーの懸念を払拭しようとした。結局のところ、これはウォール街で最も有名な投資銀行の上級幹部が関与している取引なのだと。

彼らは、ライスナーがロウと何度か話し合った後、重要な決断をしていることを知らなかった。もはやライスナーは、単にロウの関与をゴールドマン内部で隠すのではなく、賄賂を受け取って、ロウの計画に加わることを決意していた。米国司法省の資料によると、その代わりに彼は、ロジャー・ウンと共に、自身への賄賂として一〇〇〇万ドルを受け取ることになっていたという。ロウと三年間を共に過ごすことによって、ライスナーは一線を越えてしまった。もう引き返すことはできなかった。

ＢＳＩのコンプライアンス・オフィサーが慎重になる理由は十分にあった。五億七六〇〇万ドルが振り込まれたアーバル・インベストメンツ・リミテッドは、ＩＰＩＣの子会社アーバル・インベストメンツＰＪＳと関係があるように見えた。１ＭＤＢは後に、監査済みの財務諸表において、この資金移動がアブダビのファンドの債券の保証に対する対価であると記載した。しかしこの会社は偽物だった。二カ月前に設立されたばかりで、この偽の会社の取締役には、本物のファンドの会長とＣＥＯであるアル・クバイシとアル・フセイニーが就任していた。これはまるでゼネラル・エレクトリックや他の優良なアメリカの会社のＣＥＯが、ゼネラル・エレクトリックに似た偽の会社を設立して、よく知られた名前の背後に隠れたまま、会計帳簿に載らない不正な行為をするようなものだった。

これこそが、ジョー・ロウの書いた脚本だった。初めからロウは、中東の政府系投資ファンドがバックにあるように見える、よく似た名前の会社を設立したのだった。今回、その分け前は、これまでと比べはるかに大きかった。これはジョー・ロウとアル・クバイシが１ＭＤＢからさらに金を奪うための計略だった。

さらなる用心のために、二人はその資金を、アーバルが米国の保険コングロマリットであるＡＩＧから買収した、スイスに本拠を置くファルコン・プライベート銀行を経由させた。アル・クバイシは、ＡＩＧが金融危機に苦しんでいる時にこの銀行を買収し、ペルシャ湾岸で有名な猛禽類にちなんで、ファルコン・プライベート銀行と名前を変えていた。スイスは米国からマネーロンダリング撲滅のプレッシャーを受けていたものの、アル・クバイシは、自身の銀行を完全に支配していた。その結果、通常ならコンプライアンス上の警報が発動するはずの巨額の資金移動にもかかわらず、ファルコンの職員は、まったく危険を指摘しなかった。

五カ月後、ゴールドマンはプロジェクト・マキシマスを開始し、１ＭＤＢが、マレーシアでカジノとプランテーションを展開するコングロマリット、ゲンティン・グループから発電所を買収する資金を調達するために一七億五〇〇〇万ドルの債券発行を計画した。今回もタンジョンの時と同様、発電所は高値で買収され、ゲンティンは、ナジブ関連の慈善事業に寄付を行った。今回は、七億九〇三〇万ドルが偽のアーバルに消えていった。

ゴールドマン・サックスのアジアにおける責任者だったデビッド・ライアンは、最初の債券の販売が容易に行われたことを考えて、この二回目の債券発行の手数料を低くするべきだと主張した。しかし、彼の主張は、ゲイリー・コーンを含む上級経営陣によって一蹴された。ゴールドマンがこの取引を進める間、ライアンは事実上、脇に追いやられた。ゴールドマンは、１

ＭＤＢとの取引を支持するベテランのバンカー、マーク・シュワルツを、ライアンよりも上位の役職にあたるアジア統括責任者に任命した。ゴールドマンは最初の取引よりもわずかに少ない一億一四〇〇万ドル――それでも桁外れの金額だった――を稼いだ。

このビジネスをもたらしたことに対し、二〇一二年、ライスナーは一〇〇〇万ドルを超える給与とボーナスを受け取り、ゴールドマンの中でもトップクラスの報酬を稼ぐ社員の一人となった。しかし、これは氷山の一角にすぎなかった。米国司法省の資料によると、ゴールドマンの彼の上司の知らないところで、最初の債券発行の三カ月後、数百万ドルがライスナーの管理する英領ヴァージン諸島にあるシェルカンパニーに流れ、その一部はロジャー・ウンに支払われたという。さらに数百万ドルがライスナーのシェルカンパニーの口座を通じて、１ＭＤＢの幹部に賄賂として支払われていた。その後の二年間で、ゴールドマンが調達した１ＭＤＢの資金のうち、二億ドルを超える資金が、ライスナーとその血縁者の管理する口座を通じて流出していた。

彼はゴールドマンから巨額の給料を受け取り、ロウらが支払った賄賂については受け取りを拒むこともできた。多くのウォール街のバンカーが本社から遠く離れた国でしてきたように、巨額の報酬を受け取って勝ち逃げをすることもできたかもしれない。しかし、彼は、事態を円滑に回す役割には飽き足らず、自らリスクを取ってこの詐欺行為の直接の共犯者となることを選んだのだった。ライスナーはロウの生活ぶりを見て、スーパーヨットを保有したり、自身のパーティーを主催したりするには、単に一〇〇〇万ドルを受け取るだけでは十分ではないと考えたに違いない。彼はすぐに行動に移した。

一〇月にはゴールドマンのアジアPFIデスクの責任者トビー・ワトソンも仲間に加わった。この年は、ゴールドマンのCEOロイド・ブランクファインにとっても良い一年だった。彼は、二一〇〇万ドルの報酬を受け取っていた。これは金融危機前の二〇〇七年の六八〇〇万ドルには及ばないものの、それでも巨額の報酬だった。ブランクファインは他のビジネスラインも含め、この年七五億ドルもの利益をゴールドマンにもたらした。しかし、ブランクファインにとって、マレーシアにおける事業展開こそが大きな戦略上の勝利だった。このビジネスが非常に重要だったことを示すかのように、ブランクファインは、二〇一二年一二月、ロウと、アーバルのアル・フセイニーをマンハッタンにあるゴールドマンの本社に招き、内々のミーティングを行った。しかし、ライスナーはこれらのことを世間に吹聴したくなかったことから、あたかもこの債券が秘密扱いであるかのように振る舞っていた。アジア地域のゴールドマンの同僚幹部が巨額の利益について社内に広めようとすると、彼はいら立たしげに情報の秘密を保持するよう求めたという。

「このことに関しては本当に注意を集めたくないようだった」と同僚は語っている。

こうしてジョー・ロウは二回目の強奪をやってのけた。ペトロサウジをパートナーとした二〇〇九年の最初のケースとは違い、ロウは事細かにこの計画を立案した。三年前、ロウは巨大な政府系ファンドを運営し、その資金の流れの中でブローカー手数料を稼ごうとした。しかし、状況は大きく展開し、彼は共犯者らと共に直接、資金を手にするチャンスを見出した。

今回、ロウは注意深く下準備を進めた。無名のサウジの会社をパートナーにする代わりに、世界でも有数の政府系投資ファンドであるＩＰＩＣを巻き込んだ。アル・クバイシは、サウジ国王の七番目の息子である怠け者のトゥルキ王子とは比べものにならないほど有力な人物だった。二〇〇九年当時、資金移動に関してロウが使った言い訳はさまざまで、まるで慌てて作り上げたかのようだった。またロウは、これまでは自身が設立したセーシェルの会社に資金を送るなどのリスクを冒していた。今回、彼とアル・クバイシはより慎重になり、資金をアブダビの政府系投資ファンドに似せた、アル・クバイシの管理する会社に送った。

当事は内部の一握りの者しか知らなかったが、資金はアーバルに似せた会社から取引に関わったちょっとした関係者まで、広範囲に渡ってばらまかれていた。合計で一四億ドルの資金が流用された。その中には『ウルフ・オブ・ウォールストリート』の製作に必要な資金やマレーシアの有権者に支払われた資金、ますます盛大になっていくパーティーやギャンブルの支払いに充てられたものも含まれていた。

アル・クバイシも自身の役割に対し、十分すぎるほどの報酬を得ていた。１ＭＤＢが二回目の債券発行を行い、資金がアーバルに似せた会社に流れ込んだ直後、この資金の一部――最終的に総額四億ドルを超える金額となっていた――は、ルクセンブルクのエドムンド・ド・ロスチャイルド銀行にある、アル・クバイシの会社、ヴァスコ・インベストメント・サービスが管理する口座に送金された。ここから、アル・クバイシは米国のイーストコーストとウエストコーストにマンションを購入した。しかし、彼は、後援者であるシャイフのマンスールに気を遣うことも忘れなかった。

ゴールドマンが債券を発行していたのと同じ頃、ドイツのブレーメンにある造船会社リュールセンの技術者は、マンスールの四八二フィート（約一四六メートル）の船、トパーズ号に最後の仕上げを施していた。この船は五億ドル以上を費やした海に浮かぶホテルと言ってよいほどの大きさで、二つのヘリパッドと八つのデッキを備えていた。アル・クバイシはこのトパーズ号製造の資金調達を担当し、ドイツ銀行から巨額の融資を受けていた。その返済には、毎月六四〇万ユーロという巨額の資金が必要だった。１ＭＤＢからの資金を受領した後にアル・クバイシがヴァスコの口座から最初に行った支払いの一つは、ドイツ銀行へのトパーズ号の融資に対する六四〇万ユーロの返済だった。その後彼は、合計で一億六六〇〇万ドルをヴァスコからの資金を使って支払った。

四月の終わり、ゴールドマンが最初の債券の発行を準備していた頃、およそ一万人の抗議者がクアラルンプールの通りにあふれかえっていた。空から見ると、街の中心は、デモ参加者の

Tシャツの色である黄色で埋め尽くされていた。ここ最近、ごく普通の中流階級の人々――教師、会社員、弁護士、学生――の間では、日常的な汚職に対する怒りが高まっていた。

デモ参加者の中には、〝汚職反対〟と書かれたプラカードをかざし、選挙改革を訴える者もいた。他にもロスマ――ナジブ首相の腐敗政治のシンボルになっていた――の風刺画を掲げる者もいた。人々は彼女が一体いくら宝石に支払ったのか知りたがった。膨れ上がったデモ参加者が、街の中心にある、芝地で覆われた独立広場へ向かおうとすると、機動隊が行く手をふさいだ。午後遅くになって、デモ参加者が前進を始めると、機動隊員が催涙ガスと放水銃でこれに応じた。

突然、警官が車でデモグループに突っ込み、二名が負傷した。民衆は暴力をもって対抗し、警官を引きずり出して車をひっくり返し、ウィンドウのガラスを粉々にした。その後の数時間で多くの抗議者が負傷し、何人かは重傷を負った。争いの焦点は、翌年行われる選挙だった。

このとき、抗議者たちは1MDBでロウが何をしているかは知らなかった。しかし、マレーシアにおける汚職は、与党UMNOによる選挙での票の買収から、企業が政府の契約を得るために行う日常的な裏金に至るまで、すでにこの国の社会機構を侵食していた。マレーシアの中流層の賃金の上昇が停滞する一方で、エリート層はますます富を得ており、民衆の不満が高まっていた。

二〇〇六年、野党政治家、弁護士、反汚職を訴える活動家らが、公正な選挙を確保するための改革を求めて、〝ベルセ〟――マレー語で〝クリーン〟の意味がある――と呼ばれる運動を始めた。二〇〇七年と二〇一一年、ベルセの支持者らが、トレードマークの黄色いTシャツを着て街頭でデモを行い、警察隊と衝突した。しかし、この時は何も変わることはなかった。ベルセを主導した活動家は、これらの抗議活動を二〇一三年に行われる選挙をクリーンなものにするための最後の抵抗だと述べた。

このデモは、マレーシアの歴史の中でも最大の民主的な抗議となった。彼らは、政府が民衆の声に耳を傾けるようになることを願った。しかし代わりに残ったものは憎しみと分離だった。

しかも、民衆の知らないところで事態はさらに悪化していた。ロウの強奪は新たなレベルに達し、マレーシアの財政の安定性をも脅かしていた。1MDBの債務は、七〇億ドルもの金額に達していたが、この巨額の債務に対する見るべき資産はほとんどなかった。資金の大半は流用され、直近の決算において、1MDBは三〇〇〇万ドルの純損失を計上していた。しかしこういった詳細のほとんどは秘密にされ、財務諸表の写しを入手することさえ困難だった。

ナジブ首相は、1MDBを、雇用を創出するための手段として、さらにはあらゆるマレーシア人から人気を得るための裏金を入手する手段として考えていた。しかし、1MDBは汚職の巣窟となっていた。ナジブは、自身の人気が落ちてくると、さらにロウに賭けるようになり、来たる選挙で勝つために、1MDBがさらなる債務を負うことを後押しした。ナジブの行動は、1MDBをさらに深い死のスパイラルへと陥れた。

ロウは、計画している発電所のＩＰＯによって、１ＭＤＢも安定し、ますます拡大していく詐欺――控えめに言えばリスクの高い戦略――を隠すことができるようになると考えていた。しかし、彼は将来のことをあまり深刻に考えてはいなかった。結局は、これは政府の金であり、最終的にはナジブが負債を帳消しにしてくれるという算段があったのだ。

別の見方をすれば、ロウは再び資金を手に入れ、ハリウッド帝国の構築を推し進める武器を手に入れたとも言えた。ロウの人生は、これまでで最も無謀な時代を迎えようとしていた。

第三部 帝国

第27章

バスタ・ライムスを飼い犬にする

二〇一二年七月、コートダジュール、セレン号の船上にて

ヘリコプターが四四〇フィート（約一三四メートル）のスーパーヨット、セレン号の離着陸パッドに近づくのを見て、ジョー・ロウの気分は高揚していた。彼は、これまでで最も重要なパーティーを控え、気分を落ち着かせるために取り巻きの女性らと共にモナコへのショッピングに繰り出そうとしていた。このパーティーには理由があった。三一歳になったロウが設立した新しい会社――ジンウェル・キャピタルという名の香港の会社――が、カニエ・ウェスト、ビヨンセ、アッシャー、アリシア・キーズ、ファレル・ウィリアムスらのヒットメーカーを擁するEMIミュージック・パブリッシングの株式を取得したのだ。EMIの買収に加え、ロウやリザ・アジズ、ジョーイ・マクファーランドが始めた映画製作会社も『ウルフ・オブ・ウォールストリート』の撮影を開始していた。かつて、スイスのゴールドマン・サックスで個人口座開設を断られたロウは、今や芸能界の大立者となっていた。彼はさらに周囲をアッと言わせ

たかった。

一五の客室と数十名のクルーを擁するセレン号は、海に浮かぶ娯楽施設と言ってもよく、その中心はトップデッキにある巨大な泡風呂とバーだった。他にもサウナや一部が屋根で覆われたスイミングプール、グランドピアノの置かれたラウンジ、各階につながる大理石のらせん階段などが特徴だった。停泊中は、油圧式のアームに支えられたデッキが水上に張り出し、ゲストは水際のオープンテラスで食事を楽しむことができた。

ロウはこの夜のパーティーのために最も豪華な演出を求め、ノア・テッパーバーグとジェイソン・ストラウスがいつものようにロウの指示に従い、準備にあたった。この三億三〇〇〇万ドルのヨット――二〇一一年に完成した当時は世界で九番目に大きいヨットだった――は、ストリチナヤ・ウォッカをはじめとする事業を展開していることで知られる億万長者ユーリ・シェフラーが所有する船だった。テッパーバーグとストラウスは、モデルやいつもの豪華なメンバーを米国から飛行機で呼び寄せていた。クラブプロモーター兼俳優のダニー・アベケイザーは、翌月に『ウルフ・オブ・ウォールストリート』の撮影を控えていたレオナルド・ディカプリオを含む一団と共に現れた。ディカプリオは自らの経験に基づいて演技するメソッド式の俳優として知られ、セットの外でもキャラクターになりきると言われていた。彼のパーティー三昧は、ここ何年もタブロイド紙を飾っていたので、おそらくジョーダン・ベルフォートになりきることはそう難しくはなかっただろう。これまでと同じように、ジョー・ロウがもたらす巨額の報酬により、映画の撮影開始前にもかかわらず、ディカプリオの生活は映画と混然一体となりつつあった。

ロウとその取り巻きがモナコでショッピングに興じている間、テッパーバーグとストラウスがすべての準備を整えていた。作業員らはその夜のパフォーマンスのために船上のステージの最後の仕上げをしていた。ゲストのリストには、世界有数のポップスター――カニエ・ウェストやリアーナ、クリス・ブラウン、リュダクリス――に加え、俳優や中東の王室メンバーらの名前があった。


前月にまとまった二二億ドルのＥＭＩ買収は、ソニー・ミュージック・ホールディングス、マイケル・ジャクソン財団、米国の大手プライベートエクイティファンド、ブラックストーン・グループの主導で行われていた。ロウのジンウェル・キャピタルは、ハルドゥーン・ハリハ・アル・ムバラクが運営するアブダビのファンド、ムバダラと共に投資を行った。この一億ドルの投資は、これまでの中では間違いなく最もまともに見える取引だと言えた。ロウは、兄のツエンと共にジンウェルを立ち上げ、周囲の投資家にはこの会社が祖父の財産を投資するための〝家族企業〟だと説明していた。ＥＭＩの取引における彼のパートナーらもその言葉にだまされていた。

ロウの出資持ち分は、実際には、ゴールドマンが販売した１ＭＤＢの債券を原資としていた。

資金の出所を隠すため、ロウは使い古されたトリックを使い、友人のファット・エリックにブラックストーン・アジア・リアル・エステート・パートナーズというオフショアシェルカンパニーを設立させた。この会社はブラックストーン・グループの正式な子会社のように見せることを狙って設立されていたが、実態はロウのために動くファット・エリックが管理する会社だった。正式な書類には、ロウの関与を隠すために、ファット・エリックが多くのシェルカンパニーや資産を保有しているかのように記載されていた。

これまでにロウは、ゴールドマン・サックスが販売した債券によって調達した資金のうち、一〇億ドル以上を流用していた。彼は、ＩＰＩＣのマネージングディレクター、アル・クバイシの力を借りて資金を安全に管理し、ＩＰＩＣの子会社のように見えるシェルカンパニーに預けていた。建前上は１ＭＤＢの債券の保証に対する報酬としてＩＰＩＣに支払われていたが、実際にはロウが好きなように使える資金だった。ＥＭＩ買収の資金を調達するため、ロウは、数億ドルをスタンダード・チャータード銀行にあるブラックストーンに似せた会社の口座に送金し、その痕跡を隠すため、資金の多くをアミコープが管理するキュラソーのファンドを通じて送金した。偽のブラックストーンの口座にある資金の中から、ロウは、ジンウェル・キャピタルのＥＭＩ買収資金を調達し、同時にアル・クバイシ、１ＭＤＢの顧問弁護士ジャスミン・ルーらに報酬を支払った。

その後すぐに、ロウはＥＭＩミュージック・パブリッシングのアジアにおける非常勤会長に就任し、同社の諮問委員会のメンバーとなった。ＥＭＩでの地位は、一瞬にして、音楽業界における大きな信用をもたらし、彼のステータスをただのパーティー好き、ギャンブル好きの金持ちの青年から、さらなる高みへと押し上げることになった。これはファインプレーだった。メディア帝国は、１ＭＤＢに資金を返済するための利益を生み出すはずだった。最初の二つのステージで、ロウはおよそ三〇億ドルを奪い、これを浪費していた。

今、彼は実際の利益を生み出す、真のビジネスの構築を目指していた。二〇一〇年にレッド・グラナイトを立ち上げたが、『ウルフ・オブ・ウォールストリート』が公開されれば、この映画製作会社も知られた存在になるはずだった。この映画とＥＭＩの買収によって、事業への関与や富の源泉に関してずっと付きまとっていた疑惑が解消されることをロウは願った。

ロウがショッピングバッグを抱えてセレン号に戻ると、周囲の雰囲気も熱気を帯びてきた。ロウは、夏に大挙してサントロペに押し寄せてきたゴシップ記者に、パーティーの情報をキャッチされていないかと心配していた。

「ノア、マスコミには注意深く対応する必要がある」と彼はテッパーバーグにｅメールを送った。「ソニーの社長がｅメールを送ってきて、今夜のパフォーマンスのことを全部知っていたぞ！　ハハッ。マスコミに知られてなければいいが」

スターが続々とセレン号に到着した。米国のモデル、ケイト・アプトンはヘリコプターで派手に登場した。花火のシャワーが降るなか、ロウは彼女に数万ドルはするだろうエルメスのバーキンをプレゼントした。ロウは友人らに美しい女性――特にモデル――と付き合いたいと常々言っていた。それはまるで女性たちがロウの重要性を証明してくれるかのような口ぶりだったという。友人の間では、彼は依然として控えめな性格で、しばしば言葉につまることがあった。特に魅力的というわけではなかったが、女性の関心の中心にいることを大いに楽しんでいた。

彼がショーマンシップを発揮することには、より実用的な理由もあった。スターだけでなく、ドバイの王子を含む多くの中東の王族らもパーティーに参加していた。彼ら王族たちは、世界中の金を持っていたが、そんな彼らでさえ、ロウが集めることのできるようなスターたちに会う機会はなかった。そしてロウはこれこそが自分の強みだとわかっていた。ハリウッドスターを彼らに紹介することで、中東の有力な人物らの敬意を得ることができるのだ。それが将来の取引への扉を開くきっかけになることを彼は願っていた。

カニエ・ウェストのパフォーマンスが終わっても、パーティーは明け方まで熱狂が続いた。ウェストは恋人のキム・カーダシアンと共に参加していたが、彼女の行動は常にマスコミに注目されていた。一部のゴシップ記者がパーティーのうわさを嗅ぎつけ、ウェストとカーダシアンだけでなく、クリス・ブラウンとリアーナが出席していることにも注目していた。三年前、ブラウンがリアーナに暴力を振るった事件があったにもかかわらず、その夜は数時間、親しげに話し込んでいた。いくつかの新聞はブラウンがセレン号を借りたと誤って報道していた。ロウはマスコミからは距離を置いていた。報道の結果、取引に注目が集まることは避けたかったからだ。だが、問題なかった。パーティーに関し、ロウに対する報道は彼が到着したことを報じるものだけだった。彼は有力な億万長者としての秘密の生活に満足していた。

パーティーが終わりに近づくと、参加者のほとんどは船を後にしたが、ロウや彼の兄のツェン、ディカプリオ、テッパーバーグとストラウス、そして〝ボトル・ガールズ〟たちを含む二〇人ほどはそのまま残った。午前六時にパーティーがやっと終わると、セレン号は錨を上げ、イタリアのリグーリア海岸にあるバカンス地ポルトフィーノに向かった。


ロウは、パーティーに参加する映画スターや歌手らに対し報酬を支払う一方で、常に彼らに丁寧に接してきた。しかし、そのパワーバランスは変わり始めていた。ＥＭＩの買収から一年もたたない二〇一三年四月、ロウは、マンハッタンのチェルシーにあるジャングル・シティ・スタジオにいた。このスタジオは、ジェイ・Z、リアーナ、ニッキー・ミナージュら数えきれないほどのスターがレコーディングに使用してきた場所だった。ここでロウは、遊び半分でソウルフルなバラード「ボイド・オブ・ア・レジェンド」を自ら歌い録音していた。

この曲は、最近になってジョーイ・マクファーランドと付き合い始めたアントニエット・コスタが作詞作曲したものだった。ロウは歌が好きだったが、甲高い調子はずれの声だったため、コスタはスタジオプロデューサーの協力のもと、賢明にもオートチューン（米国アンタレス・オーディオ・テクノロジーズ社の音程補正用ソフトウェア）を使った。しかし何とか満足できるテイクを編集し終えるまでには八時間もかかった。

　この間、マクファーランドやスウィズ・ビーツらもレコーディングブースに出入りしていた。このスタジオを以前から利用していたバスタ・ライムスとファレル・ウィリアムスがやって来たのは夜遅くになってからのことで、そのとき、ロウはリラックスし、少し酔っぱらっていた。「Ｙｏ！」ライムスを見て興奮したロウが叫んだ。「お前は俺のものだ。俺の飼い犬だぜ」

　この言葉は、ロウがＥＭＩを買収したことをふざけて言った、軽い冗談のつもりだったが、そうは受け取られなかった。著名なラッパーであり、俳優、レコードプロデューサーでもあるバスタ・ライムスは気分を害したようだったが、口には出さなかった。一方でファレル・ウィリアムスが世間話をしてその場の気まずい雰囲気を取り繕おうとした。ロウは、実力者のように振る舞おうとしていたが不器用でうまく行かず、結局はどれだけの金を手にしても満足できないただの詐欺師にすぎなかった。

第28章

世界中のすべての富

二〇一二年八月、ニューヨーク

八月下旬の土曜日、ジョーイ・マクファーランドはマンハッタンの金融街でプロデューサーチェアに座っていた。土曜日は静かなこの界隈だが、この日は『ウルフ・オブ・ウォールストリート』の撮影隊に占拠されていた。マーティン・スコセッシは主人公ジョーダン・ベルフォートを演じるレオナルド・ディカプリオと、最初の妻を演じるクリスティン・ミリオティのシーンを撮影していた。実際のウォール街からはワンブロック離れたところにある撮影現場で、マクファーランドは、ここまでたどり着いた道筋に思いを馳せていた。ロウとウィスラーで出会ってから、まだ三年もたっておらず、基本的に映画製作の経験がまったくないにもかかわらず、彼はここで世界でも最高の監督と俳優と共に映画の撮影をしていた。

ロウが自らの懐の中に取り込んだ人々のうちで、マクファーランドほど環境が一変した者はいなかった。四〇歳のとき、彼は二流のタレントブッカーから一流の映画プロデューサーに転身した。マクファーランドと、レッド・グラナイトにおけるパートナーにして、マレーシアのナジブ・ラザク首相の義理の息子であるリザ・アジズは、映画のプロデュースを学んだ経験もなく、わずか一本の作品『フレンズ・ウィズ・キッズ』を発表しただけにもかかわらず、映画産業に数十年も携わってきたプロフェッショナルと付き合うようになっていた。スコセッシとディカプリオにとって、このような侵入者は天の恵みだった。無尽蔵のように思える資金を管理しているだけでなく、二人の芸術的な自由を無制限に認めてくれたのだ。スコセッシが映画の冒頭シーン――ジョーダン・ベルフォートの人生のワンシーン――で、本物の白いランボルギーニをクラッシュさせたいと考えたとき、多くのプロデューサーならそういったシーンにはレプリカを使うよう主張するところ、マクファーランドはレッド・グラナイトに請求書を回すように言ったという。マクファーランドとリザは、スポンサーとして撮影現場に立ち入ることを認められていた。

ロサンゼルスで、マクファーランドはウエストハリウッドのワンベッドルームのアパートメントに住んでいた。そのような地味な住まいを恥ずかしく思い、映画スターを自宅に招待することを避けていた。今や彼は、ニューヨークのタイムワーナーセンターのペントハウスにロウと一緒に住んでいた。さらに、ロウの親友の一人として切っても切れない仲となり、温泉やラスベガスのギャンブル旅行、さらには米国や欧州のスキー旅行など常に行動を共にするようになっていた。

マクファーランドはタレントブッカーとしての過去をエアブラシでぼかすことによって、自身の人生の物語を書き換えていった。映画界での経験不足を気にしていたマクファーランドは、インタビューを受ける際には長年にわたって映画産業に出入りしており、その前はプライベートエクイティファンドで働いていたと答えていた。シンシナティのギリシャ料理レストランについては決して語ろうとしなかった。レッド・グラナイトで働くメンバーを含め、映画のプロフェッショナルたちは、彼のことを成り上がり者と見ていた。

そのぱっとしない経歴にもかかわらず、マクファーランドはレッド・グラナイトの顔となった。リザは恥ずかしがり屋で、オフィスにもあまり姿を見せず、テニスをプレイしたり、観戦したりするのを好んだ。一方で、マクファーランドはスポットライトを浴びることを楽しんだ。ロウは、マスコミの注意を引くことを恐れて、映画の撮影現場からは距離を置いていた。当初マクファーランドは、ロウがこの映画の出資者だとレッド・グラナイトの従業員に話していたが、最近は、中東の投資家が出資したものだと言うようになっていた。

ロウは、この作り話を厳しい精査にも耐えられるようにするため、躍起になっていた。リザ・アジズが管理する会社レッド・グラナイト・キャピタルは、ゴールドマン・サックスがアレンジした債券から二億ドル以上もの資金を受け取っていた。この資金は当初は、ＩＰＩＣのアル・クバイシとその部下であるムハメド・バダウィ・アル・フセイニーの管理するシェルカンパニーに送金されていた。撮影が始まると、アル・フセイニーは、まるで彼が映画製作資金を提供したかのように、レッド・グラナイトのオフィスをうろつき始め、上映会にも出席した。レッド・グラナイト・キャピタルが受け取った資金は、『ウルフ・オブ・ウォールストリート』の製作資金に費やされるとともに、リザ・アジズがロサンゼルスやニューヨーク、ロンドンの不動産――ロウが二年前に取得していた不動産――をロウから購入する資金にも充てられていた。だが人前では、レッド・グラナイトの幹部らは資金源を明らかにしなかった。マクファーランドはザ・ハリウッド・リポーター紙に資金源について聞かれても回答を拒み、一方、リザ・アジズは、中東やアジアの投資家が出資したものだとあいまいに説明していた。

ロウは、引き続き自分の名前をマスコミから遠ざけ、撮影現場も避けていたが、映画の撮影が進むにつれて、ディカプリオとの関係を深めていった。撮影中、ロウはラスベガスのホテル、ベネチアンでディカプリオやリザ・アジズ、マクファーランドらと一週間以上、一緒に過ごした。ロウは、カジノフロアの静寂が好きだと友人たちに語っていた。カジノでは携帯電話の使用が禁止されているため、電話連絡から逃れることができるのだ。ロウがスポンサーとなったこのギャンブル旅行は、ディカプリオとの関係を深めることに役立った。

マクファーランドとリザは、ディカプリオとの長期的な協力関係を望んでいた。二〇一二年秋、マクファーランドは、マンハッタンの高級フレンチレストラン、ル・ベルナルディンで、ディカプリオや韓国の映画監督パク・チャヌクとディナーを共にし、次の映画プロジェクトについて話し合った。また、ロウとリザ、マクファーランドはディカプリオのライフスタイルのある面についても真似をし始めた。熱心な映画ポスターの収集家だったディカプリオは、ニュージャージーの映画関連グッズのディーラー、ラルフ・デルーカをリザに紹介し、ロウとリザ、マクファーランドは1MDBから奪った金を使って、デルーカから数百万ドルものコレクションを買い集めた。二〇一二年一〇月、リザはデルーカに一二〇万ドルを支払って、フリッツ・ラング監督の一九二七年の無声映画『メトロポリス』のオリジナル映画ポスターを手に入れ、レッド・グラナイトの自分のオフィスに飾った。

マクファーランドはさらにその上を行きたいと考えた。「入手可能なもので、世界で最高の映画ポスターは何だ?」とeメールでデルーカに尋ねた。その後の一八カ月間で、マクファーランドとリザは、四〇〇万ドル以上を費やして七〇点もの映画ポスターをデルーカから購入し、レッド・グラナイトのオフィスやリザのパークローレル・コンドミニアムの壁に飾った。マクファーランドはデルーカとリザに自分が欲しいポスターのリストをメールで送った。

「決めたぞ――このポスターを手に入れてやる。絶対だ。ほかの一〇〇〇枚のポスターももちろんだ……ああ、気になって眠れないよ」

「ハハハ、俺の苦しみがわかるだろう!!　ムワハハハハ――$$$」とリザ。

「ポスターに取りつかれちまったみたいだ……俺たちがこんなに神経症的な強迫観念にとらわれてしまうとは……こいつらをすべて手に入れなければ気がすまないよ」マクファーランドはこう返した。

ディカプリオがロウやマクファーランドとさらに親しくなるにつれ、彼らは一緒にマンションの内覧をするようにさえなっていた。二〇一二年九月二〇日、ディカプリオは、サザビーズのブローカーを通じて。秘密保持契約書をマクファーランドに送った。この契約書に署名することで、一億五〇〇〇万ドルで売りに出されているベル・エアのナイムズ・ロード六五八番地の不動産物件を内覧する権利が得られた。この物件のオーナーはサウジのシャイフだった。注目されることを好まなかったロウは、マクファーランドを代役に立てた。マクファーランドは買い手の候補として秘密保持契約書にサインをした。

ロウとマクファーランドはこの物件の内覧をした。米国でも有数の高額物件であり、四万スクエアフィート（約三七一六平米）の敷地の中央を走る私道の周りに建てられた複数の家屋からなり、ロサンゼルスを一望する流れるプールや、ジム、スパ、映画館に加え、二八のベッドルームと三〇のバスルームを備えていた。

およそ三年もの間、ひっきりなしに不動産を購入してきたにもかかわらず、ロウは少しも満足していなかった。彼はハリウッドのマンションをリザ・アジズに売り払い、億万長者にふさわしい大邸宅を探していた。新聞王ウィリアム・ランドルフ・ハースト――カリフォルニアのサン・シメオンにある彼の大邸宅は今も二〇世紀初めの過度な浪費のシンボルとして残っている――のように、ロウは想像できうるかぎり、最もぜいたくな邸宅の持ち主となることを熱望していた。

結局、ロウはこの物件を手に入れることはできなかった。八〇〇〇万ドルで入札したが、サウジのシャイフにオファーを拒まれた。ロウにさえ買うことのできないものがまだいくつか——多くではなかったが——あったのだ。

二〇一二年一一月一七日、ロウとリザは、マンハッタンのミッドタウンにあるホテル・エリゼのモンキー・バー——赤の革製のソファとブースがいにしえのハリウッドの雰囲気を醸し出していた——を訪れていた。このバーは、雑誌バニティーフェアの編集者グレイドン・カーターが所有し、ミッドタウンの弁護士やバンカー、映画やメディア業界の人間の間で人気が高かった。シャンパングラスが手渡されるなか、ロウやマクファーランド、リザは、ハリウッドの超有名人たち——ディカプリオやダニエル・デイ＝ルイスからハーヴェイ・カイテルやスティーブン・スピルバーグまで——と歓談していた。

ゲストは、七〇歳になったマーティン・スコセッシのために集まっていた。彼は『ウルフ・オブ・ウォールストリート』の撮影の真っ最中で、撮影は一〇月終わりのハリケーン・サンディの影響でスケジュールが遅れていた。スコセッシは、バースデーパーティーには数人の近しい友人たちが参加すると聞かされていたが、この夜のために貸し切りにされたバーには一二〇人ものゲストが集まっていた。スコセッシの作品のＮＧ集の映像が流れるなか、ゲストは、四品のコース料理を楽しみ、シャンパンで乾杯して監督の誕生日を祝った。

バースデープレゼントとして、ロウは映画『キャバレー』のポーランド語バージョンのポスターを贈った。のちにスコセッシは、昔風にタイプライターで打った手紙の中で、〝素晴らしいプレゼントだ！〟と書き、さらに〝とても貴重な〟ポーランド語バージョンのポスターのおかげで、〝七〇歳の誕生日がより特別なものになった〟と記してロウに感謝した。

この時期こそが、ロウのハリウッドにおける影響力のピークだった。このわずか二週間前に、ロウは自身のバースデーパーティー――サーカスをテーマにした派手なショーで、ラスベガスでも、個人としてはかつてないくらい金のかかったパーティーとして伝えられるほどだった――を催していた（詳細については、本書のプロローグに記した）。その夜のパーティーの呼び物は、室内観覧車やサーカスのパフォーマー、そしてハリウッドの豪華スター――偽のバースデーケーキから登場したブリットニー・スピアーズは言うまでもなく――だった。このパーティーには、ディカプリオのようなスターだけでなく、ティモシー・ライスナーやアル・フセイニーその他ロウのビジネス上の関係者など、ロウの知人も参加していた。ロウの成功に貢献する役割を果たしたほとんどすべての人々が彼を祝うために集まっていた。ロウは、この夜のあらゆるイベントを1MDBの債券発行で得た金で支払っており、それは驚くべき金額となっていた。ロウの友人の音楽プロデューサーでアリシア・キーズの夫であるスウィズ・ビーツは、一晩のパフォーマンスで、八〇万ドルを、1MDBから奪った金を元に作られたシェルカンパニーから受け取っていた。

これがジョー・ロウの絶頂期だった。『ウルフ・オブ・ウォールストリート』の撮影もほぼ終わり、ロウは権力の高みにいた。お祝いがあまりにも頻繁にあったため、それらは混然となっていた。ベガスでのパーティーの数日後、ロウとリザ、マクファーランドの三人は一一月一一日のディカプリオの三八回目の誕生日に、永遠に記憶に残るプレゼントを贈った。『ウルフ・オブ・ウォールストリート』に関しては、ディカプリオがいくつかアッと驚かせるシーンを演じているといううわさが流れ、画像もオンライン上に流出していた。リザとマクファーランドは、彼がついにアカデミー賞主演男優賞を獲るのではないかと話していた。

そこで、三人は、バースデープレゼントとして、ディカプリオがなかなか手にできないでいるオスカー像を贈ることにした。彼らは、マーロン・ブランドが一九五四年の映画『波止場』でアカデミー賞主演男優賞を受賞した時のオスカー像を何とか手に入れた。数年前、このオスカー像はブランドのハリウッドの自宅から紛失し、アカデミーの規則では売却することが禁じられているにもかかわらず、最終的にデルーカが六〇万ドルで手に入れていた。ディカプリオは、マーロン・ブランドがその進歩主義的な政治信条の結果、映画でのネイティブ・アメリカンに対する描写に抗議して一九七三年のオスカー受賞を拒否したことに感銘を受けていた。またディカプリオ自身も、企業の利害をめぐる北アメリカの先住民の土地所有権に対する運動や、気候変動が人々の生活にどのような悪影響を及ぼすかについて注意を促す活動をするなど、率直に政治的な発言もしていた。

その年のクリスマスが終わると、マクファーランドはプレゼント用のかごに入ったペトロシアンのキャビア――スコセッシのお気に入りだった――を取り寄せ、マンハッタンのアッパーイーストサイドにある、スコセッシと妻の暮らすタウンハウスに送った。また、ストラテジック・グループのテッパーバーグとストラウスが所有するニューヨークのナイトクラブ、マーキーで行われた『ウルフ・オブ・ウォールストリート』の打ち上げパーティーでは、会社の経費で二二四五ドルもするクリスタル・ロゼのシャンパンを買ってスコセッシに贈った。豪華なプレゼントを受け取ったにもかかわらず、スコセッシは、タイムワーナーセンターのロビーでマクファーランドとすれ違ったとき、彼に気づかなかったという。これまでの監督作品の慣例のとおり、この時もスコセッシは打ち上げの記念として全員にキーチェーンを贈った。

彼らのエネルギーがどこにあったかは定かでないが、撮影が終了する前だというのに、リザとマクファーランドは、スコセッシの次の作品候補であるロバート・デ・ニーロ主演の映画プロジェクト『アイリッシュマン』の脚本の読み合わせに参加した。またレッド・グラナイトは一九七〇年代のスティーブ・マックィーン主演のヒット映画『パピヨン』のリメイクの主役にディカプリオを起用しようとしていた。

パーティーのシーズンが終わり、映画の撮影も一二月の終わりに向けて最終段階に入っても、ロウとディカプリオがパーティーに飽きることはなかった。ロウは、ディカプリオと友人たちをさらにもてなした。

ボーイング７４７－４００は、およそ六〇〇名の乗客を搭乗させることができた。しかしロウがチャーターしたＶＩＰ専用モデルは、通常の機体とは違って豪華なリクライニングシートを備えており、一二月の終わりにロサンゼルスから搭乗した四〇人かそこらの客にはゆったりとした空間が提供されていた。アトラス・エアーはこういった種類の航空機をプロ・スポーツチームやサウジの王族に貸し出していた。このような航空機のチャーター料は、一時間あたり数万ドルだった。この日のゲストには、ジェイミー・フォックスやケヴィン・コナリー、ジョナ・ヒル、レオナルド・ディカプリオ、その他数名のモデルたちが含まれていた。この飛行機の中でも、ロウとマクファーランドは相変わらず一緒だった。

飛行機はオーストラリアのシドニーに向かっていた。シドニーで彼らは、ヨット上でのパーティーやギャンブル、食事などで数日を過ごした。パーティーでは、黒いベースボールキャップを後ろ前にかぶったディカプリオがＤＪに挑戦するかたわら、白いワイシャツのボタンを上までしめ、黒いジャケットを着たジェイミー・フォックスが踊っていた。短めの黒いドレスを着た美しい女性たちが、ダンスフロアを動きまわっていた。ロウの裕福な友人の一人でタイ人のチャヴァヨス・ラッタクルは、シドニーのダーリング・ハーバーを見渡すカジノ、ザ・スターのフロアでギャンブル・チップを積み上げた写真を自身のインスタグラムに投稿した。「一〇〇万ドルを無駄にする手っ取り早い方法」と彼はコメントしていた。カジノの複合施設には、テッパーバーグとストラウスが所有するマーキト・ナイトクラブが最近オープンしていた。ロウは、このクラブで行われたニューイヤーズ・イブのお祝いのために、氷の入ったバスタブを用意させ、クリスタルのシャンパンのボトルで満たした。「ショータイム！！！！！！！！」スウィズ・ビーツはインスタグラムにそう投稿した。

深夜〇時を過ぎると、一行はボーイング747－400に再び乗り込み、一五時間をかけてラスベガスに向かった。日付変更線を越え、ストレッチリムジンに迎えられると、一行は急いでLAVO――これもテッパーバーグとストラウスが所有するナイトクラブだった――に向かい、もう一度新年のカウントダウンを待った。さらに数時間は続くパーティーを盛り上げようとしたのだろう、ロウはケンタッキーフライドチキンのバーレルサイズを注文した。赤いシャツに黒のパンツ、スポーツスニーカーという姿のロウがボトルから直接シャンパンを飲む姿も見られた。パンダのかぶりものをしている者もいた。この日二度目となる深夜〇時が近づいてくると、モデルたちが、火のついた花火を刺したシャンパンボトルを手に、バーで踊りだした。

ケンタッキーフライドチキンは好評だったが、誰もシャンパンを飲んでおらず、部屋じゅうにシャンパンのシャワーをまき散らしていた。それはまるで、何年分ものパーティーをやっと堪能しているかのようだった。「二〇一三年に二回のカウントダウンをやってのけたのは、ジョー・ロウだけだ」とラッタクルは自慢げに話した。

ロウと知り合って三年になるジェイミー・フォックスは、こういった常軌を逸したパーティーの常連だった。彼は、二カ月前にラスベガスで行われたロウのバースデーパーティーにも参加していた。しかしそんな彼でさえ、ここ数日のロウの派手な行動の数々には驚きを隠せなかった。フォックスは、英国のトークショーでホストのジョナサン・ロスにパーティーのことを話した。しかし、ロウをよく知る他の人々と同様、ロウが注目されるのを好まないのを理解し、彼の名前は口にしなかった。

「友人がいるんだが、そいつはえらく金を持っててね。俺やレオナルド・ディカプリオ、ジョナ・ヒルといった連中を飛行機でオーストラリアに連れてってくれて、そこでカウントダウンをしたんだ。それから飛行機で大急ぎで戻って、ベガスでもカウントダウンをした。クレイジーだろ！　とんでもないやつだよ！」

第29章
東洋の神秘

二〇一二年一一月、シンガポール

ロウのパーティー三昧は彼をお気楽な人間のように見せていたかもしれないが、その裏では騒動が起きていた。ラスベガスでの誕生日の派手なショーから数日後、ロウは問題に直面していた。彼は、ハリウッドヒルズのバード・ストリーツ地区のオリオール・ドライブにある邸宅を購入するために、一億一〇〇〇万ドルをシンガポールのBSIの口座から、チューリッヒのロスチャイルド銀行にある信託口座に送金しようとしていた。サウジのシャイフにナイムズ・ロードの不動産購入のオファーを断られた後、ロウは、このメキシコ風の邸宅を、ハリウッドヒルズの住宅としては過去の記録の倍となる三九〇〇万ドルで購入することに同意していた。ハリウッドヒルズは最先端の住宅地で、サンセット大通りにあるレッド・グラナイトのオフィスやディカプリオのオフィスからも近かった。ロウはさらに数百万ドルを費やして古い家屋を取り壊し、一万八〇〇〇スクエアフィート（一六七二平米）のリビングスペースと二つのスイミングプール、さらには地下にゴーカートトラックを備えた、白を基調にした現代風の邸宅を建てる予定だった。

しかし、スイスのBSIのコンプライアンス担当役員が――ようやく――問題を指摘した。この送金を行う前に、ロウのBSIの口座には、セーシェルにあるロウの会社グッドスターから送金があり、彼はこれを父のラリーの口座に送金し、さらにその資金をロウの口座に戻していた。これらすべての取引が一日のうちに行われていた。タイムワーナーセンターのペントハウス購入の時と同様、これらの回りくどい取引は送金先のロスチャイルド銀行のバンカーに、ロウが父親から資金を受け取ったと信じさせるためのものだった。これまでにもロウは、ロスチャイルド銀行の信託口座に資金を送金し、バード・ストリーツ地区の邸宅が、将来の世代のために信託目的で保有する、ロウの家族の資産の一つであるかのように見せかけようとしていた。彼は他の多くの資産でも同じことをしていた。

BSIのコンプライアンス部門は、取引の裏を見抜いていた。BSIで詐欺対策を担当するあるバンカーが、ヤク・ユー・チーと別の上級幹部に宛てたeメールの中で、この頻繁な資金移動――グッドスターからロウへ、ロウから彼の父親へ、そして再びロウへ――は、「控えめに言っても、不透明であり、コンプライアンスの観点からは受け入れられない」と記した。一家の富という作り話が厳密な監視のもとにさらされることになった。

このコンプライアンス部門の懸念はヤクを通じてロウに知らされ、ロウはこれを回避する方法を探そうと必死になった。夜明け前、ロウは狂ったようにキーボードを叩いていた。ＢＳＩの経営陣に宛てたeメールの中で、スイスに送金しようとしていた資金は、もともとは彼が父親に贈与したものであると説明した。その資金は、儒教の根幹的な精神である年長者への尊敬の証であると。「十分な富を築いたとき、文化に対する敬意を表し、敬意から生じる幸運に感謝して、われわれは両親に金を贈ります。これはわれわれの慣習であり、文化の一部なのです」eメールの中で、ロウは、慣習に従えば、その金をどう使うかはその年長者に委ねられると説明した。

「今回の場合、父はこの金を敬意と感謝の気持ちから形だけ受け取り、私に返して、家族の信託の一部として使うように決めたのです」

さらに彼はスイスのバンカーに対し、文化的にナイーブな事情に口を出すべきではないとたしなめた。「このことが文化的に繊細な問題であり、タブーや悪運につながること、さらにわれわれの家族は特に年長者を敬い、家族に感謝していることを理解いただきたい」このような中国の文化を貶めるような言い分は、疑わしい資金移動の必要性の説明にはまったくなっていなかった。しかし、ロウには別のカードがあった。彼はＢＳＩがロウのビジネスに依存するようになり、これを失うことを恐れて、資金の流れを維持するためなら何でもすることを知っていた。「同じことを何度も説明しないで済むように願いたい。われわれの時間は、これまでにすでに答えた質問に繰り返し回答するためではなく、ＢＳＩの運用資産を増やして富を生み出すために使うべきだ。コンプライアンスの必要性は理解し、敬意を表するが、特に過去に対応済みの問題について、顧客に過度の負担を負わせるべきではない」一一月七日午前二時一〇分、ロウは送信ボタンをクリックし、BSIシンガポールの多くの幹部にこのようなeメールを送った。

普通の人々は、小さな金額の資金移動についても、しばしば取引銀行から質問を受ける。しかし、億万長者は普通の人々ではなかった。この時点ですでに、ロウは、BSIが世界中に有する顧客の中でも群を抜いて最大の顧客となっており、銀行で働く多くの人々を、願っていた以上に裕福にしていた。ロウは、BSIのシンガポール支店の中では〝ビッグボス〟と呼ばれており、BSIの上級幹部はラスベガスやヨット上のパーティーにも招待されていた。彼らはロウとの取引を守るためなら何でもやった。

ロウがeメールを送った数日後、BSIの経営陣は一億一〇〇〇万ドルの送金を承認した。「家族内の送金が常に論理的であるとは限らない」あるBSIの幹部の一人は、コンプライアンス・オフィサーの懸念に対しそう回答した。

しかし、数日後、今度は資金の最終的な入金先であるロスチャイルド銀行のバンカーが、この巨額の資金の資金源について、詳細な説明を求めてきた。ロウは、BSIのバンカーのように簡単にはだませないと悟り、一一月二〇日、BSIのヤクにeメールを送り、ロスチャイルド銀行の幹部宛てに資金源を保証する手紙を送るように要請した。ロウ自身もロスチャイルド銀行へ手紙を書き、その中でBSIが長年にわたりロウの家族のことを知っており、〝徹底的なコンプライアンス手続き〟を実施していると強調した。もともとの資金源はグッドスターと1MDBだったにもかかわらず、手紙の内容は資金がラリー・ロウから送金されたものであると説明していた。

このとき、ヤクは完全にロウの掌中にあった。彼はロウ以外の顧客を減らし、一緒にプライベートジェットで世界を回り、船上のパーティーに参加するなど、自身の時間の九〇パーセントをロウのために費やすようになっていた。ヤクが金やジェット機で飛びまわるライフスタイルにのめり込んでいくにつれ、ロウは自分が望むことをほとんど何でもヤクにさせるようになっていった。危険を感じたヤクのある女性部下は、適切なコンプライアンス手続きが行われるよう確保するべきだと彼に進言した。

「そんなに怖いのなら、プライベートバンカーはやめちまえ。プライベートバンカーはリスクを取らなきゃならないんだ。それができないんなら、家に帰って子どもにおっぱいでもやってろ」と彼は怒りもあらわにそう反論した。

ヤクは、銀行のコンプライアンス手続きに定められている、上司や法務部門からの承認を得ることなく、BSIの正式なレターヘッドを使って、ロスチャイルド銀行宛てに手紙を書き、署名して送った。この手紙によって、ロスチャイルド銀行のバンカーらが抱いていた懸念は和らいだ。ロウは、ヤクの協力によって、過去を消し去り、自らが億万長者の一家に育ったという作り話を潤色することに成功した。しかし、ヤクは、プライベートバンキング業務において、不適切なゾーンと違法なゾーンの境目にあるグレーなゾーンを越えてしまった。これは、ヤクがいずれ代償を支払わなければならない過ちであり、ロウにとってもリスクの前兆だった。

隠蔽工作が見つかり、すべてが台無しになることを恐れたロウの言い訳は、ほとんど滑稽なものになっていた。彼は、〝ファット・エリック〟こと友人のエリック・タン名義でGメールのアカウントを開設し、これを使って自身の取引への関与を隠すようになっていた。アーバルが支配するファルコン銀行に口座を開設したいと考えた時も、ロウは〝エリック・タン〟のGメールを使って、ファルコン銀行のバンカーとクアラルンプールで会うためのアポイントメントを取った。このバンカーは、ファルコン銀行のシンガポール支店長で、タンに会うためにクアラルンプールに飛んだが、夜、彼の泊まるホテルのロビーでロウにつかまり、ロウの自宅に連れていかれた。そこでロウは自身の身元を明らかにしたものの、このまま自分のことを人前やeメールではエリック・タンと呼んでほしいと言った。ロウは〝エリック・タン〟名義のGメールアドレスをほとんどの連絡に使うようになり、またこの時点から、ブラックストーンの時と同様、シェルカンパニーや銀行口座の多くを、実際にエリック・タン名義で開設するようになった。タンは、これまでは主にパーティーや賄賂の支払いといった場面に登場していたが、自身がロウのためにリスクを負っていることについては気づいていないようだった。

ロウは何を考えていたのだろう？　ヤクと同様、ロウも一線を越えていた。疑わしい取引や取引における偽装だけでなく、彼は今や偽の名義で取引を行うようになり、自身の身元さえ偽るようになっていた。こういったロウの行動は、自暴自棄の証しであるかのように見えるかもしれない。だが、彼はこれまでにも自身が逆境に強いことを証明してきた。以前１ＭＤＢの取締役会メンバーが彼のスキームに対し、異議を申し立てた時もこれを切り抜け、ペトロサウジとのごたごたや、監査人からの質問、パーティーに対するメディアの注目といった場面も乗り越えてきた。そして企業を買収し、映画に出資することで成功したビジネスマンとしてのイメージを作り上げた。しかし、そこに安らぎはなかった。資金を動かし続けることは、絶え間ない戦いだった。そしてさらに彼は新たな課題を抱えることになる。彼はナジブを再選させなければならなかった。

第30章

〝681アメリカン・パイ〟(三度目の強奪)

二〇一三年四月、マレーシア、ペナン

うだるような暑さの日、マレーシアの北西の沖合いに位置する島ペナンの州都ジョージタウンの歴史地区を訪れた観光客は、珍しい光景を目の当たりにしていた。マレーシアの来たる国政選挙の運動を支援するために故郷に戻っていたジョー・ロウが、人力車にバスタ・ライムスを乗せ、汗にまみれた地道な行脚を繰り広げていた。もう一台の人力車には、スウィズ・ビーツが乗っていた。バギーカーゴパンツにデザートブーツ、金のチェーンを身につけたバスタ・ライムスは、二〇世紀初頭にできた市庁舎のエドワード七世時代のバロック様式のアーケードをはじめ、ロウの地元の各地でアトラクションを繰り広げていた。その後、彼らは、取り巻きたちと食堂に向かい、ロウの好きな地元の麺料理チャークイティオとソーダの昼食をとった。食事にありついた頃には、ロウは疲労困憊になり、〝ワン・マレーシア〟と書かれたブルーのポロシャツには、汗染みができていた。

翌日、バスタ・ライムスは、スウィズ・ビーツやミュージックデュオＬＭＦＡＯのレッドフーと共に、中国語学校でコンサートを行った。無償で配られた〝ワン・マレーシア〟と書かれたＴシャツを着た八万人の観客がささやかな寄付のためにショーのチケットを購入した。ロウが、このコンサートを企画し、そのための資金を提供していたが、コンサートが行われたのはマレーシアの総選挙が行われるちょうど二週間前だった。これは偶然ではなかった。〝ワン・マレーシア〟のコンセプトはナジブ首相が掲げた取り組みで、マレーシアのすべての民族に団結を訴えかけることを意図していた。

「政治的な意図はありません」とロウはテレビのインタビューに対しこう語ったが、説得力はなかった。「主催者と、もちろんエンターテイナーが統一、平和と繁栄を求めて取り組んだものであることは明らかです」

これらはロウがペナンでの選挙を有利に運ぼうとするための最後のあがきだった。ペナンでは先の選挙を野党が制していたことから、ナジブの選挙運動の最も重要な焦点となっていた。この州を取り戻すことは、首相にとっての最重要戦略だった。ロウは地元のレストランに手配し、ワン・マレーシアの横断幕を掲げ、数週間にわたって無料の料理を提供させた。ロウが立ち上げたワン・マレーシア・ペナン・ウェルフェア・クラブは、韓国のポップスターＰｓｙ――彼の曲「江南スタイル」は驚異的な世界的ヒットとなっていた――のコンサートを主催した。また、ダンスホールを買収し、さらには慈善団体に数十万ドルもの寄付をした。同時に１

ＭＤＢは四億ドルを費やしてペナンの土地を買い上げ、手ごろな価格の住宅を一万戸建設することを約束した。

しかし、これらの巨額の支出にもかかわらず、ナジブはペナンでは頑固なまでに人気がなかった。Ｐｓｙのコンサートで、首相はコンサート前にステージに上がり、観客に向かってＰｓｙの曲を聴く準備はできているかと尋ねた。

「イエス」と観客は答えた。次に彼がこの州を取り戻すために連立の準備はできているかと尋ねた。

「ノー」と観衆は大きな声で答えた。

ロウの作戦は期待はずれに終わった。

ナジブはパニックに陥った。彼は笑いものになっていた。元副首相で、同性愛の罪で数年間投獄され出所したばかりのアンワル・イブラヒムの人気が急上昇していた。演説の才に長けたアンワルは、野党勢力の統一を主導し、世論調査では五月五日の選挙で彼が勝利するのではないかとまで言われていた。ナジブは、政権を追われた最初のＵＭＮＯの党首として歴史に名を刻まれたくないと考え、ロウに資金の提供を求めた。

これまでの三年間、ナジブと彼の妻ロスマは、一切、口をはさむことなく、１ＭＤＢの運営をロウに任せてきた。ロスマは宝石やマンションを楽しみ、ナジブの義理の息子は映画産業の有力者となった。今、ナジブは自身の破滅を避けるために、自分のためのより巨額の資金を必要としていた。ロウは期待に応えてナジブに資金を提供しなければならないとわかっていたが、問題は資金のほとんどは別の計画に使うと決まっていたことだった。追い打ちをかけるように、二月にアンワルが選挙公約を発表した。その公約の一つがロウを苦しめた。野党のリーダーは、七〇億ドルもの負債についてほとんど何も開示していない1MDBの目的を疑問視したのだ。アンワルは、自身が当選したあかつきには、1MDBを解散すると約束した。

そのような事態が起きないようにするため、ロウはさらなる資金調達に取り組んだ。再び、彼はゴールドマン・サックスを頼った。

世界経済フォーラムは毎年スイスのスキーリゾート、ダボスで開催され、いわば世界中に広がるエリートネットワークの小宇宙として、各国のリーダーやウォール街の大物、フォーチュン500企業のCEOたちを魅了していた。専門家のパネルが、イスラム過激派や〝民主主義の赤字〟といった高尚なトピックを聴衆の前で議論するイベントは、ダボスの公的な顔でしかなかった。本当の取引は、特別な白のVIPパス――色により階級分けされたヒエラルキーの中で最も高い階級――を持つ一部の選ばれた者のために用意された部屋の中で行われていた。

一月の終わり、ゴールドマン・サックスのニューヨークで〝成長市場〟を担当するバイスプレジデントのマイケル・エバンスは、このダボスの世界経済フォーラムで、ある重要な人物――マレーシアの首相――と会っていた。エバンスとナジブ首相の会談は、ティモシー・ライスナーが仲介したものだった。ウォール街のバンカーと各国のリーダーとの会談は、ダボスの世界経済フォーラムのイベントの中では、よくあることだった。ダボスでの公式行事において、ナジブは水を得た魚のように振る舞い、マレーシアをイスラム世界における灯台として、さらには自身を洗練されたテクノクラートとして、深く印象づけた。

「われわれは若者たちを大事にしなければならない。彼らに仕事を与えなければならない」彼は、世界経済フォーラムでＣＮＮのファリード・ザカリアのインタビューに応えてそう述べた。

しかしこの会談で、エバンスとライスナーに会ったナジブはまったく異なる議題を持ち出した。二人のバンカーに社交辞令を述べた後、ナジブは二〇一二年の１ＭＤＢの債券発行でゴールドマンが果たした役割について切り出し、ゴールドマンにもう一度同じこと、すなわち前回と同じように迅速かつひそかに資金を調達してもらえないかと尋ねた。エバンスは、ライスナーの助言を受けて、１ＭＤＢのビジネスに一層の期待を抱いていた。しかし、一七億五〇〇〇万ドルの債券を市場に発行してから三カ月もたっていない時点でのナジブの要請に耳を疑った。ナジブはさらに三〇億ドルの資金調達を行いたいと語った。このような巨額の資金の取引はゴールドマンにとっては、再び大きな利益をもたらすことを意味していた。

迅速性が求められる理由として、ナジブはアブダビの投資ファンド、アーバルと提携してクアラルンプールに新たな金融センター――彼の父にちなんでトゥン・ラザク取引所と名付けていた――を作る計画があると語った。ナジブは、クアラルンプールをアジア有数の金融センターにしたいという自身の野望を語った。さらにナジブは、アブダビのファンドがさらに三〇億ドルを投資することになっていると説明した。

もちろんゴールドマンは喜んで協力する、とエバンスは答えた。ウォール街の投資銀行は、プロポーザル――債券発行の仕組み、利回り、潜在的な投資家についての計画を記載した文書――を携えて交渉を行うのが普通だった。しかし、このとき、ゴールドマンは、ざっくばらんな会話だけで、債券発行のマンデートを獲得した。ゴールドマンのアジアにおける責任者デビッド・ライアンは、この話を聞いて疑念を抱いた。しかし今回も、ゲイリー・コーンと、ライアンの上司でアジア統括責任者のマーク・シュワルツが取引を支持した。こうしてプロジェクト・カタライズの車輪が動き始めた。

三月、ゴールドマンが１ＭＤＢの発行する債券三〇億ドルを引き受ける準備ができた。しかし、ちょっとした問題が起きた。１ＭＤＢは、資金をスイスのＢＳＩにある口座に入金するよう要請した。この取引を担当するゴールドマンの顧問弁護士リンクレイターのシンガポールのスタッフであるケヴィン・ウォンが、このような小さなプライベートバンクに三〇億ドルもの資金を入金するのは異常だと指摘したのだ。

結局、ゴールドマンはウォンの懸念を無視した。ＢＳＩはマネーロンダリングのブラックリストに載っているわけではなかった。１ＭＤＢとアーバルに対するプレゼンテーション資料の中には、取引の組成にあたってゴールドマンが顧客の主要目的であると理解している事項として、〝取引実行中における秘密の保持〟と〝迅速性〟が挙げられていた。すなわちこれは迅速かつ秘密であることが求められる取引だった。もっともなぜこのような条件が必要なのかについて、１ＭＤＢの中にもあえて説明しようとする者はいなかった。それどころか、債券発行に関するゴールドマンの目論見書に将来の投資家として記載されていた１ＭＤＢとアーバルのジョイントベンチャー企業は、まだきちんとした事業計画さえも持っていなかった。

過去にも同様の取引を行っていたことから、三月一九日、ゴールドマン香港のＰＦＩデスクは、これまでの二件の取引と同様、三〇億ドル全額を引き受けた。今回、財務大臣も兼任していたナジブ首相は、デフォルトした場合にはマレーシア政府が債務を弁済することを約束するサポートレターに署名した。この取引によって、ゴールドマンは三億ドル近い利益を上げた。直近の一二カ月間で、ゴールドマンは１ＭＤＢの三回の債券発行によって、通常の手数料の二〇〇倍にあたるおよそ六億ドルの利益を得ていた。この利益額は、信じられないほど巨額だったため、注目されずに済ますことはできなかった。

二〇一三年三月、ゴールドマンが債券発行を取りまとめようとしているとき、ジョー・ロウはクアラルンプールのＡＭ銀行の従業員、ジョアンナ・ユーにブラックベリーのメッセージを送り、〝681アメリカン・パイ〟が間もなく海外から〝AMPRIVATE BANKING――MR〟として知られる口座に入金されると注意を促した。この口座の受益者はナジブ・ラザクで、ロウとAM銀行の主要な幹部しかその存在を知らない秘密の口座だった。ロウはユーに対し、〝首相《PM》〟はこの取引で氏名、住所およびIDカードナンバーのいずれも表示しないよう望んでいると彼女の同僚に告げるよう指示した。ロウは、選挙が近いこの時点でのこの行動が、より高いレベルのリスクをはらんでいることを知っていた。

口座へのアクセスは〝誰かがこの口座の写真を撮ったり、アクセスしたりしないように、制限され、記録されなければならない〟とロウは記していた。

さらに、最悪の結果は、野党がこの情報をつかみ、リークすることだとも記していた。このような巨額の取引の影響を避けるため、ロウとユーは話し合いを重ね、取引をいくつかに分けることで、マレーシアの通貨リンギットへの影響を抑えるようにした。

わずか数日後、ゴールドマンは三〇億ドルの債券発行の代わり金をBSIにある口座に入金した。すぐにロウは、このうちの一二億ドルを、キュラソーのファンドを通じて英領ヴァージン諸島にある会社に移動することで奪い取った。このシェルカンパニー、タノレ・ファイナンス・コーポレーションは、ファット・エリックが管理する会社だった。さらに二回の異なる取引を通じて、六億八一〇〇万ドルがタノレから首相の秘密口座に移された。二件の送金におけ る決済銀行はウェルズ・ファーゴ銀行だった。この銀行は、JPモルガンと共に、ロウが米ドル建ての巨額の取引の際に使っていた銀行だった。どうやらウェルズ・ファーゴ銀行は、巨額の取引にもかかわらず、実質的な受益者の名前がなかったこと――明らかな危険信号だった――を気にしなかったようで、そのまま取引を実行した。このような金額は、コルレス銀行が日々取り扱う数兆円もの取引の中では小さな一滴でしかなかった。

ロウは、AM銀行のナジブのための口座を、同行のCEOであるチア・テック・クアンの協力を得て二〇一一年に開設していた。ロウは、およそ一〇年前、ウォートンを卒業してマレーシアに帰ってきた後に、当時六〇代だったチアと知り合い、ウィントンの頃にAM銀行から融資を受けていた。ロウがナジブのための秘密口座開設の必要性を説明すると、チアは、1MDBの発電所上場計画を含むビジネスチャンスに関するロウの約束に惹かれ、喜んでこれに従った。

翌年、ロウはゴールドマンがアレンジした発電所の債券から一億七〇〇〇万ドルをナジブの口座に送金した。疑いを持たれることを避けるため、チアとロウは、この口座を銀行内部の資金移動に使うための口座として位置づけ、コンプライアンス部門のスタッフに気づかれないようにした。ANZという呼び名で知られるオーストラリア・ニュージーランド銀行グループは、AM銀行の少数株式を保有し、取締役を指名する権限を有していた。しかし、彼らもこの秘密口座の存在に気づいていなかった。AM銀行の中堅幹部だったジョアンナ・ユーが、この口座の送金による入金と小切手の支払いに関し、ロウからの指示を受ける役だった。ナジブは当初入金された資金のほとんどを、取り巻きの政治家や宝石、そしてクアラルンプールの高級車ディーラーであるシグネチャー・エキゾチック・カーズに対する五万六〇〇〇ドルの支払いに使い果たしていた。選挙が近づき、この口座はさらに活発な動きを見せ始めた。

巨額の資金を動かすにあたって、ロウは資金移動の両サイドで〝友好的な〟銀行を必要としていた。安全を確保するため、タノレ・ファイナンスはスイスのファルコン銀行――アーバルが所有し、ロウの友人であるアル・フセイニーが管理していた――に口座を開設した。さらに、偽の融資契約書をでっち上げ、六億八一〇〇万ドルの資金移動がタノレ・ファイナンスから〝AMPRIVATE BANKING――MR〟に対する融資であるかのように装った。この融資契約書は、首相ではなく、財務大臣の管理する会社が締結したように偽造されていた。しかしロウのリスキーな行動や裏付け資料のいいかげんな偽造は、最も言いなりになりやすい銀行にでさえ、認めさせるのが難しくなっていた。

チューリッヒのファルコン銀行の本部では、CEOのエドゥアルド・リーマンがいかにも素人っぽい融資文書を見て、目を疑っていた。ロウは、注意深くあろうとしていたが、忙しさのあまり、さまざまなスキームのすべてを掌握することが難しくなっていた。三月二五日、二回目の電信送金が行われた日、リーマンはアル・フセイニーと電話会議を行い、この悩ましい取引について協議した。五〇代のリーマンはスイス国籍を持ち、かつてはゴールドマン・サックスのプライベートバンキング部門を率いていた人物だった。彼は一九九〇年代に、当時はAI

Gプライベート銀行という名前だったファルコン銀行に入社した。リーマンは巨額の疑わしい資金の流入について、知らないわけではなかったが、やっとロウがしようとしていることが自身をトラブルに陥れることになると気づいた。

「ムハメド、われわれのマレーシアの友人が送ってくれた残りの文書は、まったく話にならない。ここだけの話だが……こいつは……全員をトラブルに巻き込むぞ」とリーマンは言った。その声は動揺のあまり震えていた。「これはプロらしくなく、即興で作ったもので、いかにも素人っぽい。彼らが私に送ってきた文書はまるで冗談みたいだ。ここだけの話だが、ムハメド、これは話にならん！　まったく、こんな書類でどうやって数億ドルも送れるっていうんだ。こっちじゃ九〇〇万ドル、あっちじゃ二〇〇〇万ドル、請求書にはサインがないし、切り貼りじゃないか……まったく話にならない！　すぐにジョーに連絡して六時間以内にうちのコンプライアンス部門が納得する文書を作るように言ってくれ。そうじゃないと大問題になるぞ」

リーマンは次にロウ本人に電話をし、メッセージを伝えた。「ジョー、受け取った文書は話にならない。こいつはまずい」彼は特に他の銀行の対応を心配していた。なかでも米国のコルレス銀行は、取引が疑わしいと感じた場合、規制当局に報告をする可能性があった。彼は、ファルコン銀行が法的な観点からこの資金移動を監視する外部の弁護士を雇用したとロウに話した。「もし他の銀行が疑わしいと気づいたら、当局に報告されて……大問題になる」

ロウはすばやく動き、アル・フセイニーに解決策を見つけるよう指示した。資金を動かし続けるためには、ＢＳＩやファルコンのような銀行の上層部の友人にますます頼らなければならなくなり、スキーム全体が管理できないものになる恐れがあった。これまでにロウは、あまりにも多くの資金の流れ――ナジブへの資金、彼自身のビジネスへの資金、マンションやパーティーの資金など――を管理していたため、自分の頭の中で整理できなくなっていた。ロウの友人であり、１ＭＤＢの顧問弁護士でもあるジャスミン・ルーは、ロウの体重が増えていることに気づいていた。明らかにストレスを感じている兆候だった。また、ロウ自身も別の友人に不眠の問題を抱えていることを漏らしていた。しかし、ロウの詐欺はあまりにも深くまで進んでいたため、立ち止まることはできなかった。リーマンの懸念にもかかわらず、ファルコン銀行は、同行の会長であるアル・フセイニーが資金移動に係る文書の正当性を保証したことから、送金を実行した。

１ＭＤＢの汚れた資金を手にすることで、ナジブは二〇一三年の選挙に勝利するための強力な武器を得た。投票が近づくと、ロウが口座をやりくりして、数億ドルを流用し、国じゅうの首相の支持者に配った。またジョアンナ・ユーに対しブラックベリーのメッセージを山のように送りつけ、大量の資金をナジブの口座から与党の政治家に送らせた。何百もの小切手を手配しなければならないことにいら立ち、彼女はロウのことを陰で〝デブ〟と呼ぶようになっていた。資金の一部は、首相の弟であり、ＣＩＭＢ銀行の会長でもあったナジール・ラザクの個人口座を通じて政治家に配られた。この大量の賄賂によって、ナジブは資金的な支援を持たない野党勢力に対し大きく優位に立った。

五月五日、選挙当日、ナジブは何とか惨事を避け、かろうじて権力にしがみつくことができた。ロウはまたも約束を果たし、首相は大いに感謝した。しかし、この勝利は損害の割には得たものが少ない、割に合わない勝利だった。連立政府は、ペナンを取り戻すことができなかっただけでなく、国民による支持も失っていた。ナジブが政権を維持できたのは、マレー人が支配する農村地域に対し、国会の議席をより多く配した選挙制度のおかげでしかなかった。教養のある都市部の有権者の多くは中国系マレーシア人で、金権政治にうんざりして、大挙して野党に投票した。アンワル・イブラヒムは選挙に不正が行われたと訴えたが、選挙制度そのものが彼に不利なように捻じ曲げられていたのだった。

ロウの後援者であるナジブは権力を維持した。しかし、新たな問題の兆しが見えていた。ナジブが政権にいる間、ロウは新たな政府に敵対する勢力が主張する、1MDBの事業に対する詳細な調査を遠ざけておくことができた。しかし、選挙の際のとどまるところを知らない資金の支出やゴールドマン・サックスが上げた信じられないほど巨額の利益によって、マスコミが関心を持ち始めていた。マレーシアの週刊英語新聞のジ・エッジは、1MDBのペトロサウジに対する投資について、二〇〇九年一二月の突然の会長辞任も含めて疑問を呈していた。しかしその時は、ジ・エッジの記者は不正の確固たる証拠を暴くことができず、すぐに別の話題に目を向けた。

ジ・エッジのオーナー、トン・クーイ・オンは、億万長者であり、野党の首相候補アンワル・イブラヒムに近いことから敵も多かった。彼は、改めて1MDBについて取材するよう記者に命じた。夏を過ぎると、ジ・エッジは1MDBに関するこれまでで最も詳細な調査結果を発表した。二〇〇〇ワードにも及ぶ記事の中で、同紙は、1MDBが一〇〇億ドルを超える資金を調達しているものの、発電所にしか投資していないことを報じた。また同紙は、1MDBのペトロサウジに対する一八億ドルの投資が、驚いたことに二三億ドル相当のケイマン諸島のファンドへの預け金に形を変えていることについても報じていた。記事には1MDBの元となったファンドの設立におけるロウの役割についても触れていたが、彼に対する言及はそれだけだった。

世界中のジャーナリストや、とりわけ東南アジアの他の投資銀行のバンカーから、ゴールドマンの巨額の利益についてささやかれるようになっていた。バンカーの多くはロンドンやニューヨークの上司から、この〝世紀のビジネス〟を失ったことに対し、厳しく叱責されていたのだ。ゴールドマン・サックスの社長ゲイリー・コーンでさえ、ニューヨークでの記者会見でこの巨額の手数料を自慢していた。

マレーシアで選挙が行われていた頃、ウォール・ストリート・ジャーナルは「ゴールドマン・

サックスがマレーシアでの賭けから見返りを得た」とする見出しの記事を報じた。その記事の中で、記者のアレックス・フランゴスとマット・ヴィルツは、ゴールドマンがいかにサラワク政府と1MDBのための資金を調達し、二億ドルもの利益を得たのかを詳細に説明していた。この金額は、実際には三倍の額だったのだが、この記事は、ゴールドマンが異常に大きな利益を棚ぼた式に手に入れたことを明らかにした。ゴールドマンのスポークスマンは、自らの立場を弁護し、クライアントがゴールドマンに対し、〝一般の市場〟では手に入れることのできない〝複雑な金融上の解決策〟を提供できる能力を求めた結果だと説明した。

さらに八月、フォーカス・マレーシアという名のビジネス週刊誌が「ジョー・ロウとは誰なのか？」と題する記事を発表した。その記事は、ロウのアブダビのファンドに対する影響について言及し、EMIの買収を含む彼の取引について、証拠はなかったものの、その資金が1MDBから出ているのではないかと示唆し、疑問を呈した。1MDBのスタッフは、メディアの関心をそらすためにできる限りのことをした。「1MDBに関するかぎり、ジョー・ロウの役割はゼロである」フォーカス・マレーシア誌によると、1MDBのCEOシャロール・ハルミはそう語ったという。

レポーターたちが周辺をうろつき始めた。ロウは警戒していたのだろうか？　とんでもなかった。直近の三〇億ドルはナジブと政治家に渡っただけではなかった。そのうちの数億ドルはロウのもとに流れており、彼は、後援者であるナジブの勝利を祝って、ハリウッドの億万長者にふさわしいアートコレクションを収集しようとしていた。

第31章 誰も目にすることのできないアート

二〇一三年五月、ニューヨーク

ロウは、ゾクゾクするような興奮を覚えていた。電話を握りながら、心臓の鼓動が高鳴るのを感じていた。「三七・五」彼はそう言って、大きく息を吸った。

電話の向こう側にいたのはロイック・グーザー。二五〇〇年の歴史を誇る英国のオークションハウス、クリスティーズの現代アートのスイス人スペシャリストだった。グーザーは、ロックフェラー・プラザのクリスティーズ・ニューヨーク本部にある、天井が高く荘厳な雰囲気のオークションホールの端に立っていた。彼と競売人の間には、この日行われる、戦後および現代アートのオークションにやって来た裕福なコレクターや見物人が並べられた椅子に座り、入札の展開を見守っていた。

グーザーは競売人に三七五〇万ドルの入札の合図を送った。競売人が静かに笑った。

「他にはいませんか？」

ロウはこれまで五〇万ドルずつ引き上げていたのに対し、今回は入札額を一〇〇万ドル引き上げた。オークションの取引では、〝ジャンプ・ビッド〟として知られる、ライバルを驚かそうとする手法だった。

オークションルームの反対側には、この入札競争の対象である作品が掲げられていた。ジャン＝ミシェル・バスキアの「ダストヘッズ」。アフリカの部族の仮面を想像させる目を大きく開いた二人の人物を描いた一九八二年の作品で、アクリル絵の具やオイルスティック、エナメルスプレー、金属塗料を使って鮮やかな赤とグリーンで描かれていた。およそ七フィート（約二・一三メートル）の高さのこの作品は、バスキアの作品の中で最も人気が高かった。このブルックリン出身のグラフィティ・アーティストは一九八八年に二七歳で亡くなったことから、作品数が限られ、その価格は着実に上昇を続けていた。

電話の向こうのもう一人の匿名入札者が五〇万ドル引き上げた。ロウの積極的なジャンプ・ビッドもライバルを蹴落とすことはできなかった。金額は上がり続け、三八〇〇万ドル、三九〇〇万、四〇〇〇万、四一〇〇万、四一五〇万、四二〇〇万、四二五〇万ドルと互いに譲らなかった。一つ息をすると、ロウはもう一度ジャンプ・ビッドを行った。四三五〇万ドル。グーザーが競売人に合図を送った。一瞬の間があった。電話の反対側から反応はなかった。

「よろしいですね」と競売人が言い、ハンマーを叩いた。「四三五〇万ドルで落札されました」

クリスティーズの手数料を加えると、価格は四八八〇万ドルとなり、バスキアの絵画の中でも最高額となった。

ロウが入札をしていたクリスティーズのプライベートルームは歓声で沸きかえった。レオナルド・ディカプリオ、スウィズ・ビーツ、ジョーイ・マクファーランドらが入札競争に決着をつけたロウを祝福していた。

マレーシアの選挙からわずか一〇日後、ロウはナジブの勝利を記念して世界でも有数の高値の絵画を購入していた。勝利とこのうえない誇らしさの瞬間だった。彼は選挙の後に、タノレ――このシェルカンパニーはこの時点でゴールドマン・サックスによる債券発行により一二億ドルを受け取っていた――の名前でクリスティーズに口座を開設した。そして世界規模のアートコレクションの構築に取りかかった。


過去四年間にどれだけの資金を奪ったのかは、ロウ以外は誰も知らなかった。そしてロウでさえ、完全に掌握することは難しくなっていた。二〇〇九年のペトロサウジのフェイズで一五億ドル以上、二〇一二年のゴールドマンの最初の二回の債券発行で一四億ドル、そして今回の一二億ドル以上。これに加え、マレーシアの公務員のための年金ファンドからSRCインターナショナルという1MDBの関連会社に対する一〇億ドルの融資が消えていた。五〇億ドルを超える過去最大の金融詐欺だった。そしてまだ終わっていなかった。五〇億ドルのうち、一〇億ドル以上が遊興に浪費され、一〇億ドル以上が不動産に、さらに一〇億ドル以上がナジブ首相と他の共犯者に支払われていた。

この気の狂ったような強奪を穴埋めするために、ロウは１ＭＤＢの発電所のＩＰＯによって数十億ドルの利益がもたらされることに賭けていた。しかし、彼はゲームをどう終わらせるかについて、じっくりと時間をかけて考えていなかった。バーニー・マドフは自身のねずみ講商法において常に新しい投資家を見つけることに賭け、これを四〇年以上も続けた。しかしマドフの詐欺は、他の多くの事例と同様、新たにだまされやすいカモ――彼らが投資した金で他の投資家の〝利益〟を支払っていた――を見つけることができなくなった時点で崩壊した。

ロウは、政府の資金は無限であり、ずっと使い続けられると信じていた。国のリーダーは個人とは違い、自身が政権を有していた時の債務を帳消しにすることができた。ロウは、ペトロサウジの投資担当取締役パトリック・マホニーに、最終的にはナジブが数億ドルを帳消しにしてくれることに同意していると約束していた。ロシアや中国、あるいはマレーシアのどこであれ、腐敗した組織が国の組織を私物化したとき、そのメンバーは何でもできるような気分になる。彼らは一般的な犯罪者ではなく、合法的な特権に守られたエリートだった。

ナジブ首相の父親もかつてこの国のリーダーだったが、マレーシアを誇り高い民主国家として心に描いていた。ロウのスキームが成功したことは、マレーシアという国がその夢から大きく遠ざかってしまったことを強く意味していた。良識ある人々は、マレーシアで奮闘するよりもニューヨークやロンドンでの生活を選び、次第に国を去っていった。これはインドからインドネシアまで、多くの国の成長を阻害してきたある種の頭脳流出であり、大きな希望を抱いた市民の多くは、トラブルの多い故郷の国で暮らすことをあきらめ、海外でのより良い生活を求めた。

欧米の金融機関――ゴールドマンをはじめ、監査法人やプライベートバンクは、知らず知らずのうちにロウが資金を奪って逃げ去るのを助け、マレーシアを貧困化させた。ロウは、自分がアートコレクションを買いあさっていた頃、マレーシアの世帯の六〇パーセントが月一六〇〇ドル未満で生活しているという事実などまったく気にかけていなかった。１ＭＤＢは一〇〇億ドルの負債を抱えていたが、この負債は将来のマレーシアを担う世代にとっての大きな負担となるだろう。ナジブ首相はマレーシアが二〇二〇年までに先進国の生活水準に達すると豪語した。しかし、国のリーダーたちは裕福になっても、この目標を達成することはできないだろう。一人当たりの国民所得一万ドルは米国の五分の一の水準であり、マレーシアは、もはや貧困国ではないものの、裕福な国でもない中所得国の罠にはまってしまっていた。かつて、日本や韓国、シンガポール、台湾が先進国の仲間入りを果たした。今、腐敗のまん延によって、ブラジルやロシアその他の多くの国と同様にマレーシアも月並みな国になってしまっていた。しかし、エリートと彼らに仕える者は、引き続き繁栄を謳歌していた。

ロウがその夜、手に入れたのはバスキアだけではなかった。アレクサンダー・カルダーの作品二点を、八〇〇〇万ドルを超える金額で購入していた。その夜はクリスティーズにとっても、四億九五〇〇万ドルと、オークション史上最高の売り上げを記録し、記録破りの一夜となった。欧州美術財団によると、その年、世界のアート市場は一〇年前の一五〇パーセントにあたる四七〇億ユーロの売り上げを記録したという。美術品の価格の上昇は、マンハッタンのアッパーイーストサイドやロンドンのナイツブリッジの不動産と同様、その美術品や住居の固有の価値に起因すると同時に、供給が限られていることにも起因していた。しかし、そこには市場における〝汚れた金《ダーティー・マネー》〟の影響もあった。そしてその夜のクリスティーズの出来事は、問題――オークションハウスは知らなかったとしても――を如実に物語っていた。

ロウは自身の文化的なプレステージを高めるために美術品を買い求めた。同じく熱心なコレクターでもあったスウィズ・ビーツには、最新のバスキアのコレクションについて話していたかもしれない。しかし、彼がこの作品を展示することも、鑑賞することもなかった。美術品には他の資産とは異なる長所があった。移転されても追跡が難しく、すぐに現金化することが可能だったのだ。ロウは新たなコレクションを保管するための秘密の――そして安全な――場所を必要としていた。

ジュネーブのシティセンターの南に、背の低い七棟の白い倉庫がある。ここは、ピクテ銀行やジュリアス・ベア銀行が湖を見渡すオフィスを構える古い街区ではなく、そこから少し車で行ったところにある工業団地だった。外にヴァンがとまっている倉庫は、特徴のない建物のように見え、その複合施設のセキュリティ――扉には虹彩認証装置が備えつけられていた――が普通の倉庫よりも厳しいことを除くと、通行人には大きな物流会社の基地にしか見えなかった。ここはジュネーブ・フリーポートといい、スーパーエリートがその財産――金塊や高価なワイン、そしてごく最近では美術品――を隠すための倉庫だった。

このような倉庫は、世界貿易において、商人が一時的に商品などを課税されることなく保管しておくための場所として長い歴史を有していた。スイス当局は、経済活動や投資につながるのなら、喜んで税収をあきらめた。ジュネーブ・フリーポートは、ジュネーブ州が過半数の株式を有しており、穀物や木材その他の商品のための非課税の中継点として一九世紀に設立された。時間とともに、裕福な個人が、金《きん》などの財産をスイス国内または国外へ動かすためにフリーポートを使い始め、やがて、そこに長期間保管するようになった。保存期間に法的な制限はないことから、資産家は、財産を自身の国の税務当局の手の届かないところに保管しておくためにここを利用した。

二〇一三年にスイス財務省が試算したところによると、このような倉庫に保管されている資産の価値は、一〇〇〇億スイスフラン以上にのぼると言われていた。一二〇〇万点の美術品や三〇〇万本の高級ワインが保管され、もし、公開されたなら、ルーブル美術館やプラド美術館よりも多くの美術品を有する世界最大級の美術館になったことだろう。税務上の特典だけではなく、ここでは秘密保持が徹底され、保管されている資産の来歴について規制当局が質問することはほとんどなかった。ここはマネーロンダリングを働く者にとっての天国だった。おそらくロウはジュネーブ・フリーポートについてアル・クバイシから教わったのだろう。アル・クバイシもここにブガッティ・ヴェイロンやパガーニ・ウアイラといった車を保管していた。

ロウは詐欺の初期段階で、ギャンブルやパーティーに加えマンションやホテルに集中的に投資していた。米国において不動産エージェントは現金で購入した買い主の氏名を公表する必要はなかったので、ロウはシェルカンパニーの壁の後ろに隠れていることができた。しかし、不動産は危機時に持ち運ぶことはできなかった。また彼は、タイムワーナーセンターのペントハウスやウエストハリウッドのバード・ストリートの邸宅を保有していることを誰かに見つかるのではないかという不安に悩まされていた。さらに最近になって、米国不動産のニュースサイトがリザ・アジズのパークローレル・コンドミニアムの購入について報道していた。この時は取引に関与した売り主がロスチャイルド銀行のバンカーと誤って報じられたために、ロウの名前は、マスコミには明かされなかった。彼はまた、ＥＭＩやヴァイスロイ・ホテルのような株式や、マイラという英国の下着ブランド――どうやらロスマのお気に入りのブランドだったようだ――の株式を、二〇一三年の債券発行によって調達した資金を使って取得していた。だが、これらも容易には資金化できない資産だった。

スイスのプライベートバンクもかつてのような秘密保持の砦《とりで》ではなくなっていた。二〇一三年、米国司法省は、スイスの銀行が米国市民の脱税をほう助している事実の報告に同意した場合、刑事訴追を免除することを認める制度を発表した。ＢＳＩのような銀行でさえ、米国の顧客に対し米国司法省に協力するようになり、取引について質問をするようになっていたため、ロウは、今後はこの銀行を使うのが難しくなること、そしてファルコンのエドゥアルド・リーマンに頼ることも、もはや難しくなると感じ取っていた。１ＭＤＢへの注目が高まるにつれ、ロウは、簡単に移動が可能で、追跡されにくい資産を探していた。

美術品市場はまさにぴったりだった。金融活動作業部会（ＦＡＴＦ）は、美術品の世界を、宝石取引と同様、まだ世界において規制の手の届かない最後の大きな市場と見ていた。ニューヨークや香港、あるいはジュネーブの小規模な競売業者《オークショニア》から、サザビーズやクリスティーズのような世界的な巨大企業に至るまで、美術品ディーラーは自らの顧客の身元を開示する法的な義務を負っておらず、時にはモネやロスコを購入する匿名のシェルカンパニーの背後にいる実質的所有者を知らないことさえあった。スイスの銀行の秘密保持が侵食されていく一方で、ジュネーブ・フリーポートはクライアントをリストにする必要もなかった。ジュネーブ・フリーポートに関与しているイヴ・ブーヴィエというスイスの美術品倉庫のオーナーは、二〇一〇年、シンガポールの資産家のためにチャンギ国際空港の近くに同じような砦を開設した。ニューヨーク・タイムズは、これらの無税倉庫を〝美術界のケイマン諸島〟と呼んだ。

二〇一三年、スイスの税関職員がジュネーブ・フリーポートを定期検査して、リビアやシリア、イエメンから盗まれたローマ時代のレリーフからギリシャ彫刻まで、九点の美術品を押収した。このように、秘密保持のよろいもほころびを見せることがあった。しかし、美術の世界と秘密に覆われたこれらの倉庫は、ロウに聖域を提供してくれた。

ロウとマクファーランドは、しばしばニューヨークのオークションに参加し、その際には、他の入札者たちとは離れて、メインのオークションフロアを見下ろすスカイボックスを借りていた。ここからは、誰にも見られずにオークションを見学することができ、電話を使って匿名で入札することもできた。ロウのグループはお高くとまったクリスティーズでは、成り上がり者として評判になっていた。一七〇〇年代に設立された、この歴史のあるオークションハウスの従業員は、たとえ金を払ってくれる顧客であってもにわか成金は見下していた。マクファーランドは時折、タノレ・ファイナンスのために入札し、自身もマーク・ライデンの作品を七一万四〇〇〇ドル、エド・ルシェの作品を三六万七〇〇〇ドルで購入していた。クリスティーズの幹部は、ロウとタノレ・ファイナンスは同一と見ており、この若いマレーシア人が企業のコレクションを構築しようとしていると思っていた。しかしロウは、ファット・エリックやマクファーランドを使うことで、自身をこれらの取引と——少なくとも書類上は——切り離そうとしていた。彼はあるオークションで、一二名のゲストのためにエリック・タンのGメールのアカウントを使ってスカイボックスを予約した。

「そこはまるで宮殿のようなんだ」ある従業員はスカイボックスについて同僚にそう語った。「クライアントにとっては美術品よりもスカイボックスのほうが重要なのさ」

その晩、ロウはゴッホの「アルルのゴッホの家」を五五〇〇万ドルで購入した。タノレ・ファイナンスからのクリスティーズへの支払いは、これまではファルコン銀行を通じて行われていた。しかし今回、ファルコン銀行のコンプライアンス部門はタノレ・ファイナンスが巨額の美術品を購入することに対しその理由を問いただした。ロウは——この時もエリック・タンのeメールアドレスを使って——クリスティーズにゴッホの絵画に対する支払いの遅延を謝罪した。結局、彼は別の口座の資金を使わなければならなくなった。

二〇一三年五月から九月までの間に、ロウは、タノレ・ファイナンスを通じて、合計で一億三七〇〇万ドルの美術品を購入した。ゴッホの他にも、リキテンシュタインやピカソ、ウォーホルの作品も入手し、その年の終わりには三億三〇〇〇万ドル相当の美術品を保有していた。彼はそのすべてをジュネーブ・フリーポートに保管した後、資金調達方法の証拠の隠ぺいを図った。そのためにロウは、タノレ・ファイナンスが購入した美術品を贈り物としてロウに提供する旨の一連の手紙——エリック・タンからのものに見えるようにしていた——を書いた。

手紙の中で、〝タン〟は、〝長年の——特に人生の困難な時における——二人の友情、ロウの高潔な振る舞い、支援そして信頼に感謝して〟、これらの美術品をロウに贈ると記していた。馬鹿馬鹿しいことに、手紙の最後には、この贈り物は〝いかなる場合も賄賂として解釈されるべきではない〞という付記が記されていた。ロウは、いいかげんな署名も付していたが、一億ドルもの美術品を無償で譲渡するなどというのはいかにもこっけいな話だった。マクファーランドも〝タン〞から絵画――もっと安いマーク・ライデンのものだったが――を譲り受けていた。だが、誰もこれら人間の想像力の証しである美術品を楽しむことなく、ジュネーブ・フリーポートの湿度の管理された金庫にしまい込まれた。

今、ロウは数億ドルもの資産を安全な場所に隠していた。しかし、美術品よりも持ち運びに優れた資産があった。それは宝石だった。新たに得たステータスを維持するうえで、首相夫人のロスマを機嫌よくさせておくため、そしておそらくはある有名な女性の気を惹くため、ロウは、派手に宝石を購入し始めた。

第32章

ジュエリーデザイナーとバンカー

二〇一三年七月コートダジュール、M／Sトパーズ号の船上にて

コートダジュール沖に停泊した、アブダビのシャイフ、マンスールのスーパーヨット、トパーズ号の船上は、お祝いムードであふれていた。およそ五億ドル――F－35戦闘機五台分――の費用を投じて四年前に造られたこの船は、最近行われた選挙でのナジブ首相の勝利を祝うのにふさわしい舞台だった。ヨットの大広間の馬のひづめの形に並べられたソファに座り、首相はマンスールの兄であるアブダビのムハンマド皇太子とビジネスの話に花を咲かせていた。

二〇一三年七月初めに行われたこの会談をアレンジしたのはロウだった。グループの中には、マイケル・エバンス――ダボスでナジブと会談を行ったゴールドマン・サックスのバイスプレジデント――やティモシー・ライスナーの姿もあった。ナジブは嬉々とした様子でムハンマドと話していた。ロウがもたらしてくれた自由に使える金のおかげで、ナジブはしっかりと政権を維持することができた。そして今、アブダビ政府も、ゴールドマン・サックスの協力のもと

にラザク家の名を冠した金融センターに出資しようとしていた。エバンスとライスナーを見たナジブは、二人に対するこれまでの貢献に対し、称賛の言葉を並べ、それがまだ氷山の一角であると約束した。

「この船で他のバンカーを見たかね？」とナジブはジョークを飛ばした。

会談の後、ナジブとロスマはサントロペでおよそ八〇名を招いて、プライベートディナーを催した。参加者のほとんどはマレーシアと中東から来た人々だった。今やロウの良き友人となっていたジェイミー・フォックスもいつものように参加し、自らピアノを演奏して歌を披露した。

ゴールドマンのバンカーでこの場にいなかったのは、アジアの責任者であるデビッド・ライアンだった。彼は１ＭＤＢの債券発行にたびたび疑問を呈していたが、七月に四三歳の若さで引退し、この銀行での輝かしいキャリアを突然終えていた。彼が１ＭＤＢの事業に呈していた疑問は正しかったものの、彼の警告が取り上げられることはなかった。

バンカーらが乗っていたトパーズ号は、ゴールドマンが最初に発行を支援した債券によってその購入資金の一部が調達され、今は、１ＭＤＢの直近の債券発行によって得た資金から週三五〇万ユーロのレンタル料を払って、ロウが借りていた。彼は選挙における自身の役割を通じてナジブに貢献し、ナジブもロウが引き続きアラブの王族を次々と紹介してくれることに満足していた。しかし、ロウはロスマのことも考えなければならなかった。彼は、ロスマの息子をハリウッドのプロデューサーにし、彼女のためにロンドンのベルグレービアに夢のようなマンションを調達していた。だが、ロスマが熱望してやまない財産がもう一つあった。それはダイヤモンドだった。

その夏、トパーズ号がフランス沖に停泊している間、ロウは、米国の有名なジュエリーデザイナーのロレイン・シュワルツを飛行機でモナコに呼び寄せ、この船に招待した。彼はここ何年か、シュワルツからジュエリーを購入しており、彼女のことを〝ロレイン〟とファーストネームで呼ぶほど親しくなっていた。だが、今回の注文は桁が違った。

ロウはシュワルツのことをロスマにしきりに宣伝し、ファーストレディに彼のコネクションの広さを印象づけていた。シュワルツのキャリアは、二〇〇〇年代に女優のハル・ベリーがレッドカーペットでシュワルツのジュエリーをつけていたことによって花開いた。やがて彼女の顧客はハリウッドスター全体へと広がっていった。二〇一三年六月、ロウはシュワルツにこと細かな要望をeメールで送っていた。一八カラットの〝ビビッドまたはこれに準ずるピンク・ハート・ダイヤモンドをあしらったネックレスを大至急で〟必要としていると、そのメールには書かれていた。七月の初旬、シュワルツは完璧なダイヤモンドを見つけてきた。ロウはアル・フセイニーを派遣してこれを受け取ろうとしたが、結局、顧客が誰なのかも知らないまま、シュワルツ自身がフランスまでやって来ることになった。

シュワルツが乗船すると、ロウは彼女をある部屋に案内し、そこに集まったグループに紹介した。そこにはアル・フセイニー、ロスマ・マンソール、そして彼女のマレーシアの友人の一人がいた。彼らはすぐに光り輝くダイヤモンドを手にし、その美しさに息を飲んだ。ダイヤモンドの取引において、〝ビビッド〟は色の鮮やかさから最高級とされているが、そのダイヤモンドはまるで内側に光を宿しているかのように輝いていた。ロスマらは、ロウのリクエストを上回る二二カラットのダイヤモンドをあしらったネックレスのデザインについて話し始めた。そして、小さなダイヤをつなげたチェーンをつければロスマに完璧に似合うという結論に達した。

二カ月後の九月下旬、ロウのボンバルディア・ジェットがニュージャージー州のテターボロ空港の上空を旋回していた。ここはマンハッタンにすぐアクセスできることから、億万長者御用達の空港だった。飛行機が着陸すると、ロウがリザ・アジズ、ファット・エリック、ジョーイ・マクファーランドと共に降りてきた。彼らはラスベガスでギャンブルとパーティーを楽しんでいたところだったが、ロウがニューヨークでロスマに会わなければならなくなった。ナジブが国連総会に参加するためにこの街を訪れていたのだ。ナジブは世界のリーダーたちとの交流を好み、首脳会議に参加する機会や彼の〝グローバル穏健主義運動〟についてスピーチする機会を決して逃さなかった。この旅行で、ナジブはゴールドマン・サックスのCEOロイド・ブランクファインとの会談を強く希望していた。ゴールドマンも最重要顧客の一人の要請には喜んで応じた。

ロスマはことのほか宝石への関心が強かった。数週間前、ロウはシュワルツにエリック・タンのGメールアカウントを使ってメールを送り、ロスマがニューヨークにいる間に、頼んでいたネックレスを彼女に見せてほしいと依頼していた。彼はシュワルツにブラックロック・コモディティーズ（グローバル）――名目上はエリック・タンが保有しているシェルカンパニーの一つで、米国の投資会社ブラックロックに似せた名前がつけられていた――に請求書を送るように指示した（またロウは、周囲の人々に〝ブラック〟はロスマのハートを意味し、〝ロック〟は彼女が愛するダイヤモンドという石を意味していると話していた）。ロウはシュワルツに、すべてを秘密裏に行うことが重要だと告げた。

「これまでも何度も言ってきたように、ミスター・ロウの名前はeメールには記載しないでください。彼は紹介者であって購入者ではないので！　極めて慎重に扱ってください！」ロウは、エリック・タンのGメールを使って、シュワルツのアシスタントにそう念を押した。

選挙の後、ナジブは六億二〇〇〇万ドルをタノレ・ファイナンスに送金していた。この資金の一部は最終的にDBS銀行のブラックロックの口座に入金された。ロウは、タンのeメールアドレスを使い、DBSのコンプライアンス部門に対し、ブラックロックは宝石の卸売業者だと説明して、数千万ドルもの入金を正当化した。DBSのコンプライアンス部門からの質問によって、シュワルツへの支払いが遅れたものの、最終的にロウは、DBSを急き立てて、いつものとおり送金を行うことができた。その価格は二七三〇万ドルと、世界で有数の高額な宝石の取引となった。

ネックレスはまだ準備できていなかったが、ロスマはそのデザインを見たがっていた。首相夫妻はセントラルパークのすぐ脇のマンダリン・オリエンタル・ホテルに滞在していた。このホテルは、ロウのタイムワーナーセンターのペントハウスと同じビルの一部――ホテルの客室の上層階にオフィスがあった――だったので、ロウは、マスコミの注意を引くことなく、簡単に二人のスイートに移動することができた。九月二八日、ロウはシュワルツと共に、夫妻の滞在するスイートにいた。シュワルツはネックレスのデザインに関するさまざまなスケッチをロスマに見せ、ロスマはそのデザインを大いに気に入った。これはロウがロスマのために購入した最大のダイヤモンドだったが、決してこれが最後ではなかった。

ロスマが宝石に強い関心を示す一方で、ナジブのほうはさらなる投資を求め、ゴールドマンにその目を向けていた。マンダリン・オリエンタルのミーティングルームでは、ナジブがブランクファインに対し、ゴールドマンの有力な顧客が集まる、ブランクファイン主催の会合の開催地にマレーシアを選ぶよう売り込んでいた。マレーシアはゴールドマンにとって非常に重要な地域だったので、ブランクファインは米国の金融業界のビッグネームの参加を画策した。まだ選挙の後の高揚した気分にあったナジブは、マレーシアの経済について大いに宣伝した。予定されている参加者の中には、ヘッジファンドのオーナーで金融危機時にクレジット・デフォルト・スワップに投資して四〇億ドルもの利益を得たジョン・ポールソンや、プライベートエクイティ・ファームであるＴＰＧキャピタルの創業者デビッド・ボンダーマンの名前もあった。ナジブの娘ヌーリヤナは、ジョージタウン大学を卒業後ＴＰＧロンドンに入社し、今は香港で勤務していた。

ライスナーは、マレーシアのビジネスを軌道に乗せるために必死で働き、ナジブとロスマと共に世界を飛びまわっていた。ゴールドマンが享受した巨額の利益は、今まさにその分け前にあずかろうとしていた他のウォール街や欧州のバンカーの目を覚まさせた。ゴールドマン内部での彼の名声も高まってますます裕福になるにつれ、ライスナーのライフスタイルも変わっていった。彼は、普通の女性たちとのデートにあきたらず、スターと付き合うようになっていた。

二〇一三年三月、ゴールドマンの債券発行の成功の興奮も冷めやらぬ頃、ライスナーはクアラルンプールで開催されるＦ１レースを観戦するために、キャセイパシフィック航空の香港発クアラルンプール行きの便に搭乗していた。一九九〇年代にプトラジャワ近郊に建設された、現代的なセパン・サーキットは、マレーシアの近代国家への仲間入りを象徴する存在として、Ｆ１グランプリ開催の権利を獲得していた。シンガポールで行われるレースと同様、このレースには東南アジアじゅうから実業家が集まり、取引をしたり、パーティーを開いたりするための口実として利用されていた。

ライスナーは、ビジネスクラスの席で年下の魅力的な女性と隣同士になり、その容姿に強い印象を抱いた。その女性は、一八〇センチを超える長身で、長い黒髪、目立った頬骨にふっくらとした唇をしていた。どこかで見たことがあった。離陸して間もなく、その女性――米国の元ファッションモデルで、テレビパーソナリティでもあるキモラ・リー・シモンズ――は、彼女とライスナーをさえぎる真ん中の空席にバッグや衣類を積み上げ始めた。二人とも頻繁に飛行機を利用していたので、キャセイパシフィックはそれぞれに空席を自由に使ってよいと話していた。ライスナーが彼女に苦情を言うと、激しい口論に発展した。

シモンズは米国で、元夫のデフ・ジャム・レコーディング創設者ラッセル・シモンズとの間にもうけた二人の娘を育てながら、ファッションビジネスで奮闘する様子を描いたテレビのリアリティ番組、『キモラ――ライフ・イン・ザ・ファブ・レーン』で有名になっていた。二人の口論は、初めは激しかったものの、やがて落ち着き、ライスナーとシモンズは意気投合するようになった。二人とも、話し好きの超外向的な性格だった。四時間のフライトが終わる頃には、ライスナーは、彼がいつも女性にしているもったいぶった身ぶりで彼女にプロポーズしていた。

二人はすぐには結婚しなかった。しかし、ライスナーはシモンズを出張旅行に同行させるようになり、やがてシモンズもナジブ夫妻と親しくなった。アジアでは、実際に会うことがビジネスの成功には非常に重要であることから、ライスナーは選挙の後、南フランスから米国までナジブの後をついて回った。ニューヨークに向かう前に、ライスナーはナジブとロスマを伴ってサンフランシスコに行き、マレーシアの有力な国営ファンドであるカザナのオフィス開設イベントに参加した。これは、特別なイベントではなく、一般的な企業の単なる広報活動だったが、シモンズの登場で一味違ったものになった。

思慮深さは彼女の強みではなかった。シモンズは、数十万ものソーシャルメディアのフォロワーを擁し、常に世間の目にさらされて生活していた。マレーシアで、彼女はカザナのイベントでグリーンのマレー風の衣装を着たロスマと共に、肩を出した赤のドレス姿の写真をインスタグラムに投稿した。

「#サンフランシスコにて。友人ダティン・スリ・ロスマと」彼女はマレー風の称号を使って、フォロワーにロスマを紹介した。

シモンズとライスナーがナジブ夫妻と一緒になるのは、この時が初めてではなかったようだ。シモンズはライスナーとナジブと共に写っている別の写真も投稿していた。その写真で二人の男は共に白のオープンカラーのシャツにジャケットを着て、ナジブが微笑んでいる一方で、当時は頭を剃り上げ、いくぶんやせた顔つきのライスナーが鋭い目つきでカメラを見ていた。これはゴールドマンのバンカーとマレーシアの首相が共に写った貴重な一枚だった。

ライスナーとシモンズは、二人が出会っておよそ九カ月後の二〇一三年の終わりに結婚した。スポットライトを浴びることを好まず、むしろソーシャルメディアを避けようとするゴールドマンの幹部の多くは、雑誌『ピープル』のライスナーとシモンズのロマンスに関する記事を見てがくぜんとした。ゴールドマンはマレーシアが生み出す利益に魅了されてはいたものの、注目まで浴びる必要はなかったのだ。

ライスナーが率いるゴールドマンのバンカーらは、ロウに頼りきっていた。彼らは、取引を拡大し、自身の帝国を築くというロウの野望にさらなるビジネスの可能性を見出し興奮していた。ロウの会社ジンウェルはすでにＥＭＩミュージック・パブリッシングの少数株式を取得していたが、ロウはさらに自らを真に有名な投資家にする大きな買収を手掛けたいと考えていた。それどころか、ある焼けるように熱い取引が、彼のスキームに確固たる基盤を与え、さらなる利益を生み出そうとしていた。

第33章

善意のビジネス

二〇一三年七月、ニューヨーク

ジョー・ロウとニューヨークの不動産開発業者スティーブン・ウィットコフがお祝いのディナーを催したレストランからは、セントラルパークサウスが一望できた。またレストランからは、有名なプラザホテルに加え、その近くにある、一九七〇年代に建てられた四七階建てのくたびれた外観のヘルムズリー・パークレーン・ホテルも見えた。伝説的なニューヨークの不動産業界の大立者ハリー・ヘルムズリーの遺産は、一九九七年の彼の死とその一〇年後の彼の妻の死後、競売に出されており、パークレーンはその重要資産の一つだった。

セントラルパークを一望するこのホテルは再開発の最有力候補だった。二〇一三年七月、熾烈な入札競争の果てに、ウィトコフとロウが六億五四〇〇万ドルで勝利を収めた。ロウは、一億ドルの頭金――このような取引においては通常の二倍以上の金額だった――の調達に同意することで、取引を確実なものにした。二人はディナーを楽しみながら、このホテルを取り壊し、外国資本があふれるニューヨークのあちらこちらにあるような〝億万長者の塔〟を建てる計画を話し合った。

金融危機の後、ウィットコフのようなニューヨークの不動産開発業者は、次第に裕福な海外のパートナーを頼み、巨額の資金を拠出させて、さまざまなプロジェクトの少数持ち分に投資するようになっていた。ジンウェルによってEMIミュージック・パブリッシングを買収した後、ロウは、自身の会社が主導権を握り、一族の資金という作り話を再び使うことのできる取引を探していた。ロウは、ウィットコフがパークレーンに関心を持っているという話を米国の有力な不動産専門弁護士の一人であるマーティ・エデルマンから聞き、彼を紹介してもらった。

くしゃくしゃの白い巻き毛をしたエデルマンは、プリンストンとコロンビアで学んだ後、ニューヨークで三〇年以上弁護士業に従事し、最近、ポール・ヘイスティングスと共に、WASPエリートのメンバーで運営される弁護士事務所の一員となっていた。彼は言葉巧みで誰からも好かれ、常に仕事のことを考え、クライアントと個人的な関係を築くことで知られていた。また、長年にわたり、数多くの取引を通じて、中東とのコネクションを築いていた。彼はムバダラ・デベロップメントのアドバイザーになり、アブダビの皇太子ムハンマドも、国外の不動産取引について、しばしばエデルマンにアドバイスを求めていた。時には国政について皇太子に意見を述べることもあった。ムバダラの幹部がロウをエデルマンに紹介し、エデルマンがロウとウィットコフとの面談を設定した。

ここでもロウは自らの強力なコネクションを活用し、その結果、ウィトコフはロウのことを本物だとみなした。彼の底なしの資金調達能力は傷ついてはいなかったようだ。ロウが資金の八五パーセントを負担し、残り一五パーセントをウィットコフらの投資家グループが負担することで彼らは合意した。ウィットコフのスタッフが資金調達の詳細説明をeメールで要請したのに対し、ロウは、「祖父が設立し、三世代にわたって続くロウ・ファミリー・キャピタルの資金から調達する」と回答した。またウィットコフの幹部は、このプロジェクトに融資するウェルズ・ファーゴ銀行に対し、ロウが〝一族の信託から〟資金を調達すると説明していた。

数カ月後、ウィットコフらはパークレーンをどう開発するかを話し合っていた。ニューヨークの都市計画法により、ホテルの一部を新たなビルに組み込まなければならなかった。彼らはスイスの建築家ユニット、ヘルツォーク＆ド・ムーロンに設計を依頼した。建築家のアイデアは三〇〇メートルの起伏に富んだ、演壇を積み重ねたようなタワーだった。彼らのスケッチには、セントラルパークサウスの近隣にそびえ立つ、二〇二〇年完成予定のしゃれたビルが描かれていた。ロウは興奮した。彼は五つのペントハウスのエクステリアデッキに屋外スイミングプールを設置することを提案した。ウィットコフらは、このペントハウスを一室一億ドル以上で販売するつもりだった。

パークレーンの取引は二〇一三年一一月に合意に達し、ロウは当初の二億ドルを、最近ゴールドマンの債券発行によって得たばかりの資金を使い、シェルカンパニー、家族の銀行口座、米国の弁護士信託口座と目まぐるしく経由させて支払った。ロウは彼の名を一躍有名にさせることになる高級不動産の開発に取りかかろうとしていた。同時に別の角度からも事業に取り組もうとしていた。

これまでロウは、企業の買収取引を一族の富という作り話に信ぴょう性を加える方法と見ていた。しかし、彼は間違った角度で見ていたことに気づいた。盗んだ金に対する最終地点としてではなく、資金をあらゆるところへ動かすための手段として企業買収を利用できるのではないかと考えたのだ。大きな資産を購入して、それを売却すれば、資金にはまともな取引によって稼いだという金メッキがほどこされる。パークレーンの取引は、一気に数億ドルを動かす方法を彼に提供してくれた。

一二月、ロウはプロジェクトの少数持ち分を一億三五〇〇万ドルでムバダラに売却した。最終的にこの売却で得た資金の大部分は、シンガポールのBSIにあるロウや彼の兄のツェン、父のラリーの個人口座に入金された。こうしてニューヨークで最も野心的な不動産開発プロジェクトの持ち分を売却した資金がロウの手元に戻り、さらにうまく行けばゴールドマンの債券発行とのつながりも消し去ることができた。

ロウはアブダビが関与した最新の取引に対し、オタイバ大使に報いる必要があった。少なくともオタイバがロウのために駆使してきたコネクションに対し期待に応える必要があった。ロウは、一二月にオタイバ大使のビジネスパートナーであるシャハー・アワルタニと会い、二人に対し年末までに資金を送ることを約束した。さらに彼はムバダラに持ち分を売却した代わり金を、別の企業買収を通じてロンダリングすることに取り組んだ。これにはもちろん、ゴールドマンが関与した。

ロウはゴールドマン・サックスとの関係をさらに深め、同社のドバイで投資銀行部門の責任者をしていたハジム・ショウキと知り合った。このとき、ロウがショウキに話した投資案件の一つが、テキサスの伝説的な石油業者オスカー・ワイアット・ジュニアの管理するヒューストンの会社コースタル・エナジーの買収だった。

ロウは、ゴールドマンから非公式に助言を受け、二〇一二年にコースタルに買収を持ちかけていたが、コースタル側が資金調達面で不安を感じ、より大きなパートナーを見つけてくるようにとロウに伝えていた。パークレーンの持ち分売却により資金を得たロウは、他ならぬＩＰＩＣ――カデム・アル・クバイシが管理するアブダビのファンドであり、ゴールドマンが発行を支援した１ＭＤＢの最初の債券からロウの強奪に協力していた――を連れて戻ってきた。ＩＰＩＣのスペインのエネルギー部門であるセプサ（Compañía Española de Petróleos, S.A,U）がロウの管理するシェルカンパニーと提携し、二二億ドルをコースタルに出資することに合意した。

この米国のエネルギー企業の買収が合意に至る前、ゴールドマンのコンプライアンス部門は、ロウの資産に関する懸念を再び指摘し、ロウやその関連会社との取引をやめるよう現場に勧告していた。これはゴールドマンのプライベートバンク部門が数年前にロウの口座開設を拒絶したのと同じ理由によるものだった。その結果、ゴールドマンは、ロウが依然として関与していることを知っていたにもかかわらず、ロウではなくIPICの一部門であるセプサに対し助言を提供することに方針を転換し、コンプライアンス部門の勧告に従うふりをした。最終的にワイアット・ジュニアは売却に合意し、ロウが五〇〇〇万ドルを投資し、二二億ドルの買収資金の残りはセプサが調達した。一週間後、セプサは三億五〇〇〇万ドルをロウのシェルカンパニーに送金し、表向きはパートナーシップにおけるロウの持ち分を買い取った。ロウはわずか数日で資金を六倍にしたのだ。

このとき、IPICに対し助言を提供していたゴールドマンのショウキは、IPICの幹部に対しロウへの支払いは、彼がコースタルの取引を見つけてきたことに対する報酬だと説明した。しかし、ショウキは気づいていなかったが、これは実際にはロウとアル・クバイシに対する賄賂以外の何物でもなかった。ゴールドマンは、公的にはセプサとロウのシェルカンパニーとの合意については何も知らなかったと発表している。

ロウは、この資金の一部を使ってロンドンのメイフェア地区にオフィスを購入し、ここを下着ブランド、マイラの本社とした。誰かに尋ねられた場合、ニューヨークのパークレーン・ホテルの持ち分を売却した資金を使ってコースタル・エナジーの持ち分を購入し、これを再度売却した資金でこのオフィスを購入したと答えることができた。

企業帝国を構築しようというロウの計画は順調に進んでいた。有力なニューヨークの不動産開発業者からバンカー、弁護士に至るまで、誰もロウに関する真実を知らなかった。ロウとアル・クバイシは、会社の資金を、あたかも彼らの個人資産であるかのように振る舞い続けていた。しかしロウがパークレーン・ホテルの取引を締結していた頃、予想もしなかった展開によって、彼のスキームに突然の終わりをもたらしかねない危険が生じていた。

第34章

一四〇ギガバイト

二〇一三年一〇月、タイ、バンコク

二〇一一年にペトロサウジを去ってから、ザビエル・ジュストはサーバーからダウンロードしたデータのことを頭から追い出そうと努めていた。彼は、後に人里離れたビーチで結婚式を挙げることになるフランス系スイス人のガールフレンド、ローラと東南アジアを旅行し、今は、バンコクから飛行機でわずかの距離にあるサムイ島のリゾートに豪華なヴィラを建設中だった。段々になった丘の斜面に取り囲まれた、広々としたメインハウスとゲストヴィラは、裾のほうにプールとテニスコートを備え、敷地全体をヤシの木が取り囲んでいた。ここはジュストにとっての夢の島であり、新たな人生を始めるための場所だった。しかし、金融コンサルティングビジネスに関する彼の計画は、実を結んでいなかった。

ヴィラの建設コストがかさむにつれ、ジュストはペトロサウジが約束したにもかかわらず、結局支払われなかった金のことを思い出していた。彼は切り札を使うことを決意した。

二年間、ジュストはずっと不満を抱えていた。元ペトロサウジの従業員だった彼は、友人だったタレク・オバイドに、望んでいた支払いを受けることなく会社から放り出されたことを苦々しく思っていた。さらには、オバイドが地元のジュネーブで自分の悪口を言っていることを友人から聞かされていた。

二〇一三年秋、ジュストはペトロサウジの投資担当取締役のパトリック・マホニーにメールを送り、ペトロサウジにダメージを与えかねない情報を持っていると告げた。事実、彼はペトロサウジのコンピューターサーバーのコピーを持っていた。その一四〇ギガバイトの情報の宝庫には、約五〇万件のｅメールやペトロサウジの文書が含まれ、サーバーのコンテンツを見れば、ロウとマホニー、オバイドが１ＭＤＢからいかにして資金を奪ったかについて、そしてペトロサウジの幹部がこれをいかに隠ぺいしたかについて詳細に知ることができた。二年間、ジュストは、このコンテンツを公表した場合の結果を考えながら、サーバーのコピーを大事に温めてきた。今、彼は我慢の限界を超え、マホニーとバンコクで会って交渉しようとしていた。

ジュストはバンコクのシャングリ・ラホテルでマホニーが現れるのを待っていた。自分が非常に危険な賭けに出ていることを知っていた。チャオプラヤ川の川岸に立つこのホテルは、ヤシの木やラグーナスタイルのプールを備えたリゾートのような雰囲気をたたえ、混とんとしたタイの首都の喧騒からひとときの休息を与えてくれる場所だった。マホニーがやっと現れると、ジュストの鼓動は高鳴った。

ジュストは、退職時に数百万スイスフランの支払いを約束されていたにもかかわらず、著しく減額されたことで、彼がいかにペトロサウジにだまされたと感じているかを並べたてた。そして受け取るはずだった二五〇万スイスフランの支払いを求めた。しかし、マホニーはジュストの要求に対し冷ややかだった。不正を示唆する証拠はどこにもない、と彼は言い張った。ペトロサウジは一切支払うつもりはなかった。二人は合意に達することなく別れた。

ジュストはeメールでマホニーに集中砲火を浴びせ、支払いに同意させようとした。

「表向きはきれいな絵を描いているが、実際には手数料、手数料、手数料だ」彼はあるメールの中でそう記していた。

マホニーは、四年間にわたって一切反応しなかった。おそらくはナジブ首相とサウジの皇太子が守ってくれると思っていたのだろう。彼はその後の展開を心配するべきだったが、この件には触れてはいけないと感じていた。あるeメールで、マホニーは元の友人にして同僚であるジュストに対し、悪意に満ちた脅しの言葉を放っている。

「ここまで私を困らせるなら、こちらにもこの状況を終わらせるための考えがある。そうなればお前は破滅するぞ」

この脅し文句は、ジュストを従わせるよりも、怒らせる結果となった。ジュストはデータを買ってくれる適切な買い手を探し始めた。だが、すぐには候補を思いつかなかった。彼が思いをめぐらせているとき、マレーシアと結びつきのある、一人の英国の元ジャーナリストがジョー・ロウに関心を持つようになっていた。やがて、二人の道は交差することになる。

二〇一三年一二月クレア・リューキャッスル＝ブラウンは、ロンドン中心部にある四階建てのアパートメントのダイニングルームで、マックブック・プロに向かっていた。彼女は自身のブログ、サラワク・レポートの記事を書いていた。一九五九年、マレーシアのサラワクで若き英国の警察官の父と看護師の母の間に生まれた彼女は、子ども時代をジャングルで遊んだり、あたたかい海で泳いだりして過ごし、時には助産師として働く母親に付き添って地元の村を訪れたこともあった。一九六〇年代の終わりにボーディングスクールに入学するため英国に戻った後、最終的にBBCワールドサービスの記者の職に就いた。しかしサラワクを忘れたことはなかった。彼女は、サラワクの州首相タイブ・マハムードに対する環境破壊と腐敗の責任を問うため、二〇一〇年にブログ、サラワク・レポートを始めた。

五四歳、前髪を切りそろえた長い茶色の髪の彼女は、英国の元首相ゴードン・ブラウンの弟と結婚していた。英国の権力層との関係を通じ、リューキャッスル＝ブラウンは、政治家は自らの行動について答えるべきであると強く信じるようになった。タイブから、サラワク・レポートはこの州の再植民地化をたくらんでいると批判されるが、彼女は、高い地位にある人物を敵にすることを恐れながらも、自身のブログで首相を批判することを楽しんでいた。しかし、彼女の最新の記事はサラワクに関するものではなかった。

数週間前、リューキャッスル＝ブラウンはマレーシアの情報筋から、ナジブ首相の義理の息子リザ・アジズが経営する映画製作会社、レッド・グラナイトに関するうわさを聞いていた。マレーシアの支配者層の間では、リザの言う中東からの資金調達という話を信じる者は少なく、マレーシアの国営企業がこの映画会社に資金を提供しているのではないかといううわさが流れていた。興味を持った彼女は、ロサンゼルスに飛び、レッド・グラナイトに関する情報をさらに集めた。取材中彼女は、その夏、ジム・キャリーとジェフ・ダニエルズが出演する一九九四年のコメディ映画『ジム・キャリーはMrダマー』のプロデューサーが起こした訴訟について耳にした。

レッド・グラナイトはこの映画の続編『帰ってきたMrダマー バカMAX！』の製作権利を取得していたが、第一作目のプロデューサーの起用を拒絶していた。二〇一三年七月、レッド・グラナイトはプロデューサーのスティーブン・ステイブラーとブラッド・クリーボイを映画への関与から排除することを求めた訴訟を起こした。ステイブラーとクリーボイは、あらゆる続編に関与することを定めた契約上の権利を盾に、逆にレッド・グラナイトを訴えた。レッド・グラナイトは『ウルフ・オブ・ウォールストリート』の製作から排除されたとして会社を訴えていたアレクサンドラ・ミルチャンと和解をしたばかりにもかかわらず、またもや訴訟を抱えることになった。

マクファーランドとリザの〝まずい経営手法と自信過剰な振る舞いがレッド・グラナイトを

ダメにするだろう〟とステイブラーとクリーボイは裁判で主張した。マクファーランドとリザの二人がこれまで映画を製作した経験がなかったこともあり、訴訟は長引いた。レッド・グラナイトはリザからの〝一族の資金〟を有しているようだったが、ベンチャーは金だけで成功するものではなかった。そしてステイブラーとクリーボイが急所を突く攻撃を繰り広げた。彼らはハリウッドの関係者の多くがささやいていたこの新興企業の背景について指摘したのだった。

二人は、レッド・グラナイトの幹部は〝映画業界における新参者であり、映画製作に関するわずかな経験は、パリス・ヒルトンとナイトクラブではしゃぎまわったり、ニューヨークやロサンゼルスの高級レストランでのディナーを予約したりといったものでしかない〟と主張した（翌年、双方は、ステイブラーとクリーボイをエグゼクティブプロデューサーとして映画のクレジットに入れることで合意し、互いに訴訟を取り下げた）。

リューキャッスル＝ブラウンは、何かおかしいと感じた。映画プロデューサー間のつまらない口論以上のものがあるように思えた。彼女はリザ・アジズとジョーイ・マクファーランドがハリウッド・リポーター誌やロサンゼルス・タイムズのインタビューに答えた記事を詳しく調べ始めた。レッド・グラナイトが二〇一一年のカンヌ映画祭や二〇一三年のクリスマスの『ウルフ・オブ・ウォールストリート』の全米公開前に注目を浴びたとき、二人は資金源について言葉をにごしていた。彼らは、資金は中東やアジアから提供されたとあいまいに語り、詳しいことは話そうとしなかった。あるインタビューでは、リザは〝自分で資金を投資した〟と語っていた。

リューキャッスル＝ブラウンには理解できなかった。ナジブを義理の父に持つ元バンカーが、どうやって映画製作会社を立ち上げるだけの資金を持っていたというのか？　彼女はこのミステリーを解き明かしたいと思った。

第35章

ディカプリオ、ウォール街を批判する

二〇一三年一二月、ニューヨーク

一二月一七日、風が強く、氷点下を記録してにわか雪が吹きすさぶ冬の夜、マンハッタンのミッドタウン五四丁目のジーグフェルド劇場の外には、『ウルフ・オブ・ウォールストリート』のプレミア上映に集まった観客がたむろしていた。レッドカーペットの上では、マクファーランドとリザが、ディカプリオ、マーゴット・ロビー、ジョナ・ヒルと共にポーズを取っていた。マクファーランドは得意になり、インスタグラムのアカウントで、自身のグレーのブリオーニのスーツを自慢していた。ダークブルーのスーツにえび茶色のネクタイという姿のロウは、これまでスポットライトを浴びることを避けるよう努めてきたにもかかわらず、参加せずにはいられなかった。驚くべき偉業を祝福するためにこの場にいなければならなかったのだ。

わずか数年で、ロウは二流のマレーシアの投資家から、その年ハリウッドで最も注目された映画――詐欺師について描いた作品――に資金を提供するまでになっていた。かつてジョーダン・ベルフォートが詐欺で得た果実を楽しんだように、ロウもこの夜を見逃すことはできなかった。彼は、自身の成功を友人や、彼が強い印象を与えたいと願っていたビジネスパートナーと共有したいと考えた。ロウのゲストリストには、家族やガールフレンドのジェセリン・チュアン・テイク・イン――ロウの母親の隣に座っていた――、ＩＭＤＢのジャスミン・ルー、スウィズ・ビーツ、ＩＰＩＣのカデム・アル・クバイシ、スティーブン・ウィットコフ、マーティ・エデルマンらの名前があった。

ロウはレッド・グラナイトの創設者二人とはレッドカーペットの上でポーズを取ったが、メインキャストとの写真には加わらなかった。しかし、上映前にディカプリオと一緒にいるところを写真に撮られていた。二人は依然として親密な間柄だった。一カ月前、ロウは、ニューヨークのチェルシー地区にあるＴＡＯダウンタウンで行われたディカプリオの三九歳のバースデーパーティーに参加していた。この夜、マクファーランドは次から次へとシャンパンを注文し、ニューヨーク・ポストのページ・シックス（セレブのゴシップ記事を扱ったページ）を飾った。ロウが催すパーティーと、そのパーティーへのディカプリオの参加は、今やハリウッドの伝説レベルとなり、映画『22ジャンプストリート』のサウンドトラックにも引用されるほどだった。彼らは、パーティーアンセム「チェック・マイ・スティーゾ」の中で次のように歌われていた。

ジョー・ロウ！　いつも見てるぜ、ジョー・ロウ！／パーティーじゃいつもレオと一緒／最高のチョリソー、シーバス・ミソ・ミソ／おれたちもかなりイカレてるぜ《ミー・ソー・ロコ》……

レッド・グラナイトの幹部とロウは、ディカプリオとの親交を深めようと躍起になっていた。彼らは『パピヨン』か、あるいはその後のレッド・グラナイトの作品にディカプリオに出演してもらおうとしていた。『ウルフ・オブ・ウォールストリート』のプレミア上映から数週間後、ロウはエリック・タンからのように装って、少し遅れたバースデープレゼントとしてパブロ・ピカソの三三〇万ドルの油彩画をディカプリオに贈った。この油彩画──「雄牛の頭蓋骨のある静物」には手書きのメモが添えられ、〝レオナルド・ディカプリオ殿　ちょっと遅れたけど誕生日おめでとう！　君へのプレゼントだ〟と書かれていた。さらにロウは、九二〇万ドルのバスキアの作品──「レッド・マン・ワン」と題するコラージュ──を保管しているスイスのギャラリーにその所有権をディカプリオに譲渡するよう指示した。その譲渡は、ディカプリオも署名した書面によってなされ、〝このアート作品に直接または間接的に起因するあらゆる法的責任から〟ディカプリオを免責する旨が記載されていた。またロウは、七五万ドル相当のダイアン・アーバスの写真もディカプリオに贈っていた。

これらの贈り物を喜んで受け取ったディカプリオだったが、レッドカーペット上では、やや哲学的な雰囲気を漂わせていた。アカデミー賞の投票権を持つ批評家の一部がアカデミー賞の前の試写会の席でスコセッシを質問攻めにし、この映画がジョーダン・ベルフォートの詐欺を美化し、訓戒的というよりも金融詐欺を助長しかねない内容ではないかと批判した。ディカプリオは言葉を選びながらも反論した。

「この映画はウォール街全体に対する批判だが、われわれの文化に存在するものに対する批判でもある。つまり自分以外の人々をまったく無視して、絶え間なく消費しようとする欲望や、もっともっと富を得たいと思う欲望だ」彼はあるインタビューでそう答えた。

『ウルフ・オブ・ウォールストリート』のプレミア上映の二日後、リューキャッスル＝ブラウンは「ウォール街の強欲／マレーシア・マネー――暴露！」と題する記事を発表して、映画の内幕を暴いた。この記事はリューキャッスル＝ブラウンお得意の憶測と事実を織り交ぜ、辛辣なサイドストーリーやタブロイド的な見出しで味付けをした記事だった。その内容はある大きな疑問に集約されていた。それは、誰がこの映画の資金を出したのかということだった。ウェブから入手できるインタビューや写真をかき集めて矛盾を指摘することで、リューキャッスル＝ブラウンは、リザとマクファーランドがレッド・グラナイトの資金調達について詳細を述べようとしないことに対する疑問を提起した。彼女は、この記事と、リザがパークローレル・コンドミニアムを三三五〇万ドルで購入した件に関する米国の不動産会社のウェブサイトの記事とをリンクさせ、こう問いかけていた。これらの金はどこから出たのだろうか？

おそらくジョー・ロウ――リューキャッスル＝ブラウンは彼のことをロスマとリザ・アジズの友人だと説明していた――が金を提供したのだろう。彼女はそう推測した。この無名の投資家は、プレミア上映会のレッドカーペット上に立ち、ディカプリオとも親しく、ＴＡＯダウンタウンで開かれたディカプリオのバースデーイベントにも出席していた。またリューキャッスル＝ブラウンは、記事にロウの写真――サントロペでパリス・ヒルトンと一緒に写ったものやナイトクラブでシャンパンを手にする写真、『ウルフ・オブ・ウォールストリート』のプレミア上映会での写真――をちりばめるなど、ロウの行動についてこれまでで最も厳しく迫っていた。彼女はマレーシアでさらに続報を投稿し、少しずつ真実に近づいていた。記事は彼女の正確な観察で締めくくられていた。

〝多くの人々は不思議に思うだろう。ジョー・ロウという人物は、マレーシアの有力政治家とのつながりや首相の義理の息子との友情によって、簡単に投資収入を得ているのではないか、あるいは彼らの代わりに表に立って働いているのではないか？〟

この記事に、レッド・グラナイトは大いに困惑し、弁護士を通じてすぐに撤回と謝罪を求める抗議文を送った。が、リューキャッスル＝ブラウンはこれを無視した。映画にはマレーシアの資金は入っていないとレッド・グラナイトの弁護士は主張した。しかし、たとえ資金が汚れていたとしても、スコセッシとディカプリオの優れた才能は、その後も、影響を受けることはなかった。

第36章

大統領執務室《オーバルオフィス》

二〇一三年一二月、ニューヨーク

レオナルド・ディカプリオはマンハッタンのミッドタウン五二丁目にあるフォーシーズンズ・レストランにひょいと入り、そのままプライベートルームに向かった。このレストランは一九五〇年代後半からこの街のビジネスエリートの要求を満たしており、一九七〇年代には、雑誌エスクァイアが、この店の革製のソファと木製パネルの壁を備えたグリルルームで、法律家やバンカー、広告会社の重役らがステーキを食べることを称して〝パワーランチ〟と呼ぶまでになっていた。ジョーダン・ベルフォートもここで食事をしたことがあり、ディカプリオも、ベルフォートの二番目の妻役を演じたマーゴット・ロビーと共に、『ウルフ・オブ・ウォールストリート』の中で、ここのプールルームを舞台に、室内にほどこされた水をテーマにしたモチーフの近くにある大きな木の下で、食事をするシーンを撮影していた。

前日の夜、ジーグフィールド劇場でのプレミア上映の後、ディカプリオは、やはり五二丁目にある、アイススケートリンクを作り変えたローズランド・ボールルームで行われたアフターパーティーに、オーランド・ブルームやトビー・マグワイアら友人たち――〝ウルフパック〟――を引き連れて移動した。ディカプリオのスケジュールはいっぱいで、翌朝は、フォーシーズンズでアカデミーのメンバー――アカデミー賞の投票権を有する元俳優、監督その他映画関係者ら六〇〇〇名のメンバー――の一部と会うことになっていた。

飛行機の時間に遅れていたため、ディカプリオは、この映画の配給会社であるパラマウント・ピクチャーズが主催するランチイベントに参加するつもりはなかった。スコセッシはすでに空港に向かっており、ランチには参加していなかった。しかし、ディカプリオの出席はどうしても必要だった。彼は部屋の中を縫って、アカデミーのメンバーに挨拶して回った。うわべだけの挨拶も重要な宣伝だった。アカデミーは、高齢の白人男性たちが牛耳っており、その多くはセックスやドラッグを礼賛するような映画を激しく嫌っていた。一〇分後、ディカプリオは、その部屋にいた何人かを甘い言葉で魅了したうえで辞去し、静かに部屋を出て行った。残されたマーゴット・ロビーがディカプリオとのぎこちないセックスシーンについてジョークを飛ばしてイベントを盛り上げた。

この業界で何年も過ごすうちに、ディカプリオはメジャー作品の公開の後に付きもののイベントの嵐には慣れっこになっていた。しかし、次に予定されているミーティングはそんな彼にとっても非常に魅力的なものだった。フォーシーズンズの外には、彼を空港まで運ぶ車が待っていた。空港からはワシントンDCに飛ぶことになっていた。そこでディカプリオはバラク・オバマ大統領に映画のDVDを渡すことになっていたのだ。

例によって、この日のワシントンDCはニューヨークよりもいくぶん暖かく、雪もなかったが、ホワイトハウスのセキュリティを通るとき、ディカプリオは、黒いコートにキャップという姿だった。彼に同行していたのは、スコセッシとリザ・アジズ、ナジブ首相の息子であるノラシュマン・ナジブらだった。その一団を大統領のもとへとエスコートしていたのは、オバマの有力な資金調達者の一人であるフランク・ホワイト・ジュニアだった。目立った頬と穏やかな笑顔のホワイトは、情報機関等を含む米国政府にITサポートを提供することで財を成した起業家だった。

二〇〇八年の大統領選挙で、彼は、〝取りまとめ役《バンドラー》〟――個人からの小規模な寄付を取りまとめてキャンペーンに提供する支援者――として一〇〇〇万ドル以上の資金を調達していた。二〇一二年には、オバマ大統領の再選キャンペーンの副責任者になっていた。シカゴで生まれ育ったホワイトは、イリノイ大学で学び、オバマとは家族ぐるみの付き合い――彼の妹がミシェル・オバマの従兄弟と結婚していた――で、公式晩餐会の常連でもあった。彼はジョー・ロウとも深く関わっていた。

二〇〇八年の大統領選で、ホワイトは、一九九〇年代のヒップホップグループ、フージーズの元メンバーだったプラーズことプラカズレル・サミュエル・マイケルやモルガン・スタンレーのインベストメントバンカーだったショミック・ドゥッタと知り合いになっていた。フージーズと短命に終わったソロ活動――『ゲットー・スーパースター（ザット・イズ・ホワット・ユー・アー）』――の後、プラーズはビジネスマンとして再出発を図ろうと考えていた。長いことハリウッドのパーティーシーンの常連だったプラーズは、若いマレーシア人が催す派手なイベントの話をナイトクラブのプロモーターから聞き、二〇一二年ごろにはロウのパーティーの常連になっていた。ディカプリオやスコセッシと同様、プラーズも億万長者であるロウとの出会いをビジネスチャンスと捉え、すぐに親しくなった。彼はこの新しい友人に、大統領選で出会った政治活動家フランク・ホワイトのことを話し、ロウはその話に強い関心を示した。

ロウは素早く動き、ホワイトとのコネクションを利用する方法を考えた。アブダビのオタイバやサウジアラビアのトゥルキ王子のように、この新たなコネクションを使って、米国における影響力を得ることはできないだろうか？　一見したところ、ロウの野望は馬鹿馬鹿しいほど大きいように見えたが、マレーシアとのコネクションは、ワシントンの関係者には魅力的に映った。就任以来、オバマ大統領は、東南アジア重視への大きな方向転換の一環として、ナジブと親しくなることでアジアにおける米国の影響力を高めたいと考えていたのだ。一方で、元マレーシア大使だったジョー・マロットのような老練な政治家など、ホワイトハウスや国務省の関係者の一部は、ナジブが次第に反民主主義的な傾向を見せ始めていることを指摘して注意を促していた。

二〇一三年、華僑やインド系マレーシア人の票を失った後、ナジブはマレー人の基盤強化に目を向けた。当初は廃止を約束していたにもかかわらず、ナジブと彼の率いる政府は、野党のリーダーや学生、批判的な学者を訴えるために植民地時代の治安維持法を利用した。

しかし、ホワイトハウス、特に国家安全保障問題担当のベン・ローズ副補佐官は、ナジブが変革を求める首相であるという考えを依然として持っていた。これには元駐米マレーシア大使で、当時特命全権公使だったジャマルディン・ジャリスによる不断のロビー活動による影響が少なからずあった。UMNOの主要な政治家にして、ナジブの親友でもあるジャリスは、米国とマレーシアの緊密な関係構築の立役者でもあり、マレーシアへの公式訪問をオバマ大統領のスタッフに訴えていた（ゴールドマン・サックスのシンガポールでインターンシップに参加し、ティモシー・ライスナーと関係を持ったのは彼の娘だった）。

ホワイトハウスとのコネクションを築くため、ロウはオバマの再選に向けた取り組みに関わろうとし、プラーズがそのパイプ役となった。二〇一二年、ロウは、自身が管理するオフショアカンパニーから二〇〇〇万ドルをプラーズの二つの会社に送金した。資金は、表面上は〝贈与〟となっていたが、プラーズはそのうちの一社を使って、一二〇〇万ドルを、オバマ再選を支持するブラック・メン・ボートという特別政治活動委員会（スーパーＰＡＣ）に寄付していた。これはプラーズにとってはリスクのある行動だった。というのも第三者に代わって候補者に寄付することは連邦選挙資金規正法に違反していたからだ。プラーズの弁護士は後に、プラーズは〝うその物語〟の犠牲者だと語った。

ロウは、フランク・ホワイトがプロジェクトを見つけ出し、オバマ政権と協力してマレーシアのチアリーダーとして活動することで合意していた。そのために、ロウはホワイトに気前よく資金を提供した。彼は二〇一二年に1MDBの一〇〇〇万ドルをアーバルのムハメド・バダウィ・アル・フセイニーが管理する会社、MBコンサルティングを通じてホワイトに支払った。

これを受けて、ホワイトも仕事に取りかかった。二〇一二年一〇月、彼はオバマとレッド・グラナイトのメンバーとの会談をセッティングした。ジョーイ・マクファーランドは、ホワイトの家でオバマ大統領と握手している写真をインスタグラムに投稿した。一一月に大統領が再選を果たしたとき、ロウはホワイトハウスを訪れてお祝いを述べたいと考えた。その月のうちに、ホワイトはロウを大統領のホリデーパーティーに連れて行った。のちにロウは、オバマと大統領夫人と写った写真を友人に見せびらかした。しかし、その後、別の折に、ホワイトハウスのセキュリティ担当者はロウを門前払いした。どうやら米国政府は、謎めいた過去を持つこの若いマレーシア人に対し慎重に対応しようと考えるようになっていたようだった。

ひるむことを知らないロウは、さらにホワイトに賭けようとした。彼の望む提携は、ホワイトハウスの政策にも影響を与える可能性があった。二〇一三年五月、ホワイトは、ワシントンのデュサブル・キャピタル・マネジメントを、プラーズとホワイトハウスの特別アシスタントとして働いていたモルガン・スタンレーのバンカーであるドゥッタに紹介した。デュサブルは、その後すぐ、五億ドルを再生可能エネルギーとインフラプロジェクトに投資する旨を証券取引委員会に報告した。計画では、アーバルが資本の過半数を投資し、ホワイト自身も少額を投資することになっていた。デュサブルは、１ＭＤＢをロビイストとして登録し、ホワイトは、その年の終わりには、再びホワイトハウス訪問――今度はディカプリオらが一緒だった――をアレンジした。

ディカプリオとスコセッシは実際に『ウルフ・オブ・ウォールストリート』のＤＶＤをオバマ大統領に渡していたが、この訪問が注目されることはなかった。政権は、来たるオスカーレースに不当な影響を与えていると見られたくなかったのだ。『ウルフ・オブ・ウォールストリート』は『ダラス・バイヤーズクラブ』や『それでも夜は明ける』『ゼロ・グラビティ』の対抗馬と見られていた。誰もが知る監督と俳優は、ホワイトハウスとは一五番通りをはさんですぐのダブリュー・ホテルでお茶を飲んでいるところを目撃されていたが、二人とも、クリスマスの映画公開の数日後に行われたインタビューの集中砲火の中でもオバマとの面談についてはに触れなかった。

映画の公開と三月初めのオスカーの発表との間、ロウは、家族や友人らと共に恒例の年末のスキー旅行に出かけた。今年の目的地は、コロラド州アスペンだった。ゲストの中には、アリシア・キーズ、スウィズ・ビーツ、ジョーイ・マクファーランドとそのガールフレンドのアントニエット・コスタの姿があった。街はセレブであふれ、レオナルド・ディカプリオやトビー・マグワイア、ニコール・シャージンガー、そして彼女のボーイフレンドでF1世界チャンピオンのルイス・ハミルトンらもロウのパーティーに参加した。

ある夕食の席で、ロウは、メラニー・グリフィスとドン・ジョンソンの娘で、女優のダコタ・ジョンソンの隣に座ったが、彼女のことに気づかなかった。今やビッグ・スターとの交際に慣れてしまい、ジョンソンに注意が向かなかったのだ。

「彼女は食事をして、その後にありがとうの一言もなかった」とロウは友人に漏らしていた。

このとき、ロウはたまたまアスペンにいたパリス・ヒルトンと出会った。二〇一〇年以来、彼女とは会っていなかったが、親しげに振る舞い、その後二人はピザを食べに行った。

その週のザ・セント・レジス・アスペン・リゾートは『ウルフ・オブ・ウォールストリート』と、ディカプリオがついにアカデミー賞主演男優賞を獲るかどうかの話でもちきりだった。スノーボードを楽しみながらも、ロウは満足げな様子を隠せなかった。

映画の興行収入が絶好調で、世界中で製作費用の四倍に相当する四億ドルの収入を上げていたのだ。絶え間なく詐欺を繰り返す一方で、彼は投資家としてのスキルも発揮していた。ロウが株式の半分を有するヴァイスロイ・ホテル・グループも拡大を続け、五つ星のおしゃれなホテルチェーンとしての評価を得ていた。また、一三パーセントの株式を保有するEMIミュージック・パブリッシングも、世界の音楽ビジネスがストリーミングサービスを通じたデジタル販売によって回復したことから、成功を収めていた。『ウルフ・オブ・ウォールストリート』はその時点で彼の最も成功した投資だった。レッド・グラナイトは事業展開の過程において、新たな作品に関する有望なパイプラインを得ていた。この会社がハリウッドで有力な映画製作会社に成長すれば、１ＭＤＢにさらに多くの資金が還流されるはずだった。ロウはそれに賭けていた。

各賞が発表されるシーズンとなり、『ウルフ・オブ・ウォールストリート』も健闘が期待されていた。一月、ディカプリオは、ジョーダン・ベルフォート役でゴールデン・グローブ賞主演男優賞（ミュージカル・コメディ部門）を受賞し、その受賞スピーチで〝ジョーイ、リザそしてロウ〟が、リスクを負ってプロジェクトに取り組んでくれたことに対し礼を述べた（ジョー・ロウは映画のエンドロールでも感謝の言葉を贈られていた）。しかし、大賞はまたもやディカプリオの手をすり抜けていった。３月初めのアカデミー賞授賞式で、最優秀主演男優賞は『ダラス・バイヤーズクラブ』のマシュー・マコノヒーの手に渡った。『ウルフ・オブ・ウォールストリート』は五部門でノミネートされていたにもかかわらず、どの賞も獲れなかった。ドルビー・シアターでＵ２のボノとジ・エッジの後ろに座っていたロウとリザにとって残念な一夜となった。

アカデミー賞での敗北を締めくくるかのように、この映画はマレーシアで公開されないことが決定された。現地の道徳上の規律を遵守するために、マレーシアの当局は作品中九〇カ所以上ものカットを求め、映画配給会社のパラマウント・ピクチャーズは、スコセッシとレッド・グラナイトと相談のうえ、そこまで苦労する価値はないと判断したのだった。

しかし問題はなかった。映画作品よりもっと大きな存在が、もうすぐマレーシアに上陸することになっていた。

二〇一四年四月二七日、アメリカ大統領としては半世紀ぶりに、オバマ大統領がマレーシアを訪れた。このマレーシア訪問の象徴的なイメージとなったのは、ナジブが自ら撮ったオバマとの写真だった。大統領が体を寄せ、満面の笑顔を見せる一方で、ナジブはカメラのシャッターが落ちる瞬間どこを見たらいいかよくわかっていない様子で写っていた。ナジブは〝私とオバマ大統領との自撮り写真〟と題して、数分後にこの画像を添えてツイートした。この数カ月前にコメディアンで女優のエレン・デジェネレスがアカデミー賞授賞式でブラッドリー・クーパーやメリル・ストリープ、ブラッド・ピットらと撮った自撮り写真をSNSに投稿したことを受けて、世界中で自撮り写真の投稿が流行していた。

ナジブにとっては、まさに世界の舞台で輝く瞬間だった。二人のリーダーはその日の朝、ナジブの父が祀られているマレーシア国立モスクを訪れた。ナジブは、この訪問によってオバマとの特別な関係を強調した。長年にわたり米国の大統領は、マハティール前首相の執拗なまでの反欧米的発言や国の独裁主義的な傾向を嫌って、マレーシアを避けてきた。しかし今、オバマは友好同盟国である日本や韓国、フィリピンを含む外遊の一環としてマレーシアを訪れていた。

　この外遊に同行していたオバマの国家安全保障問題担当副補佐官であるベン・ローズは、マレーシアをこの地域の〝最重要国《ピボッタル・ステート》〟——中国に対する防波堤を意味する暗号名——と呼んでいた。ここ数カ月の間、中国政府は、南シナ海全体における領有権を強く主張するための軍国主義的アプローチを取っていた。

　オバマ大統領は、この武力侵略に対抗しようと躍起になっており、マレーシア海軍の訓練と装備を支援することをナジブとの共同声明において約束した。声明では、活気ある市民社会に向けた二人のリーダーによるサポートについても強調していた。ナジブの率いる政府が反対勢力の封じ込めに必死になっていることを考えると、マレーシア訪問に反対した国務省の関係者の一部にとって、最後の約束は冗談にしか思えなかった。

　オバマがマレーシアを訪問している間、ロウは米国との友好な関係の確立に自分が一役買ったことを周囲に自慢していた。オバマがマレーシアを訪問するわずか数日前、１ＭＤＢは、マレーシアで太陽光発電所を開発するために、フランク・ホワイトの会社デュサブル・キャピタルと数百万ドル規模の契約を締結した。デュサブルが私企業であったにもかかわらず、１ＭＤＢの経営陣は、取締役会にこの取引が〝政府対政府〟の事業であると偽って報告した。

　ロウは、オバマとナジブが、大統領の訪問中にこのジョイントベンチャー計画について言及してくれることを期待していた。しかしロウが、米国とのイベントにおいて、中東でのイベントと同じように舞台監督を務めることは難しかった。彼にはオタイバのように自分の意のままに操れる大使クラスの人物がフランク・ホワイトしかいなかったのだ。ホワイトはオバマに近い人物ではあったが、ただのビジネスマンであり資金調達者にすぎなかった。わずか数カ月後、太陽光発電に関する取引は失敗に終わり、最終的に1MDBはジョイントベンチャーにおけるデュサブルの持ち分を六九〇〇万ドルで買い取ることになった。ホワイトは労せずして大金をつかみ取った。ホワイトは後に、この取引は〝マレーシアに再生可能エネルギーをもたらし、米国における雇用を創出し、米国におけるマレーシアへの支援を得ることを意図したものであり〟、当時の彼は1MDBが〝強奪の被害者〟だとは知らなかったと語った。

大統領の訪問は大きな失望へと変わった。オバマのマレーシア訪問が予定通りに実を結ばなかったことから、ロウは別の進展に慰めを見出そうとした。この数週間、彼は世界でも最も魅力的な女性の一人とデートを始めていた。

第37章

サイズが重要だ

二〇一四年一月、ニューヨーク

ニュー・ウォンジョ・レストランは、マンハッタンのコリアンタウンの三二丁目、エンパイア・ステート・ビルのすぐ近くにあった。このレストランは二四時間年中無休で営業しており、窓にメニューが貼り出されている本格的なアジア料理の店で、ロウがパーティーで遅くまで騒いだ後に立ち寄るお気に入りの場所の一つだった。この夜、彼はジョーイ・マクファーランドとその他数人の友人と共に、この店のテーブルに着いていた。外は寒く、〝極渦（北極および南極の上空にできる大規模な渦のこと）〟が新しい年の変わり目に気温の急速な低下をもたらしていた。ロウたちは、カラオケで騒いだ後、韓国の焼肉とスープを楽しんでいた。そのとき、オーストラリアのスーパーモデル、ミランダ・カーが店に入ってきた。

彼女は公式なイベントの帰りで、パーティー用のドレスを着ており、ウォンジョのような大衆的な店の雰囲気には不釣り合いだった。柔らかな茶色の巻き毛、玉虫色に輝く青い瞳、そしてトレードマークのえくぼ。三〇歳の彼女はすぐ人目を引き、エレガントな振る舞いは際立っていた。彼女はロウのグループの中にいた友人に挨拶をしに来て、そのまま同席した。やがて、彼女は、自身がプロデュースするスキンケアブランド、ＫＯＲＡ　Ｏｒｇａｎｉｃｓの話でロウと意気投合した。

ロウが有力な投資家であり、ＥＭＩやパークレーンの株主でもあること、さらにハリウッドの映画製作会社とも関係のある億万長者だということがわかると、カーは、最近母親から引き継いだＫＯＲＡをどう展開するかについて、ロウに質問を浴びせた。最近のロウは、力を蓄えるにつれ、そしておそらくはストレスが高まるにつれ、かつての魅力や心遣いは影を潜め、傲慢な一面を覗かせるようになっていた。ラスベガスでギャンブルを楽しんでいる時も、英国のモデル、ロキシー・ホーナーのウエストを指さして、もっと体重を落とすべきだと言い放った。ホーナーは気分を害したが、ロウは、金を払っているのは自分なのだから気にする必要はないといった様子だった。だが、カーに対しては違った。彼女がＫＯＲＡを展開したいと語ると、ロウは彼女のビジネス面での洞察力を称賛した。

カーは、オーストラリア内陸部の辺境、ガネダというさびれた農村に育ったが、やがてそこを後にした。わずか一三歳でオーストラリアのモデルオーディションで優勝した後、最終的に米国に移住し、ヴィクトリアズ・シークレットのモデルになった。二〇一三年には七〇〇万ドルを稼ぎ出して、女性モデルとしてはジゼル・ブンチェンに次いで世界で二番目の高額所得者となった。その後も、Ｈ＆Ｍやスワロフスキー、ユニリーバなどから、相次いでＣＭのオファーが来た。

しかし、一介のスーパーモデルの収入では、大きなビジネスをスタートさせるには十分でなく、カーはロウの提案に興味を示した。彼女はモデルの仕事に飽きてきており、起業家に転身したいと考えていたのだ。翌朝、彼女はＫＯＲＡ製品のパッケージをタイムワーナーセンターのロウのアパートメントに届けた。

カーは前年の一〇月に俳優のオーランド・ブルームと離婚しており、彼との間に三歳になる息子がいた。彼女のお騒がせな私生活は常にタブロイド紙に話題を提供していた。ガネダに住む両親は、オーストラリアのテレビのインタビューに応え、娘が自分たちのことを忘れてしまったと嘆き、牛の乳の絞り方や馬の乗り方を学びにガネダに帰ってくる必要があると訴えた。二〇一四年の最初の数カ月間、カーはほとんどの時間をニューヨークで過ごし、外出するたびにパパラッチに写真を撮られていた。しかし、この監視態勢にもかかわらず、彼女は、周囲の誰もが思いもよらないロウとのロマンスを隠せていた。

二月二日、ロウはカーをニュージャージーのメットライフ・スタジアムで行われた第48回スーパーボウルに招待した。彼女にとっては初めてのスーパーボウル観戦で、リザ・アジズとジョーイ・マクファーランドも一緒だった。別のボックスにいたモデルのケイト・アプトンとケイティ・ホームズも彼らのボックスに顔を出した。ゴシップコラムは、シアトル・シーホクスがデンバー・ブロンコスを破って、現代フットボール史上最大の番狂わせを演じたこの試合をカーも観戦していたことを報じたが、ロウの存在には気づいていなかった。

　その後の数日間で、ロウは自分の知っている唯一の方法で彼女に愛を告白した。彼はジュエリーデザイナーのロレイン・シュワルツにeメールを送り、一〇〇万ドルから二〇〇万ドルの間で、ハート型のダイヤモンドがついたネックレスが欲しいと伝えた。メールには「サイズが重要だ」と記されていた。〝MK〟と刻まれたダイヤのネックレスの代金は、一三〇万ドルで、ロウはこれをバレンタインのプレゼントとしてカーに贈った。支払いにはパークレーンとコースタル・エナジーの取引で洗浄した資金が使われた。

　親しい友人にさえ、ロウは、〝カーを支援している〟だけだと話し、二人の関係を秘密にしていた。二人は、いつもカーのエージェントであるクリスタル・フォックスを伴って外出した。しかし数週間後、カーの三一歳のバースデーパーティーでは、もはやロウのロマンティックな意図を隠すことは難しくなっていた。ロウはニューヨークのチェルシー・ピアーズの会場を借りて、九〇年代をテーマにしたパーティーを企画し、ソルト・ン・ペパーやマーク・モリソン、ヴァニラ・アイスを呼んでパフォーマンスを披露させた。いつものように、ジェイミー・フォックスがMCを務め、一〇〇人近い招待客の中にはディカプリオやブルーム、スウィズ・ビーツの姿もあった。

　お祭り騒ぎが繰り広げられたこの週末、ロウは、マンスール・ビン・ザーイド・アル・ナヒヤーンのトパーズ号をハドソン川に停泊させ、特注のマイアミ風の魅惑的な照明と数百個の風船で派手に飾った。パーティーの後、ヘリコプターが、アトランティックシティでバカラを楽しむためにロウとカー、そして彼女のオーストラリアの友人らを運んだ。リムジンではなく、ヘリコプターだったものの、まるでウォートンにいた頃のロウに戻ったようだった。彼はもはやイヴァンカ・トランプが自分の招待を受けるかどうかを気にすることはなかった。

ロウは、カーに愛を告白する間も、ロスマ・マンソールを満足させ続けなければならなかった。二〇一四年一月、彼はジュエリーデザイナーのロレイン・シュワルツにメールを送り、ロサンゼルスにいるのなら会いたいと告げた。ロサンゼルスにいたシュワルツは、光り輝くダイヤモンドのネックレスやブレスレットを持って、ホテル・ベル・エアに急いだ。このホテルは、ビバリーヒルズの中心部に一二エーカー（約四八五五〇平米）の敷地を有する、スパニッシュ・ミッション様式の富裕層向け隠れ家としてハリウッドスターに愛されていた。ロスマは深々とした絨毯が敷き詰められた豪華なスイートに泊まり、シュワルツとロウと夕食をした後で、二人を部屋に案内した。

シュワルツが持ってきた商品を机の上に並べ、ロスマが選び始めた。ロスマは一八カラットのダイヤモンドがちりばめられたホワイトゴールドのブレスレットを指さし、シュワルツがそれを脇によけた。価格は五万二〇〇〇ドルだったが、ロスマにとってはまだ始まりにすぎなかった。手慣れた買い物客の気安さで、首相夫人は、あっという間に二七点のブレスレットとネックレスを選んだ。このエリートたちの集まりの中で、金額のことを口にする者はいなかった。請求書は、数カ月後にロウの会社ブラックロックに届けられた。合計額は一三〇万ドルだったが、ロスマにしてみれば、ほどほどの散財でしかなかった。ロウは、宝石の請求書を引き受け、さらにベル・エア・ホテルでの一週間の滞在にかかった三〇万ドルの費用も自ら負担した。

二〇一三年から二〇一四年の間、ロウはブラックロックの口座を使って、二億ドルの宝石を世界中――ラスベガス、ニューヨーク、香港、ドバイ――から購入した。美術品よりも持ち運びが簡単なダイヤモンドは、追跡が非常に難しかった。金融活動作業部会（ＦＡＴＦ）は、二〇一三年の報告書で、マネーロンダラーやテロリストが違法な資金のパイプ役としてダイヤモンド業界を利用していると警告していた。米国では、ロレイン・シュワルツのようなジュエリーデザイナーや、原石や加工された製品を扱う宝石商には顧客のデューディリジェンスを行う法的な義務は課せられていなかった。さらに都合の良いことに、宝石は金融機関を通じることなく、移動させることができた。

宝石が贈られたのは、ロスマのような重要人物だけではなかった。あるとき、ロウは、彼の取り巻きの一人、アジア系カナダ人のモデルの誕生日だということに気づいた。ディナーに向かう途中で、ロウは突然、ふらっとカルティエに寄り、時計を持って出てくると、何の前触れもなく、そのモデルにプレゼントした。その時計の値段は八万ドルだった。しかし、ロウが最も大きなダイヤモンドを山のように貢いだのはやはりロスマだった。イメルダ・マルコスは、一九八六年に〝エドゥサ革命〟により夫と共にフィリピンを追われたとき、少なくとも一二〇〇足の靴のコレクションを保有していた。ロスマはクアラルンプールの彼女の住まいにある特別あつらえの収納スペースに、エルメスのバーキンや宝石、数百万ドルの指輪、ネックレス、ペンダントを並べていたことで有名だった。

一見、ロウはすでに名声を積み上げたように見え、もはや畏敬の念を抱かせるような人々――世界が実際にどうやって動いているかという秘密を知っている人々――の中に身を置く必要はなかった。ロウ自身がそのような人物の一人になっていたのだ。しかしスーパーモデルとデートを重ねる間も、彼は取引を追い求め、マレーシアの首相とその夫人をさらに近くに引き寄せようとした。スーパーボウルやディナーの席で彼を取り巻く人々は、今だに彼の資金に関するうわさをしていた。彼がマレーシアの首相と関係があるということは漠然と知られており、遠いアジアの国におけるそのような関係が富をもたらすのは、よくあることとみなされていた。

しかし、注意深く見ている者は皆、ロウが、世界をかけめぐる狂ったようなスケジュールに追われて、極度の情動不安定に陥っていることに気づいていた。彼がディナーやパーティーを中座して、携帯電話を取り出すとき、目にするのは、メールの受信ボックスにたまった、自分の悪だくみを危険にさらしかねない問題の数々だった。

第38章

制御不能

二〇一四年三月、マレーシア、クアラルンプール

1MDBの取締役会は、午後の会議を、三月初めに南シナ海で消息を絶ったマレーシア航空ボーイング777-200MH370便の乗員と乗客に対する、コーランの最初の七行——アル=ファーティハとして知られていた——の朗読で始めた。乗員乗客二三九名を乗せたこの飛行機は、クアラルンプールから北京に向かったものの、離陸のわずか一時間後にパイロットが管制塔との連絡を絶ち、しばらくして航空監視レーダーのスクリーンから姿を消した。

その後の数週間にわたって、中国政府の公式メディアは、マレーシアによる捜索活動の混乱——当初はマレーシアの北の南シナ海を中心に捜索が行われたが、その後軍事レーダーによってマレーシアの西のアンダマン海で消息を絶ったことがわかった——を激しく非難した。航空機の残骸を特定することができず、さらに日々の状況説明の混乱が重なって、マレーシア政府の無能ぶりが注目を浴び、ナジブは困難な立場に立たされた。

取締役会はコーランの一節を唱えた後、すぐに差し迫ったもう一つの問題に話題を移した。監査法人のデロイト・トウシュの業務執行社員タン・テェン・フーイが悩ましい問題を抱えて会議に出席していた。わずか数週間前に、デロイトは1MDBの設立以来三社目の監査人に就任していた。1MDBはデロイトに対し、数カ月遅れている二〇一三年三月末の決算報告をすぐに承認するよう、強く迫っていた。

しかし、デロイトが財務諸表を詳しく調べているのと時を同じくして、シンガポールにあるデロイトの東南アジア本部には、1MDBの財務報告不正を告発する多くのeメールと文書が届いていた。タンの話によると、これらの告発は、1MDBがケイマン諸島の見知らぬファンドに対し二三億ドルを投資していることに始まり、発電所に対する過大な支払いや巨額の負債とわずかな資産とのミスマッチに至るまで、多くの問題に触れていたという。三〇年の経験を有する会計士であるタンは、問題を取り除こうと必死になっていた。

「これらの告発は、新しいものではなく、これを立証する証拠もわれわれには提出されていません。したがってデロイトはこの問題を追及することはできません」彼は取締役会でそう語った。

告発の一つは、四一歳の野党政治家トニー・プアによるものだった。彼は1MDBの問題に関し、長年にわたってひそかに追いかけていた。多くの政治家とは異なり、プアは、ビジネスに対する深い洞察力を持っていた。彼はかつて技術系企業を起業し、二〇〇八年にその会社を売却して政治の世界に入り、翌年、クアラルンプールの衛星都市の一つで国会議員の議席を勝ち取っていた。オックスフォード大学で哲学や政治学、経済学の学位を取得しており、非常に頭の切れることから、鋭い質問や専門的な財務の知識に慣れていない、ご都合主義のUMNOの政治家をしばしば不安にさせた。中国系マレーシア人で、つんつんとした白髪混じりの髪をしたプアは、早口で喋り、愚か者には容赦をしないことから、与党政治家からはほぼ例外なく嫌われていた。

プアは、二〇一〇年、当時の監査法人だったKPMGが、1MDBのペトロサウジの投資に関し、〝強調事項〟を記載した時から、このファンドに関心を持っていた。このような、難解な専門用語は、多くの人々には何の意味もなかったが、彼には、これが、会計士が1MDBに対し懸念を抱いていることを示すメッセージだとわかっていた。国会では、国の支出の監視を担当する公会計委員会の一員である彼は、委員会に対し調査を行うことを求めて運動していた。それでもUMNOのメンバーである委員長は重い腰を上げようとはしなかった。しかし、二〇一四年、ジ・エッジが怪しげなケイマン諸島のファンドに対する投資を指摘する記事を掲載したことで、プアは、さらなる武器を得た。

1MDBがケイマン諸島のファンドに投資したと主張する二三億ドルに関し、実際にその価値があるのか――あるいは存在しているか否か――について確認できないとKPMGが指摘すると、二〇一四年一月、1MDBはKPMGを解任した。二〇一二年に1MDBは、二隻の原油掘削船を保有していたペトロサウジの子会社の持ち分を香港の投資家ロボ・リーが管理する会社に売却していた。1MDBは現金を受け取る代わりに、新たに設立されたケイマン諸島のファンドの〝ユニット〟の形で二三億ドルを受け取っていた。これはロウらが二〇〇九年に1MDBから奪った資金を隠ぺいすることを目的とした架空取引だった。

BSIのヨー・ジアウェイは、ケイマン諸島の投資は、怪しげな〝ユニット〟だけではなく現金の裏付けがあると言ってKPMGをだましてきた。しかし、この取引は米国の監査法人であるKPMGの目には正しいものとは映らなかった。KPMGは、会計報告への署名を拒み、その結果解任された。かつて、1MDBがアーンスト・アンド・ヤングを解任したのと同じだった。しかし、今度はマレーシアでのビジネスの構築に積極的だったデロイトが監査を引き受けた。

KPMGの解任はロウにとっても大きな問題だった。彼は、1MDBの会計報告に深く考えずにすぐに署名する監査法人を必要としていた。一〇〇億ドルの投資に対し、わずか二〇〇〇万ドルの現金しか保有していない1MDBは、毎月数千万ドルの赤字を垂れ流しており、ひどい苦境に立たされていた。しかしロウには考えがあった。1MDBのエネルギー部門がマレーシア株式市場に上場することになっていたのだ。アジアの経済の見通しが欧米のそれよりも明るいことを考えれば、うまく行けば世界の有力機関投資家がこの株式に飛びつき、IPOは五〇億ドル以上の利益を生むはずだった。

これは楽観的な観測だったが、彼の詐欺スキームを維持していくうえで、1MDBの損失を隠すためにロウが願ってやまなかった資金を提供する、極めて重要なポイントだった。ゴールドマン・サックスやドイツ銀行などの大手銀行は、IPOに関する助言提供のマンデートを獲得しようと躍起になり、この楽観主義的な観測を受け入れ、世界の投資家からの強いニーズがあると1MDBに語った。五〇億ドル未満の利益であっても、1MDBの財務上の損失を埋め、詳細な調査をやめさせるには十分だとロウは考えていた。だが、そのためにはまず、遅れている会計報告をデロイトに認めさせる必要があった。

KPMGと同様、デロイトのタンもケイマン諸島の投資には問題があると指摘した。問題を回避するため、ロウは、再びアル・フセイニーに目を向け、アーバルにこのオフショア資金を保証するよう要請した。これは、何かあった場合にアーバルが必ずこの資金を支払うということを意味していた。すでに二つの大手監査法人との関係を断っていることは言うまでもなく、1MDBの財務不正を告発する文書を受け取っていたことを考えると、これらの事実はデロイトにとって危険信号となるべきだった。しかし、アーバルによる一枚の文書は、ケイマン諸島の投資についてタンを安心させるに十分だったようだ。

監査人は独立性を保たなければならないにもかかわらず、タンはデロイトがメディアへの広報窓口としての役割を担うことまで引き受けた。ほとんど事業はなく、巨額の負債を抱えた1MDBが損失を避ける唯一の方法は、二〇一〇年に行ったように、再び土地の再評価を行って、利益を計上することだった。この方法で、１ＭＤＢは二億六〇〇〇万ドルの利益を計上することを期待していた。

タンはこの会計操作を支援するだけでなく、メディアによる否定的な記事の矛先をそらすために世間に向けて説明することまで買って出た。それどころか、デロイトは、協力の見返りとして、上場に向けて準備をしているエネルギー部門を含む、１ＭＤＢの多くの子会社の監査人に自らを選定するよう要請していた。１ＭＤＢの取締役会は、この要請を直ちに受諾した。ナジブ首相の側近である取締役会議長のロディン・カマルディンは、デロイトの〝プロフェッショナリズムと客観性〟によって会計報告に対する保証が与えられることを望んでいると語った。

この時点でも、取締役会は１ＭＤＢのケイマン諸島の資金が回収されれば、負債を大幅に削減することができ、ジ・エッジや、その他の批判的な意見が間違いであると示すことができると信じていた。ケイマン諸島には資金はないという事実を知っていたのは、ロウとおそらくはアル・フセイニーやヨーのような数人の仲間だけだった。

五月のある夜、夜明けが近づく頃、ラスベガス・ストリップのパラッツォのプライベートゲームルームで、ロウはスタッフにある変わったリクエストをしていた。酔っぱらって調子に乗っていたロウは、電話で西瓜を注文した。バカラテーブルの周りに集まっていた人々――その多くはモデルだった――の一部は、一回に二〇万ドルも賭ける、この小柄でずんぐりした人物のことを知らなかった。彼が話題の映画『ウルフ・オブ・ウォールストリート』のスポンサーだといううわさが流れていたが、どこか不安定な様子が見られた。負けが込んでいた彼は、パラッツォのスタッフがキッチンから西瓜を持って現れると、これを抱えて、テーブルの下で転がしながら――おそらく縁起を担いでいたのだろう――カードを配った。それでも損が積み重なると、ジョニーウォーカーのブルーラベルをガブガブ飲み、最後にはまたスタッフを怒鳴り始めた。

「赤いTシャツだ」彼は担当スタッフにそう言った。「全員に赤いTシャツを用意しろ」

スタッフは慌てて従い、観光客へのお土産用のパラッツォの赤いTシャツを、ジョーイ・マクファーランドやリザ・アジズなど、その部屋にいた二〇人のゲストのために持ってきた。

「私の友人は見てられなかったそうです」そのパーティーに参加した、ある若い女性はそう語った。「友人が入学金や車、家といった人生の節目節目に費やすような金額のチップが目の前のテーブルで賭けられ、勝ち負けを繰り返していたんです」

ロウの本領発揮だった。別のパーティーでは、五万ドルのカジノチップを床にばらまいたこともあり、驚いた友人がその損失額に気づき、これを回収したという。

パラッツォでのギャンブルが日の出とともにお開きとなると、ロウは一〇〇〇万ドルのチップをカジノのスタッフに手渡した。この店でも過去最大のチップだった。

四月、ジ・エッジのホー・ケイ・タットは、1MDBに関し、ケイマン諸島の二三億ドルの資金を管理するファンドマネージャーを告発し、その資金を取り戻すように訴える辛辣な記事を掲載した。そして五月には、シンガポールの新聞が内部情報を元に、そのファンドマネージャーが香港に拠点を置くブリッジ・グローバルであることを特定した。その後、ロボ・リーがブリッジ・キャピタルのウェブサイトから自身の名前を含む会社概要を消すと、新聞はこの疑わしい行動にも言及した。ロウは怒り狂った。BSIの中に密告者がいると信じ、情報源を特定するようBSIに命じた。まず初めに疑われたのは、ヨーの上司のケヴィン・スワンピライだった。ロウは彼を1MDB関連の口座の担当からはずそうとした。スワンピライは関与を否定し、担当からはずされることを拒んだ。

夏の間、ロウはパーティーからパーティーへと飛びまわりながらも、〝密告者〟を激しく非難した。気楽なお祭り騒ぎのうわべは徐々に砕かれ、仲間の中にいるユダの存在をますます気にするようになっていた。

この頃、彼はBSIのファンドのスペシャリスト、ヨー・ジアウェイと一緒に仕事をするようになっていた。それ以降、ロウは重要なことを電話で話したり、メールで連絡したりすることさえ避けるようになり、ヨーに極秘書類を世界中に送付させるだけではなく、金融に関するヨーの専門知識を利用しようと考えた。

翌年の春、ロウは、ラスベガスのMGMグランド・ガーデンで行われたフロイド・メイウェザー・ジュニア対マニー・パッキャオのボクシングの試合にヨーを招待した。若きシンガポール人はプライベートジェットで世界を飛びまわる生活にすっかり魅了された。ロウと親しくなることで、ヨーは自信を深め、そのような経験ができないBSIの同僚を馬鹿にするようになっていた。彼は、ケイマン諸島のファンドやその他の投資の管理のために、1MDBからBSIやブリッジ・グローバルに支払われた手数料の一部をひそかに受け取ることで、すでに数百万ドルもの利益を得ていた。またシンガポールやオーストラリアなどに複数の家を買うようになっていた。ロウは、さらに豊かな富を約束することで、ヨーの気を惹き、仲間に加えようとしていた。

ヨーはさらに数千万ドルを手にしたが、それは高い代償を伴った。ロウが次第に横暴な――そして精神的に不安定な――ボスへと変わっていったのだ。ヨーはBSIの以前の同僚と依然として連絡を取り合っており、ロウがプライベートジェットから電話をかけてきて怒鳴り散らす様子を話していた。ロウはケイマン諸島の投資についてその詳細が表に出ることを心配していた。ヨーは、自分が知っていた穏やかな振る舞いと食い違うロウの言動に脅えるようになり、次第にこの新しいボスが、自身の制御不能に陥っていると感じるようになった。

七月の1MDBの取締役会に向け、ティモシー・ライスナーは、IPOのマンデート獲得競争でゴールドマンが生き残るためにできる限りのことをしていた。1MDBは重大な危機に陥っていた。数億ドルの利息負担により、わずか二カ月で一億四〇〇〇万ドルもの損失が発生していた。１ＭＤＢにはエネルギー部門のＩＰＯがどうしても必要であり、大至急、健全性を取り戻す必要があった。この二年間、ライスナーはＩＰＯをずっと支援してきたが、ここにきて問題に直面していた。

二〇一二年にアナンダ・クリシュナンの発電所買収の一環として、１ＭＤＢはこの億万長者に有利な価格でＩＰＯに応募する権利を与えていた。今、ライスナーは１ＭＤＢの取締役会に対し、上場前にこの権利を買い戻さなければならず、そのために数億ドルの資金が必要となることを説明していた。取締役会のメンバーの何人かは激怒した。もともとの取引がクリシュナン――すでに市場価格を上回る金額を発電所資産の売却によって受け取っていた――にあまりにも有利だったのだ。

取締役会のメンバーの一部は、数億ドルがクリシュナンの管理する会社から１ＭＤＢの慈善事業部門へ寄付されていたことを知っていた。これはマレーシアではよく行われていた不正手段だった。政府が資産を高く買い上げ、売り主は裏でＵＭＮＯに献金をし、政治家が私腹を肥やすのだ。それでも、取引の条件はクリシュナンと彼の会社タンジョンに極めて有利だった。

「ゴールドマンは１ＭＤＢとタンジョンのどちらのために働いているんだ」マレーシアの繊維会社の起業家にして取締役会のメンバーでもあるアシュビン・ヴァリラムは、ライスナーを問い詰めた。

「もちろん、われわれは１ＭＤＢのために働いています」とライスナーは答え、場の雰囲気を和らげようとした。「ただ、タンジョンとの取引がなければ、１ＭＤＢがＩＰＯを計画することはできませんでした」

次第にゴールドマンと１ＭＤＢの関係はほつれ始めた。その年の初め、１ＭＤＢはＩＰＯを主導する役割を与えることを条件に、銀行からさらに融資を引き出そうとしていた。その結果、ドイツ銀行を中心としたコンソーシアムによって二億五〇〇〇万ドルが調達された。新たに赴任したドイツ銀行の代表者ユソフ・ヤーコブは、かつてゴールドマンにいた人物だった。ついに、他の銀行も機会を得るようになっていた。

ゴールドマン自体は、１ＭＤＢに関する否定的な記事や、ウォール・ストリート・ジャーナルがゴールドマンの巨額の利益に注目していることに悩まされ、１ＭＤＢと距離を置き始めていたことから、新たな融資への関与には積極的ではなかった。しかし、１ＭＤＢがドイツ銀行とメイバンクをＩＰＯを実施するために指名したこと――この指名によって両行は大きな利益が期待できた――を聞き、ライスナーは怒った。彼はロウにゴールドマンのために役割を確保するよう要請した。二年間にわたって、ライスナーは彼の口座を使って、１ＭＤＢから奪った二億ドルを動かし、そのうちの数百万ドルを受け取り、さらに多くの金を賄賂として配っていた。わずか数週間前、ライスナーとロウは、ロスマのために〝ケーキ〟――すなわちダイヤモンド――が必要だとオンラインのチャットで会話したばかりだった。その後すぐに、ライスナーは四一〇万ドルを首相夫人らの宝石に支払うために送金していた。なぜ、１ＭＤＢはゴールドマンを切り捨てようとしているのだ？　彼は問い詰めた。結局、１ＭＤＢはゴールドマンをＩＰＯのアドバイザーに指名した。

この時点で、ライスナーは、世界中を飛びまわり、多くの時間を新妻のキモラ・リー・シモンズと米国で過ごすなど、自由気ままに行動していた。ライスナーは、その夏を過ごす拠点として、セントラルパークの目と鼻の先にある一九一三年に建てられたボザール様式のビル、ザ・マーカンド――五つのベッドルームがある四六〇〇スクエアフィート（四二七平米）のアパートメント――を、自身の会社を通じて一九〇〇万ドルで購入していたが、多くの時間はシモンズのビバリーヒルズのマンションで過ごし、アジアとの間を飛行機で行き来していた。翌年、ライスナーが管理する英領ヴァージン諸島の会社は、六つの船室を有する一七〇フィート（約五一メートル）のヨット、サイ・ラム号を二〇〇〇万ドルで購入した。

ここ何年か、ライスナーはゴールドマンが自分を昇進させないことに不満を抱いていた。取引を獲得するために内部手続きを省くこともいとわない彼の無鉄砲なやり方が評判となっていたことがその原因だった。しかし、六月、ゴールドマンはライスナーを東南アジアの責任者に任命した。ライスナーが会社にもたらした利益は莫大で、会社としても彼が東南アジアで築いた関係を持ち出して他の銀行に転職することを恐れたのだ。この年の終わり、新興市場におけるゴールドマンのプレゼンスを引き続き高めることに躍起となっていたロイド・ブランクファインCEOは、ライスナーとアンドレア・ヴェラを見習うべきロールモデルとして表彰した。

「ティモシーとアンドレアがマレーシアでやってきたことを見ろ」ブランクファインはニューヨークで行われた会議で、次第に規制が厳しくなる米国ではなく、成長市場においていかにビジネスを構築するかについて語った。「そこにはわれわれがやるべきことがまだある」

ブランクファインやコーンその他のゴールドマンの幹部らは、サブプライム危機の後、顧客重視を約束し、ことあるごとにガバナンス強化を強調してきた。しかし、ゴールドマンが数億ドルの利益を上げ、1MDBが無秩序な状態に陥るその裏で、マレーシア国民は高い代償を背負わされていた。ゴールドマンは、異常な事態から目をそむけ、過去にナイジェリアのサニ・アバチャや、フィリピンのフェルディナンド・マルコスが行ったような国家規模の腐敗を助長した。アバチャは中央銀行からトラックで現金を略奪したと言われるなど、これらの独裁者のやり方は、かなり荒っぽい方法だったが、1MDBの事件は、ゴールドマンの鼻先で行われており、より洗練された方法で金を奪っていた。

ヨットに関心を持っていたのはライスナーだけではなかった。悪事が露見し始めているにもかかわらず、ロウはさらにこれまでで最も高価な買い物をしようとしていた。彼がまだ持っていない資産が一つあった。スーパーヨットだった。前の年から、オランダのカスタムヨットの造船会社オセアンコは、ロウのために、ヘリコプターの発着パッドやジム、映画館、サウナなどを備えた三〇〇フィート（約九〇メートル）級のヨットを製造していた。このヨットはトパーズ号には及ばないものの、それでも世界有数の豪華なヨットであり、これを手に入れることで、ロウはマンスールや他のシャイフらからヨットを借りるという屈辱を味わわないで済むようになった。

春にかけて、造船会社がロッテルダムの近くにあるアルバラッセルダム造船所でこのヨットに最後の仕上げをしているとき、ロウは、あらゆる部分まで自分の思い通りにするべく、オセアンコの幹部に細かく指示を与えていた。パーティーでパフォーマンスや食べ物、飲み物に至るまで細大漏らさず指示するのと同じように、この船を完璧なものにしたかったのだ。

「オーナーのキャビンについては、最高の機能を有する高価なマットレスとして、世界最高級ブランドのテンピュールから専門的なアドバイスを受けることができるだろう」あるeメールでロウはそう記していた。

ロウは、何年か前にペナンでヨットを借り、その時はそれが家族の資産であるかのように装った。今、このヨットを手に入れたことで、ほとんど無名のこのアジアの億万長者はその神秘的な雰囲気をさらに深めることになり、その結果、ミランダ・カーを引き留めることにも役立つはずだった。しかしおそらくヨットを手に入れたのには、もう一つの理由があった。このヨットがあれば、緊急時にいつでも移動することができるのだ。

オセアンコの請求は二億五〇〇〇万ドルだった。彼は他にも多くの支払いを抱え、次第に無謀になっていった。ドイツ銀行が最近１ＭＤＢに融資をした資金は１ＭＤＢのエネルギー部門の上場の道を開くためのものだった。二〇一二年、１ＭＤＢの経営陣は、取締役会に報告することなく、アブダビのファンドであるアーバルにＩＰＯ時に有利な価格で株式を購入できるオプションを与えていた。これはアーバルの親会社であるＩＰＩＣが１ＭＤＢの債券を保証したことに対する報酬――二年前にＩＰＩＣの会長マンスール・ビン・ザーイド・アル・ナヒヤーンに約束していた見返り――であると言われていた。

上場をスムーズに進めるため、１ＭＤＢの経営陣はアーバルに与えたオプションを数億ドルで買い戻す必要があると主張し、ドイツ銀行がその資金を融資したのだった。もちろん、アーバルのＣＥＯムハメド・バダウィ・アル・フセイニーと会長のカデム・アル・クバイシは共犯者であり、オプションはロウが資金を動かすための策略の一つだった。１ＭＤＢがドイツ銀行からの融資を手にすると、経営陣はその資金を、ロウとアル・クバイシが二〇一二年に資金を奪うために使った、アーバルによく似た名前の会社に送金した。

危機的な状況にあったロウは、これらの資金を財務上の損失――特に存在しないケイマン諸島の資金――を埋めるために利用することができたはずだった。しかしその代わりにロウは、この資金を夏に納品されるスーパーヨットの支払いに充てた。政治家やジャーナリストがケイマン諸島の資金をマレーシアに返すべきだとうるさく言うこの期に及んで、１ＭＤＢの財政をさらに悪化させるこの行動はまったく分別を欠いていた。

何年間かにわたり、悪事を露見させずに来ていたロウは、自身の直面している危機が見えなくなっていた。ヨットのお披露目は、その夏に行われたロウの姉、メイ・リンのバースデーパーティーだった。この日のためにオセアンコは、龍をかたどったケーキを用意した。ロウは新しいヨットに、困難な時にも冷静沈着であるという意味の〝エクアニミティ〟と名付けた。

第四部

秘密の大かがり火

第39章

〝ノー・キャッシュ、ノー・ディール〟

二〇一四年六月、タイ、バンコク

ブログ、サラワク・レポートを運営するクレア・リューキャッスル＝ブラウンは、バンコク中心部にあるプラザ・アテネ・ホテルのロビーで面談相手を探していた。彼女が探していたのは四〇代のスイス人男性で、それ以外にわずかに知っていたのはその名前と肩書――ザビエル・ジュスト、ペトロサウジの元従業員――だけだった。日に焼けた、がっしりした体格の人物が近づいてきて自己紹介をしたとき、彼女は不意をつかれた。背が低く、眼鏡をかけた頭の禿げた男を想像していたのだ。このミーティングは、二〇一四年六月に仲介者を通して設定されていた。これまで多くのスキャンダルを暴いてきたリューキャッスル＝ブラウンでさえ、今回の取材は緊張していた。ジュストのほうもひどく不安げで、他人に危害を加えるようなタイプには見えなかった。

「私たちが相手にしようとしている連中は無慈悲で、大きな権力を持っています」とジュストは言った。

ジュストは別の方法を使って、彼が受け取るに値すると信じている金を得ようとしていた。彼が奪ったペトロサウジのデータに喜んで金を払ってくれる別の人物を見つけるのだ。

彼がリューキャッスル＝ブラウンと知り合ったのは、偶然のたまものだった。二〇一一年にペトロサウジを去った後、ジュストはF1のナイトレースを観戦するためにシンガポールを訪れていた。彼はペトロサウジのCEOであるタレク・オバイドと会って、データについて交渉するつもりだったが、オバイドは現れなかった。しかし、この旅は、別の意味で実りあるものとなった。たまたまマレーシアの前首相マハティールに近い人物と出会い、彼らに名刺を渡していたのだ。

二年以上が何もなく過ぎていった。そして、二〇一四年の夏、前首相の側近は、ブログのために1MDBの周りを掘り起こして何かを見つけようとしていたリューキャッスル＝ブラウンをジュストに紹介した。彼女は、ペトロサウジに関する情報を持っている人物を見つけようと躍起になっていた。その人物が、1MDBで何が起きているかを解き明かすうえで役に立つと考えていたのだ。直接会う前に、ジュストは、資料のサンプルとして、〝取引に関する数千件の文書（eメール、ファックスおよび文書の写し）〟と題し、サーバーに含まれている詳細を要約した一枚の書面をリューキャッスル＝ブラウンに提供していた。これこそまさに、1MDBとジョー・ロウへの疑惑を証明するために、彼女が必要としていた手掛かりだった。数週間後、彼女はジュストに会うためにバンコクに向かった。

サーバーのデータはポータブル・ハードドライブに保存されいつでも手渡せる状態にあった。その中にはロウがペトロサウジと共に行った略奪行為の詳細が記録されていた。しかし条件があった。この情報が欲しければ、リューキャッスル＝ブラウンは二〇〇万ドルを支払わなければならなかった。ジュストは、この金額はペトロサウジがジュストに支払うべきものだったのだと説明して、自らの要求を正当化した。彼女は英国の上流階級の一員であり、義理の兄は英国の首相だった。しかし、マレーシアと違って、それだけで数百万ドルもの金を簡単に動かすことはできなかった。

ジュストの意思は固かった。「支払いがなければ《ノー・キャッシュ》、取引もなしだ《ノー・ディール》」

どうしてもそのデータを手に入れたかったリューキャッスル＝ブラウンは、資金を提供してくれる人物を探し始めた。スポンサーが見つかるまで七カ月かかった。

ロウは、ペトロサウジの経営陣からジュストが金を要求していることを聞いていたに違いない。しかし、ジュストとリューキャッスル＝ブラウンとの間でこのような危険な会合が持たれていることはつゆほども知らなかった。もし知っていたなら、どうしていただろうか？　ロウはジュストのことは、あまり深刻には考えていなかったようだ。彼なら、わずか数百万ドルをペトロサウジの元幹部であるジュストに支払うことをためらわなかったかもしれない。しかし、ロウは自分の詐欺スキームの基本的な部分にさえ、注意を払うことに関心を失っていたようだ。

彼は新しい恋人の関心を引くのに夢中で、重要な情報を漏らさないようにするということにさえ目を向けることができなかったのだ。

ミュンヘンでは、紫の花柄をあしらったグリーンのスカートとシャツを着たミランダ・カーが、何人かのカメラマンがシャッターを切るなか、車から降りて、エスカーダの支店に向かった。二〇一四年七月二九日、バイエルンの暑い夏の日のことだった。彼女はこのドイツの高級ブランドと共同で、ジョイフルという名の新しい香水ブランドを立ち上げるためにここに来ていた。その香水の香りはシンプルをテーマにしていたことから、カーのメーキャップも薄く、茶色の髪を自然に肩に下ろしていた。ドイツ人モデルやテレビのパーソナリティーがシャンパンを飲んでおしゃべりをし、カーの周りでは、彼女の行く先々でいつも起きるように、誰もが慌ただしく動いていた。

「シンプルなことよ。そう、生き生きとした花束に幸せを感じたり、日の出や日の入りを眺めたりといったように」彼女はあるインタビュアーにそう答えていた。

この数週間、カーの生活はシンプルとはほど遠かった。英国デイリー・メールの雑誌HELLO!などが、カーとオーストラリアのカジノ経営者である億万長者ジェームズ・パッカーとの新たなロマンスを報じていたのだ。六月、オーストラリアの新聞は、カーが、キプロス沖でパッカーのスーパーヨット、アークティックP号の船上にいたと報じていた。さらにこれはロマンスではなく、KORA Organicsに出資してくれる有力者を探しているのだという内部情報もあった。彼女の現在の出資者は、ルネ・リブキン――インサイダー取引で投獄され、後に自殺した株式ブローカー――の双子の息子たちで、二五パーセントの持ち分を有していた。しかし、彼女はオーガニックコスメに特化した自身の会社をさらに大きくしたいという壮大な野望を抱いており、そのために巨額の資本を必要としていた。

しかし、結果として、彼女は誤った億万長者に目をつけてしまった。カーがミュンヘンでの仕事を終えると、ロウはプライベートジェットを手配し、彼女をピックアップして、ナポリに連れて行った。彼はこの旅行を一カ月もかけて計画し、あらゆる面まで細かく指示するために高級コンシェルジェサービスを雇ってさえいた。ロウは、英国人とアメリカ人の船長が操縦する新しいヨット、エクアニミティ号をイタリアまで航行させた。この船は、木や竹、大理石、金箔などをあしらったアジアンテイストのインテリアが自慢で、ロウを単なる金持ち以上に見せていた。また二六名のゲストを迎えることができ、スタッフとゲストの適切な割合を確保するために、さらに二八名分のクルーの部屋も用意されていた。この船を稼働させるだけで年間数百万ドルの費用がかかった。カーはいつものように広報担当のクリスタル・フォックスを伴っていたが、この旅はよりプライベートなものだった。

億万長者は現代の王族だった。この日のロウは、巧みに計画された段取りに沿って動き、まるで現代のルイ一四世のように輝いていた。彼の思いつきは、ヨットのスタッフやプライベートバンカー、アートディーラーらによって直ちにかなえられた。数日前、ロウはジュエラーのロレイン・シュワルツにダイヤモンドをあしらったネックレスとブレスレット、指輪のセットを届けさせていた。その数週間前にティファニーの宝石を身につけたカーの写真をシュワルツに送ってカーの好むイメージを伝えていた。ロウは、その後一〇日以上を船上で過ごしながら、イタリアからギリシャのコルフ島をめぐり、手の込んだディナーのたびにさまざまな宝石を彼女に贈った。

しかし、ロウはこのぜいたくのすべてに対し支払いをしなければならなかった。およそ五〇億ドルが1MDBから引き出されていたが、この詐欺のスキームには出費——共犯者やビジネスパートナーに対する支払いや億万長者としてのライフスタイルを維持するための支払い——も多く、その資金繰りに苦労することもしばしばだった。そして、最近増えつつあるネガティブな報道に対抗しようと、米国のPR会社エデルマンを雇っており、さらにその後、英国の風評コンサルタントであるシリングスも雇っていた。エデルマンのサービスに対する支払いは、数カ月で一〇〇万ドルにものぼった。

請求書が多くなるにつれ、ロウは、法的な費用やエクアニミティ号のクルーの給料などの支払いを失念するようになり、膨大な美術品を担保にサザビーズ・ファイナンシャルから融資を受けなければならないこともあった。

カーに贈った宝石の代金として二〇〇万ドルを支払うため、ロウは再び、1MDBから資金を強奪した。彼が重要な顧客だったため、シュワルツはコルフ島の旅行から数カ月は待ってくれたが、九月までには支払わなければならなかった。ロウがこれまでに1MDBから引き出した金額を考えると、この比較的少額の資金なら世界のどこかから調達できそうなものだった。

しかしロウは、1MDBからできる限りの金を引き出すことにこだわった。おそらく、来たるべきIPOが実現すれば、詐欺のスキームを維持できると信じていたのだろう。すでに五月にドイツ銀行から融資――1MDBの財務を立て直すための最後の頼みの綱だった――を受けていたが、これをエクアニミティ号の建造資金に使ってしまっていた。今、ロウはさらに七億二五〇〇万ドルの融資を、表面上は以前と同じ目的――上場時にアーバルに株式の取得を認めたオプションをIPO前に買い戻すという目的――で、ドイツ銀行から引き出そうと画策していた。

ゴールドマンが1MDBから得ていた利益を考え、ドイツ銀行はこの融資に積極的に取り組んだが、単独での融資は難しかった。他の中東の銀行の参加を募るため、二〇一四年九月一〇日、ロウは、エリック・タンのGメールアカウントを使って、オタイバ大使にメールを送り、彼のアブダビでの影響力を駆使して貸し手を見つけてほしいと訴えた。大使はこれに応え、ファースト・ガルフ・バンクやアブダビ・コマーシャル・バンク、クウェートの銀行の幹部に、ドイツ銀行が組成するコンソーシアムへの参加を要請した。ゴールドマンも参加を検討したが、最終的に――長年にわたり目をつぶっていたにもかかわらず――1MDBの行動に関し社内で疑問が提起され、参加を見合わせた。１ＭＤＢは、融資の担保としてケイマン諸島の投資を提供していたが、ゴールドマンがその証拠資料を求めたのに対し、１ＭＤＢの経営陣は、アブダビのファンド、アーバルからの保証を提示するだけで、投資の存在を証明する証拠を提出することができなかったのだ。

アーバルのＣＥＯムハメド・バダウィ・アル・フセイニーが、ドイツ銀行のバンカーに融資を早く実行するよう促して、手続きの進捗を支援した。他にも、ロウの仲間である１ＭＤＢの幹部テレンス・ゲーが、ナジブ首相が迅速に資金を受け取りたいと願っていることを示唆して、ドイツ銀行に融資を急ぐようプッシュした。

その後、１ＭＤＢはドイツ銀行に七億二五〇〇万ドルの最初の実行部分を直接アーバルに送金するよう依頼した。これは通常とは異なる手続きだった。銀行は、コンプライアンス上の観点から、このような巨額の資金は直接、借り主の口座に入金するのが普通だった。ところがドイツ銀行は、アブダビのファンドが関与しているように見えることに満足してしまった。銀行はロウにだまされていた。送金の受取人は、アル・フセイニーがシンガポールのＵＢＳ銀行に開設した、アーバルに似せて作られたもう一つの会社の口座だったのだ。二日後、一億ドル以上もの資金がファット・エリックが管理するシェルカンパニーの口座に移された。

なぜロウが金を盗み続ける必要があったのかは、その後に起きたことで明らかになった。多くの人々にそのサービスに対する支払いをしなければならなかったのだ。このシェルカンパニーから、オタイバが一部を管理する英領ヴァージン諸島の会社、デンスモアのＢＳＩのシンガポールにある口座に一三〇〇万ドルが送金された。これは明らかに、中東の銀行に融資に参加させるためにオタイバ大使の地位を利用したことに対する報酬だった。アル・フセイニーの上司であるカデム・アル・クバイシも一五〇〇万ドルを手にしていた。

そして、もちろんロウも分け前を得ており、資金の一部をジュエリーデザイナーのロレイン・シュワルツに送っていた。数カ月後、彼はさらに三八〇万ドルのダイヤモンドのペンダントをカーに贈り、スーパーモデルの愛情を得るためのプレゼントは合計で八〇〇万ドルを超える金額になっていた。

二〇一四年九月、マレーシアの前首相であり、依然として与党ＵＭＮＯの有力な人物であった八九歳のマハティール・モハマドは、ある漏洩情報を入手していた。そこには、ジョー・ロウが投資判断に関与していることを示す１ＭＤＢからのｅメールが含まれていた。ロウの１ＭＤＢにおける役割について、何年にもわたって憶測がささやかれてきた結果、ついにその証拠が流出したのだった。マハティールは依然としてＵＭＮＯ内部で権力を有しており、この混乱の責任を取ってナジブ首相を辞職させるための裏工作を進めた。１ＭＤＢの巨額債務は、マレーシアをアルゼンチンのような危機に陥れるリスクをはらんでいると、マハティールは自らのブログに書いた。政府に批判的な新聞として知られるジ・エッジのような記事ではなかったも

の の、この国で最も影響力を有する人物の一人が1MDBに対する懸念を表明したのだった。

これまで、ジャーナリストはロウとその富の源泉について憶測を述べるにとどまっていた。こういった記事に対抗するため、ロウが雇ったPR会社のエデルマンは、クライアントであるロウがマレーシア政府の〝後援〟を受けていることを否定する声明を出した。しかし、問題を抱えた国営投資ファンドそのものから、信頼できる情報が漏れ始めていた。このeメールを入手したサラワク・レポートのクレア・リューキャッスル＝ブラウンも、「ジョー・ロウの浪費とマレーシアの開発資金」と題する記事を発表し、その中で、なぜ1MDBがロウの秘密の役割についてうそをついてきたのかと、疑問を呈した。

「マレーシア国民は、ロウがさまざまな億万長者の集まるナイトクラブで記録的な額を浪費することを結果的に認めている」と彼女は記した。「この資金はマレーシア国民によって支払われているのだ」

この展開により、デロイトのクアラルンプールのオフィスは、さらなる混乱に陥っていた。監査法人は、二〇一四年会計年度の決算報告書の承認を急いでいた。マレーシアの法律では、九月末までに決算報告を完了していなければならなかった。1MDBは過去にこの期限を守ったことはなかったが、年末に控えたIPOを実現するためには、期限通りに決算報告を提出することが必須だった。

自身の評判を心配したデロイトは、ケイマン諸島のファンドにある二三億ドルをすぐに回収するよう求めた。１ＭＤＢの取締役会は、どうやらその資金が実在すると思い違いをしていたようで、経営陣にこれに従うよう要請した。ロウは、最初に１ＭＤＢから資金を奪って以来、会計上のマジックに頼ってこの問題をもみ消してきた。しかし、三つの異なる監査法人の監査を経る間も、この問題は、靴の中の小石のように残っていた。これまで彼は、将来新たなトリックを用いて隠ぺいすることができるという仮定のもとに、強奪と、派手な浪費を繰り返してきた。今、絶望感が高まるにつれ、彼は、実際に何がしかの資金を回収しなければならないという厳しい現実に直面していた。問題は、自由にできる二三億ドルの資金などなかったということだった。別の策略が必要だった。それもこれまでで最も無謀な策略が。

ロウは、元ＢＳＩのファンドのスペシャリスト、ヨー・ジアウェイに助けを求めた。どうすれば、宝石やその他の購入に用いたドイツ銀行の融資の残りの数億ドルを、二三億ドルにすることができるだろうか？　この種の錬金術は、ロウの手に負えるものではなかったが、ここ何年も、会計上のトリックを用いて１ＭＤＢから資金を強奪していることを隠していた。最後にもう一回、デロイトと取締役会をだます起死回生の一手を打つことができないだろうか？　ヨーには考えがあった。彼はシンガポールを本拠地とし、キュラソーのファンドを管理する金融会社アミコープに目を向け、その考えを実行に移した。１ＭＤＢが資金を回収したと見せかけるために、ヨーは複雑でまわりくどい資金の流れを考え出した。

それはこれまでで最もクレイジーな計画であり、あまりにも馬鹿げていたため、成功するチャンスはないように思えた。その計画とはこうだった。１ＭＤＢはまず、最近のドイツ銀行からの融資の一部をケイマン諸島のファンドに送金する。そこから、この投資資金を〝回収〟するが、すぐにアミコープが設立した一連のオフショア事業体に送金し、最終的にケイマン諸島のファンドに戻す。ここから、１ＭＤＢは再び、その資金を〝回収〟するのだ。つまり同じ資金が循環していた。ロウらは、数億ドルの資金を循環させ、これを五回以上繰り返すことによって、実際には存在しないケイマン諸島のファンドの資金一五億ドルを１ＭＤＢが〝回収〟したかのように見せたのだった。

資金が回収されたことに満足したデロイトは、一一月上旬、１ＭＤＢの決算報告書を承認した。監査法人は資金の循環を見破ることができなかった。１ＭＤＢは二億ドルの損失を計上し、その結果、投資家のＩＰＯへの関心を促すことは難しくなっていたものの、批判を静めることはできた。財務諸表上では、１ＭＤＢはケイマン諸島のファンドに投資していた資金の半分以上を回収していた。どうやら奇跡を起こせたようだ。おそらくＩＰＯも成功するだろう。ロウはそう思った。しかし、まだ問題があった。

ドイツ銀行が何かがおかしいと気づき、ロウをさらに窮地に追い込んだ。ドイツ銀行の一部のバンカーが、彼らの融資の担保であるケイマン諸島の投資が怪しいと言い出したのだ。ドイツ銀行に融資の返済を求められても、１ＭＤＢにはその資金を工面することはできなかった。ドイ

ロウは、自らの評判を高めなければならなかった。そして多くの評判の悪い実業家と同様、

すぐにイメージアップを図るための方法として慈善事業に目を向けた。それは自滅への兆しだった。

第40章

気前のいいジョー

二〇一四年一〇月、ニューヨーク

アリシア・キーズとその夫のスウィズ・ビーツに紹介されると、ロウは席を立ち、チプリアーニ・ウォール・ストリートの演台に向かった。熱烈な拍手がロウに向けて鳴り響いていた。ロウは、ニューヨークの社交界のイベントの中でも注目の一つであるエンゼル・ボールで称賛を浴びていた。エンゼル・ボールは、社交界の有名人にしてシンガーソングライターのデニス・リッチ——娘のガブリエルをがんで亡くしていた——が年に一度開催するイベントで、ハリウッドスターやミュージシャン、実業界の有力者らが集まり、がんと闘うために数百万ドルの資金を募っていた。数カ月前に、リッチはロウに連絡をし、彼がその年の〝エンゼル・ガブリエル〟として一〇月一九日のエンゼル・ボールで表彰されることになったと告げた。

黒の蝶ネクタイで正装をしたロウが、その夜のパーティーのステージに上がり、拍手がやむと、彼は一瞬、間《ま》を置いて、ホールを見渡した。このバンケットホールは、かつてはニューヨーク証券取引所だったところで、ギリシャ風の柱と高い天井、中央には堂々たるアダム様式のドームを有し、権威とステータスを醸し出していた。ロウのために、多くの知人や友人たちが駆けつけていた。

そこにはリッチ自身もいた。彼女の元夫マーク・リッチは、脱税の容疑で連邦から起訴された後、スイスに逃亡し、最終的にビル・クリントン大統領によって恩赦を受けていた。近くには、オタイバ大使夫妻もおり、ロウと同様、慈善活動に対し〝エンゼル・オブ・インスピレーション〟として表彰されていた。二人の向かいには、その晩、パフォーマンスを披露することになっていたジェイミー・フォックスやアリシア・キーズ、リュダクリスの姿があった。ジュエリーデザイナーのロレイン・シュワルツやパリス・ヒルトン、ロウが足しげく通うニューヨークのナイトクラブ、1OAKのオーナー、リッチー・アキバも列席していた。

ロウが話し始めた。彼は二〇一二年二月にスイスで初めて人間ドックを受診し、医師からステージ2の肺がんの可能性があると告げられたと告白した。

「世界が崩れ落ちるような気がしました」とロウは言った。まるでその話を本当らしく見せようとするかのように、少し強ばった口調で話した。「私の人生が変わった瞬間であり、何をすべきかわかりませんでした」

そしてアル・フセイニー――ロウは観衆の中にいる友人を身ぶりで示した――に電話をし、この病気に関して世界でもトップクラスの病院であるテキサス大学MDアンダーソンがんセンターの医師に連絡したこと、六カ月の検査の後、医師からはただの感染症だと告げられたこと、そしてこのがんからの一時的な刑の執行延期が、彼の人生に対する見方を変えたことを語った。そしてその年、人生の多くをチャリティーに捧げるためにジンウェル財団を設立し、翌二〇一三年一〇月には五〇〇〇万ドルをＭＤアンダーソンに寄付し、ＩＢＭのワトソン・スーパーコンピューターに患者のデータを提供することでより適切ながん診断への取り組みを支援すると約束した。

そこには、カメラを前にして、これまでの人生でやってきたように演じ続けるロウの姿があった。このうそつきの天才は、より深く追求されることを避けるため、半分だけ真実を織り交ぜて話を作った。言いたいことは単純明白だった。おそらく、ロウはがんで死ぬことを恐れていただけなのだろう。だが、彼は自身の出所に関するもう一つの作り話を繰り広げるためにこのスピーチを利用した。

「この場をお借りして私の背景についても少しお話ししたいと思います」と切り出した。観衆の何人かは、スピーチが長引くことに対し小声で不満を漏らし始めた。しかし、ロウはこの機会をうまく利用する必要があった。彼は、またも祖父が一九六〇年代にマレーシアにやって来て、財を成したという古い話を、今回はニューヨークの実業界やエンターテインメント業界の名士を含む招待客の前で披露した。彼の祖父が、ロウ一家の伝統となる慈善活動を始め、〝孤児〟を含む、アジアじゅうのコミュニティに寄付をしてきたと語った。祖父は最近、やはりがんで亡くなり、そのことがロウにMDアンダーソンへの寄付を決意させたのだと。

「祖父が立ち向かったすべてが、日々私に元気を与えてくれています」とロウは語った。祖父が死んだこと、ロウが彼を愛していたことは疑いようもないだろう。しかし、ロウの祖父は、孫が語ったほどには裕福ではなく、慈善家でもなかった。そしてロウ自身もそこまで気前が良いわけではなく、1MDBから資金を奪うのに忙しかった二〇一二年、自身ががんの恐怖にあったとする時でさえ、ジンウェル財団はほとんど活動をしていなかった。ジンウェル財団が一億ドル以上の資金を慈善活動に使うことを約束したのは事実だったが、実際に寄付されたのはその一部だった。ジンウェルの慈善活動は、ロウに関するネガティブな報道が加速度的に増えてきた二〇一三年に活発になり、二〇一四年になってさらに拍車がかかっていた。

マスコミのネガティブな論調を変えるために、PR会社エデルマンは、数千万ドル規模のナショナル・ジオグラフィックの〝原始の海〟プロジェクトや国連の報道部門を閉鎖から守るための慈善活動について公表するようロウに要請した。ロウは母校にも寄付をする計画を考えていた。彼の依頼により、建築家が、ウォートンに〝持続可能な事業のためのジンウェル研究所〟と呼ばれる新たなビルディングの設計を行った。ロウは、この研究所の設立と三〇年分の運営資金、一億五〇〇〇万ドルを寄付する計画を立てた。その気前の良さは、ロックフェラーやカーネギーをほうふつとさせるほどだった。

ロウは、デロイトが1MDBの決算報告を承認したことやIPOを控えていること、さらに慈善活動に関する輝かしいほどの大きな賞を受賞することで、状況を好転させようとした。また、ジンウェルのためにしゃれた会社紹介ビデオを作成した。そのビデオの中では、ジンウェルが一億五〇〇〇万ドルを投資するニューヨークの金融機関の実業家、トーマス・カプランが、ロウはいつも約束を守ってくれる男だと言って彼をほめそやしていた。ビデオにはロウの兄のツェン・ロウやアリシア・キーズ、ムバダラの幹部もゲスト出演していた。

「人生に対する信頼と忠誠心を築きながら、豊かさを数値化し、あらゆる人々のための価値を創造するシナジーをどうやって発揮するか？」アブダビやニューヨーク、そしてカリブ海で撮影されたビデオの中で、ナレーターは息をつく間もなく語った。「ジンウェルにとっては、力強い品質と刺激的な価値の創造、そして忠実な信頼こそが土台なのです。他には何も必要ありません」

ロウは、おそらくこれまでで最大となる取引——ボストンを本拠地とするスポーツ・アパレル・メーカーのリーボックをアディダスから買収する一〇億ユーロ規模の買収案件——をムバダラと共に協議していた。ジンウェル内部でプロジェクト・ターボチャージドと呼ばれていたこの買収案件が成功すれば、彼は、輝かしい投資家として、その名前を刻むことになるだろう。リーボックでクリエイティブ・エグゼクティブを務めていたスウィズ・ビーツもこの取引に関与していた。ロウは、交渉のためにボストンへ飛び、フォーシーズンズホテルのスイートに数週間滞在した。

ロウはまた、ジェームズ・ボンドのスーツを作った米国のファッションデザイナー、トム・フォードとも、彼の会社の株式の二五パーセントを取得することで協議していた。こういった注目を引く案件への取り組みは、自分の過去に関して、ますます高まっていく雑音をかき消すことを狙ったものだった。

しかしロウには、これらの協議を最終化する時間はなかった。マレーシアでは、ナジブの秘密口座がついに厳しい監視の目を集めるようになり、その一方でロウは詮索好きなオーストラリアの銀行の介入に対処しなければならなかった。

第41章

金の詰まった袋

二〇一四年一二月、マレーシア、クアラルンプール

一二月初め、ナジブ首相の秘密口座を担当していたAM銀行の従業員ジョアンナ・ユーは、パニックに陥っていた。

「ここ何日もストレスに満ちた日々が続いています。オーストラリア・ニュージーランド銀行（ANZ）が当行を管理することになりました」彼女は、オーストラリアの銀行がAM銀行の株式を取得したことについて、ジョー・ロウにeメールで報告した。「口座をすぐに解約する必要があります」

ロウは、「OK」とメールを返した。だが、別なことに気を取られていたようで、だらだらと時間が過ぎ、その月が終わっても、口座は解約されないままだった。ユーは次第に不安を募らせていった。何度もメールを送り、状況がいかに危機的かをロウに説明した。

この銀行のCEOだったチア・テック・クアンは、すでに経営から退いていた。新たなCE

Oアショク・ラマムルティはANZから派遣されており、彼がナジブの秘密口座を発見していた。

　この時点で、ナジブは多くの秘密口座をAM銀行に保有しており、ラマムルティはこれに着目していた。二〇一四年終わり、新しいCEOはナジブの口座に入金された巨額の資金についていて、いら立ちを募らせていた。ここ数カ月、ナジブの口座は、政治家への支払いが立て込んだために資金不足を起こしていた。口座が借り越しになるとコンプライアンス部門の関心を引くことから、これを阻止しようと躍起になり、ロウは仲間らに、閉店間際に大量の現金をAM銀行の支店に持ち込むよう手配した。

　これは判断ミスであり、ユーを驚かせた。彼女は、ロウにやめるよう懇願した。しかし、そのアドバイスを無視して、ロウは仲間たちに現金の入った袋――文字通り、袋に入った札束――をAM銀行の支店に運ばせた。入金額は合計で一四〇〇万ドルでしかなかったが、このような銀行のカウンターでの現金入金は、AM銀行のアンチマネーロンダリング担当者の注意を引いたことから、ラマムルティも行動を起こさざるを得なくなった。ラマムルティはAM銀行の取締役会に警告を発したうえで、中央銀行であるマレーシア国立銀行に報告した。ロウは怒り狂った。

「これは秘密口座だ」とメールを返し、チア・テック・クアンに言って、ラマムルティにこれ以上情報を開示させないようユーに命じた。

もはや手遅れだ、とユーは返信した。ANZの取締役会メンバーは口座の存在を知っており、悪運が尽きたことを知ったチアは一二月末に銀行を退職していた。

オーストラリアのメルボルンでは、かつての波止場を見下ろすANZの本部で、経営陣が、自ら発見した事実に動揺していた。これは、AM銀行最大の株主であるANZにとって、風評上の〝大災害〟となる恐れがあった。ラマムルティはANZで二〇年以上の勤務経験があり、さらにANZの財務担当取締役でオーストラリアでも有数のバンカーの一人であるシェイン・エリオットがAM銀行の取締役会のメンバーとなっていた。

ANZは、当時新興市場で勢力を拡大していた他の多くの外国商業銀行と同様、マレーシアの経済発展を利用して、この国に進出しようと考えていた。しかし彼らは、自らが管理するはずの銀行で何が起きているかをまったく知らなかった。これは、ナジブの口座に関する問題だけではなかった。AM銀行は1MDBにも融資をしており、このファンドに関する報道が、ANZの経営陣をさらに神経質にさせた。将来のダメージを抑えるため、ANZの取締役会は、ドイツ銀行とメイバンクと共に共同アレンジャーを務めていたIPOから直ちに撤退するようAM銀行に命じた。

この事実の暴露は、マレーシア国立銀行にとってもジレンマとなった。中央銀行はこの国の金融システムを監督しているにもかかわらず、世界最大の金融詐欺を発見することができなかったのだ。AM銀行の前CEOチアは、六七歳のマレーシア国立銀行総裁ゼティ・アクタル・

アジズに二〇一一年に首相の口座の存在について報告していた。チアは、ナジブがサウジアラビアからの数億ドルの政治資金——ロウが大量の資金の流入を説明するために巧みに作り上げた話——が入金されることを期待していると彼女に報告していた。

ゼティがこの問題について聞いたのは、これが最後だった。これは首相が関与する非常にデリケートな問題だったが、ゼティは口座の内部調査を命じた。彼女は、一〇年以上にわたってマレーシア国立銀行の舵を取ってきており、アジアで最も有能な中央銀行総裁の一人と見られていた。この問題は彼女の評判を脅かしていた。彼女は真相を明らかにしたいと考えた。

緊張が高まっていくなか、ユーは、ANZと中央銀行の綿密な調査を恐れて、自らの手で口座を解約しようとした。しかしナジブはロウに代表されるようなごますりに囲まれ、自らの幻想の中に守られていた。彼は自分の首に巻かれた縄が絞まってきていることに気づいておらず、口座を引き続き維持するように命じた。首相は妻を機嫌よくさせておく必要があったのだ。

クリスマスの直前、ナジブはロスマやいつもの取り巻き、そしてボディガードと共に、マレーシアの政府専用機で、ハワイの州都ホノルルへ飛んだ。数日後、二人はホノルルの高級ショッピングセンター、アラモアナセンターにあるシャネルを訪れた。首相夫人は展示されていたジュエリーとバッグを丹念に調べていた。ロウは、これまでロレイン・シュワルツから求めた二七三〇万ドル相当の宝石をロスマに贈っていた。しかし、数十万ドル程度のささやかな買い物についてはナジブのクレジットカードで支払っていた。

彼女は、シャネルで何点かの商品を選び、ナジブに支払うように言った。首相は限度額一〇〇万ドルのプラチナカードをさっと取り出し、キャッシャーに渡した。数分後、そわそわしたシャネルの従業員が、決済ができなかったとナジブに告げた。いら立ったナジブは、携帯電話でロウにメールを送った。このクレジットカードはAM銀行の口座から引き落とされることになっており、その口座の支払いは1MDBの資金で賄われていた。

「ジョー、私のプラチナカードが使えないぞ。AM銀行にすぐに連絡してくれ」

ロウはジョアンナ・ユーにこのメッセージを伝えた。彼女は首相のプラチナカードの限度額は、今も一〇〇万ドルだとロウに伝えた。シャネルでぎこちない待ち時間を過ごした後、結局、クレジットカードマシンが突然正常に作動した。マレーシアの国民は、ロスマにとっては平凡な買い物一三万六二五ドルを支払わされることになった。これは彼女の浪費としては、大海の一滴にすぎなかった。数カ月前、イタリアのサルジニア島で、ナジブはクレジットカードを使って、七五万ユーロの宝石を妻に買っていた。

二〇〇八年以降、ロスマは、ビバリーヒルズのロデオドライブから、ナイツブリッジのハロッズや五番街のサックスまで、とどまることを知らないショッピングを繰り広げ、少なくとも六〇〇万ドルをクレジットカード――夫名義だけでなく、彼女自身の名義も含め――を費やしていた。彼女はショッピングに政府専用機を使うことについてもまったく気にしていなかった。

二〇一二年に反汚職を訴えるベルセ運動がロスマの浪費をターゲットにすると、彼女は、自分のイメージを向上させるためのPRキャンペーンを繰り広げた。そして、自身の富は、長年にわたる貯蓄の習慣のたまものなのだと主張したのだ。

「私は宝石やドレスを自分のお金で買っています。それのどこがいけないのでしょうか」と彼女は自伝に記している。

しかし、マレーシア国民はそう簡単にはだまされなかった。

「彼女は小さな頃から、お金を貯めてきたと言っている。そんなことはあり得ない」当時多く存在した不正に対する小さな抗議団体の一つを運営していた二四歳のマラヤ大学学生アニス・シャフィカ・モード・ユソフはそう語った。

平均的なマレーシア国民は、オンライン・ブログへの投稿を通じて、首相一家の金遣いの荒いライフスタイルを馬鹿にしていた。あるサイトは、ロスマが持っている数多くのバーキンの写真を集めて掲載した。こういった抗議活動を行う者は、個人的に大きなリスク――投獄されるリスクさえも――を負っていたが、政権の腐敗があまりにもひどく、多くの人々は黙って耐えることができなくなっていた。

ロスマがショッピングを楽しんでいる頃、ナジブには、ハワイでするべきことがあった。二日後のクリスマスイブ、ナジブ首相はオバマ大統領と会って、ゴルフをラウンドした。ロウがトラブルに直面していることを知らないナジブは、大統領とプレイする機会を一つの勝利――

彼の増大しつつある権力と世界という舞台での名声の証し——として捉えていた。これはめったにない名誉だった。オバマは英国の首相デイビッド・キャメロンやジョー・バイデン副大統領とゴルフをすることはあったが、海外のリーダーとプレイする機会は少なかった。

ナジブへのサポートを強調するため、オバマ大統領は、家族が休暇を楽しんでいる場所から車ですぐのところにあるカネオヘ・クリッパー・ゴルフ・コースでラウンドすることに同意した。マレーシアでは、ナジブに対する抗議運動が繰り広げられていたにもかかわらず、オバマは、ナジブのことをアジアにおける米国の最も重要な同盟国のリーダーと見ていた。しかし、ラウンドは盛り上がりを欠いたまま終わった。

一八番グリーンで、オバマはファーストパットを打った。が、打った瞬間、ボールがカップの左にそれたことがわかった。大統領はボールをタップインしようとしたが、これもはずしてしまった。次にナジブがパットしたが、彼もスリーパットしてしまった。オバマは彼の肩を軽く叩いて慰め、二人のリーダーはクラブハウスへと向かった。

一二月、ドイツ銀行は不安に苛まれていた。彼らはゴールドマン・サックスの上げた大きな利益の再現を夢見ていた。しかし、１ＭＤＢが何かを隠していることがドイツ銀行の経営陣にも明らかになっていた。ドイツ銀行は１ＭＤＢに数億ドルもの融資をしており、１ＭＤＢはその融資契約の一部として、財務情報を銀行に提出しなければならなかった。しかし、１ＭＤＢ

の財務担当幹部テレンス・ゲーは協力を拒んだ。ドイツ銀行は特に、融資の担保であるケイマン諸島の投資の詳細を求めていた。

その資金はブラゼン・スカイという1MDBの関連会社がBSIシンガポールの口座に保有しているとされていたが、ゲーは政府の機密を理由にデータを渡すことを拒んでいた。ドイツ銀行がそこに資金がないことに気づいた場合、彼らはローンを回収し、1MDBはさらなる経済的な苦境に陥り、ドイツ銀行がアレンジャーとして支援しているIPOも失敗に終わる可能性があった。同様に1MDBの取締役会も不安に苛まれていた。一二月、マハティールに近いUMNOの政治家が1MDBの不正の可能性を指摘した後、1MDBの事務所が警察の取り調べを受けたのだ。警察は何の文書も押収することなく去って行ったが、ある取締役会メンバーは、この取り調べにひどく脅え、取締役全員が背信行為で刑事告訴されるのではないかと声高に叫んだ。

ドイツ銀行は、ゲーの言い訳に納得しなかった。そこでロウは、二〇一四年のクリスマスの直前、過激な手段に打って出た。1MDBの上級経営陣に、クアラルンプールの1MDBの本部にある、あらゆる文書を破棄するように命じたのだ。ロウは1MDBにおいては幽霊のような存在であり、オフィスにはめったに現れなかったが、自分の指示を一切疑問を持つことなく実行する幹部を通じてその権力を行使していた。優秀なアイヴィーリーガーのほとんどは、ロウに関する疑惑がささやかれる中ですでに会社を去っており、残っているのは、ロウに忠実な者ばかりだった。

しかし、数十億ドル規模の政府系投資ファンドのデータを消去するというこの命令は、自暴自棄のにおいがプンプンした。下位レベルの従業員は、ラップトップコンピューターと携帯電話をＩＴ部門に持って行って、すべてのデータを消去するように指示された。メインフレームコンピューターの情報さえも消去された。言い訳として、経営陣は、１ＭＤＢに対するハッキングがあった――これによってサラワク・レポートがｅメールの情報を取得した――ことから、セキュリティを確保するためにこうするしかないとスタッフに説明した。

この説明は合理性を欠いていた。ハッキングの脅威にさらされている企業は、単にサーバーをオフラインにすれば良いのだ。その後まもなく、物理サーバーそのものも行方不明になった。これは過去の履歴を消そうとした試みであり、ロウが万策尽きてきたことの兆候だった。ここ何年かにわたって、彼は、ナジブ首相とのコネを活用して、ひそかに１ＭＤＢを支配し、繁栄を謳歌してきた。長年にわたり、彼はリスクに対してまったく無頓着だった。その裏には、彼が将来についてほとんど考えようとしなかったことがある。彼には危機管理対策もなければ、この混乱から抜け出す策もなかった。今や彼はパニックに陥っていた。

しかしその哀れなあがきも実らなかった。文書のコピーが複数の場所――ジュストはその重要な一部を持っていた――に存在したことから、ロウが１ＭＤＢの存在の痕跡すべてをもみ消すことは不可能だった。ドイツ銀行は、引き続き文書の提出を求め、ゲーは最終的に１ＭＤＢ

の会計文書とブラゼン・スカイのＢＳＩにおける銀行取引明細書を、資金がまだそこにあるかのように偽造せざるを得なかった。

１ＭＤＢの取締役会議長であり、ナジブに近い存在だったロディン・ウオック・カマルディンは、二〇一四年一一月二五日の取締役会で、取締役に対し、可能なかぎり速やかに資産をすべて売却して、解散するしか選択肢がないと告げた。利息の負担だけで年間八億ドルにもなっていたことから、１ＭＤＢは支払不能に陥っていた。ＩＰＯももはやはかない夢となった。しかし、１ＭＤＢが自ら解散する前に、ザビエル・ジュストがその引き金を引いた。

第42章
露見

二〇一五年一月、シンガポール

ホー・ケイ・タットは、ザ・フラートン・ホテル・シンガポールの陽光が降り注ぐアトリウムに、上司であるジ・エッジ・メディア・グループの会長、トン・クーイ・オンを伴って入っていった。灰色の大理石で造られた堂々とした新古典主義のビルは、一九〇〇年代には、この向こうっ気の強い植民地の中央郵便局としてその役割を果たし、今は、金融地区のガラスと鋼鉄でできた超高層ビルがそびえ立つ、シンガポール川河口にある五つ星ホテルになっていた。

二人がフラートンに入ってくると、クレア・リューキャッスル＝ブラウンが近づき、交渉相手がラウンジエリアで待っていることを伝えた。彼女は1MDBに関する情報とともに情報源のことも簡単に説明していた。だが、二人はマレーシア人が来ると予想していたようで、リューキャッスル＝ブラウンから、椅子に坐ってくつろいでいる背の高い、魅力的なスイス人のジュストを紹介されると驚きを隠せなかった。昼近くの時間、コーヒーを飲みながら、ジュストはペトロサウジからのｅメールのサンプルを見せ、二〇〇〇万ドルの支払いが必要だと繰り返した。

「まず、ｅメールの信ぴょう性を確認する必要がある」とホーは答えた。

リューキャッスル＝ブラウンは、自身は支払いを拒んだものの、ジュストと会ってから、ずっと資金を提供できる人物を探していた。ジ・エッジを出版しているトンは当然の選択と言えた。二〇年前にジ・エッジを設立して以来、トンは三五〇名のスタッフを擁する、マレーシアで唯一の真に独立した新聞の経営者として、評判を築き上げていた。彼はジュストと会うことに同意し、情報を検証するために、二名の外部のＩＴ専門家を連れて来ていた。

午後、彼らはフラートンのミーティングルームの一室に集まり、そこでＩＴ専門家がジュストのハードディスクを詳しく調べ、数時間をかけて大量のｅメールと文書をふるいにかけた。二人のＩＴ専門家は、改ざんの証拠を徹底的に調べ、データが作成された後に、何者かが変更を加えていないかを確かめるため、隠されたメタデータを調べた。

コンピューターユーザーは通常は〝電子指紋〟を残す。二人のＩＴ専門家は、一〇〇パーセント確実ではないものの、ファイルは改ざんされていないと結論づけた。次に彼らはジュストにどうやって支払うのかを話し合った。ジュストは現金は望まなかった。また口座への巨額の資金移動は、銀行のコンプライアンス部門との間で、面倒な事態を招く可能性があると心配していた。資金を受け取る方法は後日考えることにして、彼はハードディスクを渡した。

「あなたたちを信用しよう」とジュストは言った。

こうしてリューキャッスル＝ブラウンとホー・ケイ・タットは、ジャーナリストとしてのキャリアに残るスクープを手に入れた。

彼らが、ジュストの提供した何十万件もの文書をふるいにかける前に、ニューヨーク・タイムズが二〇一五年二月八日にロウについて一面で報じた。この記事は、タイムワーナーセンタービルの怪しげな外国資金をめぐる一連の報道の一つであり、ロウの所有する米国の不動産の詳細と、彼が首相一家の仲介者としてアパートメントやマンションを買いあさり、それらをリザ・アジズに譲っていることを詳しく報じていた。ロウ自身に関しては、以前は金持ちの友人の〝コンシェルジェ〟だと言っていたのが、最近では家族の資金を投資していると主張する億万長者に変わっていることも記されていた。またニューヨーク・タイムズは、レッド・グラナイトの幹部らが、かつてはロウのことを投資家として前面に出していたが、最近はアル・フセイニーが投資家であると言い始めている点についても指摘していた。さらに同紙は、ロスマの高価な宝石に対する嗜好についても言及していた。「いかなる資金も、旅行や宝石の購入には費やしておらず、金庫の中身は、首相という地位や責任がもたらす先祖伝来の一家の資産を有する人物にとっては、決して並外れたものではない」首相官邸の関係者は、ニューヨーク・タイムズに対する声明の中でそう語った。

ニューヨーク・タイムズの記事は、マレーシアでも波紋を呼び、ナジブの支配の及ばない報道機関がこれを取り上げた。首相官邸からの声明は、ナジブの四人の兄弟にとって、我慢の限界を超えるものだった。彼らは長年にわたり、家族内で、ロスマの浪費に対する不満を訴えていた。首相夫人はどんどん手がつけられなくなり、最近では大衆を前に、髪を染める費用が四〇〇ドル――マレーシア人の一部にとってはひと月の賃金に相当した――であることについて不満を述べるなど、マリー・アントワネットのような存在になっていた。ナジブやロスマではなく、ナジブの兄弟たちが、彼らの父親アブドゥル・ラザクが在任中に横領していたかのような憶測に反論する形で声明を発表したのだ。

「われわれは、その動機が何であれ、父の思い出を汚す者に異議を唱える」ナジブの兄弟らはそう記した。これはナジブとロスマに対するこれみよがしの皮肉だった。

しかし、家名を救うにはもはや遅すぎた。

二月下旬、リューキャッスル＝ブラウンの発表の準備が整った。１ＭＤＢとロウに対する疑惑を提起してから数年後の二月二八日に掲載された彼女の記事は、〝世紀の強奪〟と題したもので、初期の１ＭＤＢの活動を明らかにしていた。記事は、ロウがいかにしてグッドスターを経由して１ＭＤＢから資金を吸い上げたかを文書による証拠とともに示し、二〇〇九年にロウが１ＭＤＢから金を奪った方法を初めて明らかにした。彼女は、信ぴょう性を持たせるために、いくつかの文書を記事の中に織り込んだ。あるｅメールはＣＥＯのシャロール・ハルミが資金をグッドスターに送金するよう、ドイツ銀行に迫っている文書で、また別の文書では、この怪しげなセーシェルの会社グッドスターの投資担当者としてシート・リー・リンの名を挙げ、ロウと結びつけていた。またグッドスターが一〇〇〇万ドルをタレク・オバイドに支払う旨が定められた契約書もあった。リューキャッスル＝ブラウンは金鉱を掘り当てた。そして数日後、ジ・エッジが自ら調査したスクープ記事でこれに追随した。

ロウの明白な横領を示した記事は、ＵＭＮＯの中で内部抗争を引き起こした。マハティールが率いる派閥は、ナジブの退任を公然と要求した。ある有力政治家は、首相の電話に盗聴器を設置することとさえし、彼が1ＭＤＢの中東のパートナーに汚職の責任を負わせる計画をジョー・ロウと協議していたことを突き止めていた。ナジブは、ロウに対し、騒動が収まるまで国を離れておとなしくしているように指示した。首相は、民衆の前では1ＭＤＢにおける不正行為を否定したものの、それでも1ＭＤＢに対する政府による正式な調査を、国の財政状態をチェックする役割を担う国家監査部に命じた。ＵＭＮＯの政治家が率いる議会の公会計委員会も、激しく答えを迫った。委員会はロウに喚問に応じるよう命じたが、誰もロウの行方を知らなかった。

ずっと以前から、ロウはこの日が来るのを予想していたに違いない。彼はなぜ、その詐欺の手口を首相やサウジの王子、マレーシアのバンカー、アブダビの政府系投資ファンドのトップに明かしながら、ここまで厚かましくも、これほど巨額の資金を奪うことができると信じていたのだろうか？

リュー＝キャッスル＝ブラウンによるサラワク・レポートのスクープの数日後、ロウはあたかもこの事態に対し初めから覚悟を決めていたかのように行動した。重罪ではないものの何らかの行為に関与した多くの人々は、正直にすべてを認めていた。ナジブでさえ、家族に辞意を漏らしていた。しかし、ロウは戦う準備をしていた。きっと、それは生存本能なのだろう。しかし、長年にわたってうそをついてきたことから、彼は真実とうその境界線がわからなくなっていた。外国政府との関係を築き、マレーシアの注目度を高めることで、自分がマレーシアの役に立っていると本当に信じていたのかもしれない。

報道が飛び交うさなか、ロウは自身のプライベートジェットで世界中を飛びまわり、仲間らに嵐のようにメールを送っていた。ムバダラのCEOハルドゥーン・ハリハ・アル・ムバラクには、マレーシア政府は不正の証拠は何も見つけていないと記した。記事はペトロサウジからの〝でっち上げられた〟メールに基づいている。〝ここ数カ月は、特定の政治家筋からの雑音やあてこすり、デマで騒がしいかもしれない〟と、ロウはアル・ムバラクに伝えた。彼は、メールのBCCにオタイバ大使を指定し、自分がいかに事態の収拾に努めているかを同志に示した。

「サラワク・レポートの記事は大げさに取り上げただけで、あてこすりや根拠のない告発に満ちている」彼はAM銀行のジョアンナ・ユーにそうメールを送った。ユーは返信をしなかった。彼女はナジブの口座を解約するのに忙しかったのだ。AM銀行の取締役会からのプレッシャーと絶えず資金不足が続くなか、首相も渋々従うしかなかった。ユーにとって、自分が関与していたものの正体が次第に明らかになってきた。もちろん彼女は、首相が管理する口座であっても、秘密口座を維持することや中央銀行や取締役会をだますことが違法であることはわかっていた。しかしロウの詐欺の手口は彼女の想像をはるかに超えていた。

ロウがユー宛てにメールを送った数日後、マレーシアの警察当局がAM銀行を家宅捜索した。彼らは、クアラルンプールのペトロナスタワーズ近くの超高層ビルにある銀行の本部を捜索し、ユーのデスクに向かい、彼女にコンピューターと携帯電話を渡すよう命じた。彼女はすぐに従った。このとき、警察が事情を聴取すべき上級幹部は銀行にはもう残っていなかった。ユーの元上司チア・テック・クアンは数カ月前に引退していた。アショク・ラマムルティは三月初めに慌ててAM銀行のCEOを退任し、オーストラリアのANZに復帰した後、すぐにANZからも完全に退いた。

サラワク・レポートの記事を受け、マレーシアの法執行機関も行動を起こすべく勢いづき、1MDB事件を捜査するタスクフォースが立ち上げられた。タスクフォースにはマレーシア国立銀行、国家警察、マレーシア腐敗防止委員会に加え、この国の検察官のトップである司法長官も加わった。

ユーとロウとのメールのやり取りを含む、警察が押収したナジブの口座に関する証拠から、途方もない全容が明らかになった。その後の数週間で、マレーシア国立銀行の職員は、ゼティ・アクタル・アジズ総裁の指揮のもと、押収した資料を徹底的に調べ、驚くべき事実を明らかにした。首相は、二〇一一年から二〇一四年にかけて秘密口座に一〇億ドル以上の資金を受け取っていた。最も大きな支払いは総額六億八一〇〇万ドルにも及び、ファルコン銀行のシンガポール支店に口座を持つ、タノレという名の見知らぬ会社からのものだった。この発見が与える衝撃的な影響を考慮して、タスクフォースは、当面の間、情報の発表を控えることを決定した。

サラワク・レポートの記事は、ナジブの口座については言及していなかった。そして、今のところは、中央銀行であるマレーシア国立銀行も、首相が1MDBから資金を受け取ったという証拠はつかんでいなかった。しかし、捜査の網は、その範囲を次第に広げていた。マレーシア国立銀行は、シンガポールの警察当局に接触し、ジョー・ロウの口座に関する情報提供を求めた。三月一三日、シンガポール当局の疑わしい取引の報告を管轄する部門は、BSIのシンガポール支店にあるロウが所有する会社の口座に、二〇一一年から二〇一三年にかけてグッドスターから五億ドルの送金があった旨を回答した。この会社は、サラワク・レポートが記事の中で言及していた会社だった。資金の流れの次のステップが明らかになろうとしていた。しかし、1MDBと首相はまだつながっていなかった。

それでも、捜査は勢いづき、いつもなら、国に富をもたらすプライベートバンキング業界を動揺させることを好まないシンガポール政府も、やっと重い腰を上げた。

「犯罪資金がシンガポールに送金されていた場合には、犯罪が行われていたかどうかを調査する意向である」疑わしい取引の報告を管轄する部門の責任者であるチュア・ジア・レンはマレーシア国立銀行にそう回答した。

マレーシアと海外の当局が迫っていた。ロウとナジブが影響を抑え込もうとしているなか、もう一人の重要人物が危機に瀕していた。ＩＰＩＣのカデム・アル・クバイシだった。

第43章
Tバックのヒップ

二〇一五年四月、イスラエル、テルアビブ

テルアビブのとあるオフィスビルの裏で、即席の焚火の炎が、いくつものUSBメモリのプラスチックを溶かしていた。男が二人、立ったままその炎を見つめていた。その一人、アブダビの投資ファンド、アーバルのCEOムハメド・バダウィ・アル・フセイニーは、このUSBメモリの中身を確実に焼却処分するためにそこにいた。ゴールドマン・サックスがアレンジした1MDBの債券からロウが資金を奪うのを助けたアル・フセイニーは、燃やした文書の山から紙の燃えかすが宙に漂うのを見ていた。文書の中には、彼の上司であるカデム・アル・クバイシのキャリアを破滅させかねないリスクをはらんだ秘密のファイルや写真が含まれていた。この文書は、フランスにあるアル・クバイシの自宅とオフィスから、フランス系アルジェリア人のラセム・ハウエスによって持ち去られたものだった。長年の腐敗行為の結果、アル・クバイシには多くの敵がおり、ハウエスもその一人だった。

ハウエスは、長年、アル・クバイシの忠実な執事として、車やジェットの手配、ホテルの予約を行う一方で、時折、彼のボスと秘密の支払いを行う者とのメッセージの受け渡しを行っていた。ハウエスは十分な報酬を受け取っていたが、アル・クバイシや、アル・フセイニーのようなクバイシの部下が何億ドルものキックバックを得て私腹を肥やしているのを見て、次第にこれをうらやむようになっていたに違いない。あるとき、寛大にもアル・クバイシが褒美――スペインでの大きな不動産取引の持ち分――を与えると約束したが、その後この約束を反故にした。さらにその後すぐ、二〇一五年初めにハウエスを解雇した。しかし、ハウエスはすでに保険をかけていた。何年もかけて、元の雇い主を危険にさらす大量の情報を集めていたのだ。

その文書には、アル・クバイシの銀行口座明細や複数のフランスの不動産に関する詳しい資料、ＩＰＩＣの会長にしてシャイフであるマンスールのヨット、トパーズ号の支払いに関する情報などが含まれていた。ハウエスはこの文書の一部を、クレア・リューキャッスル＝ブラウンにリークし、これを受けて彼女は、二〇一五年三月の終わり、ジョー・ロウに関する暴露記事を発表したわずか数週間後に、もう一つの記事を発表した。その記事はアル・クバイシが所有するルクセンブルクの会社が、どうやって二〇一三年二月にロウのシェルカンパニーであるグッドスターから二〇〇〇万ドルを受け取ったかについて報じたものだった。記事には、ハウエスが提供した写真も添えられており、そこにはＩＰＩＣのマネージングディレクターであるアル・クバイシが世界中でパーティーに興じている姿が写っていた。ある写真では、クラブで彼が踊っているかたわらで、大きなカクテルグラスの中に入ったトップレスのモデルがはしゃぎまわる姿が捉えられていた。また別の写真は、水パイプの背後で、ソファの上で女性といちゃついているアル・クバイシの姿を捉えていた。さらに多くの写真で、彼は下品な画像をあしらったTシャツ——Tバック姿の女性のヒップを大写しにしたものもあった——を着ていた。裕福な中東の住人が、欧米では地味なアラブの衣装を脱ぐことは一般的だったものの、これらの下品なパーティーの写真は、常軌を逸していた。しかもその姿が公開されるとあっては。

ハウエスはすべての情報のうち、ごく一部しかリューキャッスル＝ブラウンに渡していなかった。のちの訴状——提起されたがその後取り下げられた——によると、ハウエスは、仲介者を通じ、金を払わなければもっと多くの資料が世に出ることになると言って、アル・クバイシから金を脅し取ろうとしていたようだ。シャイフであるマンスールのビジネスに関する資料は、非常にセンシティブな情報だった。ボスであるアル・クバイシのために、アル・フセイニーが、文書の破棄と引き換えに、三〇〇〇万ユーロをハウエスに支払うよう手配した。支払いが行われた後、アル・フセイニーはテルアビブに行き、そこでハウエスの仲介者と資料を燃やしたのだった。

アル・クバイシはさらなるトラブルは回避されたと思っていた。引き続きマンスールの後ろ盾を受け、自分が誰にも触れることのできない存在として、以前よりもさらに力を得たと自信を深めたのかもしれない。過去一年間で、アル・クバイシは１ＭＤＢの五億ドル近い資金を投じて、ニューヨークのウォーカー・タワーのペントハウスを五一〇〇万ドルで購入し、さらにロサンゼルスの二つのマンションを合計四六〇〇万ドルで購入していた。また、マンスールが所有するナイトクラブ、ハッカサン・グループの会長として、ラスベガスでも有数の実業家の一人になっていた。

ハウエスから脅迫されている時期にも、アル・クバイシは、シーザーズ・パレスにオムニア・ナイトクラブをオープンさせていた。ラテン語で〝すべてのものの合計〟を意味するオムニアは、総工費一億ドル以上をかけたこれまでで最も豪華なナイトクラブで、三五〇〇名以上の客を収容することができた。ここの呼び物は、メインダンスフロアの頭上にＵＦＯのように浮かぶ、重さ約一トンの動くシャンデリアに加え、最新式の液晶ディスプレイ、メインフロアを見下ろす〝オペラボックス〟、そしてストリップを一望する屋外のテラス席だった。二〇一五年三月のオープニングナイトには、スーパースターＤＪのカルヴィン・ハリス――一晩のパフォーマンスで数十万ドルが支払われた――が登場した。またジャスティン・ビーバーも、スターが勢ぞろいしたこのお祭り騒ぎの週末に、二一歳の誕生日をこのクラブで祝っていた。

しかし、アル・クバイシの楽観主義にはまったく根拠がなかった。マンスールの兄で皇太子であるムハンマド・ビン・ザーイド・アル・ナヒヤーンは、行動を起こすことを決意していた。アル・クバイシが管理している弟マンスールの取引は、度を超していた。皇太子は、秘密裏にアル・クバイシを調査するよう命じた。弟マンスールのまったく知らないところで、調査担当者は、会計不正の証拠を集め、あまりにも権力を持ちすぎたアル・クバイシが自身の仕える王室に対する敬意を失い、腐敗していった構図を明らかにした。

二〇一五年四月二二日、一切の説明なしに、アル・クバイシをＩＰＩＣから追放する命令が下された。数カ月後、彼の部下、アル・フセイニーもＩＰＩＣの子会社アーバルから追放された。アル・クバイシは、命令が出されたとき、仕事でスペインにおり、当初はその命令を一時的な問題として耳を貸さず、その晩行われたレアル・マドリード対アトレティコ・マドリードのサッカー試合を観戦していた。彼は自身の苦境の深刻さに気づいていなかった。ムハンマド皇太子は大掃除を行ったのだ。中東では、支配者の家族は守られたが、アル・クバイシは見捨てられた。

ロウにとって、アル・クバイシの失脚は、最も緊密な共犯者の一人を失うことを意味していた。アブダビの支配者が、どの程度詳しい調査を行うかは不透明だった――マンスールを窮地に立たせようとはしないことは確かだった――が、ロウは、この追放が自身にとっても危険であると悟り、すぐに対策を講じた。

アル・クバイシに対し斧が振り下ろされてから、一週間もたたないうちに、ロウは、ダメージコントロールを図るためにプライベートジェットでアブダビへ飛んだ。アル・クバイシの知らないところで、ロウは彼に責任を負わせるための工作を練った。ＩＰＩＣを経由して奪われた金についての全容が暴露された場合であっても、すでに失脚したクバイシに責任を負わせることができた。ロウは自分の名前が文書に出てこないようにしてきた。しかし、アル・フセイニーとアル・クバイシの署名は、あらゆる文書にあった。

「私がアル・クバイシの相棒であり、資金がなくなったといううわさがあるようだが、1MDBが送った資金の一部がIPICの勘定に計上されていないとしても、それはIPIC内部の問題だ」ロウは、あるミーティングの席上で、オタイバ大使のビジネスパートナーであるシャハー・アワルタニにそう言った。

またIPICの新たなトップとなったアブダビのエネルギー大臣、スハイル・アル・マズルーイとの会談で、ロウは、自身をアル・クバイシによって難破させられた船を正しい道に導くことができる救世主として描いてみせた。それまでにIPICの新経営陣も財務諸表を詳しく調査しており、1MDBの債券を保証する際の担保として受領したはずの数十億ドルがなくなっていることに気づいていた。なんと、IPICは、1MDBが発行した債券三五億ドルを保証していた。これを1MDBに代わって弁済することは不可能だった。

1MDBはデフォルトの危機に瀕していた。ドイツ銀行は、ようやくケイマン諸島の担保に問題があることに気づき、合計一〇億ドルの融資の繰上返済を求めていた。ロウは解決策を提案した。デフォルトを避けるためにIPICが一〇億ドルの資金を出し、その見返りにマレーシアの財務省――ナジブが大臣を兼任していた――は、IPICが全額を返済したことに同意するというものだった。ＩＰＩＣがどうやってその資金を調達するかは不透明だった――悪いニュースが飛び交うなか、新規株式公開も保留となっていた――が、ＩＰＩＣの新たなトップにとっては、受け入れるしか選択肢はなかった。アル・クバイシが関与していたことは明らかであり、アル・マズルーイは何とかスキャンダルにふたをしたかったのだ。ナジブと協議した後、アル・マズルーイはこの取り決めに同意し、両者はその後すぐに正式な契約を締結した。

アブダビに関して、ロウは他にも解決すべき問題を抱えていた。オタイバ大使が、ＢＳＩから受けた照会に不安を募らせていたのだ。シンガポールの当局が調査を進めるなか、ＢＳＩは１ＭＤＢとジョー・ロウに関連したすべての口座を監査しなければならなくなった。ＢＳＩは大混乱に陥っていた。二〇一五年春、ＢＳＩのアジアにおける責任者ハンスペーター・ブルーナーは、ロウの取引担当者ヤク・ユー・チーを無給休暇処分にしていた。

ルガーノのＢＳＩのコンプライアンス部門のトップは、ボーナスと引き換えに、１ＭＤＢとロウとの取引において、いかなる〝こころづけ〟も受け取っていないとする宣言書をヤクに出させようとしていた。スケープゴートにされることを嫌ったヤクは中国の農村地帯に逃げて時間を稼いだが、ストレスからすぐに鬱病になってしまった。ＢＳＩのコンプライアンス部門は、ロウに関連したあらゆる取引の調査を開始し、その結果、ＢＳＩに口座を保有しているオタイバとアワルタニのシェルカンパニーであるデンスモアについて、二人に照会したのだった。

「口座をすぐに解約すべきだ。あの銀行は注目を浴びすぎている。私は主な資産のほとんどを移して、残りの口座もすぐに解約する」ロウは、ミーティングでアワルタニにそう語った。

さらに彼は協力も求めた。ロウは、彼自身の金——と友人や家族の金——のための保管場所として、銀行を買収したいと考えており、その候補としてバルバドスにあるアミコープの銀行関連会社を考えていることをアワルタニに話した。ロウはアミコープを多くの取引で使ってきたことがあり、その銀行関連会社が一五〇〇万ドルで売りに出ていた。しかしロウは、代役を必要としていた。そこで、彼はオタイバとアワルタニが支配する、ドバイに本拠を置く金融会社イコリス・キャピタルが、この銀行を買収する意思があるかを探ろうとした。すでに過去数カ月間の出来事に警戒していたアワルタニは明言を避けた。

代わりに、ロウは自分の口座の一部をアミコープの銀行に移し、さらに自身の金を隠すための新たな場所を探した。彼は、再びゴールドマン・サックスのバンカー、ティモシー・ライスナーに助けを求めた。ライスナーは喜んで協力し、二〇一五年六月、小さいながらも著名なルクセンブルクのプライベートバンク、バンク・ハビランドに紹介状を書いた。この段階で、ロウと関わる銀行はほとんどなかったが、ライスナーの紹介状は、ゴールドマンがロウの家族の財産のデューディリジェンスを実施しているかのように偽っていたことから、扉を開くこととなった。

ロウは１ＭＤＢの詳細な調査をやめさせ、自身の資産を隠すための手段を講じていた。しかし段階的なアプローチではなかなか進まなかった。対応は後手後手に回っていたため、もっと積極的な動き――彼の邪魔をしようとする者に対する威嚇となるような動き――が必要だった。

第44章 独裁者ナジブ

二〇一五年六月、タイ、サムイ島

六月下旬、霞のかかった熱帯の午後、ザビエル・ジュストは、サムイ島の邸宅でくつろいでいた。突然、武装したタイの警官隊が押し入り、彼を床に押しつけた。警官は容疑者を取り押さえると――両手はプラスチックの手錠で拘束され、手首からは血が出ていた――事務所をくまなく捜し、コンピューターや文書を押収した。ジュストはバンコクに連行され、そこで警察車両に乗せられて拘置所まで移送された。

二日後、まだビーチ仕様のいでたち――グレーのヒューゴ・ボスのTシャツにクリーム色のショートパンツとサンダル――のジュストは、バンコクでメディアの前に引きずり出された。タイ王国国家警察庁の長官が事件の概要を発表する間、黒い制服を着てこれ見よがしにマシンガンを掲げた五名の特殊部隊員が、不気味な様子で、まだ手錠をはめられているジュストのそばに立って見下ろしていた。近くのテーブルの上には、自宅から押収されたコンピューターが置かれていた。まるで麻薬組織の中心人物のためにタイの警察当局が用意していたかのような演出で、とても単なる恐喝未遂事件とは思えなかった。

裁判を待つ間、ジュストはバンコクの拘置所に他の五〇名の囚人と一緒に勾留された。小便の悪臭が鼻を突き、マットレスどころか床のスペースさえも不足した状態で、眠ることさえできなかった。元英国の警察官だったポール・フィニガン——今はコンサルタント会社を経営していた——が面会に訪れたとき、ジュストはほっとした。しかし、フィニガンはペトロサウジに協力し、警察官としてこの事件の捜査を担当していると彼に告げた。

フィニガンはジュストに取引を申し出て、罪を認めればクリスマス前に釈放すると言い、タレク・オバイドが助けてくれると約束した。ただし、それはジュストが協力した場合のみだった。のちにジュストが提出した訴状によると、数日後パトリック・マホニーが拘置所に現れて、同様の約束をしたという。厳しい試練にストレスを受け、弁護士にも会わせてもらえなかったジュストは、二二ページに及ぶ〝供述書〟に署名した。その中で彼は、文書を盗んだことと、これをジ・エッジに売却すべく交渉したことをペトロサウジに謝罪した。

これは、ジュストの信用を落とし、eメールの信ぴょう性に疑問を投げかけ、さらには首相をトラブルに陥れようとする政敵を非難するために、ナジブが考えた計画の第一段階だった。ロスマはこの苦境を〝アッラーからの試練〟と呼んでナジブを励ました。ナジブは、そう簡単に辞任するつもりはなかった。

「われわれは、不幸にもマレーシアの政治に利用された悲しむべき犯罪の被害者だ」ペトロサウジはそう声明を発表した。

逮捕の翌日、与党UMNOが所有する英語新聞ニュー・ストレーツ・タイムズは、ロンドンに本拠を置くサイバーセキュリティおよびコーポレート・インテリジェンス企業であるプロテクション・グループ・インターナショナルの匿名のスポークスマンの発言を引用し、彼らが漏洩したeメールを調べた結果、改ざんされた証拠が発見されたとする記事を発表した。

元英国海兵隊員が所有するこの会社は、ペトロサウジに雇われており、サラワク・レポートのウェブサイト上で入手可能な数少ない文書のみを調べたにすぎなかった。このペトロサウジのために行われた私的な調査が、UMNOのスポークスマンによって利用されたのだった。ニュー・ストレーツ・タイムズに何を書くかを指示することができたのはナジブか、UMNOの高位の政治家だけだった。この記事が出た後、ロウはすぐにこれをアブダビの政府系投資ファンド、ムバダラのハルドゥーン・ハリハ・アル・ムバラクに送り、ペトロサウジのeメールが偽物であると信じ込ませようとした。

一カ月後、裁判を待つジュストは、まだ拘置所で惨めな毎日を送っていた。そんなとき、シンガポールのジャーナリストが現れ、取材を申し込んだ。ジャーナリストは事前に質問を提出しており、フィニガンが回答を用意してジュストに渡していた。ジュストはこのジャーナリストに、ジ・エッジが彼に対し支払いをするという約束を守らなかったことを話し、さらにシンガポールでのリューキャッスル＝ブラウンとジ・エッジの幹部とのミーティングで、彼らが提供された文書を改ざんする方法について話し合っていたと新たに主張した。

ジュストはマレーシアの警察官との別の打ち合わせにおいてもこの主張――マホニーとフィニガンによって用意されたものだった――を繰り返した。ジュストは、マホニーとフィニガンから、リューキャッスル＝ブラウンを非難することでマレーシアの首相を助け、いかなる代償を払ってでも、ジョー・ロウへの言及を避けるよう指示されていた。ジ・エッジの記事が発表されてから、同紙のホー・ケイ・タットと四名のスタッフが治安維持法に基づいてマレーシアの警察に拘束され、その後釈放された。明らかな威嚇行為だった。ナジブ政権は、容疑者を無制限に拘束できる新たな法――表面上はテロリズム抑制を狙ったものだった――をつい最近制定していた。

改ざんに関する主張を裏付ける証拠は出てこなかった。ジュストはマホニーから彼らの主張を支持するよう激しいプレッシャーを受けていた。ホーは、ジ・エッジの第一面で、ジ・エッジが金を払ったことも文書を改ざんしたことも否定する記事を掲載して反論した。記事の中でホーは、新聞には、〝真実を見出だし、これを報じる公的な義務〟があると述べた。

今までのところ、ナジブは騒動の外にいたが、その状況にも変化が訪れようとしていた。マレーシア国立銀行とマレーシア腐敗防止委員会が率いるタスクフォースが首相の口座の何千もの取引を詳しく調べていた。最も巨額の入金――タノレという会社からの六億八一〇〇万ドル――はいまだ謎であり、捜査官は、誰がこの会社を支配し、なぜナジブに資金を支払ったのかについてまだ何もわかっていなかった。政府でさえも、オフショアの秘密保持のベールの背後を容易に覗くことはできず、英領ヴァージン諸島でタノレを設立したトライデント・トラストが、ジョー・ロウではなく、エリック・タンが最終的な受益者であることを知っているのみだった。

しかし捜査官は、一四〇〇万ドルというより小さな金額が1MDBから首相の口座の一つに支払われていることを突き止めた。大きな汚職事件の起訴を司法長官に命じることを職務とするマレーシア腐敗防止委員会は、この少額の支払いが犯罪の十分な根拠になると考えた。しかし、まだハードルがあった。タスクフォースの一部のメンバー――特に国家警察――が現職の首相の逮捕に動くことに反対したのだ。もはや唯一の選択肢は、ナジブの金融取引の詳細を記した文書をリークすることしかなかった。

タスクフォースがその候補を探しているちょうどそのとき、われわれ（トム・ライトとブラッドリー・ホープ）はウォール・ストリート・ジャーナルの一面に、ナジブが1MDBを利用していかにして不正資金を得たかについて詳しく書いた記事を掲載した。その記事がタスクフォースの代理人の目にとまった。数日後、ウォール・ストリート・ジャーナルの記者サイモン・クラークが、あるマレーシアの情報筋とロンドンで会い、文書――その代理人が数時間後に引き渡した――の正当性を確認した。サラワク・レポートも同じ文書を入手していた。そのファイルには、ナジブの口座への送金文書の写しに加え、タスクフォースが作成したマネーフロー図などが含まれており、爆弾なみに危険なものだった。

七月二日、ウォール・ストリート・ジャーナルは、「1MDBの捜査を通じて資金がナジブの口座に流入したと捜査官は確信している」という見出しのもと、1MDBの関連企業からナジブの口座へ流れた資金をタスクフォースがいかに追跡したかについてレポートした。

このように、首相の関与についての憶測が流れ出し、彼が必死に不正を否定した数カ月後に世界有数の影響力を持つウォール・ストリート・ジャーナルがこの問題を報じたことで、事件は転換点を迎えた。この記事は、その年に最も閲覧数が多かったオンラインニュースとなり、二五万人がニュースサイトを訪れた。今や1MDB事件は、世界中の注目を集めていた。数日後、ウォール・ストリート・ジャーナルは、シンガポール当局もジョー・ロウに対する支払いを捜査していることを報じた。

ジ・エッジだったら、その発行免許を取り消されていたかもしれないが、ナジブが今、相手にしているのはウォール・ストリート・ジャーナルであり、われわれは営業を続けるためにナジブの許可を得る必要はなかった。選択肢のなくなってきたナジブは、政治家としての生き残りを賭けた戦いになると悟り、反撃に出た。一週間もしないうちに、ウォール・ストリート・ジャーナルは、ナジブの弁護士から記事に関する自身の立場を明確にするか、さもなければ訴訟を起こすとする文書を受け取った。ウォール・ストリート・ジャーナルの弁護士は、同紙は、記事の内容を支持すると回答した。さらにナジブは、記事は１ＭＤＢに関し首相の退陣を要求している元首相マハティール・モハマドの陰謀によるものだとフェイスブックに投稿した。「はっきりさせよう。私は、私の政敵が主張しているように個人の利益として資金を受け取ってはいない」彼はフェイスブックにそう投稿した。「このようなその主張が民主的に選ばれた首相を倒すための政治的破壊活動の一部であることは明らかだ」

ウォール・ストリート・ジャーナルの記事は、マレーシアのタスクフォースの行動を促すことになった。タスクフォースのメンバーは、新たにパスワードで保護された捜査資料をウォール・ストリート・ジャーナルの記者らと共有した。ファイルに使用されたパスワードは、〝SaveMalaysia（マレーシアを守れ）〟だった。

七月二四日、アブドゥル・ガニ・パタイル司法長官は、首相に対する刑事責任を追及する旨をマレーシア警察のトップに報告した。彼はマレーシアで〝チャージ・シート〟として知られる文書を作成して判事に提出し、まず、首相の逮捕状を求めた。この文書には、ナジブに対する罪状が記載され、彼に対する支払いが、贈収賄の禁止と最高で二〇年の禁錮刑を定めたマレーシアの二〇〇九年腐敗行為防止法の第一七（ａ）条に基づき違法である旨が記されていた。

ナジブの逃げ道は急速に狭まっていた。副首相のムヒディン・ヤシンでさえ、ウォール・ストリート・ジャーナルの記事を引用したスピーチを行い、１ＭＤＢに関する透明な捜査を求めた。しかし、タスクフォースの一員であったはずの警察のトップが土壇場で裏切り、ナジブに逮捕が差し迫っていることを伝えた。

海外では、ナジブは魅力的な民主主義者と見られていた。わずか数カ月前、彼は母校である英国の歴史あるボーディングスクール、マルヴァーンでスピーチを行い、恩師に、〝礼儀と規律そして忍耐〟を教えてくれたことへの感謝を述べた。彼は、政治家には、少なくともこのうちの二つが必要だと言って笑いを誘った。ナジブのことを決断力に富むと見る者も、冷酷であると見る者もいなかったが、今、投獄されることを恐れた彼は、鋼でできた刃のような鋭い一面を見せ始めていた。実力こそが重要だった。

二〇一五年七月二七日、ナジブが逮捕に関する情報を耳にした三日後、彼はヒルトン・クアラルンプールのボールルームで開かれた、イスラム教の最も神聖な祝祭イド・アル＝フィトルを祝うディナーに現れた。マレーシア社交界の著名人数千人がこのイベントに集まり、この国の高まりつつある政治危機について口々に話し合っていた。ゲストの多くは、ナジブはすぐに過去の政治家になると考えていた。マレー風の紫のシルクのシャツに身を包んだナジブは、ＶＩＰ用のテーブルに着くと、自分の失脚を願っているＵＭＮＯの政治家の多くと握手を交わした。しかし彼は、自分への忠誠心を欠く者に対し、怒りを爆発させようとしていた。

ヒルトンでのディナーの翌朝、アブドゥル・ガニ・パタイル司法長官がオフィスに着くと、首相の側近やセキュリティ担当者らが司法長官のオフィスを封鎖していた。アブドゥル・ガニは、解任されたことを通告され、オフィスに入って文書を手にすることはできないと告げられた。一時間後、ナジブは、首相の口座の捜査を行っていた警察特別捜査本部のトップを更迭した。その日の遅くには、警察本部で火災が発生し、多くの文書が焼失した。

さらにナジブはムヒディン副首相と四名の閣僚を更迭し、1MDBに対する公会計委員会の調査を停止させた。さらにメディアを含む他の批判者も脅そうとした。内務省は、ジ・エッジによる1MDBに関する報道が治安紊《びん》乱を招く可能性があるとして、ジ・エッジの発行免許を三カ月間停止した。荒々しい大掃除によって、ナジブは自らの支配権を確固たるものにした。

数日後、英国の首相デイビッド・キャメロンがマレーシアを公式訪問した。彼はシンガポールでスピーチをし、英国は腐敗資金がロンドンの不動産市場に流入することをストップさせる必要があると述べ、中でも最大の買い手としてマレーシアの名を挙げた。彼はナジブが汚職の罪に問われていることや、マレーシアにおける人権侵害の歴史を暗に批判した。ナジブは、このキャメロンの説教に激怒した。彼と欧米民主主義国家との蜜月関係も終わりを告げた。

ナジブが権力を維持しようと戦いを繰り広げているとき、ジョー・ロウはナショナル・ジオグラフィックの遠征旅行——地球温暖化を扱ったドキュメンタリー映画『地球が壊れる前に』の製作に関わっていたレオナルド・ディカプリオもこの旅行に参加していた——への参加をキャンセルしなければならなかった。出発の間際に、ウォール・ストリート・ジャーナルがナジブの口座やシンガポールのロウの調査に関する記事を公表していたのだ。

自身がキャンセルする代わりに、ロウは両親を参加させた。ディカプリオが連れてきたヴィクトリアズ・シークレットのモデル、ロウの両親にナショナル・ジオグラフィックの科学者を加えた一行は、後退しつつあるグリーンランドの氷床の上をヘリコプターで飛んだり、北極グマを撮影したりして三日間を過ごした。その後、ディカプリオは、自身の基金からナショナル・ジオグラフィックを含む複数の環境保護団体――すでにロウも資金を提供していた――に一五〇〇万ドルを寄付すると発表した。

八月、ナジブによる弾圧が進むと、ロウは安心したのか、プライベートジェットとヘリコプターを使い、グリーンランド沖でエクアニミティ号に合流した。ナショナル・ジオグラフィックの科学キャンプを訪れていた彼は、一週間の間、完全に外部との連絡を断ち、定期的な進捗報告をしようとする人々を当惑させた。

「彼は文字通り、地球の果てを旅し、完全に連絡を断った」中東の取引相手はそう語った。ロウは、最悪の事態は去ったと自信を持ったのかもしれない。慈善家としてのイメージにこだわり、いつも通りのビジネスをする姿を見せたいと思ったのだろう。彼は帰路で、のんきにも別の取引相手に次のようなメールを送っていた。「返信が遅れてすまなかった。通信が制限された北極の保護活動に行っていたんだ」

あるいは、この旅行は、ギャンブルを楽しむ時のように、指示を求めて電話をかけてくる人々から逃れるための短い休暇だったのかもしれない。しかし、これ以外に、彼が自信を覗かせるようなことはほとんどなく、次第にナジブが自分を見捨てるのではないかという不安に苛まれていた。夏の間、彼は1MDBの取締役会メンバーに「もし、彼らが私を切り捨てようとするなら、黙っちゃいない。私はボスの指示に従っただけなんだ」と語ったという。危機が深まってくると、ナジブはロウに国外にいるように指示した。ロウはタイの首都バンコクや中国の金融の中心地、上海のペニンシュラ・ホテルに潜伏した。側近以外は誰も知らないことだったが、ロウはカリブ海の島国セントクリストファー・ネービスで新たなパスポートを取得していた。

八月、スイスの司法長官が1MDBの犯罪に関する捜査を開始し、数千万ドルを有する複数の口座を凍結したと発表した。シンガポールとスイスにあったロウの多くの口座が凍結された結果、ロウは今後、国際金融システムを利用することができなくなり、タイバーツや中国元での取引に頼らざるを得なくなった。

ロウとナジブとの関係は依然続いていたが、その関係はほつれ始め、彼らはあらゆる面で注意深くなり、長年にわたって共謀してきた相手に対しても疑いを抱くようになっていた。あるとき、取引相手が、なくなった資金についてロウに尋ねると、ロウはすぐにロスマに罪をなすりつけた。

「彼女は数百万ドルもする宝石を貪欲に買いあさっている。どこからその金が出たと思う?」

と言ったという。

二〇一五年八月二九日、およそ一〇万のマレーシアの民衆――その多くは都市に住む専門職を持った若者たちだった――が、クアラルンプールの中心部に集まった。〝ベルセ〟――マレー語で〝クリーン〟を意味する――というスローガンが書かれた黄色いTシャツを着た彼らは、街を行進し、マレーシア政府の中心で起きている巨額の腐敗行為に関して、証拠が次々と出てきていることを激しく糾弾していた。内務省は、かつてベルセの抗議運動が起きた時に、国家安全保障上の脅威であるとして、黄色のTシャツの着用を禁止していた。だが、デモの参加者たちは、まったく気にしていなかった。

ある参加者は、檻の中に入ったナジブの肖像を掲げ、また別の参加者は、ナジブの口座に入金された六億八一〇〇万ドルがあれば、平均的な家庭で一体どれだけの日常品――ケンタッキーフライドチキンや米、ホットチョコレート――が買えただろうかと問う絵や、ロスマの似顔絵――大きな髪をマンガチックに強調し、目玉がドルマークに置き換えられていた――を持っていた。

他の都市や海外に住むマレーシア人によってもベルセの抗議運動が繰り広げられた。クアラルンプールでは、多くのデモ参加者が週末の間、街に繰り出して路上に寝泊まりした。サファリスーツを着た前首相のマハティール・モハマドも集会に参加し、ナジブの退陣を繰り返し求めた。デモ参加者の一部は教師や会社員で、彼らは、ただ単純にマレーシアが泥棒国家に成り下がったことにうんざりしていた。他には、新聞が発行停止になったり、与党が権力を持つことを批判した者が拘束されたりするなど、この国が独裁国家へと舵を切っていることを心配する者もいた。さらに1MDBが教育や社会福祉に費やすべき資金を食い物にしたことで生じた巨額の負債が、今後長年にわたってマレーシアの重荷となるのではないかという恐れを抱く者もいた。

「メディアを弾圧するような行動を取るということは、何かを隠そうとしているように思える」とクアラルンプールのタクシードライバー、シェイラ・クリシュマは語った。

独裁者ナジブも、もはや抗議運動に耐えられなくなっていた。上訴裁判所が最近、人気の高い野党政治家のアンワル・イブラヒムに、同性愛を理由に再び五年の刑を言い渡したことから、米国や人権活動家からも批判が沸き起こっていた。ベルセの抗議デモから数週間後、政府側の〝赤いシャツ〟を着た人々がデモ活動を行った。その一部は、参加することに対し少額の謝礼を受け取ったことを認めていた。それからの数カ月間、赤いシャツを着た人々――その多くは、バンダナをした過激な風貌のマレー人だった――は、活動家を襲って、反政府運動を混乱させた。

「マレー人も立ち上がることができるところを見せようじゃないか」ナジブは赤いシャツを着た活動家を称え、激しいスピーチを繰り広げた。

しかし、わずかな希望の光が残されていた。最高裁判所がジ・エッジの発行停止処分は違法であるとし、ジャーナリストは再びナジブの責任を問い始めた。その後の数カ月間、抗議家の一部は通りに戻ってきた。しかしナジブの新たな独裁主義が多くの人々を脅えさせていた。そしてある恐るべき企みによって、最も勇敢なマレーシア人が沈黙を強いられることになった。

第五部
船長の決断

第45章

ドラム缶の中の検察官

二〇一五年九月、マレーシア、クアラルンプール

九月四日の夜も明けきらない頃、ケビン・モライスという名のワーカホリックのインド系マレーシア人が、プロトン・ペルダナを運転していた。彼はいつも通り、クアラルンプール北部のアパートメントから約一時間の距離にあるプトラジャヤのマレーシア腐敗防止委員会のオフィスに向かっていた。しかし、彼がオフィスに着くことはなかった。

数週間前のナジブによる弾圧以降、モライスは常に怒りを募らせていた。豊かな黒髪にやつれた風貌の五五歳のモライスは、一九八〇年代にロンドンで法律を学び、その後マレーシアに戻って、司法長官室の副検察官にまでなった。マレーシアでは汚職事件が多いことから、モライスは週末も働くことが多く、ひどく腫れた目の下にはくまができていた。

知人によると、モライスは、数カ月前から奇妙な行動を取るようになっていたという。彼は米国に住む弟に対し、ナジブ首相とその妻ロスマの関与している事件について非常に神経をとがらせていると話していた。盗聴されていることを恐れたモライスは、弟にインド南部の言語であるマラヤーラム語で話をした。彼は脅えていたようで、仕事のストレスを訴えていた。仕事の詳細については詳しく語らなかったが、一時的にマレーシア腐敗防止委員会の職務に就いていると話していたという。彼は1MDBからナジブの口座へ渡った資金の動きの解明に取り組み、首相に対する起訴状の原案作成を手伝っていた。

ナジブがアブドゥル・ガニ・パタイル司法長官を更迭した後、モライスは自身の地位に不安を感じていた。さらに彼は自らの身の安全についても不安を感じ始めていた。数日後、司法長官室が準備していた起訴状の写しが、匿名の密告者によって、サラワク・レポートのクレア・リューキャッスル＝ブラウン宛てに送られた。彼女が記事を投稿し、ナジブがなぜそこまで強引にアブドゥル・ガニを更迭したのかを明らかにすると、司法長官室とマレーシア腐敗防止委員会内部では、密告者を見つけようとする魔女狩りが始まった。警察は委員会の二名の職員と司法長官室の一名の検察官を逮捕した。さらにリューキャッスル＝ブラウンに対する逮捕状も申請したが、英国にいる彼女は安全だった。

検察官らの逮捕は、今やナジブによって支配されていた司法長官室をパニックに陥れた。窮地に陥ったマレーシア腐敗防止委員会は、ナジブが受け取った資金は中東からの〝寄付〟であると、首相を守るためのうそを発表した。委員会において中心的な役割を担っていたモライスは、不安に襲われて英国に逃れ、ロンドン近郊の自身が所有するアパートメントに数週間滞在した。彼は弟に政府の職を辞すと告げ、弁護士を訪れて遺言状の作成までしていた。

警察は逮捕した検察官らをすぐに釈放した。そしてモライスもマレーシアに戻り、別の仕事に取り組んだ。九月初め、モライスはオフィスへ車を急がせながら、最新の事件――マレーシア陸軍の病理学者による医療機器購入に関する詐欺事件――に意識を集中させていた。アパートメントを出て数分後、三菱のピックアップトラック、トライトンが尾行を始めた。ピックアップトラックはモライスの車をしばらく追い、やがてアクセルを踏むと、モライスの車にぶつけて道路の外に追いやった。ピックアップトラックから男たちが飛び出し、モライスを車から引きずり出すと、縄で縛ってトラックに乗せ、走り去った。

その後の一時間の間に、襲撃者はモライスを殺害し――絞殺の可能性が高いとされている――、遺体を、農産物を詰めるような麻袋に入れた。彼らはこの麻袋をドラム缶に入れ、生コンクリートで固めて、学校の近くにある沼地に捨てた。その後加害者らはモライスの車を燃やし、車台番号を削って、アブラヤシ農場に廃棄した。

モライスが出勤しなかったことから、心配した同僚と家族が警察に届け出た。ちょうど二週間後、警察官は、監視カメラの映像から三菱トライトンを特定して容疑者を逮捕し、彼らの証言から沼地を捜索してモライスの遺体を発見した。それはゾッとするような光景だった。遺体は胎児のように丸まった形で、ネクタイをしたまま、まるで化石のようにコンクリートに詰められていた。警察は、殺害をほう助したとするマレーシア陸軍の病理学者を含む七名を逮捕した。

しかしモライスの家族は、彼の死に関する公式発表に納得しなかった。モライスの弟は、彼がナジブ首相に関する起訴状をリークし、誰かがこれに気づいたのだと確信していた。モライスの弟は、リューキャッスル＝ブラウンに連絡し、情報が、彼女の知らない〝jibby@anonymousspeech.com〟というメールアドレスから送られてきていることを突き止めた。ジビー《Jibby》はモライスが家族ぐるみで付き合っている友人の名前だった。しかし、ナジブの批判者も、ナジブを馬鹿にしたニックネームとして〝ジビー〟という名前を使っていた。情報源は謎のままだった。

モライス殺害によって、マレーシア腐敗防止委員会は、あっという間に委縮してしまった。スタッフは命の危険を感じた。しかし、数少ない勇敢な検察官は、大きな個人的リスクを負いながらも、ナジブの責任を問う道を模索していた。ナジブは安全だと思ったのかもしれない。だが、権力の及ぶ範囲にも限界があった。そして彼の知らない海の向こうで、事件は米国の連邦捜査局（ＦＢＩ）の特別捜査官の手に委ねられていた。

第46章
ビル・マクマリー特別捜査官

二〇一五年二月、ニューヨーク

ウィリアム・〝ビル〟・マクマリー特別捜査官がナジブの財産に関する話を耳にしたのは、まさに絶好のタイミングだった。ベテランのFBI捜査官であるマクマリーは、ニューヨークで新たに国際腐敗行為対策チームを率いるよう命じられ、目を引く事件を探していた。砂色のストレートな髪にブルーの瞳をしたマクマリーは、カリフォルニアの中年サーファーのような雰囲気をたたえていたが、実際にはニュージャージー出身で、ここ数年はマンハッタンのダウンタウンの連邦ビルにあるFBIのオフィスを拠点として国際犯罪との戦いに明け暮れていた。

彼のこれまでで最も大きな成果は、チャイナタウンの裏社会の人物、シスター・ピン――二〇〇六年、人身売買企業を経営していたことを理由に三五年の刑を宣告された――の事件を解明したことだった。ニューヨーク・タイムズがジョー・ロウの不動産取引に関する記事を発表した後、マクマリーのチームがその事実関係を確認することになった。その後、われわれウォール・ストリート・ジャーナルがナジブの口座に関する記事を発表したことで、その任務は最優先課題となった。

ＦＢＩの国際腐敗行為対策チームは、ニューヨークの他、ワシントンやロサンゼルスにもあり、泥棒政治《クレプトクラシー》――ロシアからナイジェリアやベネズエラに至るまで、国の財産を盗み個人の富とする、腐敗した公職者に支配された政治体制――を撲滅するために、米国司法省とＦＢＩの肝入りで作られた組織だった。米国は、長年にわたって、泥棒政治が資本主義における自由市場をむしばみ、米国企業の国際的な競争力維持を困難にしているとの懸念を抱いていた。さらに、泥棒政治《クレプトクラシー》――クレプトクラシーにはギリシャ語で〝泥棒により支配された〟という意味がある――が、アフガニスタンやシリアのようにテロリストをかくまう破綻国家を生み出し、不安定な国際秩序につながるという懸念も抱いていた。

「腐敗は、政府の自信の欠如につながる。政府の自信の欠如は、国家の破綻につながり、やがてテロや国家安全保障上の問題となる」ＦＢＩの腐敗行為対策部門のトップであるジェフリー・サレット特別捜査官は、国際腐敗行為対策チームの設立を発表した際にそう語った。

腐敗した外国のリーダーや政府職員には、アキレス腱があった。彼らは資金を移動するためには、米国の金融システムを利用しなければならず、さらにニューヨークやロサンゼルス、マイアミの不動産を購入する傾向にあった。司法省は二〇一〇年にクレプトクラシー・アセット・リカバリー・イニシアチブ（泥棒政治による資産の回復に係る取り組み）を開始し、ＦＢＩの捜査官や検察官と協力して、腐敗した外国政治家らが有する米国や世界中の資産を押収した。こういった泥棒政治家が権力を失ったと判断された場合、米国政府は、資産の購入代金をそれらの国に返却することになっていた。二〇一四年、司法省は元ナイジェリアの独裁者サニ・アバチャが世界中の銀行口座に隠していた不正資金四億八〇〇〇万ドル超を押収した。

マクマリーのチームは、１ＭＤＢのスキームの規模が桁違いだということにすぐに気づいた。その理由の一つは、ロウがあまりにも厚かましかったということにある。彼のマネーロンダリングのテクニックは、洗練されてはいたものの、主要銀行を通じて行われており、確かな資金の流れの跡を残していた。これは、ハワラという非公式の資金移動ネットワークを用いて長年にわたって資金を隠し消し去ってしまうパキスタンのマネーロンダリングの手法よりも発見されやすかった。やがて全貌が見えてきた。１ＭＤＢ事件は過去最大の金融詐欺事件であることが判明しつつあった。

現場では、マクマリーの下で働く三四歳のロバート・ヒュークリング特別捜査官が、この恐ろしく複雑な事件を解き明かそうとしていた。ブルーの瞳にスレンダーで鍛えられた体格のヒュークリングは、ノースウェスタン大学でジャーナリズムを学び、米国海軍を経て、ＦＢＩで五年間勤務していた。マクマリーは、ヒュークリングに捜査の主導を任せた。ヒュークリングの短いキャリアにあってはこれまでで最も重要な事件だった。法廷会計の経験を有するジャスティン・マクネア捜査官もチームの主要なメンバーの一人だった。彼らは、連邦検察官のチームと共に米国の金融システムのデータにアクセスし、同時にスイスやシンガポールの法執行機関とも協力して捜査を進めた。

しかし問題もあった。マネーロンダリング事件は、その性格上、複数の法域をまたがって行われることから、捜査には莫大な時間を必要とした。国際的な事件に対応する際、検察官は、国家をまたいだ法執行機関同士の情報——文書や宣誓供述書など——の共有を認める刑事共助条約に頼っていた。米国は、二〇〇六年にマレーシアとの間でこの条約を締結しており、スイスとも同様の条約を締結していた。しかし、ナジブ政権は協力を拒んだ。

当初、ナジブは、欧米の国家が1MDBに対する捜査を行うことはないという自信を周囲に振り撒いていた。ナジブ自身は1MDBを内政問題と考えており、米国の同盟国としてのマレーシアの地位が、問題への介入の緩衝材となると考えていたのだ。しかし、外国の捜査が決して止まらないということがすぐに明らかになっていった。チューリッヒで行われた各国の検察官の会合で、マレーシアの司法長官アパンディ・アリ——ナジブによって指名された彼の支持者——が、スイスの司法長官マイケル・ローバーに捜査を中止するよう強く要求した。ローバーはこれを拒んだ。

ナジブ政権は、外交チャンネルも使ってFBIに捜査をやめさせようとしたが、これも実を結ばなかった。それでもナジブは外国の捜査に協力しないよう自国の司法長官に指示し、他国の捜査官がマレーシアの重要な銀行文書にアクセスできないようにした。

アブダビにおける捜査当局も、スキャンダルによってシャイフであるマンスールの卑しいビジネスが明らかにされる恐れがあったことから、マレーシアと同様、内輪の恥をさらすことには消極的だった。アル・クバイシをひそかに更迭することと、より高位の皇族を困惑させるような本格的な捜査を開始することは別物だった。

詐欺行為の全体像は、サラワク・レポートやウォール・ストリート・ジャーナルによって明らかにされつつあったものの、二〇〇九年に始まった1MDBからの一五億ドルを含む最初の強奪しか、まだ詳しくは説明されていなかった。われわれウォール・ストリート・ジャーナルは、二〇一三年にナジブがどのように資金を受け取ったのか、そしていかにしてアブダビへと流れて行ったのかに注目し始めていた。

ジョー・ロウは、ナジブがウォール・ストリート・ジャーナルから受けた質問に不安を募らせていた。資金の流れに注目したわれわれは、1MDBの財務諸表とIPICの財務諸表との矛盾に気づいた。IPICはゴールドマンによる1MDBの債券発行の際に三五億ドルを保証しており、1MDBの財務諸表には、IPICに対する〝担保〟として一四億ドルの資金移動が計上されていた。この担保は、1MDBの財務諸表においては、〝非流動性預金〟として計上されており、将来においてIPICから払い戻されるものの、この時点では現金としては利用できないことを意味していた。われわれはこの事実を奇妙に感じた。なぜ、債券を発行しておきながら、その発行代金のほぼ半分を〝担保〟として債券の保証人に支払わなければならないのだろう？　次にわれわれが発見したものによって、謎はさらに深まるばかりだった。ＩＰＩＣの財務諸表には、この資金を受領したことが記載されていなかったのだ。

　この頃、われわれは重要な情報提供者《ディープ・スロート》を得ていた。この情報提供者は、ウォール・ストリート・ジャーナル内部では、〝マレーシアの情報源《マレーシア・ソース》〟、すなわちＭＳと呼ばれていた。この人物は、実際に何が起きたかについて、あらゆる側面の詳細な情報を持っていたが、情報提供の目的はわれわれをミスリードすることにあった。ＭＳは、１ＭＤＢから、ＩＰＩＣの子会社であるアーバルに一四億ドルが支払われたことを示す送金文書を、われわれに提供した。ＭＳは、われわれがこれを表面通りに受け取り、これ以上詳しく調べないものと思っていたようだった。

　しかし、実際にはこの文書は、資金がアーバル・インベストメント・リミテッド――アル・クバイシとアル・フセイニーが管理する、アーバルとよく似た英領ヴァージン諸島のシェルカンパニー――に送金されていることを示していた。われわれはオフショアカンパニーのデータベースを調べ、アブダビ政府関係者の情報を得て、ＩＰＩＣとその子会社のアーバルは、正式にはこの会社に関与していないことを突き止めた。アブダビ政府は財布であるマンスールをトラブルに巻き込みたくなかったが、ＩＰＩＣの新たな経営陣が、アル・クバイシ一人に責任を負わせることができないのも明らかだった。アブダビは、ジョー・ロウを疑い、事件に関する捜査を開始した。

MSがわれわれをミスリードしようとする試みは逆効果となり、ジョー・ロウが資金を抜き取る専売特許として使っていた方法――偽物のシェルカンパニーの存在――に関するスクープをウォール・ストリート・ジャーナルに提供する結果となった。そこでわれわれは、アブダビの捜査官の回答を引用して、なぜ1MDBが送金したと主張している資金を、IPICが受け取っていないのかとナジブに質問した。ペトロサウジの詐欺がすでに明らかになっていたロウは今、彼の詐欺行為のもう一つの重要な部分である二〇一二年から始まった発電所に係る債券発行についても暴露される恐れにさらされていた。彼は真実にふたをすべく、速やかに行動した。オタイバ大使とムバダラのアル・ムバラクに目を向け、ウォール・ストリート・ジャーナルの記事を直ちに止めるよう働きかけたのだ。

ロウは、アブダビの〝捜査官〟が資金の存在を確認できなかったというわれわれの発見を特に心配していた。彼は事態を収拾することができなくなり、われわれがアブダビ政府と直接コンタクトできることに不安を募らせていた。ロウは、偽名を使ったeメールの中で、オタイバとアル・ムバラクにウォール・ストリート・ジャーナルからナジブ首相に送られた質問を回付するとともに、二人に「マレーシアサイドは非常に心配しており、一致協力してほしい」と要請した。

ナジブは躍起になって、アブダビが失われた資金に関する正式な捜査をしないよう主張した。彼は、すでに合意された筋書きにアブダビも従うべきだと言い張った。その筋書きとは、責任はアル・クバイシにあり、取引はアブダビが三五億ドルの債券発行を保証するために行われたもので、マレーシアはアブダビに対し、後に現金または他の資産によって支払っているというものだった。

「注意喚起――１ＭＤＢに関しては、さまざまな規制当局から十分な調査が行われている。アブダビの捜査チームが追加の調査を行うことは、中傷者に対し、不必要に新たな攻撃材料を与えることになる」ロウはそう記したｅメールを送った。

ナジブ首相も、今はアルル・カンダ――四〇代前半の洗練された投資家で、かつてアブダビの銀行に勤務していてロウと知り合った――によって率いられている１ＭＤＢも、ウォール・ストリート・ジャーナルの質問に答えなかった。しかし、アブダビの資金が行方不明であることが報じられると、１ＭＤＢは、積極的に反応した。かつては高校のディベートチャンピオンだったアルル・カンダは、厳しい論調の長口舌を繰り広げ、ウォール・ストリート・ジャーナルがナジブに対する幅広い政治的陰謀に加担していると批判した。

「明確な立証ができないことは、その主張の薄っぺらな内容を示しており、ウォール・ストリート・ジャーナルの編集者自身、記者がでっち上げたこの説得力のない記事を信じているのかどうか大いに疑問である」１ＭＤＢはある声明の中でそう主張した。

ナジブ首相と１ＭＤＢのもとで政治活動顧問《スピンドクター》を務める外国人も同じ論調で反論を展開した。ナジブの広報担当アドバイザーを務める若き英国人ポール・シュタードレンは、ウォール・ストリート・ジャーナルの記事の信用を貶めることを狙った戦略において積極的にその役割を演じた。

「ウォール・ストリート・ジャーナルは、匿名の情報源によるうそを事実として報道し続けている。ジャーナリズムの恥だ」と彼は語った。

1MDBのために、英国の広告会社ブランズウィック・グループから出向していたアリフ・シャーは、われわれが何ら証拠を提供することなく、マレーシアの政治に介入したとして非難した。

「私は貴社の情報源の正当性、その目的および彼らが提供した文書に疑問を持っている。貴社は、マレーシアの首相の失脚を助けるために利用されているのではないのか？」彼のeメールにはそう記されていた。

ウォール・ストリート・ジャーナルは、グッドスターを通じて奪われた資金に加え、この時点で少なくとも三〇億ドルが1MDBから行方不明になっていると見積もっていた。首相の側近の間では、われわれの記事に対しどう対処すべきかの議論が行われていた。訴訟の可能性を示唆して脅すことは望んだ効果を生まなかった。それどころか、われわれはさらに事件を深掘りし、1MDBの取締役会議事録から、1MDBに対する国家監査部の監査報告書ドラフトに至るまで、大量の文書を入手し、さらにジョー・ロウと、AM銀行のジョアンナ・ユーら共犯者たちとのブラックベリーのチャットの写しまで手に入れていた。

これらの文書の一部は、取引がナジブやロスマ、アル・クバイシの支持を得ていることを示そうとしたMSから提供されたものであり、他には、失望感を抱いていたマレーシアの公務員や政治家、さらにはアブダビの政府関係者からの情報も含んでいた。

ウォール・ストリート・ジャーナルの記事は、ナジブがいかに1MDBの中心的な意思決定者であったかを描き出し、ジョー・ロウがいかにこのショーを繰り広げたのかについての詳細を示していた。記事を抑え込むために、ナジブはわれわれを脅す必要があった。

二〇一五年一一月下旬のある日の午前三時、クアラルンプールのシャングリ・ラホテルで寝ていたトム・ライトは、携帯電話が鳴る音で目を覚ました。マンハッタン、ミッドタウンのウォール・ストリート・ジャーナルの同僚で、本書の共著者であるブラッドリー・ホープからだった。わずか数分前、ホープはマレーシア・ソース《MS》からの電話を受けていた。MSは、ナジブがたった今、ライトを逮捕するために警官を派遣したと警告した。

ウォール・ストリート・ジャーナルは二〇一三年の選挙におけるロウの役割を調査しており、ライトは前日の夜にペナンからクアラルンプールに飛行機でやって来ていた。ロウの地元にいる間、ライトは、携帯電話番号が明記された自分の名刺を、ロウの知人らの家や会社に残していた。そのうちの誰かがロウに知らせ、ロウがナジブに連絡をしたのだ。MSは政府がライトの足取りをたどって、ペトロナスタワーズ近くのリゾート風ホテル、シャングリ・ラまで追いかけたのだとホープに告げた。

「警官はすぐにシャングリ・ラに逮捕に向かうぞ」ＭＳは心配するふりをしてホープにそう伝えた。これは警告を装った脅しだった。が、ウォール・ストリート・ジャーナルは、取材旅行から撤退することを決定した。深夜に起こされた後、ライトは翌朝早くにマレーシアを離れるため、クアラルンプール国際空港を避け、シンガポールとマレーシアの国境近くまで陸路をタクシーで移動した。

ライトは、国境を越える際に止められるのではないかと恐れていたが、結局、徒歩でスムーズにシンガポールへ入国することができた。ＭＳは、われわれの事件への調査を断念させようとして、ホープに意図的に誤った情報を流したのだろうか？　あるいは、ライトがシャングリ・ラホテルをチェックアウトしたことを知ったナジブが、もう十分に取材を邪魔することができたと判断したのだろうか？

しかし、われわれは、すでに必要なものは手に入れていた。一二月、ウォール・ストリート・ジャーナルは、二〇一三年の選挙において１ＭＤＢの資金が果たした役割――特にペナンにおいて――に関する詳細な記事を発表した。与党の政治家でさえ、記事のために喜んで取材に応じてくれた。ロウは、地元ペナンでは明らかに人気がなかった。

マレーシアでは信頼できる調査が行われていなかったことから、政府と１ＭＤＢはウォール・ストリート・ジャーナルの記事について言いたい放題だった。しかし、ナジブは米国を初めとしたシンガポールやスイスといった外国の捜査の波を抑えることはできなかった。捜査が広まるにつれ、ロウの仲間らはパニックに陥っていった。

一〇月、ウォール・ストリート・ジャーナルがロウの行動の徹底的な捜査を行っているとき、ペトロサウジの最高投資責任者パトリック・マホニーは、電話でザビエル・ジュストの妻ローラと話をしていた。彼女は怒っていた。夫をタイの刑務所から釈放させようとしていた。バンコク南部刑事裁判所の判事は、八月にペトロサウジに対する脅迫の罪でザビエル・ジュストに三年の刑を言い渡していた。彼は他の二五名の囚人と同じ湿っぽい監房で惨めな生活を送っていた。

裁判と刑の宣告には、わずか五分しかかからなかった。しかし、ローラはマホニーが陰から手をまわしてジュストを釈放させてくれると信じていた。彼女の考えでは、ジュストは〝供述書〟に署名し、さらにシンガポールのジャーナリストに——証拠はないものの——ジ・エッジとサラワク・レポートがペトロサウジのサーバーの文書を改ざんしようとしていたことを話しており、すでにその役目を果たしていた。幼い子どもと暮らす彼女は、マホニーにすぐに行動するよう促した。しかし、マホニーはさらに要求をしてきた。

「われわれの仲間であることを示す唯一の方法は、彼に陰謀を企てたあらゆる人物をメディアの前で非難することだ」とマホニーは言った。

彼はローラに、クレア・リューキャッスル＝ブラウンがペトロサウジに陰謀を企てたと言わせたかったのだ。

「ジュストがすぐに刑務所から出られる保証はあるの？」とローラは尋ねた。

「力になってくれるかどうかはともかく、君のことは心配している。だが、私も窮地に立たされているんだ。われわれはみんなとんでもない状況に陥っている。マレーシアの首相までが窮地に立たされているんだ」マホニーはそう言った。明らかに張り詰めた口調だった。「誰がこんな状況にしたと思ってる？　そのことを忘れるな。保証なんかできるわけがないだろう」

「あなたにとってはお金の問題なんでしょうけど、私たちにとっては生活の問題なの。家族とすべての」

「金の問題じゃないんだ、ローラ。これは私の将来、私の人生の問題なんだ。この件のせいで、どことも取引ができなくなってしまうかもしれないんだ、わかってるだろう！」

「でも、それは仕事やお金の話でしょ。あなたはもう十分持ってるじゃない。何が問題なの？　今は穴倉に閉じ込められた男の人生の話をしているのよ」

「だが、ローラ、私の財産はすべて没収されてしまったんだ。もう何もないんだ。今もぜいたくな生活を送ってるとでも思ってるのか？　支払いができているとでも？　あちこちから金を借りて、請求書や子どもの学費を支払っている。そんな生活なんだ」

翌月、マホニーは、１ＭＤＢに対する捜査がスイスと米国でも行われ、さらに緊張が高まったとローラに告げた。捜査官は、山のような文書——銀行送金文書、財産記録、シェルカンパニー登録文書および大量のeメールなど——を詳しく調べ、何が起きていたのかを知ろうとしていた。

捜査官は、ジョー・ロウどころか、彼の取り巻きさえも、その行方をつかむことができていなかった。その多くは、台湾やインドネシアなどに身を隠していた。しかし、捜査官は、事件の周辺人物への尋問を行い、全体像を作り上げていった。マホニーはローラに対し、スイスの捜査官は何もつかんでいないと話していたが、それはただの虚勢にすぎなかった。

しかし、彼女は夫を釈放してくれるというマホニーの約束に不信感を抱いていた。二〇一六年一月、ローラはバンコクでスイス大使と会った。数週間後、彼女は、何が起きたのかを詳細に説明した関係資料をスイス当局とＦＢＩに提出した。そのファイルには、彼女とパトリック・マホニーとの会話をひそかに録音したものも含まれていた。虚勢を張って見せてはいたものの、マホニーは明らかに窮地に立たされていた。ウォール・ストリート・ジャーナルは、ＦＢＩが正式に１ＭＤＢとナジブに対する捜査を行っていることをすでに報じていた。マホニーはすぐにでも米国当局から証言を求める召喚令状を受け取るはずだった。最悪の事態を恐れたナジブとリザ・アジズは、米国の著名な弁護士デイビッド・ボイズが共同設立者を務める、ボイズ・シラー・アンド・フレックスナーを代理人として雇った。弁護士事務所は、タフな若手法律家マシュー・シュワルツを新たなクライアントの担当に指名した。

シュワルツは金融犯罪に精通していた。前職は検察官だった彼は、バーニー・マドフを成功裏に起訴した選りすぐりのチームの主要メンバーだった。

マホニーがパニックに陥り、ナジブが最悪の事態に備えているとき、ロウは対面を保つために彼にできることをしていた。それは、セレブの友人たちと引き続きパーティーを繰り広げることだった。

第47章 逃亡中のパーティー《パーティー・オン・ザ・ラン》

二〇一五年一一月、韓国、エクアニミティ号の船上にて

捜査の手が伸びるなか、エクアニミティ号は、北大西洋と太平洋を結ぶ、氷山が点在する有名なルートである北極海の北西航路を航行していた。航行をほぼ不可能にしていた北極の叢氷《そうひょう》がここ数年の温暖化によって溶け、航路が開《ひら》けていた。氷との接触に耐えるように設計された鋼鉄製の船殻を有するエクアニミティ号は、北西航路が航行可能な数少ない民間船の一つだった。船は、アラスカ周辺の北太平洋に出ると、韓国沿岸へと向かった。一一月初めのことで、ロウは、友人やセレブらがソウルに集まるように手配し、自身の三四歳の誕生日を祝うために自らも船を急がせていた。

あらゆる事態が進展しているにもかかわらず、イベントの中心にいて、人々をもてなそうというロウの願望が衰えることはなかった。それどころか、周囲からは、完璧に作り上げられたこのパーティーを彼が楽しみにしているようにさえ見えた。パーティーのテーマは〝団結〟だった。セレブのゲストたちは、国連に寄付をするためにさまざまな品をオークションに出し、全員で「ウィ・アー・ザ・ワールド」を歌った。参加者たちは高級ワイン、シャンパン、韓国の焼酎、エスプレッソフレーバーのパトロン・テキーラを飲み、ベルーガキャビア、ロブスターのビスク、トリュフのパスタなどを味わった。

ヨットの一室は、〝ローズガーデン〟にしつらえられ、葉っぱを除いた赤いバラの壁紙が貼られていた。ジェイミー・フォックスやスウィズ・ビーツらゲストたちは、カクテルドレスやタキシードといったいでたちだった。今回はこれまでのようなありふれた秘密のパーティーとは違い、携帯電話は入口で取り上げられていた。またロウは、自身に対するあらゆる報道を揶揄し、そんなうそっぱちはまったく気にしていないかのように振る舞った。パーティーでは、ロウに関する好意的なメディアの報道を集めたスライドショーを上映することさえあった。

しかし、彼が依頼していたもう一つのビデオ――バラク・オバマやウラジミール・プーチンといった世界のリーダーが彼の誕生日を祝う内容のもの――は、トップパーティープランナーにも準備することはできなかった。

オバマ政権のナジブに対する友情は急速に冷めていた。この月、オバマ大統領は、地域サミットに集積するため、在任中最後となるマレーシア訪問を行った。この訪問は、１ＭＤＢスキャンダルが新聞の見出しを飾るずっと前に予定されたものだった。密室でのナジブとの会合の後、大統領は、ナジブに対し透明性と腐敗の根絶の重要性を訴えたことを報道陣に語った。アンワル・イブラヒムが刑務所に収監され、ナジブが自国での市民の自由に対し弾圧を加えていることを考えると、その言葉はうつろに響くだけだった。

ロウは、依然として何ごとも起きていないかのように振る舞っていた。わずか数カ月前、ロウは、ニューヨークのクリスティーズでピカソの「アルジェの女たち」を一億七〇〇〇万ドルで入札したが、一億七九〇〇万ドル――当時、オークション史上最高値で取引された絵画となった――を提示したカタールのバイヤーに敗れたと友人に語っていた。電話で入札をした一一分後、ロウは撤退した。ロサンゼルスのナイムズ・マンションとともに、彼には手の届かない買い物だった。１ＭＤＢに関する報道がなされた後にロウがこのような高価な買い物をしようとしたことについて、彼が何を考えていたのかを理解することは難しかった。

一二月、ロウは、フランス・アルプスのスキーリゾート、クールシュベルを訪れた。親しい友人たちとの年末恒例のパーティーだった。アルプスの斜面に立つヴィラで、ロウは何も慌てる必要などないと言わんばかりに落ち着き払っていた。スキーとスノーボードで日中を過ごした後、一行はヴィラに戻ってパーティーを楽しんだ。そこにはこれまでも、ウィスラーやアスペン、クールシュベルといった世界中のスキー場で何度も休日を楽しんできた友人たち――ジョーイ・マクファーランド、スウィズ・ビーツ、アリシア・キーズ、１ＭＤＢのジャスミン・ルー、ファット・エリック、そしてロウのガールフレンド、ジェセリン・チュアン・テイク・インらがいた。

これまでの休暇と同様、旅程は綿密に計画され、プライベートシェフによるディナーやスノーモービル、マッサージ、ドリンクなどが手配された。しかし、ロウのいつも通りの振る舞いは見せかけにすぎなかった。この旅行では、時折、不吉なうわさがささやかれていた。ロウは、集まった友人の一部に、何者によってかはわからないものの、暗殺されることを心配していると打ち明けていた。そしていつも通り、あらゆる場所にボディガードを伴って現れた。このクールシュベルの旅行では、参加者の誰にもインスタグラムやフェイスブックなどのソーシャルメディアに投稿させないよう秘書のキャサリン・タンに指示していた。

詐欺に関与したごく親しい友人たち――エリック・タン、ジャスミン・ルー、元BSIのバンカーであるヨー・ジアウェイ、ジンウェルで共に働いたシート・リー・リン――は、ロウの詐欺スキームに深く関わりすぎて、もはや逃げ出すことができなくなっていた。しかし、ウォール・ストリート・ジャーナルの記事やシンガポールのロウに対する捜査が進んでいるにもかかわらず、スウィズ・ビーツやアリシア・キーズがロウとの交際の続行を選んだのは意外なことだった。

スキー旅行中やその後のロンドンでの数日間における会話は、ロウに関する報道の方向性をどう変えるかが中心となった。彼の寛大さの恩恵を受けた友人たちは、最後まで不正に関して積み上がっていく証拠を認めようとしなかった。おそらく、スウィズ・ビーツやアリシア・キーズは記事を読んでいなかったか、ロウに関する記事を割り引いて考えていたか、あるいは単にこの旅の資金源がたとえ盗まれた金であろうと気にしなかったかのいずれかだったのだろう。

自身のハリウッドでのキャリア形成に関し、ロウに非常に恩義を感じていたジョーイ・マクファーランドは、声高に友人を支持した。そしてロウに関する記事は偏見に満ちており、悪意に満ちた政治的中傷だと周囲の者に語った。休暇の間、彼はネガティブな記事に対抗するためにツイッターでチャリティー活動についてもっと宣伝するようロウにアドバイスした。資金がまだ流れている間は、マクファーランドは疑いを持っていなかったようだ。しかし、状況がもたらすストレスによって、彼の楽天的な性格ははぎ取られ、次第に怒りっぽくなっていた。

レッド・グラナイトの最新の映画で、マーク・ウォルバーグとウィル・フェレルが主演を務めた『パパVS新しいパパ』がちょうど封切られたばかりでもあり、マクファーランドはハリウッドの夢をあきらめることができなかった。この時点で、ロウと1MDBに関するニュースはまだハリウッドには届いておらず、レッド・グラナイトも順調に活動を続けていた。インスタグラムで、マクファーランドは成功したプロデューサーとして平静を装っていたが、トラブルの兆しが見え始めていた。

何人かのスターは、彼らと距離を置くようになっていた。たとえば、ディカプリオは、レッド・グラナイトの最新作『パピヨン』の主演を断っていた。この映画は、チャーリー・ハナムが主演を務めることになって製作準備が進められていた。ディカプリオは最近の韓国沖でのロウのパーティーやクリスティーズのオークションにも姿を見せていなかった。また、スコセッシのメガホンでロバート・デ・ニーロが主演する『アイリッシュマン』の製作の話も立ち消えになっていた。

不安な兆しだった。ロウの有名な友人たちが、皮がはがれるようにゆっくりと離れていっていた。しかし、ロウは、別の――より大きな――不安材料に取り組まなければならなかった。FBIの捜査が彼のビジネスパートナーを脅かしていた。自身の帝国を守るため、ロウは中国に目を向けた。

第48章 チャイナ・コネクション

二〇一六年四月、中国、上海

ロウは、マレーシアから逃げて上海のペニンシュラ・ホテルの複合ビルにあるレジデンスで過ごしていた。しかし、逃亡生活は決してみすぼらしいものではなかった。植民地時代の中心地である外灘《がいたん》地区の近くにあるこのホテルは、ミシュランの星付きレストランを二つも有していることが売りの一つだった。彼の部屋からは、黄浦江越しに、向こう岸にそびえる現代的なビルの街並みを一望することができた。

中国の金融の中心地であるここ上海で、ロウは自身のビジネスを維持すべく必死になっていた。FBIの捜査によって、ロウの米国における帝国は危機に瀕していた。大手銀行はもはや彼に接触しようともせず、ウェルズ・ファーゴ銀行は、ニューヨークのセントラルパーク近くのパークレーン購入——ロウがアブダビのファンドであるムバダラと、米国の不動産開発業者スティーブン・ウィトコフと共に展開しようとしていた旗艦プロジェクト——に対する融資の実行を拒んでいた。

プロジェクトはほとんど頓挫しかけていたが、ロウは上海である計画を温めていた。敗北を認めたくなかったロウは、上海を本拠地とする中国の国有不動産会社グリーンランド・グループに協力を求めようとした。四月二六日、ロウは、ムバダラのＣＥＯハルドゥーン・ハリハ・アル・ムバラクにメールを送り、プロジェクトにおける自分の持ち分をクウェートの王族に売却する計画を説明した。その王族はロウの古い友人で、単に取引からロウの名前をはずすための名義人にすぎなかった。その後、このクウェートの王族が彼の持ち分の一部をグリーンランド・グループに売却し、プロジェクトの資金調達を維持するという計画だった。

「二〇一五年、私は悪意に満ちたメディアの誤った攻撃にさらされ、その結果パークレーンの資金調達に関し問題が生じた」と彼はアル・ムバラクに説明した。しかし、この取引によって問題は解決すると付け加えることを忘れなかった。

ロウはまたもや国有企業――今回は中国――の力を借りて問題を解決しようとしていた。権力の中枢に入り込んでいく彼の能力を用いて上海のグリーンランド・グループの代表者と知り合いになることで、プロジェクトを生き延びさせ、自分はこのプロジェクトから資金を得るというかすかなチャンスが生まれた。

ＦＢＩの捜査が迫ることを恐れ、ロウは他にも資産を現金に換えるための方策を講じていた。四月、彼は、融資の担保として提供していたバスキアの絵画「ダストヘッズ」を売却するようサザビーズに命じた。米国のヘッジファンドの経営者ダニエル・スンドハイムが三五〇〇万ドル——ロウが三年前に購入した時の価格よりも一四〇〇万ドルも低い価格——でこれを購入した。ロウは他の美術品も、格安価格で売却し始めた。彼が美術品を購入したのは、まさにこのような緊急事態に備えるためだった。マンションや会社は、急いで売却することは難しかったのだ。

ロウがパークレーンの取引を守ろうとしているとき、ウォール・ストリート・ジャーナルは、ナジブの秘密口座へのロウの関与と、彼の１ＭＤＢにおける黒幕としての役割についてこれまでで最も詳細な記事を発表した。この記事が発表された後、詐欺に関与していた秘密の情報提供者であるマレーシア《M》・ソース《S》は、一切の連絡を断った。ＭＳは、われわれの記事に影響を与えることは容易ではないと悟ったのだった。

ウォール・ストリート・ジャーナルは、ロウの所在を特定しようとし、ブラッドリー・ホープが上海に飛んだ。ペニンシュラ・ホテルのフロントの女性は、ロウがこのホテルに長期滞在していることを認めた。しかし、ホープがホテルのレジデンス部分のエントランスに向かうと、いかついガードマンが現れ、そのような名前で滞在している者はいないと言い張った。フロントに戻って、さきほどの女性が確認したところ、すでにロウの滞在記録はすべて消えていた。そこでホープは、エクアニミティ号が修理のために寄港している香港に飛んだ。船長は、オーナーは乗船していないと語った。ロウはどこにも見当たらなかった。

ロウの中国国有企業とのコネクションは、別の意味でも役に立つことが証明された。1MDBのスキャンダルによって、ナジブとアブダビやサウジアラビアとの関係も破綻していた。マレーシアの司法長官はナジブが秘密口座で受け取った金をサウジアラビアからの寄付だとして済ませようとした。サウジアラビアは、マレーシア側の懇願にもかかわらず、この作り話を公的に認めることを拒んだ。サウジアラビアの外務大臣は、ナジブが不正に関与していないと信じているとする一方で、マレーシアへの寄付は実際にあったと述べるに留まり、この作り話を決して認めようとはしなかった。

ナジブにとって、今必要なのは1MDBの財務上のブラックホールを埋める方法だった。1MDBは一三〇億ドルの負債を抱え、助かるためにはアブダビに対する返済をしなければならなかった。しかし、1MDBの資産に、この金額に相当する価値はなかった。一連の取引によって、グリーンランド・グループは、1MDBの資産――クアラルンプールの土地および発電所を一括で購入することに同意した。もし取引が完了すれば、四〇億ドルの取引となり、1MDBの負債を一掃するには不十分だったものの、混乱から抜け出すための足掛かりとなるはずだった。

ロウは、問題を解消するための、もう一つの――より大きな――取引を必要としていた。二〇一六年六月二八日、彼は北京で、中国の国有企業を監督する強力な組織、中国国務院資産監督管理委員会のシャオ・ヤキン（肖亜慶）委員長ら中国の政府関係者と会った。

ここまで、ロウは、ナジブの後援を得て、あたかもマレーシアの大臣であるかのように振舞っていた。そして彼は、ある大胆な計画について交渉を行うために、ここ中国の首都を訪れていた。会合の席でロウとシャオは、他の中国およびマレーシアの政府関係者と共に、中国国有企業がマレーシアにおける鉄道建設に一六〇億ドルを投資し、さらにガスパイプラインの建設に二五億ドルを投資する提案について協議していた。

しかし問題があった。中国の国有銀行が資金調達するこのプロジェクトの価値は過大に見積もられていたのだ。ロウが事前に作成したある文書では、プロジェクトが中国国有企業に対し、〝市場における収益性を上回る〟利益をもたらすと記載されていた。しかも鉄道建設の予算は、マレーシアのコンサルタント会社が事前に作成していた見積もりの二倍となっていた。別の文書では、プロジェクトの見返りとして、中国国有企業が、〝間接的に１ＭＤＢの負債の返済に使われる〟資金を支払うことが説明されていた。

マレーシア政府の議事録によると、会合の席でシャオは、〝あらゆる取り組みが両国相互の利益となるよう市場主導で行われる〟ことを民衆に信じてもらう必要があると語ったという。

このプロジェクトの背景には、中国の習近平総書記が提唱する〝一帯一路〟構想――アジア、中東そして欧州さえもまたがるインフラストラクチャーを建設して、各国とのアライアンスを強化し、中国の名声を高めようという意欲的な計画――が存在していることは明らかだった。

中国政府は、マレーシアの悲惨な状況とロウのトラブルを、マレーシアに対し支配的関係を築く絶好の機会と見ていた。一方、ナジブは、中国の軍艦がマレーシアの二つの港へ停泊することについて、中国のリーダーと秘密裏に話し合ってさえいた。

マレーシア政府の議事録によると、翌日の会合で、中国の国内治安部隊のトップであるスン・リジュンが、中国政府がマレーシアの要請により、ウォール・ストリート・ジャーナルの香港拠点への監視――住居／事務所／機器の盗聴、コンピューター／電話／ウェブのデータ取得および全面的な活動の監視を含む――を行っていることを認めたという。

「スンは、ウォール・ストリート・ジャーナルの香港拠点がマレーシアに関連した個人との間で有している関係を彼らがすでに調査しており、すべてが整い次第、〝裏のルート〟を通じてこの膨大なデータをマレーシアに引き渡すと語った」と議事録には記録されている。中国がこの約束を実行したのか、あるいはロウにうそを話したのかは定かではなかった。

またスンは、中国の他国に対する影響力を用いて、米国や他の国家に１ＭＤＢの捜査をやめさせることを約束した。

１ＭＤＢのトラブルは、中国がマレーシアにおける米国の地位を奪い取る絶好の機会だった。これは、この地域におけるアメリカの力が低下しつつあることを示す兆しでもあった。

ナジブが、イスラム民主主義国家のモデルとしてのマレーシアに不信感を抱いたオバマ大統領に背を向け、代わりに中国の独裁的支配者に目を向けたのは当然であった。

ナジブはすぐに勝利を宣言した。彼は中国との取引とマレーシアでの捜査の終了によって1MDBの問題は解決したと語った。マレーシアの国家監査部は、すでに1MDBに対する捜査を終了していたが、政府はその結果を公務秘密法に基づき秘密扱いとし、その内容を葬り去ろうとした。

ナジブは依然として、自身の政敵に恐怖を植えつけようとしていた。四月、警察当局は、国家監査部の監査報告を入手した野党のリーダーを逮捕した。報告書には1MDBの数十億ドルの資金が行方不明になっていることが記されていた。この野党のリーダーは公務秘密法に違反したとして一八カ月の禁錮刑を言い渡された。ウォール・ストリート・ジャーナルがこの秘密文書について報道すると、ナジブは同紙を訴えると言って脅した。あるベルセ運動のリーダーもテロリズムと戦うことを意図して新たに制定された法に基づいて拘束されていた。

1MDBの捜査に関与した者に対する脅し――殺人さえも――が公然と行われ、人々は震え上がった。しかし一部の愛国的なマレーシア国民は、海外の当局が捜査をやめないことに希望を抱いていた。首相の逮捕を提言したマレーシア腐敗防止委員会の内部は、自分たちの捜査にふたをされたことに憤る声で今にも爆発しそうになっていた。

その結果、ごく一部の捜査官がひそかにFBIに情報を提供し始めていた。FBIのマクマリーのチームは、数カ月を要して資金の流れを解明した。二〇一六年七月、ついに司法省が行動に移す時が来た。それはロウやナジブ、その他の共犯者の意表を突く方法で行われた。

第49章

グラス半分の水

二〇一六年七月、ワシントンDC

ロレッタ・リンチ司法長官がワシントンDCのペンシルベニア・アベニューにある米国司法省プレスルームのマイクの前に進み出た。数分後、彼女は、クレプトクラシー・アセット・リカバリー・イニシアチブ（泥棒政治による資産の回復に係る取り組み）に基づき、過去最大の資産押収を行ったと発表した。FBIは、マレーシア腐敗防止委員会やマレーシア政府関係者との間でひそかに会談を行い、彼らの協力のもと、史上最大級の詐欺事件の全貌を解明した。

司法省幹部とFBI職員を従えたリンチ司法長官は、史上最大の汚職事件によって1MDBから盗まれた資金を使って購入された十億ドル以上もの資産を、いかにして探し出して押収したかを説明した。押収された資産は、そのほんの一部を挙げるだけでも、ニューヨークやロサンゼルス、ロンドンのマンションから、EMIの株式、プライベートジェット、さらには映画『ウルフ・オブ・ウォールストリート』から得られる将来の収益にまで及んでいた。最大の宣伝効果を上げるため、司法省は、アメリカ合衆国対『ウルフ・オブ・ウォールストリート』の訴訟を、ハリウッドのあるカリフォルニア州中央地区地方裁判所に提起した。

「われわれは、米国の金融システムが腐敗行為のパイプとして利用されることを許しません」とリンチ司法長官は語った。「世界中の腐敗した公務員は、われわれが犯罪資金の利用を防止するためには決して容赦しないということを忘れてはなりません」

これは米国のクレプトクラシー・アセット・リカバリー・イニシアチブによる資産の押収としては過去最大のものだった。ヒュークリングのチームは、司法省の検察官と共に、苦労の末、すべての複雑なスキームを解き明かした。

訴訟においてはジョー・ロウの名前が関係者として挙げられ――法執行機関によって初めて名前が公表された――、さらにリザ・アジズ、カデム・アル・クバイシ、ムハメド・バダウィ・アル・フセイニーらの名前も挙がった（後にタレク・オバイドと、パトリック・マホニーを指す〝ペトロサウジの役員〟も関係者に追加された）。ティモシー・ライスナーは〝ゴールドマンのマネージングディレクター〟として言及され、アブダビにおけるマンスール・ビン・ザーイド・アル・ナヒヤーンとの会談における彼とジョー・ロウのやり取りのあらましが明らかにされた。もっとも、ライスナーのすべての役割が公になるにはさらに二年の期間を要した。しかし、最もショッキングだったのは、ナジブ・ラザク首相が〝マレーシア当局者1〟としてわずかにその正体を隠した形で言及されたことだった。彼は、訴訟においては、リザ・アジズの親戚であり、1MDBの支配的立場にあったと説明されていた（後に司法省は、ロスマを〝マレーシア当局者1〟の妻であると言及した）。

　ナジブに対する言及は、首相の側近にショックを与えた。彼らは米国がそのような措置を取るとはまったく考えていなかったのだ。これは資産の押収を目的とした民事訴訟だったが、その後、刑事訴訟手続きも進行することを恐れ、ジョー・ロウは、これ以降米国入国を避けるようになった。ナジブでさえも、しばらくの間は米国訪問を避けることにし、その年の後半にニューヨークで開催された国連総会にも代理を派遣した。

　ナジブは、米国司法省のハンマーがここまで近くに迫っているとは予想していなかった。長年にわたって特権を享受し、オバマ大統領とゴルフをプレイしたり、国連で何度もスピーチを行ったりしてきたことから、自分が誰にも触れることのできない存在なのだと信じるようになっていた。ナジブにとっては、独立した司法システムが現職の首相を告発するなど考えることすらできなかった。自国での捜査を中止させることさえできたナジブにとって、米国司法省の対応は天と地ほどの差があった。

　リンチ司法長官による記者会見の数日後、ナジブはロウの強奪の規模までは知らなかったと周囲に語ったという。これは信じがたかった。彼は間違いなく、ロウが購入し、後にリザ・アジズに所有権を譲渡したロサンゼルスやニューヨーク、ロンドンの物件のことを知っていたはずだった。もっとも、ナジブがロウの詐欺行為の全容までは知らなかった可能性はあった。司法省は、少なくとも三五億ドルが行方不明になっており、押収により一年以内に一〇億ドルを回収できると見ていた。一週間後、ナジブは、説得力に欠ける記者会見の中で、米国司法省が名指しした資産のいずれも1MDBが直接所有しているものではないと指摘した。厳密にはそのとおりだったが、的外れな指摘だった。

ウォール・ストリート・ジャーナルは、リンチ司法長官の記者会見直前に、司法省の訴訟提起についても報道していた。ロウは、この記事を読んだとき、誤報だと思っていた。というのも、米国当局は、ロウの弁護士にいかなる法的文書も送達していなかったからだった。この法的手続きにより、ロウが行っていたパークレーンの持ち分の資金化や米国の資産の売却は中止を余儀なくされた。マンションや美術品、ボンバルディア・ジェットさえも今は凍結されていた。エクアニミティ号だけが、外洋にあって米国司法省も手が出せず、今もロウの手中にあった。しかし、彼はすでに数億ドル――数十億ドルではないにしても――を世界中の秘密口座に隠し持っていた。そして彼はまだ自由だった。

捜査を行ってきたニューヨークの国際腐敗行為対策チームを率いてきたビル・マクマリーは、この記者会見を横で見守りながら、おそらくグラスの半分まで水が満ちた――目的の半分を達成できた――との思いを抱いていたに違いない。ワシントンに本拠を置く腐敗防止に係るNGOグローバル・ファイナンシャル・インテグリティの試算によると、二〇一二年だけで、ブラジルや中国、インド、ロシアなどの規制が不十分な国家においては、一兆ドルが発展途上の経済から流出していた。しかし、マクマリーは楽観的な見方をしていた。

二〇一六年半ばまでに、ＦＢＩは外国の腐敗防止機関との連携を強めていた。その中にはペトロブラス・スキャンダル――ブラジルの国有石油会社が五〇億ドル以上を会社の幹部や政治家に違法に支払っていた事件――を担当したブラジルの捜査官も含まれていた。ブラジルの司法長官は、多くのペトロブラスの職員や政治家、実業家の有罪判決を勝ち取っていた。そしてナジブの懸命の努力にもかかわらず、米国司法省は、１ＭＤＢに関与していた者の処罰に動き始めた。

「ここ二〇年か二〇年の間には実際には存在しなかった腐敗防止に対する世界的な圧力が、今は間違いなく存在している」とマクマリーは専門家会議で語った。

のちのプレスリリースにおいてＦＢＩは、捜査を進めるうえで、マレーシア腐敗防止委員会の〝大いなる勇気〟に支えられたと称賛した。これはＦＢＩの捜査をひそかに支援した委員会のスタッフに対する感謝の気持ちの表れだった。

一方では、まだグラスの半分しか水が入っていない――事件の解決はまだ道半ばである――とする見方もあった。強欲な投資家として、七年間にわたってジョー・ロウの違法行為を見逃してきた銀行に、チェックアンドバランスシステムはあったのだろうか？　ロウは今も、中国やタイ――彼はバンコクのセント・レジス・アパートメントで暮らしていた――の豪華な住居や、プーケット沖のスーパーヨットでのんびりと暮らす自由を享受しているのではないか？

マレーシアにおけるナジブの地位は揺るぎないように見えた。アル・クバイシやライスナー、ＢＳＩのバンカーにはどんな制裁が待っているのだろうか？

残されている関心は、米国政府――あるいはシンガポールやスイス、アブダビ――が関係者に対する刑事訴訟を起こすかどうかだった。米国のクレプトクラシー・アセット・リカバリー・イニシアチブは、資産を回収するための取り組みであり、民事訴訟だった。しかし、単なる叱責や資産の没収だけではなく、禁錮刑のみがこの種の国境をまたいだ詐欺事件に対して真の抑止効果を持っていた。

第50章
ホワイトカラー犯罪

二〇一五年秋、ニューヨーク

二〇一五年秋、ゴールドマンのコンプライアンス部門の幹部は、ティモシー・ライスナーの会社のｅメールアカウントを詳細に調べていた。１ＭＤＢスキャンダルがウォール・ストリート・ジャーナルで報道された後、ゴールドマンは、マレーシアでの取引に関する内部調査を開始していた。ライスナーは調査を担当したゴールドマンの幹部に対し、ロウのことはほとんど知らないと語っていた。しかし、彼らはライスナーの言葉を額面通りに受け取ることはなく、彼の通信記録の調査を実施した。通常、ウォール街のバンカーは、センシティブなビジネスについては、直接会うか、個人のｅメールや電話など、オフラインで話をすることを心得ていた。

しかし、ライスナーはずさんだった。

二〇一五年初め、ライスナーは、ジョー・ロウのための未承認の不正な紹介状――ロウがバンク・ハビランドで口座を開設することを支援するためのもの――を個人のＰＣで作成していた。その紹介状はゴールドマンの内部調査の対象にはなっていなかったが、妻のキモラ・リー・シモンズのスタッフが誤ってこれをライスナーの会社のアカウントに送ってしまい、コンプライアンス部門の幹部がメールを発見した。

ゴールドマンのマンハッタン本部では、風評上の大きな問題となっていた1MDB問題にどう対処するかについて、白熱した議論が交わされていた。ライスナーの不正行為についての全容を知らないある幹部は、彼をスケープゴートに仕立てることを問題視した。ゴールドマンの証券部門の共同責任者であるパブロ・サラメは、問題への同社の関与をライスナー個人の責任に負わせるとする社内の提案を拒絶した。

「ゴールドマン・サックスがこれらの取引を行ったのだ」サラメはある会議で同僚にそう語ったという。

公的には、ゴールドマン・サックスは、同社はリスクを取って1MDBの資金調達を支援し、そのサービスに対する対価を正当に得たとして自らの行為を弁護した。ゴールドマンは1MDBにおけるロウの役割は知らず、1MDBがその資金を使って何をするかまで知ることは期待されていなかったと主張した。

こういった上層部の支援があったにもかかわらず、ライスナーは、ロウのルクセンブルクの口座開設を支援した証拠について言い逃れることはできなかった。二〇一六年一月、ゴールドマンはライスナーを休職扱いとし、その翌日、彼は辞職した――正式には翌月付けの辞職となっていた――。

翌週、ライスナーは、香港金融街の未来的なナイトクラブ、クラブⅫでしばしば目撃された。そこで彼は友人たちにゴールドマンに裏切られたと語っていたという。白髪混じりのひげを蓄え、やつれた様子のライスナーは、ニューヨークのゴールドマンの幹部もこれらの取引を承認しており、彼一人がスケープゴートにされるのはアンフェアだと訴えた。ゴールドマンは否定しているものの、ゴールドマンの幹部の多くは、１ＭＤＢにおけるロウの役割を知っていながら何ら懸念を示さなかったとライスナーは言い張った。

１ＭＤＢの債券取引を考案し、ロウの１ＭＤＢに対する関与をコンプライアンス部門から隠ぺいしようとしたとされているアンドレア・ヴェラは、アジアの投資銀行部門の共同責任者になることが約束されていた。１ＭＤＢビジネスの強力な後援者だったゲイリー・コーン社長は、二〇一七年一月にドナルド・トランプ大統領の国家経済会議委員長となり、一年余りにわたってこの職を務めた。

ライスナーは自らの不満を公にはしなかった。彼は今だにゴールドマンと数百万ドル相当の繰延給与の支払いについて交渉中であり、詐欺事件における自身の役割が公表されることを望んでいなかったのだろう。彼は解雇されるとは思っておらず、妻となったキモラ・リー・シモンズとのライフスタイルを維持するための資金を必要としていたようで、この頃、友人に数百万ドルの借金を頼んでいた。さらに、退職した後であっても取引については話してはならないというゴールドマンの社内規則もあった。

彼は他の事業を起こそうとしていた。シモンズと共に、ライスナーは英領ヴァージン諸島に本拠を置くベンチャーキャピタルファンド、カスケーデン・キャピタルを設立した。カスケーデンは米国に拠点を置くエナジードリンク会社セルシウスに投資し、ライスナーは共同経営者となった。彼は、香港とロサンゼルスを行き来して生活をしていた。妻のシモンズは、ロサンゼルスのフェンスで囲まれたビバリーパーク近くに、二五〇〇万ドルの大邸宅を購入していた。二万スクエアフィート（約一八五八平米）の敷地のなか、オリーブの木が立ち並ぶ私道の先に七つのベッドルームを有する屋敷が建てられていた。近隣には、ロッド・スチュワートやデンゼル・ワシントンらが住んでいた。二〇一八年初め、シモンズはスキー場のゲレンデで夫と共に撮った写真をインスタグラムにアップした。しかし、訴訟の影はライスナーにも迫っていた。

ＦＢＩの捜査官は、１ＭＤＢの顧問弁護士であり、ロウの側近でもあるジャスミン・ルーが行ったライスナーの個人口座への支払いに注目していた。この資金移動の目的は定かではなかった。ライスナーは他にもロウに近い人物と関係を深めていた。二〇一七年一一月、ウォール・ストリート・ジャーナルは、ライスナーとロウのタイの友人が、二〇一六年の終わりにインド洋に浮かぶモーリシャスの小規模な銀行を買収しようとしたものの、規制当局によって、その買収が阻止されたことを報じた。

このモーリシャスの買収案件におけるロウの役割——彼が実際に関与していたとして——は

定かではない。また、ライスナーがロウと常に連絡を取り合っていたかどうかもわかってはいない。当局の締めつけが厳しくなるにつれ、かつてはハリウッドのパーティーに出没し、プライベートジェットで世界を飛びまわっていたロウも、どうやら姿を消してしまったようだった。彼はバンコクや上海で目撃されていたが、彼の友人たちも以前のように彼とコンタクトを取ることができなくなっていた。彼がいつどこにいるのかは誰にもわからなかった。

二〇一七年、シンガポール政府は、ライスナーがルクセンブルクの銀行宛に書いたロウの紹介状に関連して、ライスナーを一〇年間金融業界から追放する決定を下した。この年の終わりには、米国の金融取引業規制機構が、ゴールドマン退社に係る文書その他の情報の提出要請に応じなかったことを受けて、ライスナーを米国の証券業界から追放した（後に二〇一九年初め、連邦準備委員会は、ライスナーとロジャー・ウンに対し銀行業界で勤務することを禁じた。このとき、ライスナーは一四二万ドルの罰金も科された）。

さらに二〇一七年八月、米国司法省は、ある電撃発表を行った。それは1MDB事件に対する刑事事件捜査の開始だった。

司法省がこれまで行ってきた法的措置は、資産を没収するための民事手続きであり、犯罪に関与した者を処罰するためのものではなかった。米国司法当局は、エクアニミティ号や、レッド・グラナイトの映画『帰ってきたMrダマー　バカMAX！』『パパVS新しいパパ』からの収益、ロウがミランダ・カーに贈った八〇〇万ドルの宝石、レオナルド・ディカプリオに贈った一三〇〇万ドルの美術品などの資産を押収することを目的とした追加の民事訴訟も提起していた。

しかし、民事訴訟は、メインイベントである刑事捜査を開始するための足掛かりにすぎなかった。二〇一七年八月、カリフォルニアの裁判官が資産差し押さえの裁定を下す前に、司法省は、ＦＢＩが刑事事件の立件に専念できるようにするため、資産差し押さえに関する訴訟の無期限停止を求めた。これは米国政府が詐欺事件に関与した個人の起訴を求めていることの明確な意思表示であり、民事手続きによってその手札を見せたくないという考えの表れだった。

二〇一八年夏、世界中の金融情報を分析した司法省は、ついにライスナー逮捕に踏み切った。彼は六月一〇日に逮捕され、すぐに政府との間で有罪答弁取引の交渉を始めた。二カ月後、ライスナーは、１ＭＤＢからの資金強奪をほう助し、マネーロンダリングと海外腐敗行為防止法違反を共謀したことを認めた。そして四三七〇万ドルを没収された。

ライスナーはその後も、引き続き司法省に協力した。問題は、ゴールドマンの他の社員が処罰されるかどうかだった。二〇一八年一一月、司法省はライスナーとの有罪答弁取引の封印を解き、これを初めて公開した。司法省は、その後マレーシアで逮捕されたロジャー・ウンを起訴し、裁判を受けさせるためにすぐに米国に送還した。彼は無罪を主張した。

アンドレア・ヴェラは、起訴されなかったものの、共謀者として名指しされた。翌日、ゴールドマンは彼を休職扱いとした。ヴェラは不正を否定している。

金融危機からのほぼ一〇年間で、数百万人が職を失い、生活水準が低下するほどの経済の崩壊が生じたにもかかわらず、投獄されたのはウォール街の一人のバンカー――クレディ・スイスの幹部――だけだった。一方で一九八〇年代と一九九〇年代の米国における貯蓄貸付組合危機では、一〇〇〇名を超えるバンカーが有罪判決を受けた。二〇〇六年、裁判所は、エンロンの元CEOケン・レイを詐欺の罪で有罪とした。しかし、金融危機以降、司法省はホワイトカラー犯罪に対し、個人に責任を負わせることに尻込みし、代わりに銀行に重い罰金を科し、その見返りに起訴を猶予する取引を行ってきた。

二〇一六年、ゴールドマンは、金融危機時に瑕疵のあるモーゲージ証券を販売したことから生じた訴訟を解決するため、米国連邦検事との間で五〇億ドルを支払う民事和解手続きに同意した。バンク・オブ・アメリカやJPモルガンなどのウォール街の銀行も、和解金として総額四〇〇億ドルを支払った。しかしその一方で、ウォール街は、これらの罰金をビジネスを行ううえでの費用としてしか見ておらず、まったく行動を改めようとしていないとする批判も多く見られた。

今、司法省は、1MDBのために資金調達した資金が悪用されることをゴールドマンが知っていたとする理由があるか否か、その結果、銀行秘密法に基づき、JPモルガンがバーニー・マドフのポンジ・スキームを防止できなかったことに対して支払った二〇億ドルに匹敵する厳格な罰金を科すことができるか否かを判断しようとしていた。刑事起訴にかかる不安は、依然として銀行にも迫っていた。連邦準備委員会、証券取引委員会およびニューヨーク州金融サービス局も銀行の活動について調査を行っていた。

二〇一八年秋、ロイド・ブランクファインは、暗雲が立ち込めるなか、一〇年間――初めはプライムローン危機、そして今は1MDB問題を経験していた――にわたるゴールドマンCEOの職を辞した。ブランクファインが刑事上の不正行為を行った証拠はなかったものの、このスキャンダルは晩節を汚す結果となった。辞職から数カ月もしないうちに、ゴールドマンは、彼が1MDBスキャンダルを理由に、報酬の一部を返納したことを発表した。

二〇一六年、超富裕層が資産を隠すためにいかにシェルカンパニーを利用しているかを詳細に記したパナマ文書が流出したことで、数百万ドルもの資産の購入における匿名性について、世界的な議論が高まった。米国は、不動産部門を通じたマネーロンダリングの防止に新たな方策を講じていた。二〇一六年、米国財務省はマンハッタンおよびマイアミにおいて高級不動産を現金で購入するバイヤーに対し、政府に身元を開示することを強制するパイロットプログラムの適用を開始した。このプログラムは、シェルカンパニーが購入する不動産――マイアミでは一〇〇万ドル超、マンハッタンでは三〇〇万ドル超――を対象としていた。ほとんどの不動産取引に関与する権原保険会社は購入者の本人確認を行うことを命じられた。

その結果、六カ月間における全住宅購入者の四分の一以上が疑わしい取引として抽出され、これを受けて財務省は、新たな恒久的な規制の導入を視野に入れて、このプログラムをロサンゼルスなどの他の都市にも展開することとした。大きな抜け穴は残されていたものの――たとえば弁護士は、弁護士と依頼人の間の秘匿特権を理由に不動産取引に関与した実質的所有者の名称の開示を回避できた――、米国は、問題に対処すべく動き始めた。

ロウに多くの絵画を売ったオークションハウスのクリスティーズは、美術品の売買を仲介する代理人に対し、顧客の名称を開示するよう求めるようになった。これらをルール化することは任意だったものの、クリスティーズは行動を起こした。ナイトクラブやカジノ、ハリウッド映画への腐敗資金の流入を効果的に防止する規制はまだなかったが、米国政府は、1MDBの詐欺スキームに関与していたという事実が、ナイトクラブ経営者や映画監督、俳優に対し、資金を受け取る前に再考する機会となることを期待した。

二〇一七年、レオナルド・ディカプリオとミランダ・カーは、ロウから受け取った贈り物を自主的に米国政府に引き渡し、ディカプリオは、マーロン・ブランドのオスカー像――訴訟においては言及されていなかった――も返却した。彼はこのとき、すでに、二〇一六年公開の『レヴェナント：蘇えりし者』でオスカーを手にしていた。

カーは、二〇一五年初めにロウに関する最初の記事が報道された後に彼とは別れていた。二〇一七年五月、彼女はスナップチャットの創業者で億万長者のエヴァン・シュピーゲルと結婚し、ロウとの関係を完全に絶った。

ジョー・ロウとの交流は、ストラテジック・グループの創設者ノア・テッパーバーグとジェイソン・ストラウスのビジネスの発展に大いに役立った。二〇一七年二月、マディソン・スクエア・ガーデン・カンパニーが、ナイトクラブを含むＴＡＯグループにおける二人の支配権を一億八一〇〇万ドルで取得した。

二〇一八年三月、レッド・グラナイトは、同社の将来の利益に対する権利を差し押さえようとする司法省と和解するために六〇〇〇万ドルを支払うことに同意した。ジョーイ・マクファーランドは、二〇一七年九月にトロント国際映画祭で行われた、レッド・グラナイト製作の『パピヨン』のプレミア上映に出席するなど、引き続き公の場に姿を見せていた。彼は、レッドカーペットの上で主演男優のチャーリー・ハナムと一緒に写った写真をインスタグラムにアップした。

マクファーランドは、古い友人たちとも連絡を取り合っていたようだった。二〇一七年三月、彼はマレーシアの首都クアラルンプールの北にあるバトゥ洞窟から写真をインスタグラムに投稿した。クアラルンプールは、二〇一六年中ごろに米国司法省の資産没収に関する裁判が起こされて以来、レッド・グラナイトの共同創設者であるリザ・アジズが身を潜めている場所だった。逮捕される可能性があることから、米国に戻ることを恐れていたリザは、ここアジアでナジブの息子の一人とビジネスを立ち上げようとしていた。

ロウの正確な所在は依然として不明だった。

二〇一六年三月二七日、ロウが資金の流れを隠ぺいするうえで信頼していた資金管理の専門家ヨー・ジアウェイが、シンガポールのスイスクラブで行われた会合に到着した。ヨーは取り乱した様子で、水しっくいを塗られ、明るい赤のよろい戸を備えた、かつては二階建てだった英国植民地風の邸宅にある会員制クラブの扉を通り、裏手のベランダにあるカフェに急いだ。

そこで彼を待っていたのは、BSI時代の彼の上司で、1MDBの資金を強奪する際に共謀したケヴィン・スワンピライだった。スイスクラブの植物の生い茂る庭を一望するカフェの席に着くと、ヨーは、自身がシンガポールの警察に逮捕され、最近やっと保釈されたことをスワンピライに話した。

投獄されることを恐れていたヨーは、ある行動計画をスワンピライに説明した。彼らの個人口座に入金された1MDBの資金は、実際には別の投資家からの投資資金だったとシンガポール当局に対し口裏を合わせるようスワンピライを説得したのだ。スワンピライは態度を明確にしなかった。

同月、ヨーは暗号化されたテレグラム・インスタント・メッセージを使って、アミコープのホセ・レナート・カルヴァーリョ・ピント――キュラソーのファンドを通じて1MDBの資金の流れを偽装した人物――に連絡を取った。テレグラム・メッセージの中でヨーは、ピントに彼のラップトップコンピューターを破壊し、当局が尋問する場合に備えてシンガポールに来るのを避けるよう指示した。

ヨーは大きな間違いを犯していた。彼の知らないところで、シンガポールの警察当局が彼の行動を監視していたのだ。警察はヨーが捜査を妨害している証拠をつかみ、すぐに彼の保釈を取り消した。

米国と同様に、シンガポール政府も資産――一億七七〇〇万ドル相当の不動産および銀行口座で、その半分はジョー・ロウと家族の名義だった――を差し押さえた。またシンガポール政府当局は、BSIの銀行免許を取り消した。シンガポールで銀行の営業停止が命じられるのは三〇年ぶりのことだった。シンガポール金融管理庁は、マネーロンダリング防止を怠ったとして、八行に対し、合計で二〇〇〇万ドルの罰金――その大部分はBSIとファルコン銀行に対するもので、クーツやスタンダードチャータード銀行もこれよりは少ない金額だったものの、その対象となった――を科した。罰金自体はわずかな金額でしかなかったが、シンガポール金融管理庁のラヴィ・メノン長官は、この〝災厄〟に対するシンガポール当局の対応を擁護した。

「銀行に数十億ドルの罰金を科せば、実際には株主やその他のステークホルダーを傷つけることになる。取締役や幹部は傷つかず、個人はほとんど責任を負うことはない。その結果、個人的な責任が追及されないという理由で、不正が続けられるという、昨今の世界的な、誤った風潮が生みだされている」とメノン長官は語った。

しかし、シンガポールの刑事制裁が厳格だったとは言い難かった。BSIでジョー・ロウの取引担当者だったヤク・ユー・チーは、当局に協力をした結果、文書偽造と疑わしい取引の報告を怠った罪を認め、一八週間の禁錮刑を言い渡された。彼は、1MDBに関連して受け取ったボーナスとして数百万ドルをシンガポール政府に引き渡したが、残り数百万ドルは手元に置くことを認められた。裁判を通して横柄で反抗的だったヨー・ジアウェイには、証人買収で三〇カ月、マネーロンダリングその他の罪で四年半の禁錮刑が言い渡された。

他の三名――BSIにおけるヤクの部下、ファルコン銀行のシンガポール支店長、シンガポールのブローカーには、数週間という短期間の刑が言い渡された。検察官は、ジョー・ロウを重要参考人としたものの、当局はその所在を把握していなかった。シンガポールの中央銀行は、ハンスペーター・ブルーナー――二〇一六年三月にBSIのアジア責任者を退職していた――およびケヴィン・スワンピライ、その他多くのBSI幹部に関し、さらなる捜査を検察官に行わせると言及した。しかし、二年以上経過しても、シンガポール当局はいずれの者に対しても何ら措置を講じていない。

スイスの検察当局も1MDB事件に対する刑事捜査を開始していた。捜査官はジョー・ロウとアル・クバイシの役割に焦点を当てていたが、BSIもターゲットとして名指しした。スイスの金融規制当局は、不正な利益を得たとして九五〇〇万スイスフランの支払いをBSIに命じた。二〇一七年、BSIは、当局の命令のもと、別のスイスの銀行に買収され、一四三年の歴史に幕を閉じた。

アブダビのファンド、アーバルが所有するファルコン銀行もスイスにおける刑事捜査の対象となった。ブルーナーと同様、ファルコン銀行のCEOエドゥアルド・リーマン――二〇一三年に行われた数億ドルの支払いについて、リスクが高いとしてジョー・ロウに苦言を呈していた――も、捜査を受ける前の二〇一六年に引退していた。BSIとは異なり、ファルコン銀行は営業を継続することが認められたが、不正な利益として二五〇〇万ドルの支払いを命じられた。

スイスの金融セクターの規制機関であるスイス金融市場監督機構のマーク・ブランソン代表は、スイスの銀行が新興市場の富裕層の顧客をターゲットにするにつれ、よりマネーロンダリングのリスクにさらされるようになっているとして、公式に懸念を表明した。「マネーロンダリングは被害者のいない犯罪だ。マネーロンダリングは法を犯すことで犯罪者に利益をもたらし、権力と特権の腐敗と悪用を促すことになる」とブランソンは語った。

米国とシンガポールと同様、スイスがホワイトカラー犯罪の撲滅に対し本気であることは、決して言葉だけではなかった。その証拠は、スイスのバンカーに対する刑事捜査に表れていた。

第51章

キング・カデムの没落

二〇一六年八月、アブダビ

二〇一六年秋、アブダビの警察がカデム・アル・クバイシを急襲し拘束した。これは、エリート層による内輪の恥をめったに公衆にさらすことのないこの国にとっては、異例の行動だった。長年にわたり、アル・クバイシは数十億ドルもの資金を動かす権限を持った全能の人物のように、際限なくその権力を振るってきた。彼が全能とみなされたことの鍵は、シャイフであるマンスールとの緊密な関係にあった。

米国司法省の訴訟によって、アブダビを統治するアル・ナヒヤーン家もクバイシへの厳しい措置を講じざるを得なくなっていた。１ＭＤＢスキャンダルにおけるアル・クバイシの役割が世界に知られ、アブダビの恥をさらしていた。誰かがその責めを負わなければならなかったのだ。アル・クバイシの世界の金融システムにおける君臨は、二〇一五年のＩＰＩＣの退任によって終わりを告げていた。そして今、彼は元アーバルのトップ、アル・フセイニーと共に拘束されていた。当局はこれをひっそりと――公的な発表なしに――行ったが、それでも二人の逮捕は、この国の説明責任のあり方においては稀有な瞬間であった。彼らの資産は凍結されたが、正式には起訴されなかった。

二人は、犯罪の容疑者を拘置する施設に勾留された。二〇一九年初めに行われたウォール・ストリート・ジャーナルのインタビューで、アル・クバイシは、自身がシャイフであるマンスールを守るためにスケープゴートにされたと語った。彼は、二四時間、鎖で窓につながれ、有罪を認めて資産を引き渡すよう迫られたと語った。「確かに私がこの取引を行った。だが、アブダビ政府のためにやったんだ」と彼は言った。一方、アル・フセイニーは、「政府はすべてを私の背中に負わせようとしている」と語った。アブダビの市民ですらないアル・フセイニーの運命は、定かではなかった。

ロウは、バンコクと上海の拠点から、事件を隠ぺいしようとアブダビ当局に取引を持ちかけていた。しかし、アル・クバイシの逮捕により、その望みもあっという間にしぼんでしまった。代わりに、ＩＰＩＣが保証している１ＭＤＢの債券の利子を誰が支払うかをめぐって、論争が巻き起こった。１ＭＤＢは債務不履行に陥っており、保証人であるＩＰＩＣはこの利子を支払う義務を負っていた。この支払いを拒めば、ＩＰＩＣは、自らの債務に対して、投資家からクロスデフォルトを宣言される恐れがあった。

ロウとアル・クバイシによって奪われた資金を誰が負担するべきかという、さらに大きな問題も未解決のまま残っていた。アブダビ側の折衝者は、これは自分たちの問題ではないと言い張った。しかし、責任を逃れることはできなかった。ＩＰＩＣは１ＭＤＢの債券に対し、三五億ドルを保証していたのだ。さらにＩＰＩＣが１ＭＤＢに行った一〇億ドルの緊急融資の問題もあった。

アブダビ当局はアル・クバイシに対し措置を講じたものの、統治者らは早くこの混乱から脱したいと願っていた。ＩＰＩＣは三五億ドルの引当金を計上した。これは、基本的に１ＭＤＢが債務を支払うことを期待できないと投資家に対し認めたものだった。その後、ＩＰＩＣはムバダラに吸収され、七〇〇億ドルの規模を誇ったファンドは、三二年の歴史に幕を閉じた。ゴールドマン・サックス、モルガン・スタンレーなどの銀行は、ＩＰＩＣとの取引で長年にわたり巨額の利益を上げていた。しかし今、その取引も突然、失われてしまった。

ロウと多くの取引を行っていたムバダラのＣＥＯハルドゥーン・ハリハ・アル・ムバラクは、ＩＰＩＣをその傘下に収め、さらにその力を大きくした。

アブダビの当局と１ＭＤＢの間では、債務をどう整理するかについて引き続き協議が行われていたが、１ＭＤＢがどうやって資金を工面するかは不透明だった。中国がマレーシアを救済してくれるという望みは、消えてしまっていた。中国の国有企業が１ＭＤＢの土地の一部を買収する取引については、習近平率いる中国政府が二〇一七年初めに取引の締結を拒んだことから、決裂していた。中国政府は、たとえマレーシアと中国の関係強化に役立つとしても、この混乱には巻き込まれたくはないと考えたようだった。

ペトロサウジとの不正を隠ぺいしようとするロウの試みも失敗していた。二〇一七年一一月、ペトロサウジの共同創設者であるトゥルキ王子はサウジアラビアの権力抗争に巻き込まれ拘束されていた。彼の父である前国王が逝去し、新たな国王が表向きは汚職を理由に多くの王子と閣僚を拘束したのだった。トゥルキ王子の転落は、ロウの将来の見通しにとってさらなる打撃となった。

1MDB事件におけるペトロサウジの役割は、スイスでの捜査の焦点になっていた。トゥルキ王子が拘束されている間、ザビエル・ジュストは、二〇一六年一二月にタイの刑務所を出所し、ジュネーブの家族のもとに帰った。ペトロサウジの、自分への扱いに対して怒りを募らせていたジュストは、タレク・オバイド、パトリック・マホニーそして元英国の警察官ポール・フィニガンを刑事告訴した（二〇一九年一月、ジ・エッジはペトロサウジのeメール情報に対して約束していた二〇〇万ドルをジュストに支払った）。オバイドとマホニーは、実際の事業はほとんどなかったものの、依然としてペトロサウジの経営にあたっていた。オバイドはパーティーを続け、二〇一六年八月にはトルコ沖のスーパーヨット上で写真を撮られている。二〇一八年五月、スイスの司法長官はペトロサウジの二人の幹部に対する刑事捜査を開始したと発表した。

二〇一七年六月、ブラッドリー・ホープは、ウォール・ストリート・ジャーナルのメールアドレスに興味深いメッセージを受け取った。そのメッセージは、自らをグローバル・リークスと称する謎めいたグループからのもので、ロウの友人であり、駐米ＵＡＥ大使であるユーセフ・アル・オタイバのコンピューターからハッキングしたｅメールを提供するという申し出だった。

「われわれは極めて決定的かつ独占的な情報を持っている」とメールには書かれていた。

そのメールは、global-leaks@inbox.ruという、送信元がロシアであることを示すアドレスから送られていたが、実際のこのグループの所在は謎だった。しかし、彼らの動機は極めて明白だった。グローバル・リークスは多くの国際的なニュースメディアに同時に接触していた。メッセージの中で、彼らは、二〇一七年六月にペルシャ湾岸の小国カタールを孤立させた取り組みを含む、中東の政治におけるオタイバ大使の役割について指摘していた。

ホープは、他のニュースメディアの知らないオタイバ大使の別の側面について興味を持った。それはオタイバとジョー・ロウとの関係だった。彼はグローバル・リークスに対し、ロウに関する情報か、あるいは１ＭＤＢに関する情報を探して提供してほしいと要請した。その結果は驚くべきものだった。

ｅメールの内容は、オタイバとジョー・ロウの関係に加え、オタイバがいかに１ＭＤＢから経済的な利益を受けていたかの全体像を示していた。またそこには、ウォール・ストリート・ジャーナルとサラワク・レポートによる報道がなされた後、必死になってオタイバに連絡を取ろうとするロウを、オタイバが切り捨てる様子も示されていた。

アブダビ政府は、このハッカーが、中東のオタイバの政敵から支援を受けていると指摘して、そのeメールの信頼性を貶めようとしたが、このeメールが改ざんされているとする主張に関してはうまく行かなかった。オタイバは引き続き大使の地位にあり、二〇一七年七月にウォール・ストリート・ジャーナルが彼とロウとの関係を報道した後も、米国でチャーリー・ローズのトーク番組に出演して中東の政治について語っている。

オタイバはしぶとい男だった。

ナジブ首相は1MDBなど存在していなかったかのように振る舞った。彼は1MDBの取締役会を解散し、1MDBを財務大臣――彼が兼任していた――の直接の管理下に置いた。米国司法省が訴訟を起こした後、監査法人であるデロイト・トウシュは、1MDBの監査人を辞任することを発表し、デロイトが先に承認した1MDBの二〇一三年と二〇一四年の財務諸表は、もはや信頼できないと警告を発した。腐敗の代償は、あらゆる世代のマレーシア国民に影響を与え始めていた。

ムーディーズは、マレーシア政府が約七五億ドルの1MDBの債務を支払わなければならないと試算している。これは、マレーシア経済の二・五パーセントに相当する金額だった。外国の投資家は、1MDBスキャンダルを懸念してマレーシアの資産を売却し、その結果、わずか数カ月で、マレーシアの通貨リンギットは米ドルに対し三〇パーセントも下落した。

　１ＭＤＢの債務の半分は米ドル建てであり、リンギット安は、現地通貨建てで返済する際の支払負担をさらに押し上げた。１ＭＤＢは、マレーシアに新たな雇用を創出するはずだった。しかし、それどころか、この後何年にもわたる国家財政の重荷を負わせることになった。１ＭＤＢの債務のほとんどは、向こう数年間は支払期限が到来しないものの、将来爆発することを待つ時限爆弾のようなものだった。

　いつか真の自由民主主義国家となるというマレーシアの希望は打ち砕かれた。多くのマレーシア国民――トップバンカーから法律家や会社員まで――は、この国の行く末にうんざりしていた。国の頭脳は海外に流出し、優れた知性を持つ人々の多くが米国や英国、シンガポール、オーストラリアで生活し、働くようになっていた。この現象はすぐには元に戻りそうもなかった。

　夫に忠実なロスマは、米国司法省の訴訟でおよそ三〇〇〇万ドルもの宝石をロウから受け取っていたことを指摘された後は、断固として反欧米の姿勢を強めていた。１ＭＤＢに関与していた人物としてのイメージを払拭するために、チャリティーを利用する試みも続けていた。二〇一六年九月、ロスマは、ユネスコとニューヨーク・メトロポリタン美術館の慈善団体が主催する祝賀会で、マレーシアにおける児童教育の取り組みにおいて〝模範となって主導した人物〟として表彰される予定だった。だが主催者は、ウォール・ストリート・ジャーナルからの質問を受け、間際になって表彰を取りやめた。

マレーシアはこれまで以上に中国と接近していた。二〇一六年終わりの北京訪問に合わせて、ナジブは、中国共産党のスポークスマンである人民日報に論説を寄稿し、かつての植民地の宗主国は、彼らがこれまで不当に扱ってきた国々に対し、意見をするべきではないと語った。数週間後、退任を数日後に控えたオバマ大統領は、ナジブも出席したアジア太平洋サミットで、マレーシア国民にも伝わるようメッセージを送った。

「他国が自らの国民を虐げたり、開発資金を不正にスイスの銀行の口座に吸い上げたりすることを決定した場合、彼らに対しわれわれにできることには限界がある」

実際に米国の影響は弱くなっていた。米国司法省は、刑事訴訟の準備を進める中で、捜査のメインターゲットであるジョー・ロウに焦点を当てていた。しかし、バンコクや上海の近隣の海域でエクアニミティ号に身を隠していたロウには、アメリカ司法省の手も及ばないかのように見えた。

エピローグ

二〇一七年二月、タイ、プーケット

人目をさけるため、船長がヤシの木の並ぶ海外線から数海里先に停泊していたにもかかわらず、タイの南にあるリゾートアイランド、プーケット沖の輝く海へと突き出ている突堤からは、エクアニミティ号の船体が見えていた。漁師の話では、最近、クルーが生活必需品を求めて上陸したという。われわれは、ジョー・ロウがＦＢＩに逮捕される恐れを抱いているにもかかわらず、さらには実際にシンガポールで仲間が投獄されているにもかかわらず、彼が船上で大きなパーティーを計画しているという情報を得ていた。

引き続きロウの所在を特定しようとする中で、彼が静かな生活を送るつもりがないことが明らかになってきた。二〇一五年の初め以降、ロウの世界は大幅に狭まっていた。欧米の国に足を踏み入れた場合に逮捕されることを恐れ、ロウは、船上や、バンコクのセントレジス、香港のパシフィックプレイスのサービスアパートメントで暮らしていた。

軍事政権に支配されていたタイは、ロウにとっては安全な避難場所だった。一方で、中国はロウのことを戦略的資産——中国の影響をナジブに及ぼすための駒——として見ていた。彼は依然として豊富な資金を手にしており、孤立していたとはいえ、くつろいだ生活を送っていた。

このとき、ロウはジェセリン・チュアン・テイク・インと結婚し、二カ月になる男の子の父親になっていたが、新たな家族の存在をひた隠しにしていた。チュアンは、買い物やショッピングモールに中華料理を食べに行く以外は、ずっと船上やアパートメントでの生活を余儀なくされた。

ロウはどんどん不自由になっていく生活に苦しんでいた。たとえ数分であっても、一人で部屋にいることを嫌い、船上での生活を小児科医やベビーシッター、コックなど四〇名以上のスタッフ——ほとんどが欧米人だった——を提供するロンドンに拠点を置く富裕層向けのコンシェルジェサービスに頼っていた。国際金融システムからは締め出されていたため、支払いはもっぱらチュアンらに頼っていた。

ストレスの兆候も見え始めていた。睡眠時間が短くなり——夜は二、三時間——、就寝時には無呼吸症候群対策のマスクをつけていた。バンコクの水族館に家族で出かけた時には、際限なく続く仕事の電話に対応しなければならず、数分で出口まで通り抜けたという。

ロウは、二〇一五年に韓国沖で開催した、エクアニミティ号の船上ディナーパーティー以降は、大きなイベントを催していなかった。しかし、惨めな期間を経て、彼は自信を取り戻しつつあった。自分には誰も手を出すことはできないと思っていた。米国の有名なエンターテイナーが参加する大きなパーティーを開くことこそ、ゲームに戻ってきたことを示す絶好の機会だった。

二〇一六年も終わりに近づき、ロウは近しい友人や家族に楽観的な新年のメッセージを送った。

「二〇一六年は最悪な状況だった。しかし、われわれの船長は、そのリーダーシップに全面的に命を預ける忠実な船員たちを導き、落ち着きと決断によって、この嵐を乗り切った」ロウは中国のSNSアプリ、ウィーチャットを使ってそう伝えた。ロウが自分自身のことを言ったのか、あるいはナジブ首相のことを言ったのかは定かではないが、その意図は明らかだった。戦う準備は整った。

ロウの尊大なメッセージは、香港に潜伏していたシート・リー・リンや元1MDBの幹部で、ロウと同様マレーシアから逃亡せざるを得なくなっていたジャスミン・ルーやケイシー・タンなど、近しい人物に行動を起こさせるための鬨《とき》の声だった。世界中の捜査当局が迫ってくるなか、ロウは彼らを仲間として引き留めておかなければならなかった。

自らの復帰を知らしめるのに、派手なパーティー以外に最適な方法があるだろうか？　ニューヨークやラスベガスは出入禁止だったので、地元でパーティーを催さなければならなかった。いつものように、彼は、ネリーやニーヨ、ニコール・シャージンガーといった有名芸能人――

超一流とはいかなかったが――を取りそろえた。

われわれは、イベントがエクアニミティ号で行われると考えていた。ロウのボンバルディア・ジェットはシンガポール政府に差し押さえられており、彼はエクアニミティ号が同じ運命とならないよう必死になっていた。船はオーストラリアの海域を航行していたが、追跡されないように、船長は時折、応答装置《トランスポンダー》のスイッチを切っていた。二〇一六年の終わり、船はプーケットに現れ、北東の海岸にある豪華なアオポーグランドマリーナに停泊した。

われわれは二〇一七年二月にマリーナを訪れたが、エクアニミティ号はすでに数日前に出港していた。しかし遠くには行っておらず、海岸を離れ、沖合いに停泊していた。われわれは船に近づいてパーティーの様子を直接観察する方法を考えていた。しかしわれわれの得ていた情報は間違っていた。パーティーはバンコクで行われたのだ。

バンコクのチャオプラヤ川の川岸に位置するアヴァニ・リバーサイドは、ロウのイベントの開催場所としては珍しい選択肢だった。ホテルは川の向こう岸にあり、市の中心部からは車でおよそ一時間もかかるところだった。しかしロウがそのような控えめな場所を選んだのには理由があった――イベントのことを気づかれたくなかったのだ。

パーティーを企画した一人であるエイプリル・マクダニエル――ナイトクラブオーナーのテッパーバーグやストラウスと一緒に仕事をしてきたアメリカ人――は、公になっているロウのトラブルを考慮して、秘密保持が必要だということをよく心得ていた。

「何が起きているかを考えれば、慎重にならざるを得ない」自身のイベント企画会社を立ち上げたばかりの彼女は、ゲストの何人かにそう語った。

米国での訴訟やウォール・ストリート・ジャーナルや他の新聞における詳細な記事にもかかわらず、パーティーの出演者たちがロウのこれまでのうわさについてまったく気にしていないのは明らかだった。ゲストの多くにとってこのパーティーは、ロウのおかげで簡単に金が稼げる機会でしかなかった。

ディナーの後に五〇名のゲストの前でパフォーマンスを披露することになっていた、プッシー・キャット・ドールズの元リード・ボーカル、ニコール・シャージンガーは、空港で運転手付きの車に迎えられた。まだこの地で影響力があったロウは、車がバンコク市内へ向かう途中、悪名高いバンコク市内の大渋滞を避けるために、警察にシャージンガーの車を護衛させた。

ゲストが席に着くと、ロウは、長年にわたって行動を共にしているスウィズ・ビーツと一緒に現れた。部屋には、他にもロウの家族やタイの資産家、中国の商売相手、数人の有名人が座っていた。

ディナーの後の午後九時ごろ、ロウはパトロン・テキーラのショットグラスを手にすると、パーティーの参加者を見渡した。それは、二〇一二年にラスベガスで行われたパーティーの見劣りするイミテーションだった。ここにディカプリオの姿はなく、ブリットニー・スピアーズのような目玉となる出演者もいなかった。しかし、ロウはまだ集まった人々を魅了することができた。そしてスウィズ・ビーツはもちろん側にいて助けてくれた。彼はマイクを手にすると、DJが大音量で音楽をかけるなか、全員にテキーラのショットグラスを飲み干すように促した。やがてゲストはアフターパーティーのために、宇宙をテーマにした隣の部屋へと移動していった。

パーティーは、表向きはロウの兄ツェンの誕生日を祝うということになっており、有名な中国人シンガーのジェーン・チャンが「ハッピー・バースデー」を歌うために出席していた。モデルがバースデーケーキを運んでくると、ロウの一族がその周りに集まった。その後、ニコール・シャージンガーがステージに上がり、三曲を披露した。さらに彼女に続いてネリーとニーヨが二時間にわたるパフォーマンスを繰り広げた。

真夜中近くになると、日本の女性ダンスグループ、サイバージャパンが登場した。機械によって作り出された泡がダンサーたちを覆うと、彼女たちは服を脱いでビキニ姿になった。その後、報酬を受け取って参加していたモデルたちがプールに飛び込み、他の参加者にも入るように促した。

ロウは、ウイスキーの入ったグラスを手に、ほほ笑みながら、その光景を見ていた。

三カ月後、高い頬骨をした魅惑的なアジア系アメリカ人のニッキー・ラム・デイヴィスが、ちょうど一カ月前に共和党全国委員会の財務副委員長に指名されたばかりのカリフォルニアの実業家、エリオット・ブロイディにeメールを送っていた。

「エキサイティングで成功が約束された冒険の始まりよ」彼女はそう打つと、送信ボタンを押した。二人はバンコクに飛んでジョー・ロウに会おうとしていた。

肩幅が広く、二重顎の血色の良い顔色をしたブロイディは、波乱に富んだ人生を送っていた。二〇〇九年、彼はニューヨーク州の年金ファンドの幹部職員に一〇〇万ドルの金品を贈って二億五〇〇〇万ドルを自身の金融会社に投資させたことを認めていた。

有罪答弁取引の一環として、彼は一八〇〇万ドルをニューヨーク州に没収された。しかし、投獄はされず、二〇一七年初めには再びその輝きを取り戻した。彼は、ニューヨークの不動産開発業者で、大統領選に出馬したドナルド・トランプとは長年の知り合いだった。そしてトランプが二〇一六年一一月に予想外の勝利を遂げると、ブロイディは、この権力との親密性を金に換える方法を探した。

ブロイディとデイヴィスは、デイヴィスの元夫がユダヤ人だったことから、米国の親イスラエル政治団体を通じて知り合っていた。デイヴィス一家の背景も同様に波乱に満ちていた。彼女の両親ノラとジーン・ラムは、一九九七年にビル・クリントン大統領の再選に絡み、不正な外国からの献金に関する司法省の調査を受けて有罪を認めていた。ジーン・ラムはその後も、虚偽の税務申告で有罪となって二年の禁錮刑を受け、一方、ノラも社会復帰施設に五カ月、自宅拘禁五カ月の刑を受けていた。

プリンストン大学を卒業した後、デイヴィスは政治資金調達者として働いたが、エンターテインメント業界にも少し首を突っ込み、ロサンゼルスでテレビのリアリティ番組『ヒップ・ホップ・ワイブズ』に出演したこともあった。しかし、これらの仕事はうまく行かず、二〇一二年、彼女は自己破産手続きを取った。

しかし、二〇一六年、プラーズ・マイケルのおかげで、ビッグチャンスが訪れる。プラーズは、ジョー・ロウという友人が助けを必要としているとデイヴィスに話した。司法省の捜査下にあったロウは、トランプ大統領に事件の捜査を断念するようロビー活動をしてくれる者がいれば、喜んで数千万ドルを支払うと言った。彼女は、ブロイディに連絡した。彼は喜んで支援を提供すると言い、ホワイトハウスとの関係を利用しようとした。二〇一七年三月にジョー・ロウとブロイディの妻が所有する弁護士事務所との間で、成功報酬を定めた契約書の草案が提示された。その報酬額はなんと七五〇〇万ドルだった（後に草案は、定額報酬条件に変更されたが、正式に締結されたかどうかは定かではない）。

二〇一七年五月初め、二人は、ジョー・ロウに会ってこの混乱から彼を救い出す計画を詰めるため、プラーズと共にバンコクへ飛んだ。

しかし、この時点でブロイディは、ロウのように明らかに評判の悪い人物と直接交渉することに怖気づいていた。彼は間に仲介役を置くよう交渉し、プラーズがその役割を買って出た。

またプラーズの財務アドバイザーは、デラウェア州法人をいくつか設立していた。

彼らの取り組みを支援するため、プラーズは、司法省でたまたま一緒に仕事をしたことのあった旧友で、議会活動を担当していた四〇代の官僚、ジョージ・ヒギンボサムに目を向けた。彼は1MDB事件の捜査には関与していなかったものの、彼の背景を考えると、米国司法省の捜査を避ける方法を考えるうえでは、格好の人物だった。

プラーズとヒギンボサムは、さらに多くのものを得ることになっていた。訴訟文書によると、ジョー・ロウ――二人のeメールでは〝ウー・タン〟と呼ばれていた――は、彼らがトランプ大統領と交渉して1MDBの捜査を終了させたあかつきには、三億ドルをデラウェア州の法人に支払うことに同意していた。

バンコクでの会合の直後、ロウは香港のシェルカンパニーを使ってプラーズが管理するデラウェア州の法人に八五〇〇万ドルを支払った。司法省は、二〇一八年終わりに公開された訴訟文書でこの事実を明らかにしていた。それによると、その後、六〇〇〇万ドルがブロイディの妻が有する弁護士事務所に支払われ、その中から一五〇〇万ドルがデイヴィスの会社に支払われた。また二〇一七年一二月、デイヴィスの夫ラリーは、ロウが送金した金から一〇〇万ドルを、二〇二〇年のトランプ再選に向けた資金調達委員会であるトランプ・ヴィクトリーに寄付したとされている。

これを受けてブロイディも仕事に取りかかった。ナジブ首相が九月にトランプ大統領と面談するために米国を訪れることになり、ブロイディは、捜査に影響を与えることができる司法省の人物を見つけようと画策した。その一方で、トランプの首席補佐官のジョン・ケリーに手紙を書き、訪問中に大統領とナジブ首相が一緒にゴルフをプレイできるよう要請した。

これは、ナジブが望んでやまない国際的な友情関係を見せつけようとするものだった（ブロイディとその妻は、弁護士を通じ、トランプやホワイトハウスのスタッフ、あるいは司法省の職員とロウの件で協議したことはないと主張した）。

九月一二日、トランプ大統領は、ナジブ首相をホワイトハウスで歓待した。マレーシアのリーダーはホワイトハウスまで長い道のりを移動する必要はなかった。彼は、側近と共に、二ブロックしか離れていないトランプ・インターナショナル・ホテルに滞在していた。大統領執務室から少しだけ離れた場所にある閣議室で行われた会談の席上では、ナジブが、金さえあれば苦境を脱することができると考えていることが明らかになっていた。

その部屋の一方にある二つのアルコーブに置かれたジョージ・ワシントンとベンジャミン・フランクリンの胸像の厳しい視線を浴びながら、ナジブと同行の多くの側近は、写真を撮ろうと集まったジャーナリストの前で、会談の席に着いた。その部屋にある大きな楕円形のマホガニーのテーブルの反対側には、トランプ大統領と米国の主要な閣僚が座っていた。ナジブに目を向けたトランプ大統領は、貿易の重要性について言及した。

ナジブは、きっかけを見つけると、ボーイング社の飛行機とゼネラル・エレクトリックのジェットエンジンを米国から購入することを話し始めた。それはあたかも、司法省が1MDBの問題に関して干渉するのをやめれば、マレーシアがどれほど信頼できる同盟国になれるかを、トランプに示そうとしているかのようだった。

自分の主張を説明するために、彼は〝金《カネ》〟という世界共通言語を用いた。

「われわれは非常に大きな価値のある提案について話し合うためにここに来ました」ナジブはカメラのフラッシュが二人のリーダーに注がれる中でそう語った。

しかし、結局この訪問は失敗に終わった。ブロイディの口添えにもかかわらず、ナジブがトランプとゴルフをラウンドすることはなかった。しかも米国の司法制度はマレーシアの司法制度のように、簡単に操ることはできなかった。わずか数週間後、ジェフ・セッションズ司法長官が会見を行い、1MDB事件について〝最悪の泥棒政治〟と言及し、この捜査が中止になることはないという明確なメッセージを打ち出した。

FBIは、引き続き刑事事件として立件しようとしていた。二〇一八年二月、ロウは間違いを犯した。エクアニミティ号をタイの海域から出航させ、インドネシアのリゾート地バリ島に向かわせたのだ。これを見張っていたFBI捜査官のロバート・ヒュークリングと彼のチームは、インドネシアに飛んで、現地当局にヨットを押収するよう説得した。こうしてロウは、1MDBの資金で購入した最後の主要な資産の支配権をも失った。

賄賂によって米国政府を手なずけようというロウの試みも失敗に終わったようだった。しかし、彼はあきらめずに、トランプ政権とつながりのある複数の法律家を雇って、山積みとなっていく法律上の問題と戦おうとした。法律家の中には元ニュージャージー州知事クリス・クリスティ、大統領の顧問弁護士の一人であるマーク・カソウィッツ、倫理問題に関しトランプに助言を提供していたボビー・バーチフィールドらが含まれていた。

ロウは、米国で何をすべきか戦略を立てる一方で、マレーシアで最も権力を持つ人物、ナジブ・ラザクを今も頼りにしていた。ナジブは二〇一八年五月の首相選挙で再選が確実と見られていた。ロウには、まだ自信があった。

五月一〇日午前二時、私邸で家族と数名の側近に囲まれたナジブとロスマは、ショックを隠せなかった。マレーシアの総選挙の最終結果が伝えられると、さらに重苦しい雰囲気が漂った。補助金のばらまきや勝手な選挙区改定にもかかわらず、与党は地すべり的な敗北を喫したのだ。傲慢にも、ナジブはこのような結果に備えた緊急時対応策《コンティンジェンシープラン》をまったく立てていなかった。ナジブとロスマは、マレーシア国民の怒りを過小評価していた。

支援者の一部は、敵対する政治家を金を使って取り込むことができると言って、ナジブにあきらめないよう助言した。彼の家族の中でさえ、ナジブが軍隊を出動させるのではないかと恐れを抱く者もいた。しかし結局、ナジブのこの大敗は、彼がとうとう選択肢を失ってしまったことを示していた。

この国の歴史上初めて、野党勢力が権力を掌握した。

多くの人々が新しい時代の到来を感じていた。しかし、そこには分断と憎しみがさらに高まる危険性もあった。マハティール首相は、1MDBやジョー・ロウ、ナジブに対する捜査の再開を公約に掲げて選挙を戦ってきた。そして彼は、就任後初の演説で、公約の実現を改めて約束した。

「特定の人々は、世界が泥棒政治家として非難する首相を支援してきました。彼らは責任を取らなければなりません」選挙の数日後、ナジブとロスマはプライベートジェットでインドネシアに逃れようとした。しかし、通関職員がフライトプランの詳細をリークしたため、抗議者が空港に押し寄せた。マハティール首相は、二人の逃亡を阻止した。その後、ナジブとロスマ、リザ・アジズは腐敗防止委員会に召喚されて喚問された。

警察はナジブの家族が保有するクアラルンプールのアパートメントを家宅捜索し、一万二〇〇〇点の宝石や五六七点のハンドバッグ、四二三点の時計に加え、二八〇〇万ドルの現金を含む、二億七四〇〇万ドル相当の資産を押収した。

二〇一八年七月三日午後二時三〇分、ナジブが六億八一〇〇万ドルを受領したことをウォール・ストリート・ジャーナルが報道してからちょうど三年後、腐敗防止委員会の職員がクアラルンプールのマンションで元首相を逮捕した。翌日、告訴されたナジブは、弱々しく笑いながら、警察幹部に連れられて法廷に入ってきた。八週間前まで、国民の定めたルールの外で好き放題やってきた男が栄光から転落する瞬間だった。

しかし、前首相としてナジブは、汚職事件の容疑者が通常されるように、手錠をして明るいオレンジの囚人服を着る屈辱は免除された。代わりにダークブルーのスーツにえび茶色のネクタイという姿で身じろぎもせずに法廷に立ち、裁判官が読み上げる罪状――二〇一五年半ばに彼が行った残忍なまでの隠ぺい工作に関連した権力の濫用と三件の背信行為――に耳を傾けていた。四件の罪状は、合計すると最高で二〇年の禁錮刑となった。彼は無罪を主張し、二四万七〇〇〇ドルの保釈金を支払って保釈された。

その年の終わりには、ロスマ・マンソールも逮捕された。その一方で当局はリザ・アジズに対する捜査も引き続き行っていた。二〇一九年四月に始まったナジブの裁判は、数カ月に及びそうだった。

平静を装ってはいたものの、選挙の敗北は、ロウにとっても大きな打撃となった。彼は選挙の夜はタイにおり、そこでシャンパンを開けて祝福するはずだった。代わりにロウは、マカオのマリオット・ホテルのスイートに急いで向かい、家族を含む近親者を呼び寄せた。次第にヒステリックになっていく雰囲気の中で、選挙後の数時間を過ごした。やはりロウも捕まってしまうのではないか？　彼らはそう考えた。

ロウの妻のチュアン――この時にはロウとの間に二人目の男の子が生まれていた――や、ファット・エリックらの仲間、ロウの両親や兄弟は、パニックに陥った。ロウは、ホテルやアパートメントで人目につかない通用口を使うなどの特別な予防措置を取るよう彼らに命じた。

彼は逃亡計画を考え始めていた。二〇一六年、シンガポール政府は、ロウの逮捕を求めてインターポールに国際指名手配《レッドノーティス》を要請した――ただし、タイと中国はこれに従わなかった――と発表した。今や、マレーシアの新政府もロウに対する逮捕状を発行し、ロウに裁きを受けさせるため、引き渡しを求めて中国に圧力をかけていた。ロウは悲惨な状況に陥っていることを悟った。そんな中で、ロウの警護を担当していた二人のたくましい中国人が活躍した。

マカオで、現金や文書の詰まったトゥミのスーツケースを持って、スタッフがホテルのスイートを出入りしているなか、この二人は、しきりにコンピューターを操作しロウの中国での活動がスムーズに行くように手配した。ロウの家族が部屋に集まり、支援者たちが、指紋を残さないようにカウンターをアルコールで拭き取っている間も、二人は、文書をスーツケースに詰めるのを手伝っていた。グッチで着飾った女性たちは、マクドナルドのファストフードを食べながら、インスタグラムをチェックしていた。

マカオを去った後、一家は香港に向かい、そこから中国の都市深圳のマリオット・ホテルで過ごした後、再び全員で香港に戻った。ロウは、妻のチュアンをロウの代理として、格式の高いロイヤル香港ヨットクラブに入会させ、一二〇フィート（約三六メートル）のヨットを購入しようとした。もはやエクアニミティ号は彼の手にはなかった。

スキャンダルが初めて報道されてからの数年間で、ロウはラスベガスやロンドン、ニューヨークを訪れることはあきらめていた。もはや彼には、中国のどこかで名前も隠して身を潜めるしか選択肢はなかった。

中国政府がロウを保護するのには理由があった。二〇一八年八月、マハティール首相は、中国を公式訪問した際に、中国の国有企業が関与するインフラプロジェクトを中止することを発表した。これらのプロジェクトは、ロウが中国の高官との間を仲介して締結させた腐敗取引以外の何物でもなく、その目的は1MDBの債務を肩代わりさせることにあった。この秘密の取引決定の詳細がウォール・ストリート・ジャーナルの第一面を飾ると、中国政府は大いに恥をかいた。

マハティールの北京訪問の数日後、マレーシア警察は、マネーロンダリングの罪でロウを刑事告発した。中国は即座に彼の引き渡しを拒絶したものの、二つの国家は、インフラプロジェクトについて再協議することで、中国政府の対面を保つ方法を探った。三カ月後、米国司法省はロウをマネーロンダリングと贈賄の罪で起訴し、同時にティモシー・ライスナーが有罪答弁を行ったことを発表した。その数日後には、ジョージ・ヒギンボサムが自身のロビー活動における役割に関し、有罪答弁を行ったことを発表。さらに二〇一九年五月、プラーズ・マイケルに対し、ロウから金を受け取り、これをオバマ再選のために使った――外国人からの献金を禁止する選挙資金に関する規則違反――として起訴した（プラーズは無罪を主張している）。

ロウに正義は下されるのだろうか？　長年にわたり、腐敗した支配者は自らの国から略奪を繰り返してきた。ナジブ・ラザク首相は、二〇一一年のアラブの春を崩壊させたリーダーたちや、さらにはナイジェリアのサニ・アバチャ、インドネシアのスハルト、フィリピンのフェルディナンド・マルコスといった過去数十年における腐敗政治家の系譜に並ぶ最も新しい人物だった。

これらの腐敗は、泥棒政治家が、長く苦しんできた国民の犠牲の上にぜいたくな生活をするという、貧困国にまん延する病気のようなものとして捉えられがちである。しかし、ロウの犯罪は、従来の犯罪を現代バージョンに置き換えたものにすぎなかった。結局のところ彼が奪った資金は、直接マレーシアの国庫から盗まれたものでも、水増しされた政府の契約を通じて奪われたものでもない。それは、１ＭＤＢがゴールドマン・サックスの力を借りて、国際金融市場から借りてきた金だった。

今日の国際金融システムにおいては、数兆ドルの資金が毎日動き、巨大な機関投資家のファンドは次なる大きな投資機会を探し、政府系投資ファンドは合図一つで――１ＭＤＢ事件では、記録やもっともらしい事業計画すらなしに――法外な額の資金を調達することができた。ロウの才能は、世界有数の銀行や監査法人、弁護士は、利益のにおいを嗅ぎつければ、決して彼の悪だくみを邪魔しないということを感覚的に理解していたことにある。マレーシアを汚職の巣窟としてあざ笑うことは簡単である。しかし、それでは重要な点を見落とすことになる。ロウの詐欺行為はいずれも、ロンドンやジュネーブ、ニューヨーク、ロサンゼルス、シンガポール、香港、アブダビなどにおけるさまざまな分野の数多くの上級管理者の見て見ぬふりがなければ、起き得なかったのである。ロウは、マレーシアと欧米諸国という二つの世界を股にかけ、いかにして制度を悪用するかを正確に知っていたのだ。

マレーシアの新政府は、見て見ぬふりはしなかった。二〇一八年一二月、マレーシアの司法長官は、ゴールドマン・サックスを虚偽または誤解を招く文書の作成をほう助したとして刑事告訴した。世界最大の金融機関の一つに対する刑事告訴は極めてまれであり、国際金融システムにおけるマレーシアの怒りを如実に表していた。

ロウは、相手の望む金額さえ払えば、欧米にいる誰かが自分を守ってくれるとまだ信じていた。

二〇一八年九月の本書の初版発行の数カ月前、ロウの代理人を務める英国の弁護士事務所シリングスは、あらゆる国のオンライン書店や実際に店舗を構える書店に対し、大量の法律文書を送り、本書を販売した場合、名誉棄損で訴えると言って脅した（ウェブサイト上で、シリングスは自身を、〝情報専門家、捜査官、サイバースペシャリスト、リスクコンサルタント、弁護士および軍事、金融および政治分野のトップを一つの屋根の下に擁する世界で唯一の法律事務所〟と称している）。

一部の書店はこれに脅えたが、ほとんどはこの異常な法的な脅しを一蹴した。本書の初版が発売されてから一年が経過するが、本書が米国やアジアのベストセラーリストで注目を浴びているにもかかわらず、シリングスは何の法的措置も講じていない。ロウが逃亡中であり、国際金融システムから締め出されていることを考えると、ロウがどうやってシリングスに報酬を支払ったのかも疑問が残る。

二〇一九年、ナジブの裁判が進行し、ゴールドマン・サックスをめぐる法的問題の暗雲が大きくなるにつれ、ロウを目撃したといううわさがパーティーでささやかれるようになっていた。人々は上海や台北、香港で彼を見たと言った。

あれほど社交好きだった人物に地下生活はなじめなかったようだ。おそらく彼は、中国でもう少し生き延びるために賄賂を払ったのかもしれない。しかし、一つだけ確かなことがある。捜査網が狭まるにつれ、ロウも、ついにはその選択肢を使い果たしてしまうことは間違いない。

謝辞

本を書くということはチームワークであり、われわれは幸運にも才能豊かな人々と共に仕事をすることができた。ウォール・ストリート・ジャーナルのパトリック・バルタ、ポール・ベケット、ケン・ブラウンはこのプロジェクトの成功に大いに貢献してくれた。

ケンが初めにこの話にこだわりを見せたことが、われわれがこの事件に興味を持つきっかけとなった。そしてアジアにおいて長年にわたって金融記者として培ってきた知識に基づく彼の助言が、このプロジェクトを軌道に乗せてくれた。アジア担当の金融記者として、ポールは記事を深堀りするうえで、思ってもいなかったぜいたくなサポートをわれわれに提供してくれた。彼のニュースに対する類まれな判断力と記事に対する情熱は、われわれに前に進む力を与えてくれた。パトリックはわれわれの記事の多くを巧みに編集し、細部において重要性を見失うことなく、しっかりと事実を整理してくれた。三人はいずれも原稿の最初の読者であり、構成や登場人物の展開、使い古された表現に陥っていないかの指摘に至るまで、測り知れない――そして正直な！――フィードバックを与えてくれた。彼らがいなければ、本書を完成させることはできなかっただろう。

このプロジェクトを追いかける余裕と時間を与えてくれたウォール・ストリート・ジャーナ

ルの元チーフエディター、ジェラルド・ベイカーをはじめとする上司たち――ソロルド・バーカー、デニス・バーマン、レベッカ・ブルメンシュタイン、アンドリュー・ドウェル、そしてチャールズ・フォレル――に感謝したい。二四時間休みなしにニュースが報道される時代にあって、ウォール・ストリート・ジャーナルがここまで深くこの報道に関与できたことは特筆に値する。

ウォール・ストリート・ジャーナルの弁護士やスタンダーズエディター（新聞のジャーナリスティックな倫理、正確性、公平性、説明責任を維持し、チェックする担当者）による才能豊かなチームは、新聞社に求められる最高レベルの正確性を確保してくれた。彼らは、非常に複雑で異論の多い記事を書籍にするうえで大いに力を貸してくれた。彼ら、ジェイソン・コンティ、ジェイコブ・ゴールドスタイン、クレイグ・リンダー、ニール・リプシュッツ、カレン・ペンシエロ、ロブ・ロッシに感謝したい。アレックス・マーチン――後にマシュー・ローズ――率いるページワン編集チームのマイク・アレン、ダン・ケリー、ミッチェル・パセルも巧みな技で本書を整理してくれた。

本書の出版に多大な役割を演じてくれた同僚の記者たちにも感謝したい。ジャスティン・ベアとミア・ラマーはゴールドマン・サックスに関する報道をリードしてくれた。ジェイク・マクスウェル・ワッツは、シンガポールにおける動向を追ってくれ、ケリー・クロウはロウの美術品の購入について詳しく調べてくれた。また、サイモン・クラークも当初の段階において重要な役割を果たしてくれた。ロサンゼルスでは、ジョン・エムシュウィラーとベン・フリッツがハリウッドの動向を探り、スイスではジョン・レッティングが捜査状況を調べ、アブダビではニコラス・パラシーが状況を監視してくれた。レイチェル・ルイス・エンサインとセレナ・ウンは難解な法律事務所の資金管理について調べてくれた。

セリーヌ・フェルナンデスのマレーシアにおける勇敢で粘り強い取材は、不正資金における1MDBの役割を解明するうえで早い段階でのブレークスルーをもたらした。パトリック・マクダウェル率いるウォール・ストリート・ジャーナル東南アジア支局では、ジェイムズ・フックウェイとヤントゥルトラ・グイがマレーシアの政治的な反動について調べてくれた。ウォール・ストリート・ジャーナルのビデオ部門のパオロ・ボソニンとトム・ディ・フォンゾは、1MDBスキャンダルのアニメーションやドキュメンタリーの製作に尽力してくれ、記事の価値を大いに高めてくれた。ジェシカ・ユーとミンジュン・キム率いるウォール・ストリート・ジャーナルのアート部門はグラフィックを通じて、記事に命を吹き込む独自の方法を編み出した。

サラワク・レポートでジョー・ロウに関する最初の報道をしたクレア・リューキャッスル＝ブラウンは、寛大にも情報を共有してくれ、われわれが詐欺の初期段階について理解するうえで大いに力になってくれた。彼女のウェブサイトは、資料や削除される前のさまざまなソーシャル・メディア・サイトのスクリーン・ショットが満載で、われわれの情報源となった。

ジョー・ロウに関するドキュメンタリーを製作しているアレックス・ヘレンも情報を共有し、われわれの原稿を注意深く読んで、本書をより良いものにするための貴重な助言を与えてくれた。

アシェット・ブックの編集者ポール・ウィットラッチには感謝の言葉しかない。彼は初期の原稿を読んでくれ、不透明な状況から救い出して光明へと導いてくれた。ただでさえ複雑な話であるにもかかわらず、物語に対するポールの優れた感覚が、本書をより面白く読めるものへと高めてくれ、その卓越した技術によって、文章に力強さが注ぎ込まれた。われわれのエージェントであるフォリオ・リテラリー・マネジメントのスティーブ・トロハとダド・デルヴィスカディックにも、彼らが簡単な提案書の段階からこのプロジェクトの可能性を見出してくれたことに感謝したい。

香港大学のジャーナリズム・メディア研究センター所長のキース・リッチバーグは、本書に取り組むための素晴らしい場所と無料のコーヒーを提供してくれただけでなく、原稿を注意深く読んでくれた。ティエナン・ダウンズ――少なくとも二回は原稿を読んでくれた――とナディア・キアリナは執筆のために宮殿のような家を提供してくれた。スー・ライトとマーク・ホープは、表現方法と内容の両方に関し貴重なフィードバックを提供した。

他にも多くの人々が原稿を読んで、貴重な助言を与えてくれた。なかでも、シルヴァン・ベッソン、ルカ・ファサニ、アレックス・フランゴス、リズ・ホフマン、マーク・ホッリングスワース、デボラ・カン、ジョン・ライアンズ、デジャン・ニコリック、アンドリュー・ピープル、ラファエル・ピューラ、ブラッド・リーガン、ジャスティン・シェック、ベン・ウートリフに感謝の気持ちを伝えたい。他にも感謝を伝えたい人々が多くいるが、彼らの安全のため、あるいは彼らの希望により、匿名のままとしたい。彼らの信頼に感謝したい。

最後に、われわれの家族——トムの妻のニーナとブラッドリーの妻ファラー——は、原稿に対し、各章ごとにリアルタイムでフィードバックを与えてくれ、何年にも及ぶわれわれの本書に対する熱い思いに耐えてくれた。彼女たちのサポートがなければ、本書は完成しなかっただろう。

トム・ライトとブラッドリー・ホープへのQ&A

■本書には、マレーシアの政治や中東のオイルマネー、ゴールドマン・サックスのような欧米の金融機関、そしてハリウッドのセレブなどさまざまな要素が含まれていますが、この話を最初に耳にしたのはどういった経緯でしたか？

――**トム・ライト（ＴＷ）**　最初にきっかけとなる話を耳にしたのは二〇一三年のことでした。ウォール・ストリート・ジャーナルの同僚が、ゴールドマン・サックスがマレーシアで巨額の利益を上げたことを記事にしました。ゴールドマンがマレーシアで六億ドルの利益を上げたというニュースはにわかには信じがたい話で、何かがおかしいと感じました。詐欺に関する最初の強力な証拠が表に出たのは、二〇一五年初め、マレーシアの新聞ジ・エッジと、調査を専門とするウェブサイト、サラワク・レポートが、ジョー・ロウにより政府系投資ファンドから数億ドルが奪い取られた疑いがあると報じたことによってでした。われわれもこの話を調べ始め、二〇一五年中ごろ、ある情報源からマレーシアの当時の首相、ナジブ・ラザクの秘密口座に六億八一〇〇万ドルが入金されたことを示す文書を入手しました。これは、現職の世界のリーダーの関与をほのめかす衝撃的なニュースでした。しかし、マレーシアの政界はただの出発点にしかすぎませんでした。その後、三年以上をかけて、われわれはいかに資金がハリウッド、ラスベガスのナイトクラブ、そして米国の政界に流れ込んだかを明らかにしました。

■現在（二〇一九年四月）の訴訟の状況はどうなっていますか？　複数の国や法域で訴訟が提起されているのでしょうか。今後、法的にどの程度の影響があると予想していますか？

――**ブラッドリー・ホープ（ＢＨ）**　米国とマレーシアでスキャンダルのメインプレイヤーに対する主要な刑事訴訟が行われており、シンガポールやスイス、ルクセンブルクでもその他の小さな訴訟や規制上の措置が数多く講じられています。現時点での最大の疑問は、ゴールドマン・サックスがどうなるかということです。彼らは司法省と和解に向けて話し合いを続けていると報道されています。和解が成立すれば、世界最大の金融機関が１ＭＤＢ事件に決着をつけたというだけでなく、過去最大の和解となる可能性があります。

■スキャンダルが勃発した結果、マレーシア政府に何が起きたのでしょうか？　本書はその点においてどのような役割を果たしましたか？

――**ＴＷ**　二〇一八年五月、マレーシア国民は選挙によってナジブを権力の座から追放しました。彼はその後、マネーロンダリングと権力濫用で起訴されています。裁判は二〇一九年四月に始まり、数カ月は続くと見られています。二〇一八年九月の本書の刊行により、一般のマレーシア国民も、より理解しやすい物語として、詐欺の全貌を知ることができるようになりました。本書は、マレーシアのニュー・ストレーツ・タイムズ紙で六カ月間ベストセラーリストに入るなど、米国とアジアでベストセラーとなりました。多くの人が読んでくれたようです。サイン会やブックイベントにも大勢の人が集まりました。財務大臣が年次の予算演説の中で本書を引用したこともありました。さらに、こともあろうに、ナジブの弁護士が本書の一節を前首相の公判の中で読み上げて、被告側も追加の文書にアクセスできるようにすべきだと主張しています。

■1MDB事件から、私たちは国際金融システムに関して何を学ぶべきなのでしょうか？　主要な金融機関は、今後コンプライアンス部門の強化を図ると思いますか？

――BH　この事件は、国際金融システムにあったものが、単なる抜け穴ではなかったことを示しています。大きく口を開いた、巨大なトンネルが存在し、犯罪者は、そこから数十億ドルもの資金を誰にも止められることなく奪っていったのです。バンカーも、さらには法執行者さえも、国際金融システムは犯罪が非常に難しいレベルまで強化されたと考えていました。それどころかわれわれはどうやら泥棒政治の時代を生きているようです。しかも、その資金の強奪が数十億ドル規模で行われるような時代です。コンプライアンス部門は1MDB事件で使われた手口が繰り返されないように努めるでしょう。しかし、そのことは、次に巨大詐欺事件を起こす者が違うテクニックを使うだろうということを意味しているにすぎません。問題はあまりにも深く、新たな対策を講じるには至っていません。

■ハードカバー版が刊行された後に、ウォール・ストリート・ジャーナルの記事で、1MDBの資金とジョー・ロウに関し、ドナルド・トランプの選挙献金との関係が新たに報じられています。ロウが米国の司法制度に影響を与えようとしていたとお考えですか？

――TW ロウは間違いなく、トランプ政権に捜査を中止させようと画策していました。ウォール・ストリート・ジャーナルは、ある時点で司法省が1MDBに対する捜査を中止した場合に、実業家であり、共和党の資金調達を担当していたエリオット・ブロイディとその妻に七五〇〇万ドルが支払われることになっていたと報道しました（ブロイディと妻は一切の不正を否認しています。二人の弁護士は、二人がこの件をトランプ大統領やそのスタッフ、司法省の人間と協議した事実はないと語っています）。そしてFBIは二〇一七年のトランプ・ヴィクトリー（二〇二〇年のトランプ再選に向けた資金調達委員会）への一〇万ドルの寄付がロウからのものではなかったかという点に着目しています。もちろん、ロウの努力は無に帰し、彼は二〇一八年秋に米国においても起訴されました。しかし、中国にいると思われるロウを、米国の法廷で見る日が来るのかということには、現時点では疑問があります。

■ガーディアン紙の報道によると、ロウは弁護団の一員として、英国のシリングスを雇ったそ

うです。彼らは、自身のウェブサイトで〝情報専門家、捜査官、サイバースペシャリスト、リスクコンサルタント、弁護士および軍事、金融および政治分野のトップ〟を擁しているとしています。シリングスが本書の発行を阻止しようとしたというのは本当でしょうか？　お二人も個人的にターゲットになったのでしょうか？

――**BH**　ジョー・ロウが弁護士を通じて彼の名前のつづりや年齢を確認したいというわれわれの要請さえも拒絶していることは重要なポイントです。彼はわれわれが本書の中で示したさまざまな出来事に関し、繰り返し要請をしているにもかかわらず、一切説明しようとしません。われわれは、彼らが数カ月後に迫った本書の出版を差し止めようとしたことを、本当に苦々しい思いで見ていました。ロウの弁護団は、さまざまな国の書店に文書を送り、本書を販売するなら法的措置を講じるといって脅しました。なかには、ロウはいかなる犯罪でも起訴されていないと誤った主張も見られました。文書が手渡しで交付されたこともあったようです。書店がこのような脅しのターゲットになることはあまりなく、書店の中には脅え、混乱して、本書を取り扱わないという決定を下すところもありました。しかし、ロウとシリングスがその脅しを実行することはありませんでした。われわれが個人的に標的になったと感じたことはありませんが、根拠のない法的な脅しに何百万ドルもの金を費やす人々が、どのように法制度を悪用するのかを身をもって知ることができました。このようなロウによる手の込んだ、金のかかる戦略にもかかわらず、本書がベストセラーとなったことを誇りに思っています。もちろん、ロウが弁護士に払う金をどこから手に入れたのかは誰もが疑問に思っているはずです。

■本書では、レオナルド・ディカプリオやジェイミー・フォックス、スウィズ・ビーツ、ミランダ・カーら多くの有名人がロウと親しい関係にあったことが描かれています。ロウのような人物がどうやってハリウッドの有名人のサークルに入り込んでいくことができたのでしょうか？

――**TW**　本書はエンターテインメント業界の公然の秘密の一つを暴露しています。それは、誰もが商品なのだということです。ディカプリオはほとんど無制限の映画製作費の提案に心を惹かれたのでしょう。世界でも最も有名な映画スターの一人である彼でさえ、有力な映画製作会社の幹部の指示には従わなければならないのです。ロウの提案は、そういった製作会社の束縛から彼を自由にしてくれたのです。ジェイミー・フォックスやスウィズ・ビーツは、たっぷりの金を受け取ってイベントに参加し、大いにパーティーを楽しみました。オーランド・ブルームと離婚したばかりで、自らの化粧品ブランドを展開しようとしていたミランダ・カーは、このアジアの億万長者に魅了され、すぐにデートするようになりました。

■お二人は、1MDBのようなスキャンダルに対する責任を、すべて開発途上国の腐敗や欧米の金融機関の役割のせいにするという罠に陥ることを避けるような書き方をされています。欧米諸国の政府は、本書が明らかにしたような類の不正行為を防ぐために何ができると思います

か？

——BH　簡単なように聞こえるかもしれませんが、欧米諸国の政府は、詐欺師や犯罪者、マネーロンダラーと接する可能性のあるあらゆる人物、すなわち弁護士や会計士などに、クライアントの行動に一定の法的リスクが伴うことを認識させる必要があります。弁護士、会計士、オフショアファンドの管理者は、自身の業務を行う前にデューディリジェンスを実施したことを証明しなければなりません。誰もがプライバシーを守る権利を持っていますが、シェルカンパニーが何層もの複雑な構造を有していることにより、法執行機関が資産の実質的所有者を特定するのに何年もかかるような状況になってしまっているのです。

編集部注　ＢＢＣが「米ゴールドマン・サックスに30億ドル超の制裁金　マレーシアでの不正疑惑で」と報じた。
https://www.bbc.com/japanese/54655167

■著者紹介

トム・ライト（Tom Wright）

ネイビーシールズがウサーマ・ビン・ラーディンを殺害した現場に最初に到着したジャーナリストの一人である。2013年には、1000人以上が死亡したバングラデシュのラナ・プラザ・ビルの崩落事故の取材を率先して行った結果、ウォール・ストリート・ジャーナルにプロフェッショナル・ジャーナリスト協会のシグマ・デルタ・カイ賞をもたらした。ピューリッツァー賞のファイナリスト、ローブ賞の受賞者。さらにはアジア出版者協会の数々の賞を受賞し、2016年にはジャーナリスト・オブ・ザ・イヤーに選ばれた。英語、マレー語、フランス語、イタリア語に堪能である。

ブラッドリー・ホープ（Bradley Hope）

ウォール・ストリート・ジャーナルで４年間、ニューヨークとロンドンで金融や不正行為の取材を行ってきた。それ以前は中東特派員として６年間、カイロ、トリポリ、チュニス、ベイルートでアラブの春の騒乱を取材。バーレーンでは当局に拘束され、リビアでは内戦の最前線で取材し、エジプトでは激しい抗議行動で催涙ガスを浴びた経験もある。ピューリッツァー賞のファイナリスト、ローブ賞の受賞者。ホスニー・ムバーラク大統領時代の最後の時間を記録した『Last Days of the Pharaoh』の著者でもある。

■訳者紹介

吉野弘人（よしの・ひろと）

宮城県出身。山形大学人文学部卒業。金融機関、監査法人勤務を経て、2019年より翻訳業に。訳書に『ザ・プロフェッサー』『黒と白のはざま』『ラスト・トライアル』（いずれもロバート・ベイリー著、小学館）、『海賊の栄枯盛衰――悪名高きキャプテンたちの物語』（パンローリング）などがある。

2021年2月3日　初版第1刷発行

ウィザードブックシリーズ㉚⑧

国際金融詐欺師ジョー・ロウ
——マレーシア、ナジブ政権の腐敗を象徴する巨額汚職事件

著　者　トム・ライト、ブラッドリー・ホープ
訳　者　吉野弘人
発行者　後藤康徳
発行所　パンローリング株式会社
　〒160-0023　東京都新宿区西新宿7-9-18　6階
　TEL 03-5386-7391　FAX 03-5386-7393
　http://www.panrolling.com/
　E-mail　info@panrolling.com
装　丁　パンローリング装丁室
組　版　パンローリング制作室
印刷·製本　株式会社シナノ

ISBN978-4-7759-7277-9